新编21世纪法学系列教材

总主编 曾宪义 王利明

国际投资法

International Investment Law

主 编 韩立余

撰稿人（以撰写章节先后为序）
韩立余 张 生 祁 欢 李振宁
陈辉萍 梁丹妮 徐崇利 张庆麟
史晓丽 池漫郊 韩秀丽

中国人民大学出版社
·北京·

编审委员会

主编简介

韩立余，中国人民大学法学院教授，博士生导师。主要从事国际经济法的教学研究工作。兼任中国法学会世界贸易组织法研究会副会长，中国国际经济法学会副会长，国务院反垄断法委员会专家咨询组成员，国务院关税税则委员会专家咨询组成员，世界贸易组织争端解决机构专家组成员。

内容提要

本教材以问题为主线、以制度为纲，按国际投资涉及的主要法律问题设置章节篇目，结构新颖。除前言和概述外，本教材针对投资者和投资界定、投资方式和形式、投资准入、业绩要求和“高管”要求、投资待遇、征收及补偿、外汇管制与投资转移、投资担保、可持续发展以及争端解决这几大问题来编写。本教材从投资国和东道国的角度进行分析、论述，反映了国内外国际投资法的最新发展和学界的重大关注。

总　序

曾宪義

在人类文明与文化的发展中，中华民族曾作出过伟大的贡献，不仅最早开启了世界东方文明的大门，而且对人类法治、法学及法学教育的生成与发展进行了积极的探索与光辉的实践。

在我们祖先生存繁衍的土地上，自从摆脱动物生活、开始用双手去进行创造性的劳动、用人类特有的灵性去思考以后，我们人类在不断改造客观世界、创造辉煌的物质文明的同时，也在不断地探索人类的主观世界，逐渐形成了哲学思想、伦理道德、宗教信仰、风俗习惯等一系列维系道德人心、维持一定社会秩序的精神规范，更创造了博大精深、义理精微的法律制度。应该说，在人类所创造的诸种精神文化成果中，法律制度是一种极为奇特的社会现象。因为作为一项人类的精神成果，法律制度往往集中而突出地反映了人类在认识自身、调节社会、谋求发展的各个重要进程中的思想和行动。法律是现实社会的调节器，是人民权利的保障书，是通过国家的强制力来确认人的不同社会地位的有力杠杆，它来源于现实生活，而且真实地反映现实的要求。因而透过一个国家、一个民族、一个时代的法律制度，我们可以清楚地观察到当时人们关于人、社会、人与人的关系、社会组织以及哲学、宗教等诸多方面的思想与观点。同时，法律是一种具有国家强制力、约束力的社会规范，它以一种最明确的方式，对当时社会成员的言论或行动作出规范与要求，因而也清楚地反映了人类在各个历史发展阶段中对于不同的人所作出的种种具体要求和限制。因此，从法律制度的发展变迁中，同样可以看到人类自身不断发展、不断完善的历史轨迹。人类社会几千年的国家文明发展历史已经无可争辩地证明，法律制度乃是维系社会、调整各种社会关系、保持社会稳定的重要的工具。同时，法律制度的不断完善，也是人类社会文明进步的显著体现。

由于发展路径的不同、文化背景的差异，东方社会与西方世界对于法律的意义、底蕴的理解、阐释存有很大的差异，但是，在各自的发展过程中，都曾比较注重法律的制定与完善。中国古代虽然被看成是“礼治”的社会、“人治”的世界，被认为是“只有刑，没有法”的时代，但从《法经》到《唐律疏议》、《大清律例》等数十部优秀成文法典的存在，充分说明了成文制定法在中国古代社会中的突出地位，唯这些成文法制所体现出的精神旨趣与现代法律文明有较大不同而已。时至20世纪初叶，随着西风东渐、东西文化交流加快，中国社会开始由古代的、传统的社会体制向近现代文明过渡，建立健全的、符合现代理性精神的法律文明体系方成为现代社会的共识。正因为如此，近代以来的数百年间，在西方、东方各主要国家里，伴随着社会变革的潮起潮落，法律改革运动也一直呈方兴未艾之势。

从历史上看，法律的文明、进步，取决于诸多的社会因素。东西方法律发展的历史均充分证明，推动法律文明进步的动力，是现实的社会生活，是政治、经济和社会文化的变迁；同时，法律内容、法律技术的发展，往往依赖于一大批法律专家以及更多的受过法律教育的社会成员的研究和推动。从这个角度看，法学教育、法学研究的发展，对于法律文明的发展进步，也有着异常重要的意义。正因为如此，法学教育和法学研究在现代国家的国民教育体系和科学研究体系中，开始占有越来越重要的位置。

中国近代意义上的法学教育和法学研究，肇始于19世纪末的晚清时代。清光绪二十一年（公元1895年）开办的天津中西学堂，首次开设法科并招收学生，虽然规模较小，但仍可以视为中国最早的近代法学教育机构（天津中西学堂后改名为北洋大学，又发展为天津大学）。三年后，中国近代著名的思想家、有“维新骄子”之称的梁启超先生即在湖南《湘报》上发表题为《论中国宜讲求法律之学》的文章，用他惯有的富有感染力的激情文字，呼唤国人重视法学，发明法学，讲求法学。梁先生是清代末年一位开风气之先的思想巨子，在他的辉煌的学术生涯中，法学并非其专攻，但他仍以敏锐的眼光，预见到了新世纪中国法学研究和法学教育的发展。数年以后，清廷在内外压力之下，被迫宣布实施“新政”，推动变法修律。以修订法律大臣沈家本为代表的一批有识之士，在近十年的变法修律过程中，在大量翻译西方法学著作，引进西方法律观念，有限度地改造中国传统的法律体制的同时，也开始推动中国早期的法学教育和法学研究。20世纪初，中国最早设立的三所大学——北洋大学、京师大学堂、山西大学堂均设有法科或法律学科目，以期“端正方向，培养通才”。1906年，应修订法律大臣沈家本、伍廷芳等人的奏请，清政府在京师正式设立中国第一所专门的法政教育机构——京师法律学堂。次年，另一所法政学堂——直属清政府学部的京师法政学堂也正式招生。这些大学法科及法律、法政学堂的设立，应该是中国历史上近代意义上的正规专门法学教育的滥觞。

自清末以来，中国的法学教育作为法律事业的一个重要组成部分，随着中国社会的曲折发展，经历了极不平坦的发展历程。在20世纪的大部分时间里，中国社会一直充斥着各种矛盾和斗争。在外敌入侵、民族危亡的沉重压力之下，中国人民为寻找适合中国国情的发展道路而花费了无穷的心力，付出过沉重的代价。从客观上看，长期的社会骚动和频繁的政治变迁曾给中国的法治与法学带来过极大的消极影响。直至70年代末期，以“文化大革命”宣告结束为标志，中国社会从政治阵痛中清醒过来，开始用理性的目光重新审视中国的过去，规划国家和社会的未来，中国由此进入长期稳定、和平发展的大好时期，以这种大的社会环境为背景，中国的法学教育也获得了前所未有的发展机遇。

从宏观上看，实行改革开放以来，经过二十多年的努力，中国的法学教育事业所取得的成就是辉煌的。首先，经过“解放思想，实事求是”思想解放运动的洗礼，在中国法学界迅速清除了极左思潮及苏联法学模式的一些消极影响，根据本国国情建设社会主义法治国家已经成为国家民族的共识，这为中国法学教育和法学研究的发展奠定了稳固的思想基础。其次，随着法学禁区的不断被打破、法学研究的逐步深入，一个较为完善的法学学科体系已经建立起来。理论法学、部门法学各学科基本形成了比较系统和成熟的理论体系和学术框架，一些随着法学研究逐渐深入而出现的法学子学科、法学边缘学科也渐次成型。1997 年，国家教育主管部门和教育部高校法学学科教学指导委员会对原有专业目录进行了又一次大幅度调整，决定自 1999 年起法学类本科只设一个单一的法学专业，按照一个专业招生，从而使法学学科的布局更加科学和合理。同时，在充分论证的基础上，确定了法学专业本科教学的 14 门核心课程，加上其他必修、选修课程的配合，由此形成了一个传统与更新并重、能够适应国家和社会发展需要的教学体系。法学硕士和博士研究生及法律硕士专业学位研究生的专业设置、课程教学和培养体系也日臻完善。再次，法学教育的规模迅速扩大，层次日趋齐全，结构日臻合理。目前中国有六百余所普通高等院校设置了法律院系或法律本科专业，在校本科学生和研究生已达二十余万人。除本科生外，在一些全国知名的法律院校，法学硕士研究生、法律硕士专业学位研究生、法学博士研究生已经逐步成为培养的重点。

众所周知，法律的进步、法治的完善，是一项综合性的社会工程。一方面，现实社会关系的发展，国家政治、经济和社会生活的变化，为法律的进步、变迁提供动力，提供社会的土壤。另一方面，法学教育、法学研究的发展，直接推动法律进步的进程。同时，全民法律意识、法律素质的提高，则是实现法治国理想的关键的、决定性的因素。在社会发展、法学教育、法学研究等几个攸关法律进步的重要环节中，法学教育无疑处于核心的、基础的地位。中国法学教育过去二十多年所走过的历程令人激动，所取得的成就也足资我们自豪。随着国家的发展、社会的进步，在 21 世纪，我们面临着更严峻的挑战和更灿烂的前景。“建设世界一流法学教育”，任重道远。

首先，法律是建立在经济基础之上的上层建筑，以法治为研究对象的法学也就成为一门实践性很强的学科。社会生活的发展变化，势必要对法学教育、法学研究不断提出新的要求。经过二十多年的奋斗，中国改革开放的前期目标已顺利实现。但随着改革开放的逐步深入，国家和社会的一些深层次问题，比如说社会主义市场经济秩序的真正建立、国有企业制度的改革、政治体制的完善、全民道德价值的重建、环境保护和自然资源的合理利用等等，也已经开始浮现出来。这些复杂问题的解决，无疑最终都会归结到法律制度的完善上来。建立一套完善、合理的法律制度，构建理想的和谐社会，乃一项持久而庞大的社会工程，需要全民族的智慧和努力。其中的基础性工作，如理论的论证、框架的设计、具体规范的拟订、法律实施中的纠偏等等，则有赖于法学研究的不断深入，以及高素质人才特别是法律人才的养成，而培养法律人才的任务，则是法学教育的直接责任。

其次，21 世纪是一个多元化的世纪。20 世纪中叶发生的信息技术革命，正在极大地改变着我们的世界。现代科学技术，特别是计算机网络信息技术的发展，使传统的生活方式、思想观念发生了根本的改变，并由此引发许多人类从未面对过的问题。就法学教育而言，在 21 世纪所要面临的，不仅是教学内容、研究对象的多元化问题，而且还有培养对象、培养目标的多元化、教学方式的多元化等一系列问题，这些问题都需要法学界去思考、去探索。

中国人民大学法学院建立于 1950 年，是新中国诞生后创办的第一所正规高等法学教育机构。在半个多世纪的岁月中，中国人民大学法学院以其雄厚的学术力量、严谨求实的学风、高水平的教学质量以及丰硕的学术研究成果，在全国法学教育领域处于领先地位，并开始跻身于世界著名法学院之林。据初步统计，中国人民大学法学院已经为国家培养法学专业本科生、硕士生、博士生一万余人，培养各类成人法科学生三十余万人。经过多年的努力，中国人民大学法学院形成了较为明显的学术优势，在现职教师中，既有一批资深望重、在国内外享有盛誉的法学前辈，更有一大批在改革开放后成长起来的优秀中青年法学家。这些老中青法学专家多年来在勤奋研究法学理论的同时，也积极投身于国家的立法、司法实践，对国家法制建设贡献良多。

有鉴于此，中国人民大学法学院与中国人民大学出版社经过研究协商，决定结合中国人民大学法学院的学术优势和中国人民大学出版社的出版力量，出版一套“21 世纪法学系列教材”。自 1998 年开始编写出版本科教材，包括按照国家教育部所确定的法学专业核心课程和其所颁布印发的《全国高等学校法学专业核心课程教学基本要求》而编写的 14 门核心课程教材，也包括法学各领域、各新兴学科教材及教学参考书和案例分析在内，到 2000 年 12 月 3 日在人民大会堂大礼堂召开举世瞩目的“21 世纪世界百所著名大学法学院院长论坛暨中国人民大学法学院成立五十周年庆祝大会”之时，业已出版了 50 本作为 50 周年院庆献礼，到现在总共出版了 80 本。为了进一步适应高等法学教育发展的形势和教学改革的需要，最近中国人民大学法学院与中国人民大学出版社决定将这套教材扩大为四个系列，即：“本科生用书”、“法学研究生用书”、“法律硕士研究生用书”以及“司法考试用书”，总数将达二百多本。我们设想，本套教材的编写，将更加注意“高水准”与“适用性”的合理结合。首先，本套教材将由中国人民大学法学院具有全国影响的各学科的学术带头人领衔，约请全国高校优秀学者参加，形成学术实力强大的编写阵容。同时，在编写教材时，将注意吸收中国法学研究的最新的学术成果，注意国际学术发展的最新动向，力求使教材内容能够站在 21 世纪的学术前沿，反映各学科成熟的理论，体现中国法学的水平。其次，本套教材在编写时，将针对新时期学生特点，将思想性、学术性、新颖性、可读性有机结合起来，注意运用典型生动的案例、简明流畅的语言去阐释法律理论与法律制度。

我们期望并且相信，经过组织者、编写者、出版者的共同努力，这套法学教材将以其质量效应、规模效应，力求成为奉献给新世纪的精品教材，我们诚挚地祈望得到方家和广大读者的教正。

2006 年 7 月 1 日

序　言

法学教育是高等教育的重要组成部分，是建设社会主义法治国家、构建社会主义和谐社会的重要基础，并居于先导性的战略地位。在我国社会转型的新世纪、新阶段，法学教育不仅要为建设高素质的法律职业共同体服务，而且要面向全社会培养大批治理国家、管理社会、发展经济的高层次法律人才。近年来，法学教育取得了长足的进步，法科数量增长很快，教育质量稳步提高，培养层次日渐完善，目前已经形成了涵盖本科生、第二学士学位生、法学硕士研究生、法律硕士研究生、法学博士研究生的完整的法学人才培养体系，接受法科教育已经成为莘莘学子的优先选择之一。随着中国法治事业的迅速发展，我们有理由相信，中国法学教育的事业大有可为，中国法学教育的前途充满光明。

教育的基本功能在于育人，在于塑造德才兼备的高素质人才。法学教育的宗旨并非培养只会机械适用法律的“工匠”，而承载着培养追求正义、知法懂法、忠于法律、廉洁自律的法律人的任务。要完成法学教育的使命，首先必须认真抓好教材建设。我始终认为，教材是实现教育功能的重要工具和媒介，法学教材不仅仅是法学知识传承的载体，而且是规范教学内容、提高教学质量的关键，对法学教育的发展有着不可估量的作用。

第一，法学教材是传授法学基本知识的工具。初学法律，既要有好的老师，又要有好的教材。正如冯友兰先生所言：“学哲学的目的，是使人作为人能够成为人，而不是成为某种人。其他的学习（不是学哲学）是使人能够成为某种人，即有一定职业的人。”一套好的教材，能够高屋建瓴地展示法律的体系，能够准确简明地阐释法律的逻辑，能够深入浅出地叙述法律的精要，能够生动贴切地表达深奥的法理。所以，法学教材是学生学习法律的向导，是学生步入法律殿堂的阶梯。如果在入门之初教材就有偏颇之处，就可能误人子弟，学生日后还要花费大量时间与精力来修正已经形成的错误观念。

第二，法学教材是传播法律价值理念的载体。好的法学教材不仅要传授法学知识，更要传播法律的精神和法治的理念，例如对公平、正义的追求，尊重权利的观念。本科、研究生阶段的青年学子，正处在人生观、价值观形成的阶段，一套优秀的法学教材，对于他们价值观的塑造和健全人格的培养具有重要意义。

第三，法学教材是形成职业共同体的主要条件。建设社会主义法治国家，有赖于法律职业共同体的生成。一套好的法学教材，向法律研习者传授共同的知识，这对于培养一个接受共同的价值理念、共同的法律思维、共同的话语体系的法律共同体，具有重要的作用。

第四，法学教材是所有法律研习者的良师益友。没有好的教材，一个好的教师或可弥补教材的欠缺和不足，但对那些没有老师指导的自学者而言，教材就是老师，其重要作用是显而易见的。

长期以来，在我们的评价体系中，教材并没有获得应有的注重，对学术成果的形式优先考虑的往往是专著而非教材。在不少人的观念中，教材与创新、与学术精品甚至与学术无缘。其实，要真正写出一部好的教材，其难度之大、工作之艰辛、影响之深远，绝不低于一部优秀的专著，它甚至可以成为在几百年甚至更长的时间内发挥作用的传世之作。以查士丁尼的《法学阶梯》为例，所谓法学阶梯，即法学入门之义，就是一部教材。但它概括了罗马法的精髓，千百年来，一直是人们研习罗马法最基本的著述。日本著名学者我妻荣说过，大学教授有两大任务：一是写出自己熟悉的专业及学术领域的讲义乃至教科书；二是选择自己最有兴趣、最看重的题目，集中精力进行终生的研究。实际上，这两者是相辅相成的。写出一部好教材，必须要对相关领域形成一个完整的知识体系，还要能以深入浅出的语言将问题讲清楚、讲明白。没有编写教材的基本功，实际上也很难写出优秀的专著。当然，也只有对每一个专题都有一定研究，才能形成对这个学术领域的完整把握。

虽然近几年我国法学教育发展迅速，成绩显著，但是法学教育也面临许多挑战。各个学校的师资队伍和教学质量参差不齐，这就更需要推出更多的结构严谨、内容全面、角度各有侧重、能够适应不同需求的法学教材，为提高法学教学和人才培养质量、保障法学教育健康发展提供前提条件。

长期以来，中国人民大学法学院始终高度重视教材建设。作为新中国成立后建立的第一所正规的法学教育机构，中国人民大学法律系最早开设了社会主义法学教学课堂，编写了第一套社会主义法学讲义，培养了新中国第一批法学本科生和各学科的硕士生、博士生，产生了新中国最早的一批法学家和法律工作者。中国人民大学法律系因此被誉为“新中国法学教育的工作母机”。半个多世纪以来，中国人民大学法学院为社会主义法制建设培养了大批优秀的法律人才，并为法学事业的振兴和繁荣作出了卓越贡献，也因此成为引领中国法学教育的重镇、凝聚国内法律人才的平台和沟通中外法学交流的窗口，并在世界知名法学院行列中崭露头角。为了对中国法学教育事业作出更大的贡献，我们有义务也有责任出版一套体现我们最新研究成果的法学教材。

承蒙中国人民大学出版社的大力支持，我们组织编写了本套教材，其中包括本科生用书、法律硕士研究生用书、法学研究生用书和司法考试用书四大系列，分别面向不同层次法科教育需求。编写人员以中国人民大学法学院教师为主，反映了中国人民大学法学院整体的研究实力和学术视野。相信本套教材的出版，一定能够为新时期法学教育的繁荣发展发挥应有的作用。

是为序。

2006年7月10日

前　言

一、新编国际投资法的背景

中国1979年实施改革开放政策。1979年7月1日第五届全国人大第二次会议通过的《中外合资经营企业法》，揭开了对外商投资进行立法规制的序幕。此后，第五届全国人大第三次会议于1980年通过《中外合资经营企业所得税法》、第六届全国人大第四次会议于1986年通过《外资企业法》、第七届全国人大第一次会议于1988年通过《中外合作经营企业法》，奠定了中国外商投资法律制度的基础。随后制定了相关的实施细则或条例、规章，进一步完善了中国的外商投资法律制度。

1992年，中国开始建立公司制度、股票上市制度。1993年第八届全国人大常委会第五次会议通过《公司法》。1995年负责中国外商投资法律实施的对外贸易经济合作部，公布《关于设立外商投资股份有限公司若干问题的暂行规定》。至此，各种责任形式和法律形式的外商投资企业立法基本完备。

经国务院批准，1995年6月20日国家计划委员会、国家经济贸易委员会、对外贸易经济合作部发布《指导外商投资方向暂行规定》及《外商投资产业指导目录》，使中国外商投资审批有了更明确的指导。2002年国务院发布《指导外商投资方向规定》，废止《指导外商投资方向暂行规定》；同年《外商投资产业指导目录》也被相应更新。此后，该指导目录多次更新。

2001年中国加入世界贸易组织，作出了相关承诺，包括进一步开放市场和企业经营权、扩大外商投资领域等。中国立法机关根据中国承诺和世界贸易组织规则的要求对外商投资立法进行了一定程度的修订。

脱胎于计划经济时代的中国外商投资法律制度采取严格的逐项审批制度，最大程度上保障了外商投资的引进和管理符合中国经济发展的要求。随着中国改革开放的深入、中国社会主义市场经济的建设以及政府职能的转变，中国很长时间内实行的全面的外资审批制度开始制约中国引进和利用外资的要求。2010年国家工商行政管理总局依据《合伙企业法》公布《外商投资合伙企业登记管理规定》，允许外国投资者以合伙的形式、无须审批在中国境内投资。由此形成了包括《公司法》在内的5部可以适用于外商投资的法律、规章，形成了“五马奔腾”的局面。

与《公司法》相比，原来的外商投资立法缺乏公司治理的规定，明显不符合现代公司治理的要求。而且在审批事项上，有的需经审批、有的无须审批造成了管理混乱。逐项审批的要求和做法既阻碍外商投资，阻碍中国吸引利用外国投资，也阻碍外国投资企业的自主性和创造性。中国的外商投资法律制度需要清理和统一。

1979 年全国人大通过《中外合资经营企业法》时，中国仍处于计划经济时代，既无《合同法》，也无民法、公司法、劳动法等市场经济的基本法律。《中外合资经营企业法》既承担了合同法、商事法等的职责，也发挥管理法等的作用。随着中国各种法律制度的逐步健全，特别是《合同法》《公司法》及民事法律制度的建立和完善，外商投资企业法承担的某些职能或已丧失，如劳动管理；或需要与其他法律制度相适应，如公司治理；或需要根本性变革，如投资审批。上至中国立法机构，下至一般企业，内到中国政府、外到外国政府和外国投资者，都感觉到中国需要制定一部统一的、现代化的外国投资法。

2013 年 8 月全国人大常委会通过《关于授权国务院在中国（上海）自由贸易试验区暂时调整有关法律规定的行政审批的决定》，授权国务院在该试验区内对国家规定实施准入特别管理措施之外的外商投资，暂时停止实施行政审批，改为备案管理。这涉及《中外合资经营企业法》、《外资企业法》和《中外合作经营企业法》。在自由贸易试验区实践经验的基础上，全国人大常委会于 2016 年 9 月修改了《外资企业法》、《中外合资经营企业法》、《中外合作经营企业法》和《台湾同胞投资保护法》，规定，举办外资企业、中外合资经营企业、中外合作经营企业及台湾同胞投资企业，对于不涉及国家规定实施准入特别管理措施的，对相关审批事项，实行备案管理，国务院发布或批准发布国家规定的准入特别管理措施。2016 年 11 月，全国人大常委会对《中外合作经营企业法》作出了进一步修改，删除了外国合作者在缴纳所得税前回收投资的，须经财政税务机关审查批准的规定。与全国人大常委会对外商投资企业法律的修改相适应，国务院废止了《中外合资经营企业合营各方出资的若干规定》及其补充规定；修改《中外合资经营企业法实施条例》、《中外合作经营企业法实施细则》和《外资企业法实施细则》，原规定须经审批的一些事项，如投资总额、注册资本、合营各方的出资额、认缴出资额、出资比例、出资方式、出资缴付期限、股权转让的规定、亏损分担的比例等，改由投资者自主决定或约定。[①] 全国人大常委会和国务院对外商投资法律法规的修改，反映了以法治方式推进政府职能转变、进一步放宽市场主体准入条件的改革方向。外商投资，除国家规定实施准入特别管理措施的外，一律实行备案管理；外国投资法主要规范投资管理。其他法律可以调整的事项，如企业制度、公司治理、企业经营管理、劳动管理、环境保护、税收等，统一由《公司法》等其他法律调整。

迄今为止的外商投资法律的修改仍然属于“小修小改”，没有改变外商投资法律规范杂乱、不统一的现状。上述全国人大常委会和国务院作出的完善外商投资法律、规

① 参见《国务院关于废止和修改部分行政法规的决定》，国务院令第 648 号，2014 年 2 月 19 日发布。

章的努力，只是完善外商投资法律制度的一部分。在上述努力作出的同时，制定统一的外商投资立法的工作已经开始。2015 年 1 月商务部发布《外国投资法（草案征求意见稿)》，将外国投资法定位为管理和促进外国投资的基础性法律，不再将企业的组织形式作为规范对象；取消现行对外商投资的逐案审批体制，采取准入前国民待遇和负面清单的外资管理方式；将外资并购、国家安全审查纳入外国投资法；转变政府职能，加强投资促进与保护、监督检查等制度。可以说，这一征求意见稿与全国人大常委会和国务院的修法目标及做法是一致的。

还必须提及的是，随着中国改革开放政策的推进和深入，中国经济发展取得了举世瞩目的成就，中国也从净投资引进国发展为投资引进和投资输出并重的国家，中国对待国际投资的态度和政策发生了相应的变化，保护国际投资、促进国际投资市场开放成为中国国际投资政策的核心，并反映到中国政府与外国谈判、签署的投资协定或自由贸易协定中。缔约方双向投资市场开放、双向投资保护、权利义务平衡，成为新一代投资协定或自由贸易协定投资章节的特征。这些国际投资规则主要调整、规范政府管理措施。为了履行国际协定义务，中国有必要对原有的国内立法进行适当的修订。

2017 年 8 月，国务院发文，要求“加快统一内外资法律法规，制定新的外资基础性法律。清理涉及外资的法律、法规、规章和政策性文件，推动限期废止或修订与国家对外开放大方向和大原则不符的法律法规或条款”①。外商投资法律制度变革的实践和需求，要求国际投资法的教学与科研反映这些实践和需求，包括根据新的发展编写国际投资法教材。

概言之，中国外商投资立法经历了自主立法的第一阶段、与国际承诺接轨的第二阶段，目前进入了第三阶段，即需要统一、规范、创新的新阶段。

二、新编国际投资法教材的考虑

中国国际投资法律制度的发展和完善方向，是制定统一的、基础的外国投资管制性法律制度。这要求剔除现有相关法律中的相关内容，如组织结构、公司治理等内容，同时要求统一内、外资投资法律法规，特别是外商投资法律法规。还应看到，我国现有外商投资法律制度集中于外商投资企业制度，对国际公认的、不具有企业形态的一些国际投资形式，如具有控制权的外国投资，缺乏有效的管制，调整对象和范围不足。即便属于外商投资法的事项，如财产征收、投资待遇，也缺乏明确的统一规定。有些内容，如外商投资的安全审查，虽然非常重要，在西方发达国家投资管理法律制度中已普遍存在且被严格实施，但却没有包括在我国现行外商投资法律制度中，而仅仅是国务院办公厅的一个文件要求设立这样一个制度。② 就法律制度建设和实施而言，这是非常不够的。对国际投资法的介绍，应该包括这些重要的内容。

---

① 《国务院关于促进外资增长若干措施的通知》，国发〔2017〕39 号，2017 年 8 月 8 日发布。

② 参见《国务院办公厅关于建立外国投资者并购境内企业安全审查制度的通知》，国办发〔2011〕6 号。

从全国人大常委会、国务院和商务部修改、完善以及制定外国投资法的现有努力看，从中国特色社会主义法律体系的结构和构成看，国际投资法应定位于经济法。与外商投资有关的民商法、社会法的内容应由民商法和社会法来调整并规范。中国现阶段已经初步建成中国特色社会主义法律体系，完全不同于1979年《中外合资经营企业法》通过时的情形。目前，相关法律制度已基本完备，赋予外国投资者和外商投资企业国民待遇也已经成为一种趋势和原则，因而对外国投资的调整和规范应集中于国际投资的最根本性问题。投资定义、投资准入、投资待遇、投资保护、投资风险防控、投资争端解决等，应成为国际投资法的核心内容。

因为国际投资是投资国投资者在东道国进行投资，所以必然涉及投资国与东道国的利益关注，且这种利益关注是不同的。例如，输出投资的投资国主要关注投资者的自由和投资安全，接受投资的东道国更关注投资对当地经济和社会发展的促进作用。另外，理论上任何一个国家都可以既是投资国也是东道国。历史上西方发达国家主要输出投资，发展中国家主要接受投资。但随着经济全球化的发展和新兴经济体的兴起，传统的投资格局已经发生变化。发达国家之间、发达国家与发展中国家之间、发展中国家之间，都存在着相互投资的关系。通过国际投资协定建立一种稳定的、平衡的、开放的、发展的投资关系，成为一种选择和必然。自1959年联邦德国与巴基斯坦签订首个双边投资协定以来，双边投资协定、多边投资协定、含有投资内容的自由贸易协定已多达数千个。这些协定的调整范围、市场开放程度、投资保护程度、争端解决程序不尽相同，呈现“碎片化”状态，但大的框架、基本制度、核心条款存在着极大的相似性，并呈现出越来越相同的发展趋势。这些国际投资协定一方面在国际层面作为国际法约束缔约方，另一方面在国内法层面与国内法有关非常密切的联系。国际投资协定确立的权利和义务要落实到国内法中，投资者的投资要享有国内法的保护。而如果国际投资仅靠东道国的法律保护，而不依靠国际投资协定提供的保护，投资者的投资就得不到有效的保障，就可能遭受东道国政府的任意干预和破坏。基于此，国际投资协定的内容就成为我们了解、研习国际投资法的出发点和立足点。

国际投资协定和国内法具有很大程度的一致性，国际投资协定之间也存在着很大程度的一致性。但在法律渊源上，它们又是不同的，不能简单地相互替代。这种一致和不同如何体现在教学中，是需要考虑的一个问题。如果以问题导向为抓手，找出国内法和国际投资协定都关注的根本内容，有针对性地介绍和分析，有可能避免因为多个法律渊源而造成的某种程度上的重复。以问题为主线、以制度为纲，而不是以渊源为主线、以形式为纲，能够更好地突出国际投资法的核心内容。这种安排不能代替对特定国内法或特定投资协定的更进一步的了解，但从教材写作角度讲更易掌握。

三、本教材的特点

本教材以中国外国投资管制法的发展方向和国际投资协定内容为指导，集中于公法意义上的国际投资法律规范，简明扼要地介绍处理国际投资面临的普遍性问题的基本制度和规则，为了解和分析国际投资法律问题提供一个较为全面的画卷。具体来说，本教材具有以下特点。

第一，教材结构新颖。基于前述背景和考虑，本教材以问题为主线、以制度为纲，按国际投资涉及的主要法律问题设置章节篇目。除前言和概述外，本教材按投资者和投资界定、投资方式和形式、投资准入、业绩要求和“高管”要求、投资待遇、征收及补偿、外汇管制与投资转移、投资担保、可持续发展以及争端解决这几大问题来编写，没有采取国内常见的国际投资法或中国外商投资法教材的编写结构。希望这种安排能够更好地服务于教材使用者。

第二，教材弱化发达国家和发展中国家的分类，使用投资国和东道国这种提法。发达国家与发展中国家间的矛盾，过去是，现在是，在可预见的将来仍然是国际社会的一个主要矛盾，依然是我们分析国际经济秩序的一个重要标准。但由于经济全球化的深入和新兴经济体的兴起，发达国家和发展中国家都成了投资和引资的双重身份国，国际投资协定已不再局限于发达国家与发展中国家之间。使用投资国和东道国这种分法，解决投资国与东道国的利益冲突和协调，更能体现国际投资中涉及的常见法律问题和考虑因素。例如，投资者与国家间的投资争端解决机制，过去主要为发达国家投资者所利用，被诉方主要是发展中国家政府；现在发达国家也成为被诉对象，发达国家对待这一机制的态度因而发生了变化。《跨太平洋伙伴关系协定》和欧盟与加拿大之间的《欧盟—加拿大全面经济和贸易协定》对投资争端解决机制的规定，就反映了这种变化。美国要求重新谈判《北美自由贸易协定》，投资者与东道国间争端解决机制问题成为其主要争议问题。

第三，弱化对不同法律渊源分别介绍的做法，择其共同规则、制度进行集中介绍。各种法律渊源形式相异，内容和适用范围也不相同，就具体适用或专门研究而言无疑应针对特定法律文件。但作为教材而言，因各种法律渊源的内容存在相同之处，择其同者要者集中介绍，既可避免重复，又可突出重点、强化认知。在经济全球化的背景下，随着国际投资协定签署方和签署数量的增多，国际投资协定的趋同化明显，而对同一问题的不同规定恰恰反映了不同国家的不同考虑，为我们了解、研究这一问题提供了丰富材料和不同视角。对于各种渊源的历史背景，读者可根据自己的需要和兴趣进一步了解，教师也可以在课堂上进一步发挥。在互联网让知识获取更加方便、知识信息量巨大的背景下，无论是教材编写还是课堂教学，都需要面对新挑战。

第四，在教材各章内容的写法上，总体遵循理论、规则和实践相结合的方法，体现规则应然和实然、理论研究和现实实践的同与不同，尽可能充分展示跨境投资所涉及的不同国家、不同群体、不同机制的处理情况。至于每一章的具体写法，则由该章的作者根据所涉及主题和内容灵活掌握。

本教材的编写安排是一种新的尝试。尝试是否成功，最终取决于教材使用者的评判和接受与否。

目　录

第一章

国际投资法概述

一、国际投资法的定义

按传统定义，国际投资法是调整国际上私人直接投资的法律规范的总和。[①]

从国际投资法律规范和实践看，随着国际投资协定调整事项增多以及投资定义的丰富完善，国际投资法调整的范围也相应扩张，由原来主要侧重投资保护和争端解决，进一步扩大到市场准入和投资便利等投资自由化事项，相关主体间关系和权利义务界定也日益复杂。同时，随着国际贸易、国际投资和国际金融的实践发展，国际贸易规则、国际投资规则和国际金融规则也存在扩张和相互渗透的情形，有些国际经济活动可能同时落入国际贸易规范和国际投资或国际金融规范的范围，由此导致这些法律规范之间的边界模糊，传统定义不能完全涵盖所有情形的情况，需要进一步分析论证。例如，现在国际投资协定在界定投资者时包括了缔约方本身、自然人或企业，而缔约方是国家或政府，不是一般意义上的“私人”。在国家或政府作为商业主体从事商业活动时，按“私人”对待。国有企业亦是如此，在一些国际投资协定中将行使缔约方赋予的管理、行政或其他政府权力的国有企业的行为视为政府行为，国有企业只有在从事纯商业活动时才按私人投资者对待。现代国际投资协定规范的东道国政府对外国投资企业施加的履行要求制度，最初源自关税与贸易总协定的争端解决，以及乌拉圭回合谈判形成的、现在属于《世界贸易组织协定》组成部分的《与贸易有关的投资措施协定》。东道国对外国投资者在其服务业中的投资的管制，要受到世界贸易组织《服务贸易总协定》的规范。另外，鉴于金融机构提供的金融服务、从事的金融活动的特殊性质，外国投资者对金融机构进行的投资通常还要受到金融服务规范（即国际金融规范）的调整，但投资待遇、征收及其赔偿等，则适用统一的国际投资规范。一项贷款是否构成投资，也需要根据相关协定和具体情形

① 参见余劲松主编：《国际投资法》，4版，北京，法律出版社，2014，第9页。

来确定。

投资是一种利用投入进行产出的人类经济活动。现代国际投资协定对投资的定义基本相同。“投资”是指所有由投资者直接或间接拥有或控制的、具有投资特征的各种资产，投资特征包括资本或其他资源的投入、收益或利润的预期和风险的承担。[①] 在《欧盟—加拿大全面经济贸易协定》（《CETA》）中，还包括一定期限这一特征。由于投资项目资本投入大，通常需要一个收回投资并获得收益的较长过程。[②] 这些特征使投资区别于一般意义上的货物买卖，即一方交付货物、另一方支付货款，进行货物与货币的交换。投资设立、收购、扩大、管理、经营、运营、出售或其他处置等，是投资活动的主要内容和表现形式。用来定义投资的“资产”可以表现为多种方式，例如企业，企业股份、股票和其他形式的参股，债券、信用债券和其他债务工具，期货、期权及其他衍生工具，交钥匙、建筑、管理、生产、特许、收入分配及其他类似合同，知识产权，政府根据法律授予的执照、授权、许可及类似权益，以及其他有形或无形资产、动产、不动产，以及相关财产权利如租赁、抵押、留置权及质押权。[③] 土地、货物、资本、权益、技术、技能、贷款或担保、合作生产等，都可以成为用于投资的资产。债权也可以成为一种投资形式。可以说，用来定义投资的资产的范围是非常广泛的。

投资主体，即投资者，理论上既可以是私人投资者，也可以是政府投资者。国际投资法主要源于对外国人的财产保护，因而私人投资者是国际投资法的主要调整对象。自然人、公司、合伙、个人企业等商事主体，是最常见的私人投资者。政府投资的企业为政府企业或国有企业，国有企业包括政府所有或控制的企业。传统上，政府投资的企业被认为是政府的组成部分，政府投资的企业引发的责任由政府承担，因而政府跨境投资成为政府间关系的一部分，因政府投资的企业产生的责任可以享受国家豁免。[④] 但这种绝对性认知逐渐改变，政府投资的企业是否成为政府的一部分应根据其是否履行政府职能来判定。如果政府投资的企业从事纯粹商业活动而未履行政府职能，可能被视为私人投资者，并可以作为私人投资者，向根据《解决国家与其他国家国民间投资争端公约》设立的解决投资争端国际中心（ICSID）提起仲裁。[⑤] 对于国家主权财富基金，亦需要根据具体情形来判断。新近出现的情况是，随着新兴经济体的国有企业成为国际投资的重要主体，发达国家中出现了将国有企业视为政府一部分的回潮，一些国家中建立的针对外国投资的国家安全审查机制加强了对外国国有企业投资的审查。

---

① 参见《〈内地与香港关于建立更紧密经贸关系的安排〉投资协议》第2条。

② 在世界贸易组织争端解决机构审理的美国诉中国出版物案中，专家组裁定中国限定外商投资企业经营期限而不限制国内投资企业的歧视性要求，根本上剥夺了外商投资企业的竞争机会，以最极端的方式改变了竞争条件，构成了较差待遇，违反了中国“入世”承诺。See China—Publications，WT/DS363/R，para. 9. 998.

③ 参见《〈内地与香港关于建立更紧密经贸关系的安排〉投资协议》第2条。

④ See Democratic Republic of Congo v. FG Hemisphere Associates，14 HKCFAR（2011）.

⑤ See Beijing Urban Construction Group Co. LTD. v. Republic of Yemen，Decision on Jurisdiction，31 May 2017，ICSID Case No. ARB/14/30，paras. 31-44.

投资者投资，既可能投资设立企业并进行控制经营，也可能投资证券市场进行套利。通常根据投资者对所投资企业的经营管理参与程度或控制程度，将投资划分为直接投资和间接投资（也叫非直接投资或证券投资）。根据欧盟法院确定的定义，直接投资是在投资者与所投资企业间建立或维持长久性直接联系以从事经济活动的投资，投资者有效参与企业的管理或控制是其核心因素。收购有限责任公司的股份以便能够有效参与公司管理或控制，构成直接投资。进行金融投资但无意影响企业管理或控制的投资，属于间接投资。[①] 在股票市场上进行短期的投机性买卖，是间接投资的明显例子。欧盟法院关于《欧盟—新加坡自由贸易协定》案件的咨询意见区分了直接投资与间接投资，指出：直接投资属于欧盟委员会的权限范围，而间接投资仍属于欧盟成员国的权限范围。就国际投资法的定义而言，区别直接投资和间接投资的意义在于，直接投资构成了国际投资法的主要调整对象，间接投资可能还受到其他法律规范，例如国际金融法律规范的调整。欧盟法院有关《欧盟—新加坡自由贸易协定》案件的询问意见对直接投资和间接投资的区分，反映了欧盟成员国与欧盟管辖权的不同，这一不同进一步反映出两种投资的适用法律不同。

国际投资，也称跨境投资，是指跨越对货物、服务、资本等进出境具有独立管理权限的不同经济体的投资。国际投资通常涉及资金的跨境流动，受到国家或政府的进出境管理或外汇管理。此处的独立经济体，并不局限于主权国家这一概念，而是包括领土意义上的国家和单独关税区。单独关税区，依世界贸易组织的概念，是指在处理对外贸易关系时在《世界贸易组织协定》规定的其他事项方面拥有完全自主权的单独关税区。[②] 中国香港特别行政区属于这样的单独关税区，中国香港特别行政区与美国之间的投资属于跨境投资；中国香港特别行政区与中国其他地区之间的投资，虽然在中国宪法体制下属于一国内部地区之间的投资，但在国际投资法这一概念下，也被视为跨境投资，即国际投资。仅仅法律传统不同但没有处理对外贸易关系的自主权的两个区域，例如加拿大境内魁北克省实行大陆法制度，其他省适用普通法制度，跨越魁北克省与其他省的这样两个地区间的投资不属于跨境投资。欧盟是一个单独关税区，但根据欧盟现有规则，欧盟与其成员国对投资的管理权限存在重叠，欧盟成员国之间的投资仍然是国际投资。本教材中在提及“国家”时，在相应的语境下包括单独关税区这一经济体。在联合国贸易与发展会议发布的报告中，也多使用“经济体”这一概念，以避免不必要的误解。

调整跨境投资的法律规范，主要包括以跨境投资为直接调整对象的法律规范。例如，外国投资的准入、外国投资企业的经营与管理、外国投资的保护、因外国投资而产生的争端解决等，都是国际投资法的直接调整对象。投资过程中面临着的政治风险，如政府违约险、征收险、货币汇兑险、战争和内乱险等，直接与投资保护相关。有些法律规范例如劳工保护规范、环境保护规范，虽然不直接针对外国投资，但可能影响

① See Opinion 2/15 of the Court of Justice of the EU (Full), 16 May 2017, paras. 80, 82.

② 参见《建立世界贸易组织的马拉喀什协定》第12条第1款。

外国投资，故广义上也属于国际投资法的范围。这类法律规范有时甚至成为导致投资争端的主要因素，例如以环境保护为由限制外国投资，“间接征收”这样的概念正是因此类情形产生的。上述两类法律规范之间并无绝对的界限且呈变动状态。以中国的税法为例：中国《外商投资企业和外国企业所得税法》是专门调整外国投资企业的税收规范，应属于中国国际投资法的范畴。该法被废止后，外商投资企业与国内企业适用统一的所得税法，统一后的所得税法成为影响国际投资但不直接调整国际投资的法律规范。

调整跨境投资的法律规范，包括具有法律约束力的国际法律规范和国内法律规范。国际习惯法和国际条约，构成国际法律规范。国际社会越来越把没有法律约束力但促进国际投资进一步规范的、由国际组织制定的所谓“软法”纳入国际投资法的范畴之中，例如，经济合作与发展组织（以下简称“经合组织”，OECD）制定的《经合组织跨国企业准则》《外国直接投资基准定义》《经合组织国有企业公司治理指引》等；“二十国集团”领导人峰会通过的决议等，如2016年杭州峰会通过的《二十国集团全球投资指导原则》；欧盟和美国于2012年联合发布的《欧盟和美国国际投资共同原则宣言》。

二、国际投资法的产生与发展

国际投资法产生于对外国人财产的保护，并随着外国人财产范围的发展以及随着对外国人（投资者）的保护而变化发展。

私人财产应受到国家法律的保护。这是伴随着地理大发现而诞生的并为资本主义奉为圭臬的一项基本原则，也被认为是一种自然权利。随着殖民活动的全球化、现代主权国家的兴起以及现代国际法的产生，保护境内的外国人及其财产成为国际条约的内容。1796年美国与法国签订了第一个《友好通商航海条约》，要求缔约方保护位于其境内的另一缔约方公民的财产。类似规定构成了缔约方对外国人财产的一种特殊保护或“充分和全面保护”，这种保护不以对本国人财产的保护为条件或前提。条约规定的对船舶、货物等的保护，逐渐扩大到对一般财产的保护。[①] 1850年美国和瑞士签署的条约要求外国人的财产被征用时，应享有与本国人一样的待遇。1868年，阿根廷外交部长卡尔沃提出了对外国财产保护的新观点，俗称“卡尔沃条款”，主张依国内法由国内法庭确定对外国财产的保护标准。1917年苏俄革命实施国有化，没收了国内企业且未给予补偿，并援引国民待遇原则对被征收的外国人的财产亦未给予补偿。[②] 1938年，针对墨西哥政府的国有化措施，美国时任国务卿赫尔提出了“及时、充分、有效

---

① See Kenneth J. Vandevelde, *U. S. International Investment Agreements*, Oxford: Oxford University Press, 2009, pp. 20-21.

② 苏俄革命没收外国人财产的补偿问题，到20世纪30年代得到了解决，一仲裁庭以不当得利为由裁决苏联赔偿外国申请人的损失。参见［德］鲁道夫·多尔查、［奥］克里斯托弗·朔伊尔：《国际投资法原则》，祁欢、施进译，北京，中国政法大学出版社，2014，第2页。

赔偿”的主张。

第二次世界大战结束时，国际社会建立了联合国体制和布林顿森林体系。旨在建立贸易投资体系的《国际贸易组织宪章》未曾生效，其所含投资规则亦空留纸上。第二次世界大战后，民族运动发展，殖民体系瓦解，世界进入分别以美国和苏联为代表的资本主义阵营和社会主义阵营的对峙体系中。独立的发展中国家纷纷采取国有化措施，例如埃及收回苏伊士运河，于是对外国投资的保护问题成为国际经贸关系中的核心问题。纷纷独立的发展中国家在联合国中占据了多数，利用联合国大会这一阵地提出了有关国际投资保护的新主张。1962 年联合国大会第 1803 号决议要求善意履约，同时要求对征收支付“适当”补偿。1974 年发展中国家在联合国大会中提出了建立国际经济新秩序的主张，并通过若干决议。其中，《各国家经济权利与义务宪章》规定，每一国家有权国有化、征收或移转外国财产，并支付适当的补偿；如就赔偿问题产生争议，除非相关国家一致同意以其他方式解决，应在国内法庭予以解决。但美国等发达国家投票反对这一决定。1979 年伊朗霍梅尼革命没收了美国人投资企业的财产，更加剧了发达国家与发展中国家有关外国投资保护的分歧。

在苏联解体、东欧剧变之前的冷战时期，发达国家一直在进行着制定保护国际投资规则的努力。1957 年联邦德国银行家倡导订立全球性的《外国人财产保护大宪章》。1962 年经合组织着手制定《外国财产保护公约草案》。1965 年由世界银行主导签署了《解决国家与其他国家国民间投资争端公约》（以下简称《华盛顿公约》），该公约专门处理争端解决程序问题，不涉及投资保护实体义务。1959 年，联邦德国与巴基斯坦签署了世界上第一个专门保护投资的投资保护协定。1982 年美国也开始谈判签订双边投资保护协定，并形成了不同于德国签署的保护协定的“美式”协定。

1991 年苏联解体、东欧剧变后，以国际货币基金组织和世界银行集团为核心形成的“华盛顿共识”影响全球，私有化、市场化、放松管制、开放市场成为世界经济思潮的主流，对国际投资的保护成为这一时期的主旋律。含有投资市场开放、强化投资保护的双边投资协定数量剧增。20 世纪 90 年代，与私有化相关的 1997 年东南亚经济危机、俄罗斯经济危机、阿根廷经济危机，引发了大量的投资争端案件。诉诸投资仲裁的案件增加，且多以投资者胜诉告终。偏向投资者保护、没有充分考虑东道国为了公共利益采取管制措施的必要性和正当性，是这一时期投资争端解决仲裁案的主要特点。互不隶属的仲裁庭对有关投资协定条款作出的不一致的解释，进一步加重了国际投资机制的碎片化。但同一时期，国际投资规则出现了重大发展。1986 年至 1994 年举行的关税与贸易总协定乌拉圭回合谈判达成了成立世界贸易组织的协定，同时达成了《与贸易有关的投资措施协定》、《服务贸易总协定》、《与贸易有关的知识产权协定》以及《争端解决规则与程序谅解》等协定。随着拥有 100 多名成员的世界贸易组织于 1995 年 1 月 1 日的正式成立，这些既涉及实体规则又涉及程序规则的协定，对国际投资产生了重要影响，成为国际投资规则的重要组成部分。几乎同时诞生的由美国、加拿大和墨西哥达成的《北美自由贸易协定》在 1988 年《美国—加拿大自由贸易协定》的基础上，将国际投资和国际贸易纳入同一法律框架内，既奠定了自由贸易协定的模板，也奠定了自由贸易协定投资条款的模板。

受经济自由化和经济全球化的鼓舞，经合组织于 1995 年开始谈判《多边投资协定》，但没有成功。世界贸易组织成立后在新加坡举行的第一届部长级会议确立了包括投资、竞争等在内的“新加坡议题”，但于 2003 年放弃了投资、竞争等议题。全球统一国际投资规则的努力遭遇挫折。

2008 年爆发了发自美国并扩及全球的金融危机，发达国家的经济亦受到较大影响，其政府纷纷采取了一些救济措施，影响了外国投资者的投资利益，受影响的投资者对发达国家政府提起国际投资仲裁，使发达国家的政府也像发展中国家的政府一样，成为投资仲裁的“被告”。同时，新兴经济体的发展使新兴经济体的投资者纷纷到发达国家投资，发达国家政府未来面临着较大的被诉风险。这种投资格局的变化，以及对可能产生的发达国家政府败诉支付赔偿的担忧，使发达国家和发展中国家都对国际投资规则走向及制度设计进行反思。东道国对外国投资的管制权受到重视。东道国利益和投资者利益平衡兼顾，成为国际投资规范发展的一个趋势。

在欧盟，2009 年《里斯本条约》赋予了欧盟委员会对外国投资的专属管辖权。原由各成员国对外签署投资保护协定的格局面临着改变。欧盟委员会启动了新一代自由贸易协定的谈判，将投资条款纳入其中。新近达成的《欧盟—新加坡自由贸易协定》、《欧盟—加拿大全面经济贸易协定》和《欧盟—越南自由贸易协定》均含有投资章节。但欧盟法院指出，外国直接投资属于欧盟委员会的专属管辖权范围，而间接投资不属于其专属管辖权范围，而且投资者与政府间的争端解决亦不属于欧盟委员会的专属管辖权范围，而是属于欧盟委员会和欧盟成员国共同享有管辖权的范围。欧盟法院的这一认识，将对欧盟对外谈判国际投资规则产生重要影响。

国际投资法发展到现在，是多种力量影响、逐步演变的结果，而非某一单一协定规范的结果。[1] 国际投资协定是基础，而《华盛顿公约》及其设立的解决投资争议国际中心的仲裁实践，极大地促进了国际投资法的发展。越来越活跃的基于投资条约的争端仲裁，以及越来越多的仲裁裁决，为国际投资法的发展提供了活力。

纵观国际投资法产生和发展的历史，国际投资规范经历了由综合性条约到专项条约再到综合性条约的螺旋式发展，内容越来越丰富，权利义务越来越详尽。同时，投资保护的国际条约与国内法也是相辅相成发展的。特别是发展中国家的外国投资法律，逐渐由特殊法律规范向一般法律规范发展，对外国投资的保护由特殊待遇向国民待遇发展。

三、国际投资法的渊源

国际投资涉及投资国和东道国两个国家，从国家角度讲需要对国际投资予以保护和规范，因而国内法自然成为调整国际投资的法律规范的组成部分；同时由于涉及两

① 《国际货币基金协定》《世界贸易组织协定》等，可以视为单一协定设立某种制度的例子。

个国家，无论是投资国还是东道国都不能完全单方面决定国际投资的相关问题，因而需要签署国际条约作出相应的约定。当国际投资超出两国范围时，就产生了更大范围的、更多数量的国家签署区域的或多边的规则以协调国际投资的相关规范的必要性。而各国在处理国际投资方面的实践，也促进国际习惯法的生成和发展。当制定严格意义上的国际条约的条件不成熟时，各种建议性的、倡议性的指南、决议，也会对国际投资起规范作用。

国际投资法的渊源，即国际投资法律规则的表现形式，主要包括国内法渊源和国际法渊源。国内法是调整国际投资的主要法律规范。国内法反映了国家和人民的意志，经由正当程序，成为具有强制执行力的规范。国际条约和国际习惯法建立在国家意志基础之上，是行使国家意志的结果。在可行和必要时，国内法亦会反映国际法的内容，但这同样是国家和人民意志的结果。

从内容上说，国际投资法主要包括投资准入、投资促进、投资保护和争端解决几方面的内容。所有这些内容，都是国内法的规范对象。现实中绝大多数国家既是东道国又是投资国，虽然对外投资和引进投资的比重可能不同，但这种双重身份有利于国内法采取平衡、包容的立场和方法规制国际投资。不过，就东道国和投资国两国而言，由于立场和利益不同，东道国意义上的国内法和投资国意义上的国内法的具体内容、权利义务配置有所不同。投资国主要关注其国民的对外投资是否安全、是否受到不公平待遇、在投资者及其财产受到侵害时是否存在正当程序获得救济，必要时也会对资本外流进行一定的控制。东道国主要希望利用外国资本促进其经济、技术和社会发展，不希望外国资本对本国公共利益、公共道德、国家安全、产业、就业、环境、生命健康等造成损害，因而其国内法主要从保证外国资本促进本国发展的角度来规制外国投资，故资本准入、国家安全审查、基于公共利益的政府管制、可持续发展、外国投资企业依法经营、投资争端解决等，是东道国国内法的主要内容。必要时东道国也会对外国投资企业提供税收或其他方面的优惠以吸引外资。

国际投资协定是国际投资法的另一主要渊源。1959 年联邦德国和巴基斯坦签署了世界上第一个专门的投资保护协定，并由此引发了以德国投资保护协定为范本的“德式协定”或“欧式协定”。美国于 1982 年开始签署专门的投资保护协定，并形成了更加关注投资准入的“美式协定”。目前世界上已经签有数千个双边投资保护协定，也存在多方签署的国际投资协定，仅中国就签署这类国际投资协定一百多个。此外，越来越多的自由贸易协定纳入投资章节，既促进和保护投资，也更好地协调投资与贸易、金融等领域的规制关系。1988 年《美国—加拿大自由贸易协定》和 1994 年《北美自由贸易协定》，开启这一模式先河。现在，通过综合性的自由贸易协定这一模式，来调整投资、贸易、金融、知识产权等国际经贸议题，成为一种趋势。

无论是专门的投资保护协定还是作为自由贸易协定中的投资章，国际投资协定的框架和内容基本一致，均包括实体权利义务条款和争端解决程序条款两大部分。实体条款部分通常包括投资的定义、适用范围、投资准入、投资待遇、征收补偿、战乱赔偿、资金自由转移等，履行要求及“高管”要求、投资与可持续发展（包括劳工和环境等）成为新的亮点。在投资准入部分，原则允许、例外限制或禁止的所谓“负面清单”模式，在规定一般义务的同时列出国别保留，成为当今投资协定的一种趋势。原本不太重视投资准入的“欧式协定”，也越来越追随“美式协定”的方式，由逐步开放投资市场向一次性开放投资市场转变。程序条款部分，主要包括投资争端解决方式，特别是投资者—国家间争端解决的相关规定，包括仲裁机构的选择、仲裁员的选任、仲裁庭的管辖权、仲裁庭的职责、仲裁裁决的承认与执行等。就现有关注和趋势看，投资国和东道国对仲裁庭的约束趋强，原本去政治化的投资仲裁机制呈现出越来越浓的政治色彩。欧盟法院关于欧盟委员会缔结投资协定权限的意见，《跨太平洋伙伴关系协定》谈判中澳大利亚等对投资者—国家争端机制的抑制，印度等一些国家终止适用投资者—国家争端解决条款，以及委内瑞拉等拉美国家退出《华盛顿公约》，均体现出这一点。①

《能源宪章条约》是苏联解体、东欧剧变后主要由欧洲国家于 1994 年签署、1998 年生效的有关欧洲能源贸易投资的一项协定。除其他内容外，该条约含有投资促进和保护的投资专章，实践中亦产生了许多投资争端，从而对国际投资产生了重要影响。

多边性的专门调整国际投资的国际协定当属世界银行于 1965 年主持制定的《华盛顿公约》和 1985 年主持制定的《多边投资担保机构公约》。基于《华盛顿公约》建立的解决投资争端国际中心自运行以来，特别是自 20 世纪 90 年代以来，为处理投资者与国家间的投资争端作出了重要贡献。一些双边投资保护协定和自由贸易协定中的投资条款均将这一争端解决机制纳入其中。《多边投资担保机构公约》是一专门针对投资担保的实体公约，除组织等条款外，规定对国家违约险、货币汇兑险、征收及类似措施险以及战争内乱险予以承保。

随着国际贸易与国际投资的关系越来越密切，国际贸易规则和国际投资规则呈融合趋势。关税与贸易总协定乌拉圭回合谈判达成了《与贸易有关的投资措施协定》《服务贸易总协定》《与贸易有关的知识产权协定》等协定，对于促进和规范国际投资产生了重大影响。《与贸易有关的投资措施协定》禁止世界贸易组织成员采取扭曲贸易的投资规制措施，将外国投资企业作为商业存在这一服务贸易的第三种模式纳入《服务贸易总协定》的调整范围，而《与贸易有关的知识产权协定》对知识产权的保护极大地便利了利用知识产权进行投资。世界贸易组织其他协定，如《争端解决规则与程序谅解》和《补贴与反补贴协定》等，也对国际投资产生了重要影响。由拥有 160 多个成员的世界贸易组织管理的世界贸易组织规则，特别是与投资相关的规则，促进了国际投资规则的进一步统一。

国家基于法律义务感所从事的行为而形成的一贯的、统一的实践，构成了国际习惯法。国际习惯法对所有国家都有约束力。在征收补偿方面，存在着一定的国际习惯

① 南非开始终止其缔结的相关条约，玻利维亚、厄瓜多尔和委内瑞拉退出《华盛顿公约》。See Gordon, K. and J. Pohl, “Investment Treatment over Time—Treaty Practice and Interpretation in a Changing World”, *OECD Working Papers on International Investment*, 2015.02, OECD Publishing, p. 7.

法。但总体上，国际投资法规范中国际习惯法占比很小，常见的最惠国待遇、国民待遇、投资准入等，均为国际条约的约定内容。

根据《国际法院规约》，国际法一般原则、一定情况下的国际司法判例，构成国际法的渊源。对国际投资法而言，亦可这样理解。此外，联合国大会的规范性决议，如果反映了国际法一般原则，也可成为国际投资法的渊源。一些国际组织通过的指南、建议，国家政治领导人通过的政治声明，不具有法律约束力，不属于国际投资法的渊源，但有一定的说服力和影响力。

东道国政府与投资者签订的投资合同，特别是有关自然资源开采、公共设施建设的特许权协议，对东道国政府有约束力。投资者与东道国政府之间因履行此类合同所产生的争端，除非存在特殊约定（法律稳定条款或“保护伞条款”），一般不能根据国际投资协定诉诸投资者—东道国争端解决机制。

四、国际投资法的基本原则

国际投资法是调整跨境（私人）直接投资的法律规范的总称。无论是国际投资协定，还是国内法规制国际投资的法律规范，性质上都属于公法性质的管理性规范；即使含有投资者及其财产保护的内容，反映的也是国家意志。国际投资法的实质是调整投资国和东道国之间因跨境投资而形成的法律关系。从这一角度理解，国际投资法的基本原则，应当是维护《联合国宪章》、反映投资者利益和东道国利益平衡的规则，反映国际法治的正义理念和追求，贯穿于整个国际投资规范之中。相关国家间某时、某地、某事上的分歧，不影响这些基本原则的存在。

国际投资法的基本原则可包括主权、独立、平等、互利、合作、发展和善意履约这七项原则。这七项原则既相互独立，又相互包容支持，形成一个统一的整体。

《联合国宪章》确立的原则，包括主权平等原则和政治独立原则。主权是一个国家存在的标志和资格，是以国家名义对外交往、享有权利、承担义务的前提。国家管辖权是国家主权的体现与行使。在国际投资法中，国家主权主要体现为经济主权，体现为国家对自然资源的永久主权，体现为国家对与投资相关的活动的规制权，规制权实际是国家主权和国家管辖权在投资领域的具体表述。[①] 当今国际投资法的发展和实践愈发重视国家规制权。独立原则和平等原则既是主权原则的延伸和应有之义，也具有独立的价值。所有国家之间都是独立的、平等的。独立体现出国家意志的独立。平等是地位的平等。除非国家自愿接受法律上的限制，该独立和平等不因国家大小、政治制度、经济力量等因素而受影响。体现在国际投资上，东道国和投资国相互间是独立的、平等的，一国不得压制、强迫另一国接受损害其自身利益的政策或做法。

在国际经济交往中，在国际投资关系中，各国之间遵循独立、平等的原则，追求互利的目标和结果。赢者通吃、零和游戏，均不符合国际投资原则和利益要求。只单

---

① 单独关税区不是主权国家，不享有主权，其所享有的管治权来自主权国家的授权。

方面考虑投资者的利益，或者只单方面考虑东道国的利益或投资国的利益，既造成权利、义务失衡，也造成国家间新的不平等。

合作是方法，发展是目标。国际投资的促进和保护，离不开东道国与投资国的合作，离不开投资者与东道国的合作。合作能调动、发挥各利益者的积极性，实现更好的资源配置，共享更多的投资效益。发展是投资目标，实现包容、平衡性发展，实现可持续发展，符合投资者、东道国和投资国的利益。国际投资协定越来越突出发展的作用，作为一项重要内容来规定。

法律是有关权利、义务的规定，善意履行义务是法律的基本要求。在国际法语境下，善意履约成为包括国际投资法在内的国际法的内在要求。由于主权的独立平等，各国相互之间无管辖权，各国基于共同达成的规则或作出的国际承诺而行为，而且义务履行方式和程度不能侵害主权。善意履约是既尊重主权又尊重义务的适当要求。以征收为例：东道国既可以基于公共利益依法征收，又要保护投资、给予补偿，而不能是东道国无权征收或东道国征收后不予补偿。

五、国际投资法与国际贸易法、国际金融法的关系

国际投资法是国际经济法的一个分支，与国际贸易法、国际金融法共同构成了国际经济法的三大支柱。这三大支柱以其各自的调整对象和手段，保障国际经济交流的进行和发展。虽然如前文所说，三大部门法之间存在着相互渗透的情形，出现一些边缘交叉，但其核心价值、规则和制度仍保持独立的地位，即便被纳入同一法律渊源（如纳入同一个自由贸易协定），也不表示它们失去了自己的独立性。这三大部门法实际上也是由社会分工形成的，通俗地说，各有各的行规。

国际贸易法，传统上就是国际货物买卖法。广义上，国际贸易法既包括平等主体间的商事交易规则，也包括出口国和进口国对进出口的管制规则，前者比较典型的是合同规则、买卖规则、运输规则、支付规则等，后者比较典型的是关税、进出口限制措施以及金银管制措施等。这中间包括了金融交易规则和管制措施，但它们没有作为独立的部门法出现。国际投资法是从对外国人的财产保护发展起来的。对居住在内国的外国人进口的货物（财产）的保护，带有国际投资法的色彩。随着商事法的逐渐协调和统一，当事人意思自治原则越来越得到普遍认可，对国际贸易的管理越来越复杂，国际贸易法更多地关注贸易管制规则，特别是随着 1947 年关税与贸易总协定开始适用、1995 年世界贸易组织成立，国际贸易法私法色彩减弱、公法色彩增强。在公法意义上，我们可以将国际贸易法定义为促进或限制产品进出口的法律规范。贸易自由化、关税减让、取消数量限制措施、国民待遇、最惠国待遇、贸易便利化等，都可以理解为促进产品进出口的措施；关税配额、数量限制或禁止、贸易救济措施、卫生检疫等，都可以理解为限制产品进出口的措施。还有一些措施介乎二者之间，带有中性特征，如原产地规则。随着经济和社会的发展、人类生存环境的改变以及人类价值观的变化，促进或限制产品进出口的理由增多，如保护环境的绿色贸易、保护劳工权利的蓝色贸

易、保护国家安全的贸易、保护特定群体的公平贸易等。

社会分工越细化，相关规则越发展。随着产业分工的发展，调整相关服务的规范开始逐步分化、独立并进一步发展。国际贸易规则从主要是货物贸易规则向包括服务贸易规则的方向发展，关税与贸易总协定乌拉圭回合谈判达成《服务贸易总协定》意味着服务贸易规则框架的正式确立，国际贸易法随之包括服务贸易规范。尽管存在不同的规范，一项国际交易可能既涉及货物贸易规则，又涉及服务贸易规则。

金融机构提供的服务被纳入了《服务贸易总协定》的框架内。这样，传统上调整银行融资的国际金融法开始与国际贸易法特别是服务贸易法交叉并部分融合。《服务贸易总协定》确立的金融服务定义及分类、金融服务市场开放及待遇、金融审慎监管措施成为国际金融法的重要内容。传统的国际金融法和传统的国际贸易法一样，由私法规范和公法规范构成。随着经济全球化、金融服务的作用不断增强以及国际金融危机的影响，强化国际金融市场的国际监管成为各国普遍关注的议题，公法性质的国际金融规范更加丰富和发展。

金融机构提供国际金融服务，包括贷款、担保、保险、证券服务等。这些都受国际金融法的调整。对金融机构进行投资、金融财产的保护、时间较长的投资安排，又属于国际投资法的内容。

总的来说，国际贸易法更侧重进出口，特别是影响进出口的因素；国际投资法更侧重财产保护，保护财产利益；而国际金融法更侧重资金融通，追求融通便利。三大部门法现在都关注市场准入和开放，都采取了类似世界贸易组织服务市场承诺的开放模式，但在违反责任上，三大部门法表现出很大的不同。关税与贸易总协定实践和世界贸易组织《争端解决规则程序与谅解》确立的争端解决机制，采取既往不咎的责任原则和无损害赔偿制度。由世界贸易组织《服务贸易总协定》调整的通过商业存在形式进行的服务贸易，包括投资和金融，也适用这一原则。但在国际投资法和国际金融法框架下，除非另有规定，一般遵循损害赔偿原则。

第二章 外国投资和外国投资者

外国投资和外国投资者是国际投资法的核心要素。在国际投资协定中，外国投资和外国投资者的定义决定了条约保护的范围和适用边界。虽然国际投资协定并不是影响外国投资者作出投资决策的最重要的因素，但是国际投资协定对于提升投资交易的可预见性、鼓励国际资本流动、明确投资权利和责任、解决投资争议不可或缺。在良好的国际投资法制环境下，外国投资能提供金融稳定性，推动经济增长，也能提升社会福利。近年来，投资在推动全球经济增长方面发挥着越来越重要的作用，特别是在全球价值链体系下，投资对全球国内生产总值的贡献率日益提升，这也在一定程度上对国际投资法的演进产生影响。

第一节 外国投资

外国投资是指投资者为获得一定经济效益，将有形的或无形的资产从一国转移至另一国的一种经济活动。① 虽然外国投资与国际贸易密切相关，但是两者之间仍有区别。典型的贸易交易主要是用服务或货物换取金钱，当交换结束后，交易行为也就完成，买卖双方间不再存在其他的法律关系。因此贸易更像是“一锤子买卖”（one off deal）。但外国投资通常有一定的持续时间，而且即使投资行为结束，在投资者和投资

① 参见余劲松、吴志攀：《国际经济法》，4 版，北京，北京大学出版社、高等教育出版社，2014，第 229 页。M Sornarajah，*The International Law on Foreign Investment*，Third Edition，Cambridge University Press，2012，p. 8. 国际上对于“外国投资”的定义主要有两种学说：一种是“过程说”，它重视投资者进行投资的交易过程（transaction）。如《马克斯—普朗克国际公法百科全书》将外国投资解释为“将资金或材料从一国（资本输出国）转移至另一国（资本输入国）以换取对公司盈利的直接或间接参与”。See *Encyclopedia of Public International Law*，Vol. 8，Elsevier Science Publishers，1985，p. 246. 另一种是“财产说”，如格雷厄姆和克鲁格曼认为外国投资主要指通过投资所获得的财产（assets）。See Edward M. Graham and Paul R. Krugman，*Foreign Direct Investment in the United States*，Second Edition，Institute for International Economics，1991，p. 6.

者所投资的公司间仍有法律关系存在。同时，外国投资也会产生外国投资者与东道国政府之间的法律关系。

依据不同的标准，外国投资可以有不同的分类。如依据投资主体的性质不同，可分为政府投资和私人投资；依据投资期限不同，可分为短期投资和长期投资；依据投资方式不同，可分为外国直接投资和间接投资。外国直接投资是经济全球化的一个重要元素，它创造了不同经济体间直接、稳定和持续的联系，推动了技术和商业秘密在不同国家间转移，也使得东道国能在国际市场上更广泛地推广其产品。

一、外国直接投资与间接投资

经合组织指出，外国直接投资是指“一经济体中的常住实体（直接投资者）对直接投资者所在经济体之外的另一经济体中的常住企业（直接投资企业）进行的以获得持久利益为目的的活动。持久利益意味着直接投资者与企业之间存在一种长期的关系，直接投资者对企业的管理有重大影响。通常投资者直接或间接拥有投资企业 10%及以上的表决权”①。国际货币基金组织 2009 年颁布的《国际收支和国际投资头寸手册》（第六版）也细化了直接投资的内容，以与经合组织的定义保持一致。它指出，直接投资是跨境投资的一种，其特点是“一经济体的居民对另一经济体的居民企业实施了管理上的控制或重要影响”②。国际货币基金组织还依表决权的比例对控制或重要影响进行了区分。如果直接投资者在直接投资企业中拥有 50%以上的表决权，则认为存在控制。如果直接投资者在直接投资企业中拥有 10%至 50%的表决权，则认为存在重要影响。③

实际上，经合组织提出的对外国直接投资的定义也为不少国家所采纳。如美国经济分析局将外国直接投资定义为“一国的居民在另一国的商业企业中享有持久利益，并对其拥有一定程度控制的投资”④。我国商务部、国家统计局和国家外汇管理局于 2015 年印发的《对外直接投资统计制度》也依照经合组织的定义，将对外直接投资定义为“我国境内投资者以现金、实物、无形资产等方式在国外及港澳台地区设立、参股、兼并、收购国（境）外企业，拥有该企业 10%或以上的股权，并以拥有或控制企业的经营管理权为核心的经济活动”。经合组织的定义也出现于中国所签订的一些双边投资协定中，如 2003 年《中华人民共和国和德意志联邦共和国关于促进和相互保护投资的协定》（以下简称《中国—德国双边投资协定》）就在议定书中规定，投资“系指为了与企业建立持续的经济关系，尤其是那些能够对企业管理产生有效影响的投资”。

外国直接投资的一个重要特征是它拥有所投资企业管理上的控制或重要影响。控

---

① OECD, *OECD Benchmark Definition of Foreign Direct Investment*, Fourth Edition, 2008, pp. 48-49.

② 国际货币基金组织：《国际收支和国际投资头寸手册》，6 版，2009，第 87～88 页。

③ 参见国际货币基金组织：《国际收支和国际投资头寸手册》，6 版，2009，第 88 页。

④ US Bureau of Economic Analysis, “Glossary, Direct Investment”, available at http://www.bea.gov/glossary/glossary.cfm?letter=D.

制或影响可以通过拥有股权，从而获得对企业的表决权的形式直接实现，也可以间接实现，即在另一个对所投资企业具有表决权的企业中拥有表决权。因此外国直接投资的动机和行为方式往往不同于其他形式的投资，除了为获得表决权而拥有股权外，外国直接投资还可以提供其他类型的融资和技术诀窍。[①]

间接投资，又称股份投资（portfolio investment），是指没有被列入直接投资或储备资产的，有关债务或股本证券的跨境交易和头寸（positions）。[②] 投资者不参加企业经营管理，也不享有企业的控制权或支配权。[③] 通常认为进行间接投资的投资者需要自己承担投资风险。间接投资也不受国际习惯法保护，因为对于此类投资产生的一般商业风险，投资者应当有所预见。[④]

二、国际投资协定中的“投资”

对于何为投资，国际投资法上并不存在一个统一的、一成不变的概念。实际上，任何此类尝试也是徒劳的。随着国际经济关系的发展，投资的内容和形式也在不断发生变化。19 世纪中期以前，投资更多地表现为欧洲相邻国家间以借贷形式存在的跨境资本流动。长途交通和通讯不便成为阻碍外国直接投资发展的重要因素。19 世纪末期，交通和通讯的发展为外国人在另一国设立企业开发自然资源、进行公共设施建设或设立大型制造工厂提供了便利。这些都需要大量的投资和先进的技术。不过，这一时期外国投资仍更多地体现为间接投资。但到了 20 世纪中期，随着经济的进一步发展，外国直接投资有了显著增长。进入 20 世纪末期以后，外国投资的形式更加多样化，知识产权等无形财产获得了更多关注，投资所涉及的领域也从制造业向服务业转移。[⑤]

投资在内容和形式上的发展也从另一个方面表明在国际投资协定中准确界定投资并不容易。在条约谈判中，缔约双方需要考虑适用什么样的标准来衡量某一项财产或转移是否为投资。这样的标准决定了国际投资协定中投资的定义，并为仲裁庭在解释投资协定时提供指引。

概括来讲，国际投资协定在界定投资时主要遵循三种方式：以财产为基础的定义、以企业为基础的定义和以商业存在为基础的定义。

（一）以财产为基础的定义

采取这种方式的国际投资协定一般规定投资是指“各种财产”，并同时附带一个说

① 国际货币基金组织：《国际收支和国际投资头寸手册》，6 版，2009，第 88 页。

② 参见国际货币基金组织：《国际收支和国际投资头寸手册》，6 版，2009，第 88 页。

③ 参见余劲松、吴志攀：《国际经济法》，4 版，北京，北京大学出版社、高等教育出版社，2014，第 229 页。

④ See M Sornarajah, *The International Law on Foreign Investment*, Third Edition, Cambridge University Press, 2012, p. 9.

⑤ See UNCTAD, “Scope and Definition: A Sequel”, UNCTAD Series on Issues in International Investment Agreement II, United Nations, 2011, pp. 7-8.

明性清单指出投资主要是：（1）动产和不动产以及其他物权，如抵押权、质权、留置权、用益权及类似的权利；（2）公司股份、股票和债券或该公司财产中的利益；（3）金钱请求权或根据合同具有金钱价值的行为请求权；（4）知识产权；（5）依照法律或法律允许根据合同赋予的特许权。[①] 说明性清单并不是穷尽的。目前世界上多数双边投资协定都采纳该定义，中国所签订的投资协定大多也遵循这一模式。以财产为基础的定义并不要求投资者对公司享有控制权，因此它同时涵盖外国直接投资和间接投资。

（二）以企业为基础的定义

以企业为基础的定义主张投资是投资者在另一国设立新的企业或者获得现有企业的控制权。最早采纳此方式的是 1988 年《美国—加拿大自由贸易协定》。[②] 1992 年《北美自由贸易协定》取代了《美国—加拿大自由贸易协定》，并将保护范围从原来的外国直接投资扩展到间接投资。在此类定义模式下，投资既包括企业，也包括与企业有关的一些传统的财产类型，如企业中的股份或债权。以企业为基础的定义多见于那些规定投资准入前待遇的条约，因为准入和设立不仅涉及资本和服务的转移，同时需要通过一个特定的实体才能实现。此外，考虑到东道国的法律法规主要以企业为调整对象，如果将企业看作是投资的一种类型的话，就更容易将条约中规定的待遇标准与此类企业法律法规进行对照，进而明确东道国对外资所负的义务。另外，企业具有独立的法律人格。当与东道国因投资产生纠纷时，外国投资者既可以以自己的名义，也可以以所投资企业的名义提出仲裁请求。[③]

（三）以商业存在为基础的定义

这一定义模式在双边投资协定中并不多见，而多规定于那些与服务贸易自由化有关的协定中，如欧盟与其他国家所签订的经济合作协定。由于商业存在是外国直接投资的一种，因而从广义上看这类协定也属于国际投资协定。但与双边投资协定不同，此类协定并不具体规定投资所享受的实体方面的保护，而仅涉及市场准入等方面。[④]

不少投资协定在投资定义方面规定得十分宽泛，特别是一些采纳了以财产为基础的定义模式的条约，其投资定义几乎囊括了每一种常见的商事交易行为，这可能导致一些从性质上而言并不属于投资的行为，如服务贸易行为，也能享受到投资协定的保护。投资定义没有明确的界限，也使得仲裁庭在解释投资时容易作出更加宽泛的认定。

基于这些考虑，晚近一些投资协定也在投资定义方面作出了一些限制。[⑤] 不少投资协定借鉴国际投资仲裁庭的经验，规定了投资需要具有一定的特征，如资本或其他

---

① 如 1988 年《东盟促进和保护投资协定》第 1 条第 3 款。

② See Article 1161 of the Canada-US Free Trade Agreement.

③ See UNCTAD, "Scope and Definition: A Sequel", UNCTAD Series on Issues in International Investment Agreement II, United Nations, 2011, pp. 22-23.

④ Ibid., p. 23.

⑤ Ibid., pp. 28-48.

资源的投入、收益或利润的期待、风险的承担和对东道国经济作出贡献等。有的条约规定外资保护仅涉及外国直接投资，这主要考虑到多数间接投资并不像直接投资那样带来技术转移、当地雇员的培训以及其他有关的益处。有的条约将某些财产排除在投资范围之外，如《北美自由贸易协定》第1139条规定，投资不包括国有企业发行的债券或对国有企业的贷款，也不包括与货物销售、提供服务或贸易融资有关的货币请求权。不少双边投资协定规定投资需要投资者依照缔约一方的法律作出，如1995年《中华人民共和国政府和古巴共和国政府关于鼓励和相互保护投资协定》第1条第1款规定，投资"指缔约一方投资者依照缔约另一方的法律和法规在缔约另一方领土内所投入的各种财产"。2008年中、古双方修订投资协定时明确了根据缔约一方的法律法规是指"对属于本协定所保护的投资的任何投资财产，应当与接受投资的缔约一方的立法所确定的外国投资种类一致，并按照该种类进行登记"。有的投资协定从时间方面设置了限定条件，如1986年《中华人民共和国政府和斯里兰卡民主社会主义共和国政府关于相互促进和保护投资协定》（以下简称《中国—斯里兰卡双边投资协定》）第2条第2款规定，条约"适用于缔约一方的国民和公司在缔约另一方领土内，于一九七八年九月七日之后在斯里兰卡进行的全部投资，以及一九七九年七月八日之后在中国所进行的全部投资"。也有的通过封闭式清单的方式对符合条约保护条件的投资进行穷尽式列举。[①] 有的投资协定要求投资需要在东道国领土内有物理存在（physical existence）。[②]

值得关注的是，我国于2015年1月公布的《中华人民共和国外国投资法（草案征求意见稿）》在定义外国投资时也采用了封闭式列举的方式。草案第15条规定，外国投资是外国投资者直接或间接从事的以下几种投资活动，包括：（1）设立境内企业；（2）取得境内企业的股份、股权、财产份额、表决权或者其他类似权益；（3）向其持有前项所称权益的境内企业提供一年期以上融资；（4）取得境内或其他属于中国资源管辖领域的自然资源勘探、开发的特许权，或者取得基础设施建设、运营的特许权；（5）取得境内土地使用权、房屋所有权等不动产权利；（6）通过合同、信托等方式控制境内企业或者持有境内企业权益。与此同时，草案规定，境外交易导致境内企业的实际控制权向外国投资者转移的，视同外国投资者在中国境内投资。

三、《华盛顿公约》第25条第1款中的"投资"

"投资"一词是《华盛顿公约》的核心。[③]《华盛顿公约》第25条第1款规定了解决投资争端国际中心（以下简称"中心"）的管辖权及于缔约国和另一缔约国国民间直

---

① See Article 1 of the 2004 Canadian Model BIT.

② 如《美国—阿根廷双边投资协定》第1条第1款规定，投资是指缔约一方国民或企业在缔约另一方领土内直接或间接拥有或控制的各种投资。

③ See Christoph H. Schreuer, *The ICSID Convention: A Commentary*, Second Edition, Cambridge University Press, 2009, p. 114.

接因投资而产生的并经双方书面同意提交给“中心”的任何法律争端。但对于如此重要的一个概念，《华盛顿公约》并未给出定义，也没有进行详细描述。实际上，有关管辖权条款的工作文件中甚至都没有提及“投资”。公约的初步草案中虽然包含了存在投资争议的要求，但也未定义“投资”。在随后的讨论中，谈判代表广泛认为“投资”的定义是必要的，有代表也提出了一些可能的建议。因此公约草案第一稿在第 30 条规定，投资系指投入金钱或其他有经济价值的财产，投入是无限期的，或者如果有期限的话，则不能低于 5 年。[①] 这一定义引发了谈判代表们的争论，投资争端解决法律委员会秘书处随后又尝试将投资定义为获得：（1）工业、商业、农业、金融业或服务业企业设立或者运营中的财产权利或合同权利（包括特许协议中的权利）；（2）在任何此类企业中的参股或股份；（3）公共或私人实体所负的除短期银行或信贷融资义务外的其他财政义务。然而该定义也未被采纳。[②]

谈判中，代表们也就其他与“投资”有关的事项进行了讨论。有代表指出《华盛顿公约》应当引入一个最小金额要求以排除那些不重要的诉请。《华盛顿公约》的工作文件规定“中心”的管辖权不及于那些金额小于 10 万美元的诉请。反驳意见认为，并不是所有的诉请都会以金钱形式体现，一些标的金额小的案件也有可能成为重要的判例案件（test case）。也有代表认为，只有那些因《华盛顿公约》生效后的投资产生的争议方可提交“中心”管辖，因为《华盛顿公约》的目的是创造未来有利的投资环境，所以《华盛顿公约》不应当适用于生效前已存在的投资产生的争议。这些主张都遭到了时任世界银行总法律顾问阿朗·布罗奇斯的反对，他认为：投资的准确定义以及投资所涉及的数额限制和时间限制都应当由缔约方确定。投资虽然难以定义，但在实践中却很容易甄别。因此他提议《执行董事会报告》中应当指明执行董事会认为没有必要尝试对投资给出定义。《执行董事会报告》采纳了阿朗·布罗奇斯的建议，并就投资指出：“鉴于当事方同意这一基本要求，以及缔约方借以预先明示其欲考虑或不考虑提交给‘中心’的争端类型的机制（《华盛顿公约》第 25 条第 4 款），（执行董事会）并不尝试就‘投资’给出定义”[③]。

因此《华盛顿公约》最终未就投资给出解释，而是由当事方自主决定哪些投资可以交由“中心”审理。但在实践中，国际投资仲裁庭在考察某一活动或商事交易是否属于投资协定和《华盛顿公约》第 25 条第 1 款中规定的“投资”时，并没有采取统一的路径。

有的仲裁庭在《华盛顿公约》相关规定的基础上指出，某一争端受“中心”管辖除了要符合投资协定中规定的投资定义外，也要满足一些客观性的要求，从而确立了一个“双重测试”（dual test）标准。第一次作出此类尝试的案件是 *Fedax v. Venezuela* 案。该

---

①② See Christoph H. Schreuer, *The ICSID Convention: A Commentary*, Second Edition, Cambridge University Press, 2009, p. 115.

③ ICSID, “Report of the Executive Directors on the Convention on the Settlement of Investment Disputes between States and Nationals of other States”, International Bank for Reconstruction and Development, 18 March 1965, para. 27.

案仲裁庭指出，投资的基本特征包括：有一定持续期间、有规律性的利益和回报、有风险的预期、有实质的投入以及对东道国发展具有意义。[①] *Salini v. Morocco* 案仲裁庭在这五个标准的基础上进一步认定一项投资存在的原则包括：投入、合同履行有一定持续期间、交易风险的承担以及对东道国经济有贡献。[②] 该案所确立的四原则标准也被不少仲裁庭采纳。[③]

但也有仲裁庭拒绝采纳这些标准。*Biwater Gauff v. Tanzania* 案的仲裁庭指出，《华盛顿公约》第 25 条文本并未规定 *Salini v. Morocco* 案所确定的判断标准（"*Salini* 标准"），同时《华盛顿公约》的谈判历史清楚地表明《华盛顿公约》的缔约者有意不考虑投资的定义。*Biwater Gauff v. Tanzania* 案的仲裁庭同时指出，若严格遵从"*Salini* 标准"，则可能导致将某些类型的项目被排除在"中心"管辖权之外，这会有悖于外国投资者和东道国政府所签署的特别协议。[④] 特别委员会在审查是否要撤销 *Malaysian Historical Salvors v. Malaysia* 案的仲裁庭的裁决时，通过考察《华盛顿公约》的准备材料指出，只有那些单纯的销售行为和短暂的商事交易行为不属于《华盛顿公约》的范围，而"*Salini* 标准"不当地缩小了当事方意欲提交"中心"审理的事项，甚至可能会带来削弱"中心"功用的危险。[⑤] *Alpha v. Ukraine* 案的仲裁庭也指出理应对双边投资协定中规定的投资定义表示高度的敬意，除非有特别具有说服力的理由，才可以不考虑双边投资协定的规定。[⑥]

也有的仲裁庭在"*Salini* 标准"的基础上作了一些修订。*Société Générale v. the Dominican Republic* 案的仲裁庭指出，条约序言中的规定只是列明了条约的目的，而不会对"投资"条款产生影响，因此投资需作出贡献并不是认定是否存在投资时应考虑的问题。[⑦] *Fakes v. Turkey* 案的仲裁庭也指出，《华盛顿公约》第 25 条并未规定要对经济发展作出贡献的要求，这一要求只能是投资可能带来的后果，而投资刚设立时是否能有助于经济发展是不确定的。[⑧] 实际上，不少双边投资协定在认定投资应具有的特征时都没有规定要求其对经济发展作出贡献。[⑨]

---

① See Fedax v. Venezuelam，ICSID Case No. ARB/00/5，Decision on Jurisdiction，11 July 1997，para. 43.

② See Salini Costruttori SpA v. Morocco，ICSID Case No. ARB/00/4，Decision on Jurisdiction，23 July 2001，para. 52.

③ 如 SGS v. Pakistan，Decision on Jurisdiction，6 August 2003，para. 133；AES Corporation v. Argentina，Decision on Jurisdiction，26 April 2005，para. 88；Bayindir v. Pakistan，Decision on Jurisdiction，14 November 2005，paras. 130-138；Jan de Nul v. Egypt，Decision on Jurisdiction，16 June 2006，paras. 90-96；Saipem v. Bangladesh，Decision on Jurisdiction，21 March 2007，paras. 99-106。

④ See Biwater Gauff v. Tanzania，ICSID Case No. ARB/05/22，Award，24 July 2008，paras. 312-316.

⑤ See Malaysian Historical Salvors v. Malaysia，ICSID Case No. ARb/05/10，Decision on the Application for Annulment，16 April 2009，paras. 57-73.

⑥ See Alpha v. Ukraine，ICSID Case No. ARB/07/16，Award，8 November 2010，paras. 308-314.

⑦ See Société Générale v. the Dominican Republic，UNCITRAL，LCIA Case No. UN 7927，Award，19 September 2008，paras. 32-36.

⑧ See Fakes v. Turkey，ICSID Case No. ARB/07/20，Award，10 July 2010，para. 111.

⑨ 如 2013 年《中华人民共和国政府和坦桑尼亚联合共和国政府关于促进和相互保护投资协定》第 1 条第 1 款。美国 2012 年《双边投资协定范本》第 1 条。

归纳起来，在认定“投资”的定义方面，仲裁庭的实践大致可分为两种：一种主张尊重当事方在投资协定或特别协议中的规定，可看作是“当事方自治”模式；另一种认为《华盛顿公约》第 25 条第 1 款是独立的，一项活动或交易是否构成适格的“投资”，既要满足当事方在条约或者协议中的规定，也需要满足第 25 条第 1 款中包含的客观性要求，可将其看作是“自我包含”模式。[①]《华盛顿公约》缔结时的准备材料表明，《华盛顿公约》意在由当事方决定投资的定义。但是这也并不意味着所有的交易活动引发的争议都可以交由“中心”审理。一些明显不属于投资的商事交易行为引发的争议，即使有当事方的特别约定，也不能被认为属于“中心”的管辖权。事实上《华盛顿公约》并非没有就“投资”作出任何要求。《华盛顿公约》序言指明了各缔约国考虑到为推动经济发展进行经济合作的必要性，以及私人国际投资在这方面的作用。《执行董事会报告》也表示《华盛顿公约》的制定体现出各国希望加强各国在经济发展方面的合作。因此《华盛顿公约》的目的和宗旨至少表明了对东道国经济没有贡献的活动很难被看作是第 25 条中的“投资”[②]。《启动调解和仲裁程序的程序规则》第 2 条也进一步明确提交给“中心”的调解或仲裁请求，除了表明当事方对请求事项的同意外，还应当表明争端是争端双方间直接因投资产生的法律争端。如在 *Joy Mining v. Egypt* 案中，请求人主张根据《英国—埃及双边投资协定》中对投资的宽泛定义，银行担保也属于一项投资。但仲裁庭指出：考虑到《华盛顿公约》的目的，缔约方在确立投资定义时并不是不受任何约束的。争端方不能在合同中或条约中将不符合《华盛顿公约》第 25 条客观性要求的交易看作是投资，否则，第 25 条就变得毫无意义。[③] 因此，比较合理的方式是尊重当事双方的意愿，但是仍需考虑一些客观性的要求，以避免当事方采纳的“投资”定义严重背离了对投资的基本理解。[④]

四、与“投资”有关的其他问题

（一）符合东道国法律的要求

为防止投资定义的扩张，有的双边投资协定要求投资需要符合东道国法律。在这样的规定下，是否符合东道国法律也成为仲裁庭判断投资合法性的一个依据。在 *Fraport v. Philippines II* 案中，《德国—菲律宾双边投资协定》在投资定义中规定了投资需“依照（东道国）法律和法规接受”，仲裁庭凭借这一用语认定，条约中的“投资”

---

① See Dolzer and Schreuer, *Principles of International Investment Law*, Second Edition, Oxford University Press, 2012, p. 74.

② Christoph H. Schreuer, *The ICSID Convention: A Commentary*, Second Edition, Cambridge University Press, 2009, p. 117.

③ See Joy Mining Machinery Limited v. Arab Republic of Egypt, ICSID Case No. ARB/03/11, Award, 6 August 2004, paras. 42-50.

④ See Dolzer and Schreuer, *Principles of International Investment Law*, Second Edition, Oxford University Press, 2012, p. 76.

仅限于投资作出时依据东道国法律和法规认定为合法的投资。[①] 即使在条约没有如此规定的情况下，不少仲裁庭也将符合东道国法律看作是投资受条约保护的重要条件。*SAUR v. Argentina* 案的仲裁庭认为，投资仲裁制度的目的是保护那些合法的和善意的投资，因此不严重违背法律是适用于所有双边投资协定的默示的条件。[②] *Saluka v. Czech Republic* 案的仲裁庭在裁决中指出，尽管符合东道国法律并没有被包含在投资定义中，但是条约第 2 条中规定的缔约方要依照法律接受投资的要求，暗含投资需要依据东道国法律条款作出的必要条件。[③] *Mamidoil Jetoil v. Albania* 案的仲裁庭也指出：只有当投资依据东道国国内法作出后才能够受到国际法的保护。缔约国通过接受仲裁和放弃部分管辖权的主张来吸引和保护外国投资，因此它们并不会同意将投资仲裁机制适用于违反其国内法的投资。[④]

至于仲裁庭在什么样的情况下以投资未符合东道国法律规定来拒绝行使管辖权，*Mamidoil Jetoil v. Albania* 案的仲裁庭主张，并不是对东道国法律的任何细小的违反都可以看作是拒绝行使管辖权的理由。一方面，东道国不可能同意将因违反其实体法或程序法的投资而产生的争议提交仲裁；另一方面，东道国也不能事后因投资的一些微小的不合法就拒绝承担条约义务。仲裁庭需要在这两方面间寻求一个平衡。[⑤] *ECE and PANTA v. Czech Republic* 案的仲裁庭也认为，符合东道国法律的条件不应当要求投资在整个存续期间都需要满足所有的当地法律，相反，评判某一项投资是否符合东道国法律需要重点关注投资作出时是否满足该要求。[⑥]

也有的仲裁庭将符合东道国法律看作是《华盛顿公约》第 25 条第 1 款中规定的"投资"的一个客观要求。如 *Phoenix Action v. Czech Republic* 案的仲裁庭在总结 ICSID 仲裁机制下的适格投资时指出，其中一个要满足的条件便是投资需要依据东道国法律作出。[⑦]

（二）投资前行为（Pre-Investment Activities）的保护问题

对于某些涉及能源资源等特殊行业的投资而言，在真正进行投资或与东道国达成协议前，可能需要花费不少资金进行前期的调研和勘察工作，有的也会涉及招投标活

① See Fraport AG Frankfurt Airport Services Worldwide v. Republic of the Philippines [II], ICSID Case No. ARB/11/12, Award, 10 December 2014, para. 331.

② See SAUR International S. A. v. Argentine Republic, ICSID Case No. ARB/04/4, Decision on Jurisdiction and Liability, 6 June 2012, paras. 307-310.

③ See Saluka Investments B. V. v. Czech Republic, UNCITRAL, Partial Award, 17 March 2006, para. 204.

④ See Mamidoil Jetoil. v. Albania, ICSID Case No. ARB/11/24, Award, 30 March 2015, para. 359.

⑤ See Mamidoil Jetoil Greek Petroleum Products Societe Anonyme S. A. v. Republic of Albania, ICSID Case No. ARB/11/24, Award, 30 March 2015, paras. 483 and 494.

⑥ See ECE Projektmanagement International GmbH and Kommanditgesellschaft PANTA Achtundsechzigste Grundstücksgesellschaft mbH & Co. v. Czech Republic, PCA Case No. 2010-5, Award, 19 September 2013, paras. 3. 165-3. 168.

⑦ See Phoenix Action Ltd. v. Czech Republic, ICSID Case No. ARB/06/5, Award, 15 April 2009, para. 114.

动。假若最终投资并未成功，投资者是否可以将争议提交“中心”仲裁，并就投资前行为寻求东道国补偿？从理论上讲，这样的主张并不能站得住脚。《华盛顿公约》第25条第1款规定了“中心”的管辖权仅涉及直接因投资而产生的法律争端。这里的“投资”是指已产生或已存在的投资，因此投资的准备工作并不能被看作是适格的投资。[①]

Nordzucker AG v. Poland 案的仲裁庭指出，允许投资争议提交国际投资仲裁是东道国放弃部分主权的行为，因此也就不难理解东道国不会同意将仅涉及投资前行为的争议也通过仲裁方式解决，否则就会使东道国面临许多来自未竞标成功者的仲裁请求，因为一个国家的招标行为可能会吸引为数众多的外国竞标者。也正是基于这样的考虑，东道国原则上仅同意将条约保护赋予那些已经依照其本国法律实际作出或进入的投资，而不赋予那些仅表现出意向的投资。[②] *Mihaly v. Sri Lanka* 案的仲裁庭也指出，除非东道国同意实施项目，否则投资前的行为不能自动被认定为“投资”[③]。

这两个案例表明，在项目准备和开发阶段产生的支出其本身并不构成符合《华盛顿公约》第25条第1款的投资。只有在项目得以落实后，这些支出方可构成整个投资的一部分，从而受到条约的保护。通常情况下，判断某一项目是否能成为实际的投资主要看是否签署了有拘束力的合同。在有的情况下，合同本身就是一项投资。如果投资本身不涉及合同，那么向合作伙伴、供货商或分包商作出具体有约束力的承诺，也可以看作是投资转向实质的体现。[④]

第二节 外国投资者

双边投资协定一般只适用于符合条约规定的投资者的投资。因此，投资者的定义对于确定投资协定的范围也十分重要。“外国投资者”通常包括自然人和法人。有的条约并不会直接规定外国投资者，而是仅涉及“国民”或“公司”。外国投资者的国籍决定了其应受哪一条约保护。双边投资协定中规定的实体和程序方面的保护只适用于具有相应国籍的投资者。同时，国际投资仲裁庭的管辖权也与投资者的国籍密切相关。

---

① See Christoph H. Schreuer, *The ICSID Convention: A Commentary*, Second Edition, Cambridge University Press, 2009, p. 134.

② See Nordzucker AG v. Republic of Poland, UNCITRAL, Partial Award (Jurisdiction), 10 December 2008, para. 189.

③ Mihaly International Corporation v. Democratic Socialist Republic of Sri Lanka, ICSID Case No. ARB/00/2, Award, 15 March 2002, paras. 60-61.

④ See Christoph H. Schreuer, *The ICSID Convention: A Commentary*, Second Edition, Cambridge University Press, 2009, p. 135.

一、自然人

从历史角度看，自然人在推动国际投资法发展方面发挥了重要作用。常设国际法院和国际法院作出的有关投资者保护的几个重要案件，都涉及国家代表个人投资者而非企业提起的外交保护请求。[①] 在国际投资仲裁中，虽然多数仲裁请求是由中型或大型企业提起的，但是个人投资者提起的案件也不在少数。[②] 单是 *Abaclat v. Argentine* 案就涉及了6万名个人投资者。[③]

一般而言，国家有权依其国内法决定谁具有其国籍。国际法实践也普遍承认国籍问题原则上属于一国国内法管辖的事项。如常设国际法院就"国籍法令"案作出的咨询意见中就重申了这一原则。[④] 多数双边投资协定对"国民"的定义都遵循这一方式。如1985年《中华人民共和国政府和意大利共和国政府关于鼓励和相互保护投资协定》第2条第4款规定，"国民"是指依照缔约双方各自的法律被认为是该国公民的自然人。该原则也为不少仲裁庭所接受。*Micula v. Romania* 案的仲裁庭注意到作为一项一般国际法原则，各国有权依据其国内法决定谁为其国民。[⑤] *Soufraki v. UAE* 案的仲裁庭进一步指出，如果在仲裁程序中自然人的国籍存有争议，那么仲裁庭应当主要参考国家的国籍法，以及相关机构对国籍法的解释和适用，但最终仲裁庭需要依据相关事实和法律自主地作出决定。[⑥]

各国立法在确定国籍方面通常采用血统原则或出生地原则，有的以血缘原则为主，有的以出生地原则为主。各国的国籍立法不同，就会导致一个人可能具有双重或多重国籍，或者成为无国籍人。为解决国籍的冲突，不少国家完善了本国国内法中的相关规定，国际社会也通过了一系列有关的条约，如1930年《关于国籍法冲突若干问题的公约》、1954年《关于无国籍人地位的公约》和1961年《减少无国籍人状态公约》。

双边投资协定一般规定投资者若为自然人需要具有缔约一方的国籍，但也有的条

---

① 如 Oscar Chinn，United Kingdom v. Belgium，Judgment，PCIJ Series A/B No 63，ICGJ 313（PCIJ 1932），12 December 1934 和 Nottebohm，Liechtenstein v. Guatemala，Preliminary Objection（Second Phase），Judgment，［1955］ICJ Rep. 4，6 April 1955。

② 经合组织对2006年至2011年间作出的一百多个已决案件的统计显示，有22%的案件都是由个人或非常小的企业提起的。See Gaukrodger，D. and K. Gordon，"Investor-State Dispute Settlement：A Scoping Paper for the Investment Policy Community"，OECD Working Papers on International Investment，2012/03，OECD Publishing，2012，pp. 17-19.

③ See Abaclat and others v. Argentine Republic，ICSID Case No. ARB/07/5.

④ See Nationality Decrees（of Tunis and Morocco）Case，（1923）P. C. I. J.，Ser. B，No. 4.

⑤ See Ioan Micula，Viorel Micula and others v. Romania，ICSID Case No. ARB/05/20，Decision on Jurisdiction and Admissibility，24 September 2008，para. 86. Also see Mr. Franck Charles Arif v. Republic of Moldova，ICSID Case No. ARB/11/23，Award，8 April 2013，para. 354；Tza Yap Shum v. Republic of Peru，ICSID Case No. ARB/07/6，Decision on Jurisdiction and Competence，19 June 2009，para. 54.

⑥ See Hussein Nuaman Soufraki v. United Arab Emirates，ICSID Case No. ARB/02/7，Award，7 July 2004，para. 55.

约将保护扩展到具有永久居民身份的自然人。2009 年《中华人民共和国政府与东南亚国家联盟成员国政府全面经济合作框架协议投资协议》第 1 条第 9 款规定，一缔约方的自然人是根据一缔约方的法律法规拥有该缔约方国籍、公民身份或永久居留权的任何自然人。一些双边投资协定也对避免双重国籍问题作了规定。2012 年《中华人民共和国政府和加拿大政府关于促进和相互保护投资协定》（以下简称《中国—加拿大双边投资协定》）第 1 条第 2 款规定，投资者包括“根据缔约一方法律拥有其公民身份或永久居民身份，且不拥有缔约另一方的公民身份的任何自然人”。2000 年《中华人民共和国政府和伊朗伊斯兰共和国政府关于相互促进和保护投资协定》（以下简称《中国—伊朗双边投资协定》）也同样规定，个人投资者是“根据缔约任何一方的法律视为其国民同时不具有东道国缔约一方国籍的自然人”①。

《华盛顿公约》第 25 条在确立“中心”的管辖权时，也包含对投资者国籍的要求。实际上，《华盛顿公约》确立了国籍的积极要求和消极要求：一方面，《华盛顿公约》要求投资者需要具有缔约一方的国籍；另一方面，投资者原则上不应当是东道国的国民。这就意味着如果某一自然人是争议所涉及的东道国国民，则即使其同时拥有另一国的国籍，也不能够提出针对该东道国的仲裁请求。这种限制是绝对的，即便投资者与东道国达成了提交仲裁的同意，“中心”也不会受理此类案件。② 在 *Champion Trading v. Egypt* 案中，提起仲裁的三个自然人投资者同时拥有美国和埃及的双重国籍，仲裁庭指出，《华盛顿公约》对于拥有东道国国籍的自然人不能提起仲裁有着清楚和具体的规定。③

在处理双重国籍问题方面，外交保护的国际法实践确立了有效国籍的原则。该原则在国际法院审理的诺特鲍姆案（Nottebohm Case）和巴塞罗那电车案（Barcelona Traction Case）中都有体现。④ 基于有效国籍原则，如果具有双重国籍的国民与其中一国有着主要的和有效的联系，那么该国就可以代表该国民提出外交保护请求。不过有的投资仲裁庭在处理双重国籍问题时并不会考虑是否有真实联系存在。*Micula v. Romania* 案的仲裁庭指出，真实联系的考察在“中心”的仲裁程序中起不了多大作用。《华盛顿公约》第 25 条第 1 款并未规定投资者只能具有一个国籍，而只是要求投资者的第二个国籍不能为争端东道国的国籍。仲裁庭进而考察了案件所涉及的瑞典—罗马尼亚投资协定，发现条约只规定了瑞典国籍需依据瑞典国内法认定，而没有附加任何其他要求。由于请求人根据瑞典国内法合法取得了瑞典国籍，所以仲裁庭最后认

---

① 2000 年《中国—伊朗双边投资协定》第 1 条第 2 款第 1 项。

② See ICSID, “Report of the Executive Directors on the Convention”, para. 29.

③ See Champion Trading Company, Ameritrade International, Inc., James T. Wahba, John B. Wahba, Timothy T. Wahba v. Arab Republic of Egypt, ICSID Case No. ARB/02/9, Decision on Jurisdiction, 21 October 2003.

④ See Nottebohm Case (Liechtenstein v. Guatemala), ICJ, Judgement, 18 November 1953; Second Phase, Judgement, 6 April 1955 (ICJ Reports, 1955, pp. 4-65); Barcelona Traction, Light and Power Company, Limited (Belgium v. Spain), ICJ, 1970, Judgement, 24 July 1964; Judgement, 5 February 1970 (ICJ Reports, 1970, pp. 3-357).

定自己对案件有管辖权。[1]

二、企业

有的双边投资协定规定的企业实体的范围十分广泛，如《跨太平洋伙伴关系协定》将企业认定为根据适用法律组建或组织的任何实体，无论是否以营利为目的，也无论是由私人或政府所有或控制，包括任何公司、信托、合伙企业、个人独资企业、合资企业、协会或类似组织。[2] 也有的双边投资协定甚至将不具有法律人格的实体也纳入保护范围，如 2003 年《中国—德国双边投资协定》规定，在德国方面，投资者包括任何住所在德国境内的法人，具有或不具有法人资格的、营利或非营利的商业公司、其他公司和社团。[3] 国际投资条约涵盖非营利实体主要是考虑到：这些实体可以从事科学研究、教育或医疗服务等活动，而且为了维持这些具有慈善性质或教育性质的活动，非营利实体有时也会进行一些商业投资，比如购买商业公司的股份，此时，非营利实体和一般的股份投资者并没有太大区别。

外国投资者也可能是国家或国际组织。国家或者直接从事投资活动，或者通过一些国有企业或主权财富基金进行投资。如 2000 年《马来西亚—沙特阿拉伯双边投资协定》第 1 条第 3 款规定投资者包括沙特阿拉伯王国政府及其金融机构。在某些情况下，国有企业的投资者的身份会受到质疑，有的国家会认为一些国有企业的经济活动常常伴随着谋求一些政治方面的需要。有的投资协定会明确规定投资者涵盖国家拥有或控制的企业。那些缺乏此类明确规定的协定，通常也会认为国有企业也包括在投资者中，除非缔约方有明确相反的意思表示。[4] 有些国家进一步要求国有企业遵循“竞争中立”(competitive neutrality) 原则，以确保国有企业与私有企业在同一水平上公平竞争。[5] 美国 2012 年《双边投资协定范本》还规定，如果国有企业行使缔约一方授予的任何管理、行政或其他政府权力，则缔约一方的义务同样适用。[6] 这种情况下，国有企业不再是从事商业活动的投资者，其行为有着较为明显的政治目的。

(一) 企业国籍的认定标准

与个人国籍的获得不同，企业国籍的获得并不要求像个人那样体现出一定程度的忠诚度和纽带联系。实际上，企业国籍的认定要比自然人的复杂得多。在国际投资实践中，

---

① See Micula v. Romania，ICSID Case No. ARB/05/20，Decision on Jurisdiction and Admissibility，24 September 2008.

② 参见《跨太平洋伙伴关系协定》第 1.3 条。

③ 参见《中国—德国双边投资协定》第 1 条第 2 款第 1 项。

④ See UNCTAD，“The Protection of National Security in IIAs”，UNCTAD，New York and Geneva，2009，p. 43.

⑤ See “Statement of the European Union and the United States on Shared Principles for International Investment”，10 April 2012，at http：//trade. ec. europa. eu/doclib/docs/2012/april/tradoc_ 149331. pdf.

⑥ 参见美国 2012 年《双边投资协定范本》第 2 条第 2 款第 1 项。

一国在确定企业国籍方面会采用成立地说、住所地说、实际控制说、准据法说和符合标准说等不同的标准。双边投资协定中常见的标准是成立地说、住所地说和实际控制说。

通过企业的成立地来确定企业的国籍是目前的国际法实践中被最广泛采用的方式[①]，英美法系国家多采用这一标准。如 1986 年《中华人民共和国政府和大不列颠及北爱尔兰联合王国政府关于促进和相互保护投资协定》（以下简称《中国—英国双边投资协定》）在第 1 条定义条款中指出，在英国方面，公司系指在英国任何地方或依照该协定规定延伸适用的任何领土内依照有效法律设立或组建的公司、商号或社团。美国 2012 年《双边投资协定范本》将“企业”定义为根据所适用的法律所组建的任何实体。该标准也见于一些国际法实践及立法活动中，如国际法院在 1970 年巴塞罗那电车案中就采用此标准认定涉案企业的国籍。联合国国际法委员会于 2004 年“一读”通过的《外交保护条款草案》也指出，公司的国籍国是指“公司依照其法律成立并在其领土内设有注册办事处或管理机构或某种类似联系的国家”。

这一标准具有易于适用、有稳定性和可预见性等优点，也有利于保护本国海外投资的利益。但容易被用以设立空壳公司或离岸公司。企业可能与其国籍国没有任何实质性的联系，其设立的主要目的是利用某一条约提供的保护。对于母国而言，该企业不会带来任何经济利益。而对于东道国而言，其给予该企业的保护最后惠及的可能是来自与该国没有任何互惠关系的投资者。[②] 但是如果双边投资协定中仅规定了以成立地标准来确定企业国籍而没有附加别的要求的话，仲裁庭会拒绝通过“刺破公司面纱”的方式去审查企业实际控制者的国籍。*Saluka v. Czech Republic* 案的请求人是依据荷兰法律设立的公司，但捷克指出，该公司只是一个空壳公司，其实际控制人是日本投资者。仲裁庭虽对这种情况表示同情，但仍指出其不能在条约中规定的投资者定义之外施加别的要求。[③]

住所地说主张企业的国籍由其住所在哪一国家而确定，大陆法系的国家多遵循此标准。如德国 2008 年《双边投资协定范本》第 1 条第 3 款第 1 项规定，公司包括“任何住所在德意志联邦共和国境内的法人，以及具有或不具有法人资格的商业公司、其他各种公司和社团”。这一标准虽在适用上不如成立地说简单，但却能反映出公司及其国籍国间存在着重要的经济关系。

实际控制说主张企业的国籍依据拥有或控制该企业的人或公司的国籍而定。如《多边投资担保机构公约》在确定合格的投资者时，针对法人确立了两个标准：一个是成立地和住所地结合的标准，另一个便是资本控制的标准。[④] 虽然该标准能够确保条

---

① See Autopista v. Venezuela，Decision on Jurisdiction，27 September 2011，para. 107.

② See UNCTAD，“Scope and Definition：A Sequel，UNCTAD Series on Issues in International Investment Agreement II”，United Nations，2011，pp. 82-83.

③ See Saluka Investments B. V. v. Czech Republic，Partial Award，17 March 2006，paras. 240-241.

④ 《多边投资担保机构公约》第 13 条规定，法人作为合格的投资者时，“该法人在一会员国注册并在该会员国设有主要业务点，或其多数资本为会员国或几个会员国或这些会员国国民所有，在上述任何情况下，该会员国必须不是东道国”。

约的保护真正及于那些与缔约国有真实联系的企业，但由于现代多数的股票交易都通过交易市场或机构进行，因而导致企业的国籍是不稳定的，也较难以确定。正是基于这样的考虑，不少国家会将该标准与其他标准联合使用。

(二)《华盛顿公约》中关于法人国籍的规定

《华盛顿公约》第25条第2款在确定"中心"的管辖权时指出："另一缔约国国民"除了包括自然人之外，也包括具有作为争端一方的国家以外的某一缔约国国籍的任何法人，以及具有争端一方缔约国国籍的任何法人，而该法人因受外国控制，争端双方同意为了本公约的目的，将其看作是另一缔约国国民。由此可以看出，《华盛顿公约》在认定法人是否符合其国籍要求时，首先包含了一个一般规定，即法人须具有东道国以外的其他缔约国的国籍，其次又规定了在例外情况下可以将具有东道国国籍的法人看作是另一缔约国国民。这样的规定主要是考虑到有的东道国会规定外国投资需要通过在该国设立企业作出。通常在这样的情况下，当地企业不属于外国投资者，因此就不能够利用国际投资仲裁机制。

虽然《华盛顿公约》没有界定法人的概念，但是从其用语本身可以看出，不具有法人资格的自然人联合或法人的联合并不在此列。*Impregilo v. Pakistan* 案的请求人代表系非法人财团的合伙人提起仲裁请求，仲裁庭认为，请求人不能代表那些不具有双边投资协定任何一方缔约国国籍的合伙人，即便请求人和合伙人已经就此达成了私人协议。仲裁庭进而认为，通过私人协议扩大投资协定的仲裁同意的范围是不允许的。①

《华盛顿公约》也并未规定法人国籍的确定标准。实践中仲裁庭多通过成立地说或住所地说来确定请求人的国籍。如 *Tokios Tokelés v. Ukraine* 案的仲裁庭通过观察指出，"中心"仲裁庭在决定某一企业法人的国籍时，都会选择成立地说或住所地说，而成立地说是双边投资协定和传统国际法中最常用的确定商业实体国籍的方式。②

按照《华盛顿公约》的规定，将具有东道国国籍的法人看作是另一缔约国的国民需要满足两个条件：一是争端双方同意，二是存在外国控制。对于第一个条件，仲裁实践认为，"同意"既可以包含在请求人与东道国之间订立的特别约定中，也可从东道国订立的投资协定或国内立法中发现。对于第二个条件，仲裁庭认为，外国控制是一项客观要求，它应实际存在。实践中仲裁庭会综合考虑参股、投票权和经营权等情况确定。*Vacuum Salt v. Ghana* 案中居住在加纳的希腊投资者仅拥有加纳公司 Vacuum Salt 20%的股权，在仲裁庭看来，这不足以证明希腊投资者对公司拥有控制权。③

---

① See Impregilo S. p. A. v. Islamic Republic of Pakistan, ICSID Case No. ARB/03/3, Decision on Jurisdiction, 22 April 2005, para. 334.

② See Tokios Tokelés v. Ukraine, ICSID Case No. ARB/02/18, Decision on Jurisdiction, 29 April 2004, para. 63.

③ See Vacuum Salt Products Ltd. v. Republic of Ghana, ICSID Case No. ARB/92/1, Award, 16 February 1994, paras. 35-55.

（三）与企业国籍有关的其他问题

1. 挑选条约（Treaty Shopping）问题

一国与不同国家签订的双边投资协定在实体保护标准和程序性条款设计方面可能不同，这使得外国投资者可以通过挑选条约的方式寻求最大限度的保护。特别是对于那些仅依据成立地标准确定企业国籍的条约来说，投资者只需要在缔约国登记便可获得国籍，而无须证明其与东道国间存在经济联系。考虑到多数投资协定的目的是保护和促进外国投资，通常情况下投资者的挑选条约或者国籍规划行为并不会被看作是非法的或者不道德的。[①] *Aguas del Tunari v. Bolivia* 案的仲裁庭认为，选择在那些能够在税收、实体法律和双边投资协定等方面提供更有益的管制和法律环境的国家进行投资在实践中并不少见，除非有明确的限制，这样的行为并不违法。[②]

在 *Tokios Tokelés v. Ukraine* 案中，虽涉案企业依照立陶宛法律设立，但乌克兰国民拥有该企业 99%的股份和 2/3 的管理权。由于《乌克兰—立陶宛双边投资协定》规定投资者是“任何根据立陶宛共和国法律和法规在其境内成立的实体”，仲裁庭多数意见认为，根据相关投资协定的规定和《维也纳条约法公约》关于条约解释的规定，案件唯一相关的因素就是申请人是否为依据立陶宛法律和法规设立的实体，而无须“刺破公司面纱”。仲裁庭同时注意到涉案企业在条约生效之前 6 年就已设立，这也表明设立企业这一行为并非为了单纯寻求国际投资仲裁。[③] 多数意见裁定，尽管 *Tokios Tokelés* 实际上是由乌克兰国民拥有和控制的，但其有权向“中心”提出针对乌克兰的仲裁请求。

然而并不是任何挑选条约的行为都为仲裁庭所接受。*Phoenix v. Czech Republic* 案的仲裁庭认为，当争端一方进行投资的目的不是从事经济活动，而只是利用国际仲裁程序，那么此类投资就不是善意的投资。[④] *Venezuela Holdings v. Venezuela* 案的仲裁庭也指出，若投资重组仅仅是为了通过投资协定确立对案件的仲裁管辖权，那么就有可能会构成对双边投资协定和《华盛顿公约》下的投资保护机制的滥用。[⑤]

从以上这些案例可以看出，在现有的投资协定框架内对投资所作的未来规划通常会为仲裁庭所接受。这通常要求企业的相关安排应在引发争议的事实发生前就已作出，或者至少在争议发生前作出。相反，那些在争议发生后单纯通过挑选条约以寻求投资仲裁的行为，会被认为有违善意原则。为避免投资者通过挑选条约带来意想不到的效

---

① See Dolzer and Schreuer, *Principles of International Investment Law*, Second Edition, Oxford University Press, 2012, p. 52.

② See Aguas del Tunari, S. A. v. Republic of Bolivia, ICSID Case No. ARB/02/3, Decision on Respondent's Objections to Jurisdiction, 21 October 2005, paras. 321-330.

③ See Tokios Tokelés v. Ukraine, ICSID Case No. ARB/02/18, Decision on Jurisdiction, 29 April 2004, para. 56.

④ See Phoenix Action, Ltd. v. Czech Republic, ICSID Case No. ARB/06/5, Award, 15 April 2009, paras. 142-144.

⑤ See Venezuela Holdings B. V. and others v. Bolivarian Republic of Venezuela, ICSID Case No. ARB/07/27, Decision on Jurisdiction, 10 June 2010, para. 198.

果，条约缔约方可以通过完善企业国籍的认定标准以及增加拒绝授予利益（denial of benefits）等规定来进行规制。

2. 拒绝授予利益

拒绝授予利益条款的功能也是弥补单纯以成立地原则作为企业国籍认定标准的不足。依据此条款，缔约方可拒绝将条约利益给予那些虽在缔约另一方境内设立但与缔约另一方没有任何经济联系的公司。经济联系可包括在缔约一方境内有实质经营活动或者由缔约方国民拥有或控制。[①] 不难发现，该条款明确排除了条约对"空壳公司"的保护。不少国际投资协定都包含该条款。

① See Dolzer and Schreuer, *Principles of International Investment Law*, Second Edition, Oxford University Press, 2012, p. 55.

第三章 投资方式和形式

按照进入模式划分，外国直接投资包括新设投资和跨国并购。根据联合国贸易和发展会议《2017年世界投资报告》，从2015年开始，已宣布的绿地投资的价值增长了7%，达到8 280亿美元；2016年全球跨国并购中，股权投资增长了18%，跨国并购增加到8 690亿美元，这是从2007年起的最高值。[①]

第一节 新设投资

新设投资，也称绿地投资（greenfield investment）或者新建企业，是指外国投资者向东道国输出资本（包括自有资本或中长期信贷资本），直接创办新企业，并对该企业的经营管理拥有管理权或控制权。通过这种方式组建的新企业，可以是合资经营企业、合作经营企业，或是独资企业。其特点是：投资金额大，建设周期长，投资风险高。

一、合资经营企业

合资经营企业（joint venture）简称合营企业，是指两个或两个以上当事人，为实现特定的商业目的，共同投资、共同经营、共担风险、共负盈亏的一种企业形式。国际合营企业则是由一个或多个外国投资者（法人或自然人）同东道国的政府、法人或自然人按法定或约定的比例共同出资，共同经营特定业务，共同分享利润，共同承担亏损的企业。[②] 根据联合国工业发展组织编写的《发展中国家合营企业协议指南》，合

① See UNCTAD，“World Investment Report 2017：Investment and the Digital Economy”，United Nations，New York and Geneva，2017，p. 10.

② 参见余劲松、吴志攀主编：《国际经济法》，北京，北京大学出版社、高等教育出版社，2000，第51页。

营企业依其法律性质不同可以分为两种类型。

（一）股份式合营企业

股份式合营企业（equity joint venture）是指由合营者相互协商为经营共同事业而组成的法律实体。这种类型的合营企业，具有独立的法律人格；合营者的出资分成股份，各方按照自己出资的比例对企业行使一定的权利、承担一定的义务；企业有一定的管理机构。例如，我国的中外合资经营企业、比利时的合资公司、波兰的股份有限公司等就属于此类。从国际实践来看，组成为公司的合营企业主要采取有限责任公司和股份有限公司两种基本形式。

有限责任公司（limited corporation），也称有限公司，是指依公司法设立，由不超过一定人数的股东出资组成，每个股东以其所认缴的出资额为限对公司承担责任，公司以其全部资产对公司的债务承担责任的企业法人。有限公司特点如下：（1）人资两合性，资金的联合和股东间的信任是有限责任公司两个不可或缺的信用基础；（2）封闭性，公司的股本不公开招募，而限于股东认股出资筹集，股东证书不得上市流通；（3）规模可大可小，适应性强，股东人数有限，一般在 2 人以上、50 人以下；（4）设立程序简单，有限责任公司基本上实行准则登记制，除从事特殊行业的经营外，只要符合法律规定的条件，政府均给予注册，而没有烦琐的批准程序；（5）组织设置灵活，因有限责任公司多属于中小企业，股东会、董事会、监事会等组织机构的设置往往根据需要选择；（6）股东参加管理，有限责任公司的决定权掌握在股东手里，公司的日常管理由股东推举的执行董事或经理负责，不执行业务的股东可以行使监督权。

股份有限公司（joint stock company），也称股份公司，是指全部资本分成等额股份，股东以其所持股份为限对公司承担责任，公司以其全部资产对公司债务承担责任的法人。股份有限公司具有组织资合性，股份有限公司本身的资产为清偿债务的总担保，公司的信用与公司成员的信用无关；股份有限公司的资本证券化，股东权利以股票为证书，随股票的交付而转让，公司的存续与股东的变化、股东人数的增减无关。此外，股份有限公司具有资本股份性，股份是以金额表示的、公司资本的最小构成单位，每股金额一律相等；股东权的计算、行使、转让均以股份为单位；每一股份表示的股东权相等，一股一权，数股数权，权数与持股数成正比；股份不可分割，但可共有。同次发行的股票，发行条件、发行价格应当相同。[①]

（二）契约式合营企业

契约式合营企业（contractual joint venture）是指合营各方根据合营契约经营共同事业的经济组织。这种类型的合营企业往往不具有法人资格，合营各方不是以股份形式出资，也不按股份分担风险和盈亏，而是根据合营契约的约定对企业享受一定的权利和承担一定的义务，并对其所出资产保留其合伙的权利。也就是说，契约式合营企

① 参见江平主编、方流芳副主编：《新编公司法教程》，2 版，北京，法律出版社，2003，第 168 页。

业各方的出资可不必折算成统一的货币单位，各方对利益、风险及损失的分担可以通过合营合同的约定来进行。例如合同安排由外国投资者向政府或当地投资者提供资金、设备、工业产权、技术援助和技术秘密，并根据生产、销售、利润等情况，从中取得使用费。我国的中外合作经营企业就吸收了国际上契约式合营企业的特点，但它又有别于契约式合营企业。

二、合作经营企业

合作经营企业（cooperative enterprise），简称合作企业，是指两个或两个以上国家的当事人为实现特定的商业目的，根据合同的约定投资和经营，并依照合同的约定分享权益和分担风险及亏损。合作企业从法律性质上讲，是一种契约式合营企业（contractual joint venture）或非股权式合营企业（non-equity joint venture）。国际上通常是将它们作为一种无法人资格的合伙来对待，在法律上，一般适用合伙法或有关合伙的规定。

合伙（partnership），尤其是商业合伙，是指由两个以上合伙人根据契约相互约定出资，组成以营利为目的的企业。如果说，公司和合伙是共同出资经营的两种组织形式，公司是共同经营的高级形式，那么合伙就是共同经营的低级形式。合伙具有以下特征：合伙是根据契约成立的，它需要出资人的合意；合伙不具有法人资格，合伙自身不具有独立人格，具有独立人格的只能是每一个合伙人；不仅合伙人之间应负连带无限责任，而且每一个合伙人也就是其他合伙人的代理人，合伙人的入伙、退伙、死亡都与其紧密的人身信任性质相联系；合伙的财产不属于合伙组织独立所有，而是属于合伙人共有，合伙人对合伙的出资不属于股权性质，合伙人也不能成为股东；合伙没有法人的意思机关，合伙人共同的意志就是合伙的意志；一般地，合伙人的出资份额不得任意转让；合伙的规模不大，人数不多，期限也不长，但合同到期后可以续订。

三、独资企业

独资企业，是指按照东道国法律在东道国设立的，由外国投资者提供全部或大部分资本的企业。独资子公司（wholly-owned subsidiary），又称外商独资企业（wholly foreign-owned enterprise）或外资企业（foreign enterprise），在中国是指外国公司、企业和其他经济组织或个人依据《中华人民共和国外资企业法》（以下简称《外资企业法》），在中国境内设立的全部资本由外国投资者投资的企业。

根据各国外资法和公司法的规定，外资企业可以组成法人实体，采取有限责任公司和股份有限公司等形式，也可以不组成法人实体，采取合伙、无限公司、两合公司等形式。但从国际投资的实践来看，外资企业大多具有独立法人资格，采用有限责任公司和股份有限公司的组织形式。

四、我国利用外资的方式

我国利用外资主要包括中外合资经营企业、中外合作经营企业、外资企业以及外商投资股份制企业等方式。截至目前，我国吸收外资仍以外资企业和中外合资经营企业为主。

（一）中外合资经营企业

中外合资经营企业，是指外国公司、企业和其他经济组织或个人依据《中华人民共和国中外合资经营企业法》（以下简称《中外合资经营企业法》），同中国的公司、企业或其他经济组织在中国境内共同投资举办的企业，合营各方按各自的出资比例分享利润、承担风险。此外，华侨和港、澳、台同胞回大陆（内地）举办合资经营企业，则可参照执行外商投资立法的相关规定，享受中外合资经营企业待遇。中外合资经营企业的法律特征如下：（1）由中外合营者共同举办。（2）中外合资经营企业是中国法人。（3）合营双方共同投资、共同经营、共负盈亏、共担风险。（4）中外合资经营企业的组织形式是有限责任公司。

根据外商投资法律规定，中国的自然人不能作为外商投资企业的中方投资者。[①] 但是，中外合资经营企业成立后，中国的自然人也可以通过股权转让、继承、认购、增资等方式成为中外合资经营企业的中方股东。外国投资者并购境内企业时，被股权并购的境内企业的中国自然人股东，经批准，可继续作为变更后所设外商投资企业的中方投资者。[②]

根据《中外合资经营企业法》第4条第2款，在中外合资经营企业的注册资本中，外国合营者的投资比例一般不低于25%；对于某些行业，如航空运输业和银行业等，我国也通过《外商投资产业指导目录》等形式规定了外方投资的上限。

（二）中外合作经营企业

中外合作经营企业，是指外国公司、企业和其他经济组织或个人依据《中华人民共和国中外合作经营企业法》（以下简称《中外合作经营企业法》），同中国的公司、企业或其他经济组织在中国境内共同投资或提供合作条件举办的企业。合作各方的权利、义务、利益分配和风险分担等在各方签订的合同中确定。《中华人民共和国中外合作经营企业法实施细则》（以下简称《中外合作经营企业法实施细则》）第4条规定，合作

---

① 《关于加强外商投资企业审批、登记、外汇及税收管理有关问题的通知》〔外经贸法发（2002）575号〕第5条规定，“暂不允许境内中国自然人以新设或收购方式与外国的公司、企业、其他经济组织或个人成立外商投资企业”。《关于严格审核举办中外合资经营企业中方法人资格的通知》〔（87）外经贸资四字第180号〕第1条规定，“中方合营者必须是根据我国《民法通则》第三十六条至第四十九条规定依法成立的‘企业法人’，或是取得法人资格的其他经济组织”。

② 参见2009年《关于外国投资者并购境内企业的规定》第54条。

企业包括依法取得中国法人资格的合作企业和不具有法人资格的合作企业。该细则第14条规定，合作企业依法取得中国法人资格的，为有限责任公司。

在现行的外商投资企业法框架下，中国自然人成为中外合作经营企业的股东或投资人也存在法律障碍，但是根据《外国企业或者个人在中国境内设立合伙企业管理办法》第2条，外商投资合伙企业是指由两个以上外国企业或者个人在中国境内设立的合伙企业，以及外国企业或个人与中国的自然人、法人或其他组织在中国境内设立的合伙企业。实践中，非法人式合作企业通常采用合伙或准合伙形式。因此，中国自然人可以成为合伙型的中外合作经营企业的投资人。

根据《中外合作经营企业法实施细则》对外国合作者的投资比例规定，对法人式合作企业，外国投资者的投资一般不低于合作企业注册资本的25%；对不具有法人资格的合作企业，合作各方向合作企业投资或者提供合作条件的具体要求，由对外贸易主管部门规定。而1996年对外贸易经济合作部发布的《关于执行〈中华人民共和国中外合作经营企业法实施细则〉若干条款的说明》中规定，在不具有法人资格的合作企业中，外国合作者的投资不得低于中国和外国合作者投资额之和的25%。另外，根据《外商投资产业指导目录》（2017年修订）中的外商投资准入特别管理措施，除前文提到的限于合资、合作的领域外，学前、普通高中和高等教育机构限于中外合作办学、中方主导[①]；广播电视节目、电影的制作业务限于合作。

（三）外资企业

中国的外资企业，又称外商独资企业，根据《外资企业法》第2条的规定，是指依照中国有关法律在中国境内设立的，全部资本由外国投资者投资的企业，但不包括外国的企业和其他经济组织在中国境内的分支机构。

根据《外资企业法》的规定，只有符合中国法律关于法人条件的规定的，才能依法取得中国法人的资格。法人式外资企业的组织形式为有限责任公司，经过批准也可以为股份有限公司及其他责任形式。外资企业为有限责任公司的，外国投资者对企业的责任以其认缴的出资额为限。外资企业为其他责任形式的，外国投资者对企业的责任适用中国法律、法规的规定。非法人式外资企业的组织形式如何，《外资企业法》及其实施细则没有明确规定，实践中一般采用合伙企业形式或独资企业形式。

（四）外商投资股份制企业

中国的外商投资股份有限公司，是指根据《关于设立外商投资股份有限公司若干问题的暂行规定》设立，且未上市的股份有限公司。[②] 根据《公司法》第217条，外

---

① 中方主导是指校长或者主要行政负责人应当具有中国国籍，中外合作办学机构的理事会、董事会或者联合管理委员会的中方组成人员不得少于1/2。

② 《关于设立外商投资股份有限公司若干问题的暂行规定》第1条规定，外国的公司、企业和其他经济组织或个人，按照平等互利的原则，可与中国的公司、企业或其他经济组织在中国境内，共同举办外商投资股份有限公司。

商投资的有限责任公司和股份有限公司适用本法；有关外商投资的法律另有规定的，适用其规定。

外商投资股份有限公司是指依《关于设立外商投资股份有限规定》设立的，全部资本由等额股份构成，股东以其所认购的股份对公司承担责任，公司以全部财产对公司债务承担责任，中外股东共同持有公司股份，外国股东购买并持有的股份占公司注册资本25%以上的企业法人。

（五）其他直接投资

其他直接投资，是指境外公司、金融机构在境内设立从事经营活动的分支机构，如境外公司分公司、境外银行分行等，还包括在境内注册的企业对外发行股票，由境外投资者以外币认购后单个外国投资者在企业所占股权比例超过10%（含10%）的资金。[①]

第二节　企业并购

跨国并购（international mergers and acquisitions），又称国际并购，或者越界并购（cross-border mergers），是指外国企业为了某种经济目的，通过一定的渠道、手段或支付方式，兼并或收购东道国企业的全部或者部分股份或资产，对东道国企业参股、相对控股或控股，最终取得东道国企业的经营管理权或实际控制权的企业经济行为。

自20世纪90年代以来，发达国家之间、发达国家对发展中国家以及发展中国家之间，以新设为主的跨国投资方式发生了实质性变化，越来越多的国际直接投资采取了并购形式。跨国并购的优势在于：一是大幅度降低了企业发展的风险和成本，因为企业通过并购避免了小规模的成本劣势以及高额的转付成本，从而有效地降低了进入新行业的壁垒；二是企业也摆脱了筹措资金方面的限制；三是可有效利用被并购企业的相关经营资源，如分销渠道，还可获取被并购企业的商标、商誉等无形资产，以及利用企业特有资产等。全球范围内跨国并购重组谋求扩大企业规模已成为当今诸多产业的发展趋势。

一、跨国并购分类

（一）跨国兼并（合并）和跨国收购

从结构上看，跨国并购可以分为跨国兼并（合并）和跨国收购。

兼并（merger）是指两个或两个以上的公司，通过法定方式重组，重组后只有一

① 参见商务部、国家统计局《外商投资统计制度（2017）》，自2017年6月起执行。

个公司继续保留其合法地位。这是兼并的狭义解释，相当于公司法中的“吸收合并”。合并（consolidation）是指两个或两个以上的公司通过法定方式重组，重组后原有公司的法人资格都不再保留，而是组成一个新的公司。这是合并的狭义解释，相当于公司法中的“新设合并”。

收购（acquisition）是指一家公司在证券市场上用现金、债券或股票购买另一公司的股票或资产以获得对该公司的控股权。收购在公司法中一般是指对企业的资产和股份的购买行为。因此，（1）根据收购的对象不同，收购可分为股权收购（acquisition，share acquisition）和资产收购（asset acquisitions，sale of assets）。股权收购是指收购者以现金、股票或其他有价证券为对价，向目标公司的股东购买股份，获取目标公司全部或部分股份，进而取得对目标公司的控制权。在股权收购中，交易的主体是收购公司与目标公司股东，交易的对象是目标公司的股权，收购方最终取得的是对目标公司的控制权。资产收购，又叫营业转让（sale of undertaking），是指购买方以现金、股票或其他有价证券为对价，收购卖方公司全部或实质全部的资产，进而接管卖方公司的营业。在资产收购中，交易的对象是卖方公司的全部或实质全部的资产，交易的直接结果是卖方公司的资产转移给收购公司，交易的间接结果是卖方公司往往因出售资产而停止经营、进行清算并最终丧失主体资格。（2）如果以目标公司的股东是否同意被收购为标准，收购可分为善意收购（agreed offer）和敌意收购（hostile bid）。前者是指被收购公司的董事会一致同意向其股东们推荐接受收购，即使个别情况下达不成一致时，也要求董事会多数同意，并附上持不同意见者的意见和理由。在实践中，大多数情况是各方当事人都能达成协议，因此以善意收购为主。后者是指在目标公司不愿意的情况下，当事人双方采用各种攻防策略，通过收购、反收购的激烈战斗完成的收购行为，以强烈的对抗性为其基本特征。

跨国兼并是指当地或国外企业的资产或运营活动被融入一个新的实体或并入已经存在的企业。而跨国收购是指在已经存在的当地和外国附属企业获得占有控制权的份额。兼并和收购的区别在于，兼并的最终结果是两个或两个以上的法人合并成为一个法人，而收购的最终结果不是改变法人的数量，而是改变被收购企业的产权归属或经营管理权归属。但兼并和收购都是试图通过产权交易，达到控制其他公司企业的目的，故我们习惯上将其统称为“并购”（M&A）。

美国反托拉斯法习惯用广义的兼并来表述并购的概念，不仅包含新设和吸收合并，也包含收购的内容。欧盟竞争法则使用“集中控制”的概念，规范企业并购行为。广义的合并其实是与广义的兼并同义的，所以我们经常称美国或欧盟的“企业并购指南”为“合并指南”。我国《反垄断法》使用了“经营者集中”的概念，即经营者合并，经营者通过取得其他经营者的股份、资产，以及通过合同等方式取得对其他经营者的控制权，或者能够对其他经营者施加决定性影响的情形。这样既可以厘清企业合并、企业结合、企业兼并等概念之间纠缠不清的关系，避免语义上的歧义，又能够清楚地表述反垄断法所关注的核心与实质问题，符合竞争法的立法宗旨和目标。

(二) 横向(水平)并购、纵向(垂直)并购以及混合并购

从功能或目的上看，跨国并购可以分为横向(水平)并购、纵向(垂直)并购以及混合并购。

横向(水平)并购是指同一类生产部门或同一类产品经营部门之间的公司发生的并购行为，也就是处于同一经营环节上的相关企业的并购。横向并购的目的是实现规模经济和占有更大的市场份额。纵向(垂直)并购是指生产过程或经营环节相互衔接、密切联系的公司之间的，或者具有纵向协作关系的专业化公司之间的并购，主要是加工制造企业同与它有联系的原材料、运输、贸易公司之间的并购，也就是同一生产过程中的相关环节的企业并购。纵向并购可以使得经营者将投入—产出环节直接纳入经营者的内部进行管理和规划，从而可以提高经营者对市场的控制能力。

混合并购是指生产经营上无任何联系或联系很少的不同行业之间的企业的合并，是横向并购与纵向并购相结合的企业并购，目的是拓展企业的产业结构，实现多样化经营，分散企业经营风险。混合并购通常又分为产品扩张型并购、地域市场扩张并购和纯粹混合并购三种。产品扩张型并购扩展了企业的生产线，它对供应链的影响在于通过双方供应链上下游间的交流，互相利用对方的优势资源，能够在供应链间产生一种管理协同效应。地域市场扩张并购是指在不重叠的地理区域从事经营的两家企业之间的并购，主导企业往往看中的是被并购企业的区域市场。这种并购一般不会改变双方供应链的上游节点和关联，而是通过下游的市场协同达到增加企业市场份额的目的。纯粹混合并购涉及完全不相关的经营活动，因而不会对供应链产生具体影响，而是通过对双方品牌、技能和知识等无形资源的分享，实现企业战略协同。①

二、外国投资者并购我国境内企业

根据商务部《中国外商投资报告 2016》，外国投资者在我国投资主要以新设投资为主，跨国并购在我国吸收外资中的比重较低，但近年来呈现快速增长的态势。并购交易的主要方式是股权并购和资产并购，其中以对非国有企业的股权并购为主；并购交易的主要形式是中外合资经营企业和外资企业。

(一) 股权并购和资产并购

依据《外国投资者并购境内企业的规定》，股权并购是指外国投资者购买境内非外商投资企业(即“境内公司”)股东的股权或认购其增资，使其变更为外商投资企业。股权并购分为两种情况：一是单纯的股权并购，即外国投资者通过协议购买境内公司的股东的股权，从而使现行的股权结构发生变更而达到并购境内公司的目的；二是以认购增资的方式进行股权并购，即外国投资者通过认购境内公司增资，使该境内公司

① 参见詹昊：《〈反垄断法〉下的企业并购实务——经营者集中法律解读、案例分析与操作指引》，北京，法律出版社，2008，第 78 页。

变更设立为外商投资企业，从而达到并购的目的。

依据《外国投资者并购境内企业的规定》，资产并购是指外国投资者设立外商投资企业，并通过该企业协议购买境内企业资产且运营该资产，或外国投资者协议购买境内企业资产，并以该资产投资设立外商投资企业，运营该资产。资产并购也存在两种情况：一是外国投资者首先在中国境内设立外商投资企业，然后通过该外商投资企业以协议的方式购买中国的境内企业的资产并且运营该资产；二是外国投资者直接以协议的方式购买我国境内企业的资产，并以该资产投资设立外商投资企业，运营该资产。

但是，如果外国投资者直接购买我国境内的外商投资企业，不论是中外合资经营企业、中外合作经营企业还是外资企业，都不可能构成《外国投资者并购境内企业的规定》项下的外资并购。根据《外国投资者并购境内企业的规定》第 52 条的规定，外国投资者购买境内外商投资企业股东的股权或认购境内外商投资企业增资的，适用现行外商投资企业法律、行政法规和外商投资企业投资者股权变更的相关规定，其中没有规定的，参照该规定办理。因为如果外国投资者购买中外合资经营企业股东的股权，也就是中外合资经营企业的股东向该企业外的人转股，适用的当然就是中外合资经营企业法律及有关的行政法规，以及有关股权变更的规定；其余的依此类推。

2017 年 7 月 30 日，为推进外商投资管理体制改革，体现简政放权、放管结合、优化服务的改革方向，商务部决定对《外商投资企业设立及变更备案管理暂行办法》（商务部令 2016 年第 3 号）作出修改，规定：对于外国投资者并购境内公司，以及对上市公司实施战略投资，不涉及特别管理措施和关联并购的，适用备案管理。①

（二）外资并购安全审查

跨国并购容易产生危害国家安全、损害国家权益、侵犯人民利益的情况，而国家安全审查之目的在于，保护国家安全，提高国泰民安的绩效水平，维护国家利益和人民利益。国家安全审查重在分析并购交易对国防安全、国家经济稳定运行、社会基本秩序、涉及国家安全关键技术研发能力的影响。

2011 年，国务院办公厅和商务部先后发布《国务院办公厅关于建立外国投资者并购境内企业安全审查制度的通知》《商务部实施外国投资者并购境内企业安全审查制度的规定》，以此建立我国的外资并购安全审查制度，确立了基本原则与审查方法。该通知规定，“部际联席会议”具体承担并购安全审查工作，在国务院领导下，由国家发展和改革委员会、商务部牵头，根据外资并购所涉及的行业和领域，会同相关部门开展并购安全审查。其并购安全审查的范围为：外国投资者并购境内军工及军工配套企业，重点、敏感军事设施周边企业，以及关系国防安全的其他单位；外国投资者并购境内

---

① 根据商务部 2017 年第 37 号《关于外商投资企业设立及变更备案管理有关事项的公告》，自由贸易试验区内，国家规定实施准入特别管理措施的范围，自 2017 年 7 月 10 日起，依照《自由贸易试验区外商投资准入特别管理措施（负面清单）（2017 年版）》的规定执行；自由贸易试验区外，国家规定实施准入特别管理措施的范围，自 2017 年 7 月 28 日起，依照《外商投资产业指导目录（2017 年修订）》中《外商投资准入特别管理措施（外商投资准入负面清单）》的规定执行。

关系国家安全的重要农产品、重要能源和资源、重要基础设施、重要运输服务、关键技术、重大装备制造等的企业，且实际控制权可能被外国投资者取得。

美国在跨国并购中有比较成熟的国家安全审查法律体系，另外，加拿大、英国、法国、德国、日本、印度等国家都相继在不同程度上建立了国家安全审查制度。美国外国投资委员会（Committee on Foreign Investment in the United States，CFIUS）是为了授权审查可能导致外国人对美国市场产生控制的交易（“涵盖交易”）所成立的内部委员会，旨在衡量和判断这些交易对美国的国家安全可能产生的效果。[①] CFIUS的运行是基于美国1950年《国防生产法》第721条，该条被2007年《外国投资与国家安全法》（FINSA）[②] 所修订，建立的直接依据是1975年第11858号美国总统令。CFIUS与美国财政部于2008年11月公布的《关于外国人合并、收购、接管的最后规则》[③]，实际上是FINSA的实施细则。

三、跨国并购的反垄断规制

跨国并购容易形成经济垄断，排斥市场竞争，侵犯消费者利益；而反垄断之目的，在于保护市场公平竞争机制，提高经济运行效率，维护消费者利益。我国《反垄断法》自2008年8月1日起实施，我国在反垄断方面由商务部、国家发展和改革委员会、国家工商行政管理总局行使反垄断执法审查权。经营者集中反垄断审查主要关注的是集中（包括但不仅限于并购）可能对市场竞争造成的影响，是否可能对市场竞争产生排除、限制的效果。

目前，各国反垄断执法机构对于跨国并购所重点关注的是横向并购行为，因为这种并购行为对市场竞争状态的影响最大。横向并购可能带来的反竞争后果主要表现在以下两方面：（1）过度的并购将会引起经济的集中，从而会导致少数大企业间就市场行为方面达成限制竞争的协议，这是企业为了摆脱市场竞争压力所表现出来的一种必然的行为倾向。（2）过度的并购可能导致垄断，从而限制竞争。如果企业通过并购取得了相当大的市场份额，并购就可能对市场产生限制竞争的影响，并且这种影响是一种长期的潜在的影响。并购企业单方面产生的限制竞争影响主要表现在并购企业的产品价格方面，在并购企业拥有了足够的市场份额，具备单方涨价能力时，它无须与其他企业达成限制性协议就能够获得垄断利润。为了避免反垄断执法机构对横向并购的干预，经营者在实施并购行为时可以通过资产剥离等协议安排进行预防。较之于横向并购，纵向并购的反垄断经济学原理以及相应的规制政策更为复杂。纵向并购往往在理论与经验层面被假定为可以提升效率，但这并不意味着纵向并购总会提升福利或者

---

① 参见http：//www.treasury.gov/resource-center/international/Pages/Committee-on-Foreign-Investment-in-US.aspx，最后访问日期：2014-03-03。

② See Foreign Investment and National Security Act of 2007，Pub. L. No. 110-49（July 26，2007）.

③ See “Regulations Pertaining to Mergers，Acquisitions，and Takeovers by Foreign Persons 2008”，31 C.F.R.，Part 800.

总是有利于下游消费者的利益。[①] 混合并购产生的组合效应包括潜在的促进竞争效果和反竞争效果，这些效果产生于并购整合了交易各方之间的互补产品且交易一方或多方在其互补产品上拥有现住的市场势力。[②]

大多数反垄断执法机构采用两种主要的标准来评估一项并购是否会产生反竞争的效果：(1) 市场支配地位标准；(2) 显著减少竞争标准。有的机构兼采用这两种标准。近年来，很多国家将审查的法律标准从是否获得或加强了市场支配地位转向了是否显著减少了竞争。

我国《反垄断法》第四章对经营者集中反垄断规制的基本内容作出原则性规定，在此基础上，国务院及相关部委还颁布了配套性法规、规章及规定性文件。[③] 经过审查，商务部反垄断局作出无条件批准、禁止经营者集中或者对经营者集中附加限制性条件的决定，并向社会公布。

第三节 特许经营/公私合作

法律赋予或者通过合同取得的特许经营权，包括勘探、耕作、提炼或开发自然资源的特许权。相对于新设投资和跨国并购这种股权参与的形式而言，特许经营权是一种非股权参与[④]的形式。从东道国获取特许经营权的主要模式是 BOT 和 PPP。

一、国际合作开发

国际合作开发是国家利用外国投资共同开发自然资源的一种国际合作形式，通常由资源国政府或政府公司同外国投资者签订协议、合同，允许外国投资者在资源国指定的开发区以及一定的年限内，同资源国合作，进行勘探、开采自然资源，并共同生产，按约定比例承担风险、分享利润。国际合作开发应当是多方面的，但石油和其他矿产资源的开发最为常见。国际合作开发的合作方式大多为特殊的契约式合营。

中外合作开发项目，是指外国公司依据《对外合作开采海洋石油资源条例》和

---

① 参见韩伟主编：《OECD 竞争政策圆桌论坛报告选译》，北京，法律出版社，2015，第 169 页。

② 参见韩伟主编：《OECD 竞争政策圆桌论坛报告选译》，北京，法律出版社，2015，第 175 页。

③ 这些配套性法规包括：《国务院关于经营者集中申报标准的规定》《国务院反垄断委员会关于相关市场界定的指南》《金融业经营者集中申报营业额计算办法》《经营者集中申报办法》《经营者集中审查办法》《关于评估经营者集中竞争影响的暂行规定》《未依法申报经营者集中调查处理暂行办法》《关于经营者集中简易案件适用标准的暂行规定》《关于经营者集中附加限制性条件的规定（试行）》等。

④ 非股权参与（non-equity participation），又称直接投资无股化，是指国际投资者通过与东道国的企业建立某些业务关系来取得某种程度的实际控制权，实现本公司的经营目标。这种方式也称为“事实上的控制”，主要指跨国公司在东道国不取得股份，而是通过资金、技术、管理、销售等方面的相互联系来达到为东道国提供服务、控制东道国企业，并从中获得相应的利润的目的。

《对外合作开采陆上石油资源条例》，同中国的公司合作，进行石油、天然气和煤层气资源勘探开发的项目。根据《对外合作开采陆上石油资源条例》第7条，中国石油天然气集团公司、中国石油化工集团公司（以下简称中方石油公司）负责对外合作开采陆上石油资源的经营业务；负责与外国企业谈判、签订、执行合作开采陆上石油资源的合同；在国务院批准的对外合作开采陆上石油资源的区域内享有与外国企业合作进行石油勘探、开发、生产的专营权。根据该条例第30条，对外合作开采煤层气资源由中联煤层气有限责任公司、国务院指定的其他公司实施专营，并参照该条例执行。根据《对外合作开采海洋石油资源条例》第6条，中华人民共和国对外合作开采海洋石油资源的业务，由中国海洋石油总公司全面负责。中国海洋石油总公司是具有法人资格的政府公司，享有在对外合作海区内进行石油勘探、开发、生产和销售的专营权。

根据上述两个条例的规定，中方石油公司与外国企业合作开采陆上石油资源必须订立合同，中国海洋石油总公司通过订立石油合同与外国企业合作开采海洋石油资源；除法律、行政法规另有规定或者石油合同另有约定外，应当由石油合同中的外国企业一方（以下称外国合同者）投资进行勘探，负责勘探作业，并承担全部勘探风险；发现商业性油（气）田后，由外国合同者同中方石油公司或者中国海洋石油总公司双方投资合作开发，外国合同者并应负责开发作业和生产作业，直至中方石油公司或者中国海洋石油总公司按照石油合同的规定在条件具备的情况下接替生产作业。外国合同者可以按照石油合同的规定，从生产的石油中回收其投资和费用，并取得报酬。[①] 外国合同者为执行陆上石油合同从事开发、生产作业，应当依法在中华人民共和国境内设立分公司、子公司或者代表机构；为执行海洋石油合同，外国合同者只需要设立分公司或者代表机构，但要履行登记手续。对外合作开采陆上石油资源，应当依法。参与合作开采海洋石油资源的中国企业、外国企业，都应当依法缴纳资源税。

二、BOT投资法律形式

BOT是英文建设（Build）—运营（Operate）—移交（Transfer）的缩写，它是指政府通过合同授予私营企业一定期限的特许经营权，许可其融资和建设特定的公用基础设施，并准许其进行经营管理和商业利用，如通过向用户收取费用或出售项目产品等方式来清偿贷款、回收投资并赚取利润，特许期届满时将基础设施无偿移交给政府。例如，世界上最著名的BOT项目是英吉利海峡隧道。我国第一次BOT模式的实践运用是在1984年，当时深圳以中外合作方式从国外引进商业贷款，成功兴建了广东沙角电厂。从1995年开始，国家计委批复广西来宾电厂二期工程采用BOT模式建设，使该项目成为我国第一个经国家批准的BOT试点项目。目前，BOT模式在国内基础设施或公共工程建设上的应用非常普遍。不仅如此，柬埔寨甘再水电站是中国水电建设集团公司首个以BOT模式进行的境外水电投资项目，也是柬埔寨国内最大的引进外

① 参见《对外合作开采海洋石油资源条例》第8条，《对外合作开采陆上石油资源条例》第14～15条。

资项目。在中国，BOT 已经成为政府通过与外商或私营企业签订特许权协议来吸引外资或民间资本、加快国内基础设施建设的一种手段，所以 BOT 也称为“特许权或特许经营招标”或“法人招标”①。

国际 BOT 投资，是指私人投资者是一个或两个以上的外国投资者，或者数个投资者中有一个是外国投资者。其法律特征如下：(1) BOT 模式适用于规模宏大、投融资风险高、收入来源稳定，且通常为东道国带有垄断性经营的基础设施项目；(2) 政府允许外国投资者以 BOT 模式进入，实质上就是东道国政府授予外国投资者特许权，以特许协议的方式将本属于政府的一部分社会管理职能在一定期限内转移给项目公司；(3) BOT 模式是一种高风险的投资、贷款活动，其筹资方式是将传统的股本投资与项目融资结合在一起，是一种较新型的国际投融资方式；(4) BOT 模式围绕项目投融资、建设、运营、移交构成一项复杂的系统工程；(5) 随时变形，非常灵活。随着在不同国家和地区的应用，BOT 模式又演变出二十多种变种 BOT，如 BOO（建设—拥有—运营）、BOOT（建设—拥有—运营—移交）、BOLT（建设—拥有—租赁—移交）、BRT（建设—出租—移交）等。

BOT 项目牵涉到许多关键的相互协调与合作的关系人，主要有：(1) 政府及其授权部门；(2) 项目联营集团（项目主办人）；(3) 项目公司；(4) 项目贷款人（银行或财团）；(5) 项目工程建筑承包商；(6) 项目原材料供应商；(7) 项目工程设计公司；(8) 项目投资回报和贷款偿还的担保人；(9) 保险公司；(10) 项目的经营管理人；(11) 项目产品、服务的购买人或设施使用人；(12) 其他可能的参与人。

BOT 项目是由一系列的法律文件组合而成的有机整体，包括招投标文件、特许协议、安慰函（即就政府表示支持、承诺、保证等所作的相关的法律解释）、股东协议、项目融资文件、设计合同、物资供应合同、保险合同、产品购买合同、转让移交合同等。其中，政府与项目公司之间的特许协议是最基本的，构成了国际 BOT 运作方式的核心，也是签订其他相关合同的前提。

三、PPP

PPP 即 public-private partnerships，译为公私合作制或公私伙伴关系，其实质是政府通过给予私营公司长期的特许经营权和收益权来加快基础设施建设及有效运营。例如，1998 年英国政府采用 PPP 方式保证了伦敦地铁网络在未来 30 年拥有足够的投资。广义的 PPP 泛指公共部门与私营部门为提供公共产品或服务而建立的合作关系；而狭义的 PPP 更强调政府在项目中的所有权（有股份），以及与企业合作过程中的风险分担和利益共享。②

---

① 王守清、柯永建编著：《特许经营项目融资（BOT、PFI 和 PPP）》，北京，清华大学出版社，2008，第 19 页。

② See Francois Lichere, Boris Martor, “On the Development of Public-private Partnerships in Africa: Current Reforms and Future Prospects”, *International Business Law Journal*, 2007.

PPP模式一般具有以下几个基本特征：(1) 是公共产品或公共服务领域的项目，具体包括基础设施（如市政道路、高速公路、电厂）、市政公用类（如自来水厂及配套管网、固废处理和收运设施）以及社会事业类（如文化体育场馆、医疗和教育服务设施）[①]；(2) 参与方中至少有一方应为公共机构；(3) 投资额具有一定规模，具有项目融资的典型特征；(4) 参与各方建立长期合作关系；(5) 风险能够合理分担给社会资本；(6) 项目对所提供的服务有一定专业性要求；(7) 需求长期稳定。

在国际上，PPP模式没有固定的投资模式，根据每个项目的特点、所在地的投资环境、各参与主体的具体情况，形成每个项目自身的投资模式，包括服务合同、管理合同、租赁合同、特许、BOT、BOO、BOOT、反转BOOT、混合经营、出售。

PPP模式的参与方通常包括：(1) 政府指定的负责PPP合同授权的相关部门；(2) 由私营部门为PPP运作专门设立的特殊目的公司（SPV）；(3) 负责设计、工程及施工的承包方；(4) 运营及管理方；(5) 项目经理；(6) 贷款方；(7) 股权投资者；(8) 保险公司；(9) 法律顾问；(10) 财务顾问。

PPP模式在我国被称为"政府和社会资本合作"模式。根据国务院法制办2017年7月21日发布的《基础设施和公共服务领域政府和社会资本合作条例（征求意见稿）》[②]［以下简称《PPP条例》（征求意见稿）］，它是指政府采用竞争性方式选择社会资本方[③]，双方订立协议明确各自的权利和义务，由社会资本方负责基础设施和公共服务项目的投资、建设、运营，并通过使用者付费、政府付费、政府提供补助等方式获得合理收益的活动。目前在我国，外商和民营企业参与PPP项目很少，更多的是央企和地方国企在主导。《PPP条例》（征求意见稿）第6条规定，各种所有制形式的社会资本方应当平等参与PPP项目，鼓励民营企业参与PPP模式，营造良好的竞争环境；第13条规定，在选择社会资本方时，应当通过招标、竞争性谈判等竞争性方式进行选择，维护公平竞争秩序；第20条规定，合作项目协议的履行，不受行政区划调整、政府换届、政府有关部门机构或者职能调整以及负责人变更的影响，解决了政府信用保障问题。

除了PPP模式专门立法外，"基础设施和公用事业特许经营法"作为我国PPP领域第一部上位法已经列入全国人大常委会立法规划。[④] 此外，与之衔接的法律还有：预算法、政府采购法、招标投标法、土地管理法、城乡规划法、国有资产管理法、担保法、价格法、公路法、铁路法、电力法和环境保护法等。

在PPP中，政府部门或地方政府通过政府采购的形式与中标单位组建的特殊目的

---

① 参见济邦投资咨询有限公司组织编写：《基础设施PPP与操作实务》，北京，化学工业出版社，2016，第51页。

② 该征求意见稿是在原建设部的特许经营管理办法、国家发展和改革委员会的特许经营法征求意见稿、国务院的特许经营管理办法，以及财政部的政府和社会资本合作法征求意见稿等框架基础上制定的。

③ 该条例所称社会资本方，是指依法设立，具有投资、建设、运营能力的企业。

④ 现行有效的是部门规章，即国家发展和改革委员会、财政部、住房和城乡建设部、交通运输部、水利部、中国人民银行联合颁布，自2015年6月1日施行的《基础设施和公用事业特许经营管理办法》。

公司签订特许合同（特殊目的公司一般是由中标的建筑公司、服务经营公司或对项目进行投资的第三方组成的股份有限公司），由特殊目的公司负责筹资建设及经营。政府通常与提供贷款的金融机构达成一个直接协议，这个协议不是对项目进行担保的协议，而是一个向借贷机构承诺将按照与特殊目的公司签订的合同支付有关费用的协定。这个协议能使特殊目的公司比较顺利地获得金融机构的贷款。

相比早年较为流行的 BOT 模式，PPP 的含义更为广泛，且更强调政府在项目中的参与（如占股份），更强调政府与企业的长期合作和发挥各自优势、共享收益、共担风险与社会责任。在典型的 BOT 项目中，私人部门按政府指定的技术规格和业主要求建设有关资产和进行营运，再向资产的最终使用者收取费用。在 PPP 项目中，公共部门购买的是服务而非资产，公共部门根据私人部门是否达到政府所列明的服务水平要求而向该私人部门付款。PPP 模式是一种优化的项目融资与实施模式，以各参与方的“双赢”或“多赢”作为合作的基本理念。

四、特许权协议的法律性质

（一）特许协议定义和主要条款

特许协议，也称特许经营权协议，是东道国政府与外国投资者之间签订的通常以自然资源的开发或公用事业的建设为目的的一种协议，是获得特许经营权的核心法律文件。联合国国际贸易法委员会工作组《私人融资基础设施项目示范立法条文》对特许协议所下的定义是：订约当局与特许公司之间签订的，规定实施某一基础设施项目的范围和条件的有法律约束力的合同。

国际 BOT 特许协议的主要条款包括：签字各方的法定名称与地址；特许内容、方式及期限；东道国政府和特许各方的权利与义务；项目工程设计、建筑施工、经营和维护的标准规范；项目的组织实施计划与安排；项目转让、抵押、征管、终止条款；项目风险承担及保险；特许期届满时项目移交标准及程序；罚则；协议的仲裁及所适用的准据法等。在协议的各项条款中，东道国政府和特许各方的权利、义务条款尤为重要，要求作出具体、明确的规定。如政府享有在设计阶段对项目公司提交方案的审查、修改和取消权，在施工阶段的监理权、变更审批权，在竣工验收阶段的检测验收权和最终确认权，在运营阶段的监察权、劳务政策制定权以及最终接管权等；同时，承担为项目公司提供施工用地、水电原（燃）料供应等各种条件，承诺实现项目收益，以及提供临时资金的义务。项目公司享有收费权、税收优惠权、优先受让权、外汇平衡权、申请政府援助和保护权等；同时，承担按政府审查批准确认的规范设计项目、按批准的设计方案建设项目、按规定的收费标准经营并保证项目移交时的完好性义务等。

（二）特许协议的法律性质

关于特许协议的法律性质问题有以下几种主张：（1）准国际协议（quasi-international

agreement)。(2)跨国契约(transnational contract)。(3)当事人法(law of the parties)。(4)行政契约(contract administrative)。(5)政府契约(government contract)。

1. 特许协议是国内法契约还是国际协议

主张特许协议属于国际法协议的理由有三个:(1)特许协议的一方是作为国际法基本主体的国家,另一方当事人虽然是外国个人或法人,但国家根据协议特许其享有专属于国家的某种权利,这意味着国家基于合意,默示地承认其为国际法主体,并将协议纳入国际法范畴之内。(2)特许协议具有经济发展协定的性质。这一特点要求外国投资者的利益得到一种长期和稳定的保证,因而其需要得到国际法的保护。(3)一些特许协议订有选择国际法原则作为准据法的法律适用条款和将协议的效力、实施与解释的争端提交国际仲裁机构仲裁的仲裁条款,这就使特许协议的性质发生了变化,成为国际化的协议。绝大多数国家特别是广大发展中国家普遍主张特许协议属于国内法协议。这一主张是符合国际法的一般原则的。一方面,根据当代国际法,条约是国际法主体间就权利义务关系达成的一种协议,因此原则上只有国际法主体才具有缔约能力。而现在为国际法所承认的国际法主体有国家、政府间国际组织和争取独立的民族。除了确认以上国际法主体具有完全或不完全的缔约能力以外,国际法还承认某些非主权实体也有一定的缔约能力,如联邦成员国、高度自治地区。但是,个人、公司甚至跨国公司都不是国际法主体,所以外国个人、法人和国家所订立的特许协议不具有国际法上的合意,不能被纳入国际法的范畴之内,而必须以国内法为基础,作为具有国内法性质的协议。另一方面,特许协议根据东道国的法律确立,并经东道国政府依法定程序审查批准,当事人的权利义务关系又涉及东道国的自然资源和公共建设,因此无论从协议的订立地、履行地还是物之所在地等标志来看,特许协议在客观上都与东道国具有最稳定、最集中、最密切的实质联系,所以,特许协议是国内法性质的协议。

2. 特许协议是公法性质的还是私法性质的契约

法国国内法上有“公法契约”之说,而英美国内法上有“私法契约”之说。此外,还有“混合协议”之说认为特许协议兼有“公法”和“私法”两种因素,因而具有两重性。就法国法而言,特许协议属于行政法范畴,称为行政契约,因为契约当事人一方是公权力机关,有基于公共利益单方控制及改变契约执行的权力。协议适用法国行政法,由行政法院(Conseil d'Etat)管辖。在英美普通法国家,特许协议是政府与私人间订立的政府契约,原则上适用普通契约法的规定,除非政府基于社会公益或契约妨碍政府正常执行职务的理由,行使国会权力、警察权或公用征收权,否则,不能废弃普通法原则。[①]

3. 特许协议是行政合同还是民事合同

我国对于特许经营权协议的法律性质有两种不同观点:行政合同说和民事合同说。认为特许协议是行政合同的理由是:(1)协议一方当事人是行政主体,双方法律地位

---

① 参见姚梅镇:《国际投资法》,修订版,武汉,武汉大学出版社,1987,第360~362页。

不平等；(2）政府享有维护公共利益所必要的特权，双方权利、义务不平等；(3）协议的主要内容规定了政府授予私人投资者某些特权和优惠待遇，这一般属于公法规定的内容；(4）协议标的具有特殊性，是专属于政府的公共基础设施的建设权和经营权。认为特许协议是普通民事合同的理由是：(1）行政合同说将增加私人投资的风险，不利于投资环境的改善；(2）民事合同说能充分体现意思自治原则，能适应各个项目的具体情况；(3）特许协议的民事合同性质在世界上已获得广泛认可；(4）我国的法律传统、立法现实与行政合同并不相容。[①]

《PPP条例》(征求意见稿）并没有讨论整个协议是行政合同还是民事合同的问题，而是巧妙地处理了一直备受关注的PPP协议性质问题。总体思路是基于解决现实问题的角度，看具体的争议属于什么性质，分别遵循行政或民事途径去解决PPP中的争议。[②]《PPP条例》(征求意见稿）第40条规定，因合作项目协议履行发生的争议，可以依法申请仲裁或者向人民法院提起诉讼。同时第41条规定，对政府有关部门作出的与合作项目的实施和监督管理有关的具体行政行为，社会资本方认为侵犯其合法权益的，有陈述、申辩的权利，并可以依法提起行政复议或者行政诉讼。

---

① 参见济邦投资咨询有限公司组织编写：《基础设施PPP与操作实务》，北京，化学工业出版社，2016，第168页。

② 参见王守清：《王守清对〈基础设施和公共服务领域PPP条例（征求意见稿）〉的评论和建议》，2017-08-06，见http：//www.360doc.com/content/17/0806/11/31014543_677034543.shtml，最后访问日期：2017-08-10。

第四章 国际投资准入

根据主权平等、独立原则，一国政府对其领土内的人、物和经济活动享有管辖权，在投资领域通常称为国家规制权（right to regulate，police power）。未经东道国允许，外国投资者不得在东道国境内进行投资并经营。只有在东道国法律和政策允许的范围内，外国投资者才能投资、经营，并获得东道国的保护。因此，投资准入是外国投资者首先要了解、面对的问题。东道国允许外国投资者完全自由地在其境内进行投资的情形是不存在的，各国间的区别在于基于什么理由、通过什么制度和程序来审查外国投资。经济发展、产业政策、反垄断、国家安全、环境保护、民族文化等，都可以成为禁止或限制外国投资的理由，而审查批准方式大体上可以分为全部审查和例外审查两大类。在很长时期内，投资准入是东道国国内法规制的问题，但随着国际投资自由化，投资准入成为国际投资协定规范的内容。本书第五章中的业绩要求亦属于投资准入的内容。

第一节 国际投资准入的定义和范围

一、投资准入定义

投资准入，也称外资准入，属于市场准入（market access）的一部分。从投资者的角度讲，就是外资进入东道国的可能性与机会，以及投资者需要为此而付出的对价等。从东道国的角度看，就是指一国投资市场对外资的开放程度，包括对外资的允许范围、限制程度和鼓励措施等。[①] 国际投资准入反映了外国投资者在东道国投资的自由度和东道国对外国投资的管理度之间的关系。

① 参见史晓丽、祁欢：《国际投资法》，北京，中国政法大学出版社，2009，第66页。

依据外资在东道国活动的整个生命周期，外国投资者的投资活动可分为三个阶段，即：外资的准入与设业；外资的运行，包括外资的管理、营运、维持和使用等；外资的退出。广义而言，投资准入包括两个部分，即准入与设业。依联合国贸易与发展会议的文件，准入（admission）一词是指外国投资者和投资进入东道国的权利。[①] 由于投资性质和目的的不同，并非所有的投资活动均需要在东道国设立和维持商业存在。对于仅要求短期存在的经济活动而言，仅有准入权（admission or entry rights）而无设业权（rights of establishment）是足够的。如购买股票、债权等金融产品不一定需要在东道国内有持久的商业存在。如果某一个经济活动需要外国投资者在东道国国内建立长期的经济实体，如分支机构、公司企业等，以满足外国投资者在东道国内部稳定的经营活动，则此时会涉及外国投资者的设业权。

二、投资准入的范围、程度和特性

可以从国际投资的准入范围、准入程度和准入特性三个方面来理解国际投资准入。准入范围是指外国投资者可以在东道国从事的经济活动的产业范围、领域、业务。根据联合国《所有经济活动的国际标准产业分类》，产业是指主要从事同类或类似经济活动的所有生产单位的集合。根据经济活动的相似性，考虑到投入、工艺、生产技术、产出的特点及产出的应用等，将其分成各个具体产业。[②] 该标准将所有经济活动分成21个门类、99类。例如，农业、制造业、金融业属于三个不同的门类，行政和辅助活动属于一个门类，公共管理和国防属于一个门类，教育属于一个门类。在金融门类中，又进一步分为银行业、保险业、证券业等。即使在同一类别中，也还可以分为研发、生产、销售、服务等小的产业范围。我国参照上述分类制定了《国民经济行业分类》，国务院发布的《自由贸易试验区外商投资准入特别管理措施（负面清单）》依据《国民经济行业分类》制定。《跨太平洋伙伴关系协定》中的不符措施保留，是针对特定产业、领域或经济活动的保留。

在多大程度上允许外国投资者在东道国投资经营，构成了投资准入程度，亦可称之为准入条件。限制外资的类型或数量，限制外资投资的领域及投资地域，要求以特定形式的组织形式设立企业，要求与当地投资者合资或合作，是否允许以投资所得利润在东道国再投资等，都属于对外国投资准入的限制。世界贸易组织《服务贸易总协定》第16条列出的对服务贸易的限制，就适用于外国投资而言，可理解为对外资准入程度的限制。[③] 东道国对外国投资者及其投资企业施加的履行要求，如当地含量、进

---

① See "Admission and Establishment of Foreign Investment, Operation of Foreign Investment, Exit of Foreign Investment", UNCTAD, *Admission and Establishment*, 1999, UNCTAD/ITA/IIT/10, p. 10.

② 参见联合国：《所有经济活动的国际标准产业分类》，修订本，4版，2009，第9～10页。

③ 《服务贸易总协定》第16条第2款列举了下述6类限制性措施：限制服务提供者的数量；限制服务交易或资产总值；限制服务业务总数或服务产出总量；限制特定服务部门或服务提供者可雇用的自然人数；限制或要求服务提供者通过特定类型法律实体或合营企业提供服务；以限制外国股权最高百分比的方式，或以限制单个或总体外国投资缺额的方式，限制外国资本参与。

出口平衡、外汇平衡等，也属于对外国投资者投资及经营的限制。世界贸易组织《与贸易有关的投资措施协定》亦对这类措施进行了规范。

投资准入程度涉及两方面：一方面是评估外国投资者与本国投资者的投资机会和待遇是否等同，另一方面是评估东道国的投资准入程序和条件是以限制投资为特征还是以投资自由为导向。投资准入反映了东道国的市场开放程度，是东道国经济管理权和投资者准入设业权冲突与协调的集中体现。一方面，国家有权对外资进入东道国的范围、领域和程度等进行监管；另一方面，东道国缔结的国际条约要求开放经济、降低市场准入门槛。投资准入规则体现了东道国、母国和投资者之间的权利、义务、责任的规范配置，涉及东道国投资规制权、东道国市场准入国际承诺以及投资者的投资设业权之间的平衡等。国际投资协定中的市场准入制度，聚焦于外资可以进入的行业范围和经营程度、投资者和外国投资在准入阶段的待遇、外资需要经历的东道国程序性要求等，可以借此判断一国的投资准入制度是以限制为主还是以自由为特征，进而对国际投资的流动产生影响。

东道国依主权管理投资准入事项。从东道国的角度看，准入即准许进入，包括是否允许外资经营以及外资进入东道国的条件、程序等。对投资者而言，投资准入是投资者依东道国国内法或投资者母国与东道国之间的投资协定可以主张投资机会的权利。随着国际投资自由化，各国政府越来越多地通过国际投资协定来规范国际投资准入问题。

三、影响投资准入的因素

对于东道国而言，是否允许外国投资准入，需要评估外国投资是否促进当地经济和社会发展，是否可能产生各种不利影响，如影响国家政治安全和稳定、导致国内经济被外国投资控制、产业发展失调等。东道国需要基于自己的利益制定和实施外国投资政策与法律，就外资准入进行规制；也需要综合评估其政治/经济实力、发展阶段、产业竞争能力，决定对外来投资采取限制或自由化的准入管理措施。对于外国投资和投资者而言，其投资流向和投入比例，很大程度上取决于东道国的投资环境，良好的投资环境可以满足外国投资者的投资收益预期，增强投资者的信心。东道国的投资环境，是指能有效地影响国际资本的运行和效益的一切外部条件与因素。外国投资流动、运行和收益的一切外部条件与因素，既影响外国投资者期待的利益，也会影响东道国的投资准入政策。东道国的自然、社会、政治、经济、法制、历史、文化、人民心理、风尚等因素，都会对国际投资走向产生影响，属于东道国投资环境的组成部分。[①] 投资环境是物质和其他因素的结合体，其中，产业政策、经济制度环境以及东道国的投资法制因素都是较为重要的因素。

---

① 参见余劲松主编：《国际投资法》，4版，北京，法律出版社，2014，第6页。

第二节　国际投资准入形式

一、东道国对自主投资准入的规制

是否允许和接受外国投资，基于经济主权原则，东道国可自主决定。例如，中国1979年通过《中外合资经营企业法》吸引外商投资，开启改革开放大门。东道国可自主决定在哪些领域允许外国投资者投资，施加什么样的条件或限制，是否给予优惠待遇。东道国可自主决定允许外国投资者投资的具体程序和要求、是否基于不同领域的投资而规定不同的程序，决定是逐项审批还是一般情形备案、特殊情形审批，是综合审批还是区别产业条件和国家安全专项审批。东道国既可自主决定投资准入条件，亦可自主改变投资准入条件，不受其他国家或国际义务的影响。在单方面自主开放市场的经济体中，多表现为投资准入自主化。

二、国际投资协定对投资准入的规制

国家间签订投资协定规定相互投资的准入条件，已经成为一种普遍现象。它代表了国际投资协定发展的新阶段，是国际投资自由化的重要体现。传统上，“德式”协定重在保护已经获准进入东道国的投资，投资准入问题由东道国法律规范。换言之，“德式”协定不以打开东道国投资市场为缔约目的。“美式”协定既关注准入后的投资保护，也关注投资市场开放，投资准入问题成为投资协定规范的重要议题。《北美自由贸易协定》“投资”章奠定了“美式”协定的模式，为其他自由贸易协定所遵循。随着各国对国际投资认识的变化，开放外国投资市场成为各国促进经济发展的一种选择，越来越多的投资协定或自由贸易协定纳入了投资市场准入或投资市场自由化这一内容。欧洲国家也改变其传统做法，将投资准入纳入投资协定或自由贸易协定中。例如，《欧盟—加拿大全面经济贸易协定》和《欧盟—越南自由贸易协定》有以“市场准入”为标题的专门条款（以下简称“欧盟式”协定）。在通过投资协定规范投资准入的情况下，缔约方须遵循协定的要求，不得擅自改变投资准入条件。

就调整国际投资准入的国际投资协定文本而言，对投资准入的规范主要有两种模式：一种以“美式”协定为代表，通过准入前国民待遇义务和最惠国待遇义务来规范；另一种以“欧盟式”协定为代表，设有专门市场准入条款。传统“德式”协定中的国民待遇条款只调整准入后的投资，而“美式”协定中的国民待遇条款也调整投资准入阶段。[①] 这两种

① 这两种模式概括为准入后模式和准入（前）模式（post-entry/ pre-entry，或 post-establishment/pre-establishment）。从英文术语 pre-entry 或 pre-establishment 来看，似乎翻译为“准入前”更符合原意，但实际上，准入前的投资活动仅指企业的调研活动等，不涉及东道国政府的投资审批、审核等行为，所以更为确切的说法应该是“投资准入阶段”。为了与外文表述相统一，且与准入“后”区别得更为明确，下文也会使用准入“前”这一术语。

模式的另一重大区别是，“欧盟式”协定规定的市场准入条款所设立的义务，不适用投资者与国家间投资争端解决机制，而“美式”协定中投资者与国家间投资争端解决机制则普遍适用于各类争端，包括准入前国民待遇义务争端（《北美自由贸易协定》另在附件中规定对加拿大或墨西哥当局的收购审批决定，不得诉诸这一争端解决机制）。[①] 但这两种模式的共同点是，有关市场准入义务都存在重要例外：在“美式”协定中表现为“保留与例外”或“不符措施保留”条款，而在“欧盟式”协定中表现为“保留和例外”条款，并且都通过内容繁杂的附件来体现这样的例外。

基于结构、设计、意图等原因，国际投资协定对投资准入的规范在形式上不尽相同。《欧盟—加拿大全面经济贸易协定》“投资”章第二节“投资设立”包括了两部分内容，一部分名为“市场准入”，另一部分名为“履行要求”。在“市场准入”部分主要禁止 6 种限制性措施，类似于世界贸易组织《服务贸易总协定》第 16 条第 2 款的内容。但“履行要求”部分以及“保留和例外”一节，都涉及对投资市场准入的保留、例外或限制的内容。《跨太平洋伙伴关系协定》无单独以市场准入为题的章节，但履行要求和不符措施等节都是有关市场准入的规定。

三、规制投资准入的具体模式

就一国在哪些产业或领域允许外国投资而言，具体模式可以分为两种，即所谓的正面清单式和负面清单式。正面清单式，是指东道国通过正面列表的方式，列出该国允许外国投资者投资的产业或领域，没有列出的属于不允许外国投资的产业或领域。负面清单式，是指东道国通过负面列表的方式，列出禁止或限制外国投资者投资的产业或领域，没有列出的为允许投资的产业或领域。负面清单式与准入阶段国民待遇一起适用，即“国民待遇＋负面清单”。就开放程度而言，正面清单式开放投资市场，属于渐进开放式，东道国可基于自己的条件和承受能力逐步增加开放的产业或领域；负面清单式开放投资市场，除列出的产业或领域外，属于全面一次性开放投资市场。在一定意义上，这两种开放模式“殊途同归”，但产业发展成熟程度高的国家更有能力采取负面清单式开放市场；对于广大发展中国家，由于其经济发展落后、产业形态不全面，通过负面清单排除其不开放的产业或领域存在困难。

适用负面清单制度的国际投资协定，一般通过“例外和保留”或“不符措施保留”条款，并以附件的方式列出不实施相关义务的各种情形。对外国投资者及外国投资企业的各种要求，都可以列入这些附件中；既可以列出相关产业或领域，也可以针对相关产业或领域列出其他要求，例如，审批要求，企业组织形式要求，管理人员要求，投资者国籍要求，投资额、投资比例要求，企业总部要求，等等。

从东道国国内投资体制的角度分析，可以将东道国准入国际投资的模式分为投资

---

① 参见《欧盟—加拿大全面经济贸易协定》第 8.18 条，《北美自由贸易协定》第 1116 条及附件第 1138 条第 2 款。

限制模式和投资自由模式。投资限制模式下采用的准入国际投资的形式主要是“审批”制，由外资管理行政部门对外资企业或项目等进行审查批准，对外资准入管理的基本逻辑是“原则上限制、例外情形下自由”；投资自由模式下采用的准入国际投资的形式主要是负面清单式，其基本逻辑是“原则上自由、例外情形下限制”。

东道国对外资准入进行管理的最主要方式即为对外来投资的审批管理，由审批部门对外来投资涉及的项目、产业等进行审查，要求外资必须符合一定的条件和程序，从而对外资进行“筛查”。对外资进行审查的理由可以有多种，可以是为了经济管理和落实产业政策而进行审核，也可以是基于环境保护、公共秩序等理由拒绝外资进入。综合各国国内法，对外资进入进行审批主要有两种模式：一种是全面的综合的投资审批，在审批过程中即完成国家安全、产业政策、环境保护、合东道国法等方面的考察；另一种是有限审查制，除负面清单规定的产业保留审查外，原则上允许外资进入，对自由化的产业部门采取备案制或信息报告制等。在投资审批过程中对投资的合法性、合产业政策性、合国家安全性等统一进行判断的审批制度，即为综合、全面的投资审批，也可以称之为“一般性”投资审批。

中国传统上倚重投资审批来规制外资准入，进行逐项审批，未经审批同意不得实施。随着市场经济建设的深入和政府职能的转变，中国开始采取负面清单式外资准入管理模式。对于不涉及国家规定实施准入特别管理措施的外国投资，适用备案管理；对于国家规定实施准入特别管理措施的，由国务院发布或批准发布。[①] 中国有关部门发布的《外商投资产业指导目录》列出了限制或禁止外商投资的产业或领域，对于限制性的，可以理解为实施准入特别管理措施，需要有关审批部门审批。[②]

四、对外国投资的特殊手续要求

采用负面清单式准入政策，并不意味着东道国对不属于负面清单内的投资放任不管。东道国可以通过“特殊手续”和信息统计等方面的要求，了解、监督外国投资企业的经营情况。一般而言，国际投资协定都会包含“特殊手续和信息要求”条款，该条款明确规定东道国可以要求外国投资者提供与涵盖投资相关的信息。当然，东道国在提出信息要求时要满足一定的条件：在目的方面，信息的提供仅能是基于信息或统计的目的；在结果方面，东道国不能泄露外资企业提供的商业秘密。国际投资协定的信息要求条款并未对东道国的信息要求作出形式方面的限制，具体要求可由东道国国内法予以规定。

长期以来，美国的投资协定范本以及其缔结的国际投资协定均规定了信息要求条款，而美国国内法也规定了外资的报告要求。《外国投资与服务贸易调查法》（*Inter-*

① 参见《全国人民代表大会常务委员会关于修改〈中华人民共和国外资企业法〉等四部法律的决定》，2016年9月3日第十二届全国人民代表大会常务委员会第二十二次会议通过。

② 审批部门依投资领域和金额等因素而定。一般来说，国家发展和改革委员会审批项目，商务部审批企业，而行业主管部门审批行业许可。

national Investment and Trade in Services Survey Act）规定：外资投资者应向美国商务部经济分析局提交报告。报告分为交易报告和调查报告两种。交易报告（表 BE－13 和表 BE－14）要求外国投资者创设（create）、购买或者出售美国企业 10％或更多的投票权益或者进行不动产交易的，必须作出信息披露。外国投资者需要提交披露表格，说明交易或创设的法定权益、交易双方和受益人的身份、利益相关的企业或财产、被交易的美国企业的管理和财务结构等。另外，并非所有的外资交易均需报告，仅仅作为个人用途、不产生利益的居住型不动产交易不需要报告；公司持有的、向其股东出售的、仅用作个人使用的不动产交易不需要报告等。美国《外国投资与服务贸易调查法》还规定了两种调查报告，表 BE－15 为年度报告表，BE－12 为 5 年期调查表。

美国《外国投资与服务贸易调查法》明确将报告信息的用途限制为美国政府的分析或统计目的（analytical or statistical purposes），信息报告的执行程序应严格依法律规定，非经报告人书面同意不得向公众披露信息，除非报告人违反了法律的保密条款。这些规定是对东道国权益和投资者利益的再平衡。东道国政府要求信息的同时也要保障投资者的正当权益，东道国政府不能随意公开外资企业的信息。同时，《外国投资与服务贸易调查法》还规定了对外国投资者不能正确提供信息的惩罚措施，对于提供不符合规定的信息的投资者，可以课以不超过 1 万美元的罚款等。

第三节　反垄断审查

一、反垄断法对外国投资的适用

防止市场经营者从事危害竞争和消费者利益的垄断行为，是各国政府保障市场运行的重要目标和制度。垄断协议、滥用市场支配地位和经营者集中这三种形态，是国际普遍认可的可能产生反竞争效果的行为。防止国际投资产生垄断效果，也是外资准入要关注的问题。外资进入一国市场的方式主要有两种，一种是新设投资，即通过新设立企业的方式进入东道国；另一种就是并购（枯地投资）。一般认为，新设投资不会引发反垄断关注，而并购投资可能引起垄断效果。企业之间的合并或收购，即我国《反垄断法》意义上的经营者集中，成为反垄断执法的重要目标之一。外国资本进行的并购，也属于反垄断执法的范围，因此，对外国资本并购的经营者集中审查，并非专门针对外国资本，而是该并购达到了经营者集中审查的条件。换言之，反垄断法并不以外国投资为专门调整对象，但适用于外国投资。反过来说，对投资准入的反垄断执法属于适用于外资并购的一种特别审查。东道国可以以违反内国竞争政策和竞争法律为由禁止外资并购或要求其附条件。对外资并购的经营者集中审查，与对非外资并购的经营者集中审查相比，法律规则和审查程序是相同的，违法救济措施也是相同的。

垄断违背了市场经济的竞争规律，不利于市场经济的健康、长远发展。外资并购东道国境内企业，既可能消灭其竞争对手，又可能通过非自身发展方式获得市场支配地位，从而可能削弱东道国境内市场竞争。外国资本控制了市场份额、营销渠道和产品生产，形成垄断实力的外资企业，可以对东道国的幼稚产业、民族产业以及其他市场主体进行反竞争行为。东道国对外资并购适用反垄断法，成为一种普遍做法。各国反垄断法一般都规定了对限制性竞争协议、滥用市场支配地位以及不公平竞争行为的规制，以保障内国的竞争秩序，保障内外投资者之间以及外国投资者之间的竞争机会公平。[①] 企业之间的合并，无论是外资企业之间还是内资企业之间，都属于反垄断法的调整范围，都适用反垄断审查。反垄断法只是调整、规范企业并购的一种法律，还有其他法律对其进行调整、规范，如证券法、公司法等。

我国《反垄断法》借鉴了欧盟、美国等发达经济体的反垄断法经验，并且使用"经营者集中"指代美国法中的并购和欧盟法中的经营者集中，在理解上可以将"并购"和"经营者集中"视为相同的东西，只是"经营者集中"更突出了反垄断法防止和制止垄断的意旨。依据我国《反垄断法》，经营者集中是指下述情形：（1）经营者合并；（2）经营者通过取得股权或者资产的方式取得对其他经营者的控制权；（3）经营者通过合同等方式取得对其他经营者的控制权或者能够对其他经营者施加决定性影响。[②] 依德国《反对限制竞争法》，企业并购有取得财产（合并、改组等）、取得股份、订立合同、干部兼任、施加控制型影响和施加重大影响等六种，范围比较宽泛。我国台湾地区的"公平交易法"也有类似的表述和规定。[③]

按国际投资协定和内国投资管理法的规定，外资并购属于国际投资法中"投资"的范畴。如美国 2012 年《双边投资协定范本》第 1 条规定，投资包括"一个企业"和"企业的股份、股票和其他形式的参股"。加拿大 2012 年《双边投资协定范本》、《欧盟—加拿大全面经济贸易协定》和《跨太平洋伙伴关系协定》等采取同样的投资定义。我国《〈内地与香港关于建立更紧密经贸关系的安排〉投资协议》也存在这样的规定。因此，国际投资法中的"投资"和反垄断法意义上的并购或经营者集中，是一致的。

二、反垄断执法对外国投资的审查

企业并购/经营者集中本身并不必然产生反垄断的效果，也不必然引发反垄断审查程序。各国反垄断执法对此采取了基于事前申报进行审查的做法。经营者就符合一定条件的经营者集中在实施前向反垄断执法机构申报，反垄断执法机构基于反垄断法的价值理念和规则要求进行审查。这一审查不同于前文所述的基于产业政策或其他政策进行的审查。为了更好地进行这一审查，除反垄断法相关规定外，欧美等经济体的执法机构都颁布相关审查办法，如《美国司法部和联邦贸易委员会横向合并指南》《欧盟

① 参见尚明：《反垄断：主要国家与国际组织反垄断法律与实践》，北京，中国商务出版社，2005，第 3 页。
② 参见《中华人民共和国反垄断法》第 20 条。
③ 参见孙效敏：《外资并购境内企业监管研究》，北京，北京大学出版社，2010，第 25～28 页。

委员会经营者集中控制统一通告》等。我国相关部门也颁布《经营者集中申报办法》《经营者集中审查办法》等。

我国《反垄断法》规定：经营者集中具有或者可能具有排除、限制竞争效果的，国务院反垄断执法机构应当作出禁止经营者集中的决定。但是，经营者能够证明该集中对竞争产生的有利影响明显大于不利影响，或者符合社会公共利益的，国务院反垄断执法机构可以作出对经营者集中不予禁止的决定。对不予禁止的经营者集中，国务院反垄断执法机构可以决定附加减少集中对竞争产生不利影响的限制性条件。经营者违反《反垄断法》规定实施集中的，由国务院反垄断执法机构责令停止实施集中、限期处分股份或者资产、限期转让营业以及采取其他必要措施恢复到集中前的状态，可以处以罚款。[①] 这些规定表明，对经营者集中的审查采取效果原则、事先审查原则，可以禁止经营者集中，也可以附条件地批准经营者集中。

反垄断执法机构对经营者集中效果的审查，建立在相关市场界定的基础上。经营者集中可能产生的不利竞争的效果，是对相关市场中的竞争产生的不利效果。相关市场是指经营者在一定时期内就特定商品或者服务进行竞争的商品范围和地域范围。理论上和实践中，相关地域市场既可能是一国范围市场、一国范围内某一特定地域市场，也可能是包括一国市场在内的国际市场。正因为如此，发生在一国境外的经营者集中，也可能对该国境内市场竞争产生影响，从而该国反垄断执法机构对该经营者集中进行审查。此即反垄断法的域外适用。例如，美国通用汽车有限公司收购美国德尔福公司，经营者向我国商务部申报，我国商务部对其依据我国《反垄断法》进行审查，并作出了附加条件予以批准的决定。[②] 因此，一般地说，反垄断法既适用于境内的外资并购，也适用于外国资本对境内企业的并购，还适用于境外发生的但对境内市场有不利影响的并购。

根据中国法律法规的规定，对经营者集中的竞争效果的审查，需要根据个案的具体情况和特点，综合考虑下列因素：（1）参与集中的经营者在相关市场的市场份额以及其对市场的控制力；（2）相关市场的市场集中度；（3）经营者集中对市场进入、技术进步的影响；（4）经营者集中对消费者和其他相关经营者的影响；（5）经营者集中对国民经济的影响；（6）其他影响市场竞争的因素。而对于附加条件批准的经营者集中，可附加下述减少集中对竞争产生不利的限制性条件：剥离有形资产、知识产权等无形资产或相关权益等结构性条件；开放网络或平台等基础设施、许可关键技术、终止排他性协议等行为性条件；结构性条件和行为性条件相结合的综合性条件。

可以说，对外资并购的反垄断审查是一种特殊的外资准入的审查措施。该审查基于市场结构和市场竞争效果、考虑消费者利益等因素，综合作出判定。该措施是一种普遍适用措施，非专对外资准入而实施。

---

① 参见《中华人民共和国反垄断法》第28条、第29条、第48条。

② 参见《关于附条件批准美国通用汽车公司拟收购德尔福公司反垄断审查决定的公告》，商务部公告2009年第76号。

第四节 国家安全审查

一、适用于外国投资的国家安全审查制度

外国投资企业在东道国境内投资经营，理应遵守所在国法律，不得从事损害东道国利益的行为。但外国投资企业受控于外国投资者，外国投资者及其投资企业的目的可能不同于东道国接受投资的目的，其目的甚至会是损害东道国的利益。维护国家安全成为东道国规制外资进入的重要目的之一。随着经济全球化程度的加强和国家经济联系的加强，伴随着科学技术的进步发展，国家安全的内涵在不断丰富，不仅包括传统的国土安全和政治安全，还涵盖了经济安全、文化安全、网络安全等新内容。恐怖主义、全球气候变化、重大传染疾病亦成为国家安全的因素，总体国家安全观形成。东道国有必要对可能影响其国家安全的因素，包括外国投资，进行审查。

东道国可以通过对外资的行政审批来判断该项投资是否潜在地侵害东道国国家安全，也可以通过专门的国家安全立法或国家安全审查制度来确保国家安全利益。除国内法律中建立了国家安全审查机制外，国际投资协定（包括自由贸易协定）通常含有国家安全例外条款，为违反协定义务的措施提供正当理由。有些协定还规定了国家安全投资审查措施的例外，将国家安全审查决定排除在争端解决程序之外。[①] 国家安全审查制度虽然可以在很大程度上确保国家安全，但也存在着很大的不确定性和歧视性，现实中有可能会构成一种投资壁垒。[②]

二、发达国家中的外国投资安全审查

对外国投资进行国家安全审查的制度，在美国、加拿大、澳大利亚等国家比较早地被建立和实施，这进一步影响到其他国家和地区。中国于 2010 年正式建立对外国投资的国家安全审查制度，欧盟于 2017 年表示，将建立针对外国投资的国家安全审查制度。

美国于 1975 年通过总统令的方式建立了美国外资审查委员会（CFIUS)。1988 年

---

① 例如《北美自由贸易协定》“投资”章附件规定，加拿大政府根据《加拿大投资法》作出的是否批准收购的决定，墨西哥国家外国投资委员会对收购作出的决定，不得依据《北美自由贸易协定》投资争端解决程序提起仲裁。

② 有学者指出，美国投资安全审查制度是投资保护主义的工具，过于宽泛的审查范围会使得该制度成为投资准入壁垒，进而对外资进入产生巨大的威慑作用等。参见陈辉萍：《美国外资并购国家安全审查制度对中国企业海外并购的影响以及中国的对策》，载《国际经济法学刊》，2013 (3)，第 103～110 页。

美国国会通过修订《国防生产法》，将委员会审查程序法定化。1992 年美国国会通过对《国防生产法》的伯德修正案，要求审查外国政府或代表外国政府进行的投资。2017 年美国国会制定通过《外国投资和国家安全法》，替代了总统令，将美国外资审查委员会法定化。除交易当事方发起审查外，美国总统或美国外资审查委员会的任何成员都可以发起调查。美国外资审查委员会根据调查结果，向总统提出采取或不采取措施的建议，由总统最终决定是否禁止外国资本的并购交易。总统在作出决定时，应考虑下述 12 项因素：（1）预期国防要求所需的国内生产；（2）国内产业满足国防要求的能力，包括人类资源、产品、技术、原材料和其他供应及服务；（3）外国公民对国内产业和商业活动的控制，影响美国满足国家安全要求的能力；（4）对于向支持恐怖主义、扩散导弹技术或生化武器的国家销售军事物品、设备或技术，交易可能产生的影响；国防部指定为对美国利益造成“区域军事威胁”的交易；（5）交易对美国在影响美国国家利益的区域中技术引领的可能影响；（6）交易是否对美国关键设施具有安全相关的影响；（7）对美国关键基础设施（包括主要能源资产）的可能影响；（8）对美国关键技术的可能影响；（9）交易是否为外国政府控制的交易；（10）涉及外国政府控制交易时，审查外国对不扩散控制体制的遵守情况，审查外国在“反恐”方面的合作记录；（11）对具有军事应用的技术转运或转移的影响；（12）总统或委员会认为适当的其他因素。①

澳大利亚外资审查制度依托于 1975 年《外国收购与接管法》及其条例等，依该法建立外资审查并非完全是国家安全审查，是对外资的全方位审查。外资审查委员会以外资收购是否符合国家利益（national interest）为依据审查外资，现实中其往往要求外国投资者作出承诺，附条件批准外资并购，尽可能地消除对内国经济发展的不利因素。

三、中国对外国投资的国家审查制度的建立

中国自改革开放以来针对外国投资采取逐项审批政策。理论上，外资审批应考虑外国投资可能造成的国家安全影响。中国自 1995 年开始实施的《外商投资产业指导目录》列出了鼓励、限制和禁止外资投资的产业，对此应理解为包括了对国家安全的考虑。但中国长时间没有独立的针对外资的国家安全审查制度。2011 年 2 月国务院办公厅发布了《关于建立外国投资者并购境内企业安全审查制度的通知》（国办发〔2011〕6 号），正式建立了外资并购的安全审查制度。随后，商务部出台了关于外资并购安全审查的规定。② 至此，我国的外资安全审查制度基本成型。2015 年，国务院办公厅又发布《自由贸易试验区外商投资国家安全审查试行办法》，审查对象包括在自由贸易试

① See US Congressional Research Service, The Committee on Foreign Investment in the United States (CFIUS), by James K. Jackson, October 11, 2017, pp. 3-10, 18-19.

② 商务部 2011 年 8 月 25 日公布《实施外国投资者并购境内企业安全审查制度的规定》。

验区内的各类投资，不限于并购，也包括新设项目或企业；审查内容和程序与前述规定相同。相较于之前投资审查中的产业安全导向制，国家安全审查机制目标更明确、具体。

根据上述规定，安全审查的范围为：外国投资者并购境内军工及军工配套企业，重点、敏感军事设施周边企业，以及关系国防安全的其他单位；外国投资者并购境内关系国家安全的重要农产品、重要能源和资源、重要基础设施、重要运输服务、关键技术、重大装备制造等的企业，且实际控制权可能被外国投资者取得。安全审查内容包括：(1) 并购交易对国防安全包括对国防需要的国内产品生产能力、国内服务提供能力和有关设备设施的影响。(2) 并购交易对国家经济稳定运行的影响。(3) 并购交易对社会基本生活秩序的影响。(4) 并购交易对涉及国家安全关键技术研发能力的影响。

外国投资者并购境内企业，由投资者向商务部提出申请。对于属于安全审查范围内的并购，商务部提请外国投资者并购境内企业安全审查部际联席会议进行审查。该联席会议作出审查意见，由商务部通知申请人。外国投资者并购境内企业的行为对国家安全已经造成或可能造成重大影响的，联席会议应要求商务部会同有关部门终止当事人的交易，或采取转让相关股权、资产或其他有效措施，消除该并购行为对国家安全的影响。

应该说，中国现有的外资并购国家安全审查制度不是很完善。对外国投资的国家安全审查制度，不属于法律规定，也不属于国务院条例规定，仅是国务院办公厅的通知。现有的审查机构并非一个独立设置的机构，其具体如何运作并不非常清晰，商务部仅起到联络人的作用。可见，我国的外国投资国家安全审查制度，有待法律的进一步完善。

第五章

投资业绩要求与“高管”要求

东道国吸引外资的主要目的是，通过引进外资来获得国外的先进技术、管理经验、促进出口、增加外汇收入、融入国际市场、提高本国企业的国际竞争力，从而实现一国的经济社会发展目标。然而，这些目标不是引进外资本身就能自动实现的，而是需要国家通过各种措施来促成。东道国政府通常会通过其政策、法令直接或间接地对投向本国的外国投资采取某些措施以实现本国预期的发展目标，这些措施一般称作投资措施。业绩要求（performance requirement）是众多投资措施中的一种。业绩要求往往与其他政策工具一起使用，例如贸易政策、甄别机制和投资激励措施，共同实现东道国希冀的各种发展目标。

然而，外国投资者认为，业绩要求会背离市场经济和自由市场的理念，人为地干预投资的方向和运作，故强烈要求取消或禁止业绩要求。从 20 世纪 80 年代开始，受投资自由化思潮的影响，国际社会特别是部分发达国家通过缔结国际条约的方式对业绩要求进行规制，禁止或限制东道国政府实施若干业绩要求，试图为其投资者的海外投资提供更多准入空间和自由运作空间。

此外，东道国对于合资企业或合作企业的“高管”通常会有国籍要求，部分发达国家在其对外缔结的国际投资协定中，禁止东道国施加这一要求。

第一节 业绩要求的含义

世界贸易组织《与贸易有关的投资措施协定》（以下简称 TRIMs 协定）禁止缔约国实施若干“与贸易有关的投资措施”，人们通常将此作为对业绩要求的禁止。因此，在讨论业绩要求的含义之前，有必要先厘清投资措施与业绩要求的关系。

投资措施有广义的和狭义的两种定义。广义的投资措施是指各国（包括东道国和投资者母国）采取的与跨国投资直接相关的措施。联合国曾将投资措施分为投资激励

(investment incentive)、业绩要求、限制性商业惯例和母国限制四大类①，其中，投资激励和业绩要求是东道国对外资采取的措施，而限制性商业惯例属于企业行为而非政府行为，母国限制是投资者所属国政府采取的措施。国际社会主要是对东道国的投资措施进行规制。狭义的投资措施仅指直接或间接由东道国政府通过政策、法令采取的针对跨国投资的措施②，既包括投资激励措施，也包括投资限制措施。投资限制措施往往就表现为业绩要求。某些投资激励措施可能构成鼓励性的业绩要求。由此可见，业绩要求是投资措施的一种形式。TRIMs 协定所禁止的“与贸易有关的投资措施”都是业绩要求，因而被认为是国际法对业绩要求进行规制的典型。

关于业绩要求的含义要从其定义、种类和内容等角度进行分析。

一、业绩要求的定义

业绩要求的英文是 performance requirement，过去更多地将其译为“履行要求”，是外资获准进入东道国或在东道国经营或取得特定优惠的前提条件，也是东道国对投资者采取的具体管制措施，故又称为投资条件（condition on investment）。

业绩要求是东道国政府针对外国投资者及其投资而施加的要求或措施，也是引导和管理外资的重要国内措施。作为东道国追求各种不同经济社会发展的政策目标的工具，业绩要求能够创造就业机会，增加国内附加值，促进出口，限制进口，缓解外贸不平衡和外汇不平衡的现象，促进技术转让，促进地区发展。许多国家，特别是发展中国家，作为东道国，更多依靠业绩要求作为利用外国投资的利益最大化的工具。

二、业绩要求的种类

业绩要求多种多样，主要包括当地成分要求、当地股权要求、贸易平衡要求、外汇平衡要求、当地销售要求等。同一种业绩要求既可以在外资进入东道国的准入阶段施加，也可以在外资进入东道国后的经营阶段施加。根据业绩要求是在哪个阶段对外资施加，可以分为外资准入阶段的业绩要求和外资经营阶段的业绩要求，前者是外国投资进入东道国（包括设立、获得和扩大）必须满足的条件，后者是外国投资进入东道国之后在经营过程中（包括管理、实施、运作等）必须满足的条件。

同一种业绩要求既可以作为强制性的条件施加给外国投资者，也可以作为外国投资者获得某项优惠的前提条件，是否接受由外国投资者自主选择。据此，业绩要求可以分为强制性的业绩要求和鼓励性的业绩要求。前者是作为允许外资进入或经营的前提条件，是强制施加给外国投资者的；后者是作为外国投资者获得某种优惠的条件，

---

① See United Nations, “The Impact of Trade-related Investment Measures on Trade and Development”, U. N. Doc. ST/LT/120, p. 12.

② 参见曾华群：《WTO 与中国外资法的发展》，厦门，厦门大学出版社，2006，第 124 页。

外国投资者可自主决定是否接受。业绩要求可能适用于所有企业，包括本国企业和外国企业，因而具有非歧视性；也可能只适用于外国企业，从而具有歧视性。[①]

国际法对不同类型的业绩要求的规制有所不同。有的国际投资协定只禁止经营阶段的业绩要求而不禁止准入阶段的业绩要求，有的两种都禁止；有的禁止强制性的业绩要求而不禁止鼓励性的业绩要求，有的除禁止强制性的业绩要求外还禁止部分鼓励性的业绩要求。

三、业绩要求的内容

目前常用的对外资的业绩要求主要有出口实绩要求、当地成分要求、当地采购要求、贸易平衡要求、外汇平衡要求、当地销售要求、当地股权要求、当地雇佣要求、研发要求、技术转让要求等。这些要求在不同国际投资协定中的内涵略有不同。

出口实绩要求是指外资企业必须出口一定比例的其生产的产品或提供的服务。[②]通常这会要求企业出口多于其纯粹的利润考量的份额，目的是促进出口，赚取更多外汇。

当地成分要求是指东道国要求外国企业在其生产过程中，必须采用一定比例或者一定数量或价值的当地产品。当地采购要求是要求外国企业购买、使用或者优先购买或使用当地生产的货物或提供的服务。TRIMs 协定将当地成分要求和当地采购要求合并规定，实践中统称"当地成分要求"，即要求企业购买或使用本国产品或源于国内的产品，无论该要求是按照特定产品、产品数量或价值来规定，还是按照其当地生产在数量或价值上所占比例来规定。[③]《北美自由贸易协定》(NAFTA) 分别规定当地成分要求和当地采购要求。[④] 当地成分要求和当地采购要求都与购买当地产品和原材料有关，都是为了促进当地产品和原材料的使用，带动当地企业的发展，促进就业。

贸易平衡要求是指东道国要求外国企业购买或使用的进口产品限制在与其出口的当地产品的数量或价值相关的水平，也即要求企业的进口水平与其产品出口水平相对称，目的是限制进口、促进出口，保持贸易平衡。外汇平衡要求是指企业使用外汇进口产品时，仅限于该企业带来或赚取的外汇的一定比例，从而限制该企业对用于当地生产或与当地生产相关产品的进口，最终目的是限制外汇的使用。外汇紧缺国家常常使用这一措施。贸易平衡要求和外汇平衡要求常被作为限制进口的手段。TRIMs 协定将贸易平衡要求和外汇平衡要求作为两项不同的业绩要求加以禁止。[⑤]《北美自由贸易

---

① See UNCTAD, "World Investment Report 2003 FDI Policies for Development: National and International Perspectives", United Nations, New York and Geneva, 2003, p. 119.

② 例如《北美自由贸易协定》第 1106 条第 1 款 (a) 项。

③ 参见 TRIMs 协定例示清单 1 (a)。

④ 参见《北美自由贸易协定》第 1106 条第 1 款 (b) 项、(c) 项。

⑤ 参见 TRIMs 协定例示清单 1 (b) 和 2 (a) (b)。

协定》则将二者合并规定。[①]《北美自由贸易协定》还将贸易平衡要求和外汇平衡要求作为限制当地销售的手段加以禁止，即不得将外资企业在当地销售所生产的产品或提供的服务限制在其出口的产品的数量或价值的一部分或者所赚取外汇的一部分。[②] 有学者认为，限制当地销售在效果上与出口实绩要求是一脉相承的。[③]

与限制当地销售相反的是要求当地销售，也即限制企业出口，要求企业出口产品要受产品的特定性、产品的数量或价值、当地生产的数量或价值的一定比例的限制。[④]换言之，对于某些产品，特别是带有先进技术的产品或本国企业不会生产的某些产品，要限制其出口，要求产品在当地销售，目的是达到进口替代的效果，保证外资企业生产的先进产品在东道国国内能够买到。

当地股权要求是指外资企业不能独立举办企业，而必须与国内企业合资举办企业，国内企业必须持有或控制一定比例的股权。这是对外资企业所有权的限制。发展中国家和资源丰富的国家使用这一业绩要求的目的是确保当地投资者有机会参与经营管理，或促进外资企业将控制的技术和知识转让给当地企业，或确保本国企业能够与外资企业共享资源开发中的各种经济利益。发达国家使用这一要求的目的是降低外资企业的所有权比例，或者确保本国在某些行业获得经济利益。

当地雇佣要求是要求外资企业雇佣一定比例的本国公民，以提高本国的就业率。

研发要求是要求外资企业在东道国进行研究和开发，或达到一定价值的研究和开发。外国投资者一般将研发基地集中放在自己的母国，而将产品的生产和销售放在东道国。有些发展中国家为了保证进口的技术，被当地吸收或与当地相适应，要求持续地在当地投入研发。

技术转让要求是东道国要求外国投资者将其生产中使用的有关技术、生产工序或其他专有技术转让给东道国的特定企业或个人[⑤]，目的是促进技术转让，促进东道国技术水平的提升。

无论是发达国家还是发展中国家，都曾广泛使用业绩要求来实现其经济发展和增长的目标。一国是否采用业绩要求，要看该国家该行业的国际竞争力，竞争力强的行业一般较少实施与贸易有关的投资措施，倾向于开放；而竞争力较弱的行业，往往较多实施业绩要求。发达国家在 20 世纪 70 年代至 90 年代初，在电子、汽车、化工、采矿、石油等行业较多使用业绩要求。[⑥] 但近 30 年来，发达国家转而使用原产地规则和投资选址激励措施（locational incentives）等贸易和投资的策略性政策工具来实现相同的目的。[⑦] 多数发展中国家迄今仍较常使用业绩要求，作为控制和引导外资投向的手

---

① 参见《北美自由贸易协定》第 1106 条第 1 款（d）项。

② 参见《北美自由贸易协定》第 1106 条第 1 款（e）项。

③ See Kenneth J. Vandevelde, *U. S. International Investment Agreements*, Oxford University Press, 2009, p. 390.

④ 例如 TRIMs 协定例示清单 2（c）。

⑤ 例如《北美自由贸易协定》第 1106 条第 1 款（f）项。

⑥⑦ See UNCTAD, “World Investment Report 2003 FDI Policies for Development: National and International Perspectives”, United Nations, New York and Geneva, 2003, p. 119.

段，实现吸引外资的社会经济目标。但是，发达国家和发展中国家对业绩要求还是存在很多不同。相比发达国家，发展中国家对外资施加的业绩要求更多。

第二节 业绩要求的国际法规制

一般而言，是否对外资施加业绩要求、施加何种业绩要求，完全是东道国管理外资的主权行为，他国无权干涉。但是，自1980年以来，发达国家资本大举进入发展中国家市场。同时，受投资自由化思潮的影响，一些发达国家特别是美国认为业绩要求会降低投资的收益、增加与投资有关的风险①，可能被东道国作为不合理干预外资的工具，干扰投资者依据国际市场因素自由作出投资决策的权利，妨碍国际投资和国际贸易的自由化进程，但对外资的引导作用却不明显。它们认为，发展中国家对外资实施业绩要求，会限制外国资本的进入，对发达国家及其投资者不利，因此倾向于禁止其使用，利用国际条约对之进行规制，主要是禁止部分业绩要求的使用，推动国际投资自由化。由于发展中国家使用的业绩要求更多，因而对业绩要求的限制使用主要是针对发展中国家。

一、业绩要求国际法规制的历史演变

美国是通过国际条约规制业绩要求的始作俑者和坚定的捍卫者，因为美国作为最发达的国家，急于为本国实力雄厚的投资者开疆拓土，打开发展中国家的国内市场，消除投资壁垒。1980年年初，美国就认为业绩要求已成为国际投资领域最严重、发展最快的问题。1982年，美国通过《关税与贸易总协定》（GATT）争端解决机制挑战加拿大《外国投资审议法》中的“当地采购物资要求”，指控这一要求违反了GATT第3.4条的国民待遇义务和第11.1条的禁止数量限制义务。这一指控得到了专家组的支持。

此后，美国利用对外签订双边投资协定（BIT）的机会，增加取消业绩要求的条款，用国际义务的方式使缔约国放弃部分业绩要求。例如，美国1983年《双边投资协定范本》正式将业绩要求作为“投资待遇”标题下的一个条款，禁止将业绩要求作为投资设立、扩大或维持的条件②，也即禁止准入阶段和经营阶段的业绩要求。该范本列举了出口实绩要求、当地采购要求及其他类似要求作为应予禁止的业绩要求。但是，该范本所禁止的只是强制性的业绩要求，它并不禁止鼓励性的业绩要求。美国1984

① See Kenneth J. Vandevelde, *U.S. International Investment Agreements*, Oxford University Press, 2009, p.387.

② See The U.S. 1983 BIT Model, Article II (7); Kenneth J. Vandevelde, *U.S. International Investment Agreements*, Oxford University Press, 2009, p.387.

年、1987年、1991年和1992年的范本基本上都沿用这一禁止性规定。[①] 但是，与美国订立双边投资协定的国家非常有限，因而美国未能在全球推广其禁止实施业绩要求的理念。

1985年美国和加拿大谈判双边自由贸易协定，1988年美加自由贸易协定正式签署，协定禁止当地成分要求和进口替代要求这两项业绩要求。

1986年GATT乌拉圭回合谈判时，美国以许多业绩要求违反了GATT国民待遇条款和取消数量限制条款为由，成功地将“与贸易有关的投资措施”列入谈判议题，并提议将14项业绩要求列入禁止之列。美国的提议得到加拿大、日本和欧共体等发达经济体的支持，但遭到大量使用业绩要求的发展中国家的强烈反对。1994年最后达成的TRIMs协定只禁止使用当地成分要求、贸易平衡要求、外汇平衡要求和当地销售要求这几项业绩要求。

1991年，美国、加拿大和墨西哥开始谈判《北美自由贸易协定》。由于墨西哥是发展中国家，于是禁止业绩要求成为三国谈判的一项重大议题。最终，1992年12月签署、1994年1月1日生效的《北美自由贸易协定》出台了有史以来规模最大、范围最广的禁止业绩要求的清单。《北美自由贸易协定》关于业绩要求的规定成为当今许多国际投资协定关于业绩要求条款的蓝本。经合组织在1995年启动的《多边投资协定》(MAI) 谈判就是以《北美自由贸易协定》为蓝本的，其拟禁止使用的业绩要求数目有增无减。

美国对TRIMs协定的谈判进展及结果非常不满，于1994年更新自己的双边投资协定范本（1994年范本）时，将业绩要求单列一条，规定：缔约国不得强制或执行(mandate or enforce) 任何作为涵盖投资设立、获得、扩大、管理、实施或经营之条件的要求，如果投资者为获得政府许可或授权而接受这些要求，也视为业绩要求。此外，1994年范本还大大加长了所禁止的业绩要求清单，除了保留出口实绩要求和当地采购要求之外，将之前“其他类似要求”细分为进口限制要求、限制当地销售要求、技术转让要求、研发要求这几项。这是封口式的规定，禁止的仅限于明确列举的这几项，没有再用“其他类似要求”。但是，1994年范本明确规定，所禁止的业绩要求不包括作为获得一项利益（advantage）的条件，也即不禁止使用鼓励性的业绩要求。[②]

2004年美国再次更新其双边投资协定范本时，在业绩要求方面，又放弃了1994年范本的模式，基本上回归使用《北美自由贸易协定》和《多边投资协定》的业绩要求模式，但在语言上有些微修改。据美国学者研究，回归《北美自由贸易协定》模式是因为美国要使其双边投资协定的内容与《北美自由贸易协定》“投资”章的内容相一致。[③]

美国2012年范本以及由美国主导的、2015年完成谈判的《跨太平洋伙伴关系协定》，又增加了若干受禁止的业绩要求项目。

---

① See Kenneth J. Vandevelde, *U. S. International Investment Agreements*, Oxford University Press, 2009, pp. 387-388.

② Ibid., pp. 389-390.

③ Ibid., pp. 390-396.

加拿大是美国的忠实跟随者，基本上追随美国关于业绩要求的实践。自《北美自由贸易协定》之后，其双边投资协定范本基本沿用《北美自由贸易协定》的规定。与美国和加拿大不同的是欧洲国家，例如德国、法国、意大利、英国、荷兰等，虽然它们在乌拉圭谈判中支持TRIMs协定，但自己在对外签订双边投资协定时，基本上没有业绩要求条款。

然而，从21世纪开始，欧洲国家受美国和加拿大的影响，对业绩要求的态度也在改变。2016年签署的《欧盟—加拿大全面经济贸易协定》和《欧盟—越南自由贸易协定》基本接受了加拿大双边投资协定范本中的《北美自由贸易协定》模式的业绩要求条款。中国一贯反对在投资协定中增加禁止实施业绩要求的条款，目前只接受TRIMs协定禁止的几项业绩要求，并在2012年的中加双边投资协定和中日韩投资协定中重申了TRIMs协定项下的义务。

二、业绩要求国际法规制的模式

通过国际条约对业绩要求进行法律规制包括三个层面：多边、区域和双边。目前多边层面只有TRIMs协定，区域层面有《北美自由贸易协定》、《能源宪章条约》和《跨太平洋伙伴关系协定》。《能源宪章条约》只是重申了TRIMs协定的义务，而《跨太平洋伙伴关系协定》是《北美自由贸易协定》的升级版。双边层面主要是美国、加拿大和欧盟（作为整体）对外签订的双边投资协定，其内容大多以《北美自由贸易协定》为底本；还有若干国家签订的双边投资协定是以TRIMs协定为底本。由此可见，TRIMs协定模式和《北美自由贸易协定》模式是当前对业绩要求进行国际法规制的主要模式。

1. TRIMs协定模式

（1）TRIMs协定项下的业绩要求条款及其实践。

TRIMs协定对业绩要求进行规制的原因是世界贸易组织认为某些投资措施（也即业绩要求）可能产生贸易限制作用和扭曲作用，为了促进世界贸易的自由化和便利跨国投资[①]，有必要禁止这些业绩要求的使用。TRIMs协定对业绩要求进行规制的法律依据是世界贸易组织成员方在GATT 1994项下承担的国民待遇义务和普遍取消数量限制义务[②]，因为一些投资措施若构成当地成分要求，就违反了国民待遇义务；若构成贸易平衡要求和外汇平衡要求，就违反了取消数量限制的义务。

TRIMs协定原则上禁止各成员实施与GATT 1994的国民待遇义务和普遍取消数量限制义务不一致的业绩要求。[③] 但它所禁止的业绩要求只能是与贸易有关的业绩要求，不能禁止与贸易无关的业绩要求，因为TRIMs协定是在世界贸易组织贸易框架下的协定。再者，TRIMs协定的法律依据是GATT 1994，而GATT 1994是货物贸易协

① 参见TRIMs协定序言。
② 参见TRIMs协定第2条。
③ 参见TRIMs协定第2条。

定，故 TRIMs 协定规制的只能是与货物贸易有关的业绩要求[①]，不能规制与服务贸易有关的业绩要求。

为了明确哪些业绩要求属于禁止之列，TRIMs 协定以附件（annex）方式列了一份例示清单（illustrative list）。该清单将所禁止的业绩要求分为两类：一类是与 GATT 国民待遇义务不一致的业绩要求，另一类是与 GATT 普遍取消数量限制义务不一致的业绩要求。这两类业绩要求的共同之处是，都是根据国内法律或根据行政裁定属于强制性或可执行的措施，或者为获得一项利益而必须遵守的措施。由此可见，无论是强制性措施还是鼓励性措施，都在禁止之列。

例示清单还详细列举了每一类措施所包含的具体的业绩要求。

第一，违反 GATT 国民待遇义务的业绩要求有两项：(a) 要求企业购买或使用国内产品或任何国内来源的产品，无论按照特定产品、产品数量或价值规定，还是按照其当地生产在数量或价值上所占比例规定。这一项通称“当地成分要求”，但事实上还包含了“当地采购要求”，它优待本国产品和源于国内的产品，从而歧视了国外生产的产品和源于国外的产品。(b) 要求企业购买或使用的进口产品限制在与其出口的当地产品的数量或价值相关的水平。这一项通称“贸易平衡要求”，它限制进口产品的购买，但没有同样限制国内产品的购买，从而歧视了进口产品。

第二，违反 GATT 普遍取消数量限制义务的业绩要求有三项：(a) 普遍限制企业对用于当地生产或与当地生产相关产品的进口，或将进口限制在与其出口的当地产品的数量或价值相关的水平。这一项包含进口限制要求和“贸易平衡要求”两方面含义，后者将进口的数量限制在出口的数量或价值上。(b) 通过将企业可使用的外汇限制在与可归因于该企业的外汇流入相关的水平，来限制该企业对用于当地生产或与当地生产相关产品的进口。这一项通称“外汇平衡要求”，要求企业使用外汇的数量要与其流入或挣得的外汇相平衡，其最终目的是限制进口。(c) 限制企业产品出口或供出口产品的销售，无论是按照特定产品、产品数量或价值规定，还是按照当地产品在数量或价值所占比例规定。这一项是“限制出口”，因其目的是鼓励产品在国内销售，故又称“当地销售要求”。由于例示清单只是列举数例，不是封闭式的清单，清单之外的其他投资措施也有可能被认为违反国民待遇或数量限制而被禁止使用。

TRIMs 协定对禁止实施业绩要求的规则本身没有规定例外，但对 TRIMs 协定本身的适用有例外规定。第一项例外是 GATT 1994 项下的所有例外可酌情适用于 TRIMs 协定[②]，因为 TRIMs 协定是 GATT 1994 的子协定。第二项例外是发展中国家成员例外[③]，世界贸易组织诸协议有若干条款允许发展中国家成员偏离 GATT 1994 项下的国民待遇义务和普遍取消数量限制义务[④]，在这些条款允许的程度和方式下，这

① 参见 TRIMs 协定第 1 条。

② 参见 TRIMs 协定第 3 条。

③ 参见 TRIMs 协定第 4 条。

④ 这些条款包括 GATT 1994 第 18 条、《关于 1994 年关税与贸易总协定国际收支条款的谅解》和 1979 年 11 月通过的《关于为国际收支目的而采取贸易措施的宣言》。

些国家可以暂时偏离 TRIMs 协定关于禁止实施业绩要求的规定。

在世界贸易组织争端解决实践中，关于一缔约方实施的措施是否属于 TRIMs 协定所禁止的投资措施的案件时有发生，迄今为止，所有的案件都集中在当地成分要求这一项上。但是，争议双方争论的不仅仅是当地成分要求本身，往往还涉及讼争措施是否构成"投资措施"或"与贸易有关的投资措施"，是否是强制性措施或鼓励性措施。

TRIMs 协定未对"措施"进行界定，通常认为可以适用《服务贸易总协定》对措施的定义，即"措施"指一成员的任何措施，无论是以法律、法规、规则、程序、决定、行政行为的形式，还是以任何其他形式。[①] 这一定义非常宽泛。TRIMs 协定也未对"投资措施"给出定义，实践中由专家组自行作出解释。在印尼汽车案中，专家组自称无意给"投资措施"下一个一般性的定义，但是认为一项措施是否构成投资措施，必须考虑该措施的目的（objective）以及对投资是否有重大影响（significant impact）。[②] 该标准得到了其他案件专家组的认可。印尼汽车案专家组认为，印尼政府根据当地成分标准对进口汽车零部件给予减免税的措施，以及对符合当地成分要求的汽车和印尼汽车公司给予免除奢侈品税作为优惠待遇的措施，目的是鼓励并提高本国企业在本国生产整车和零部件的能力，这势必对印尼汽车产业的投资产生重大影响，因此可以很合理地认为这些措施属于 TRIMs 协定项下的"投资措施"[③]。当然，专家组也声明，以其他方式与投资产生关联性的措施，也可能成为投资措施。[④] 对于一项措施是否构成"与贸易有关"的投资措施，TRIMs 协定多个案件的不同专家组一致认为，当地成分要求的本意就是在本国产品和进口产品之间优待本国产品的使用，从而影响贸易，因此，一项措施若构成当地成分要求，就必然是"与贸易有关"的措施了。[⑤]

迄今所有涉及 TRIMs 协定的案件都是指控被诉国采取了构成当地成分要求的投资措施。在有些案件中，政府采取的措施很明显构成了当地成分要求。例如在印尼汽车案中，印尼政府为发展国产汽车产业，出台法令和政策，根据整车中当地成分所占的比例对该车所使用的进口汽车零配件给予减税或免税的优惠，根据汽车零部件中当地成分所占比例对该零部件所使用的进口小零件给予减税或免税的优惠，对某类汽车使用的产品给予减免奢侈品税的优惠[⑥]，这些措施明显构成了当地成分要求。但在某些

---

① 参见《服务贸易总协定》第 28 条。

② See Indonesia-Certain Measures Affecting the Automobile Industry，WT/DS54/R，WT/DS55/R，WT/DS59/R，WT/DS64/R，Report of the Panel，para. 14. 80.

③ Ibid.，para. 14. 80.

④ Ibid.，para. 14. 80.

⑤ See Indonesia-Certain Measures Affecting the Automobile Industry，WT/DS54/R，WT/DS55/R，WT/DS59/R，WT/DS64/R，Report of the Panel，para. 14. 82；Canada—Certain Measures Affecting the Renewable Energy Generation Sector and Canada—Measures Relating to the Feed-in Tariff Program，WT/DS412/R，WT/DS426/R，Reports of the Panels，para. 7. 111.

⑥ See Indonesia-Certain Measures Affecting the Automobile Industry，WT/DS54/R，WT/DS55/R，WT/DS59/R，WT/DS64/R，Report of the Panel，paras. 2. 4 & 2. 16.

案件中，政府措施是否属于当地成分要求，是不明显的。例如在加拿大小麦出口和谷物进口措施案中，加拿大政府奉行进口谷物与本地谷物隔离政策，禁止进口谷物储存在本地谷仓中，也不得与本地谷物掺杂在一起；政府对铁路运输本地谷物的收入设定上限，但对运输进口谷物的收入没有设定上限。加拿大认为这些措施都不构成当地成分要求，也不属于投资措施。[①] 但最终专家组裁定它们都构成 TRIMs 协定所禁止的当地成分要求。

（2）采用 TRIMs 协定模式之投资协议的业绩要求条款。

如前所述，除了 TRIMs 协定之外，《能源宪章条约》和少量与投资有关的条约也采用 TRIMs 协定模式。《能源宪章条约》在其第二部分“贸易”中，有专门一条题为“与贸易有关的投资措施”的规定[②]，这与在世界贸易组织框架下规定 TRIMs 协定有异曲同工之妙。《能源宪章条约》的宗旨是促进能源领域的长期国际合作，主要包括贸易和投资。也正因为如此，《能源宪章条约》的“与贸易有关的投资措施”条款的措辞与 TRIMs 协定的措辞如出一辙，唯一的区别是，《能源宪章条约》明文规定了一项例外：允许将投资措施作为获得贸易促进、对外援助、政府采购或优惠关税或配额计划的条件。[③]

若干双边投资协定也采用 TRIMs 协定模式，例如加拿大分别与哥斯达黎加（1998 年）、科威特（2011 年）和中国（2012 年）签订的双边投资协定，新加坡与约旦签订的双边投资协定（2004 年）。新加坡与印度签订的《综合经济合作协定》（2005 年）、澳大利亚与马来西亚签订的《自由贸易协定》（2012 年）也都在其“投资”一章中采用 TRIMs 协定模式。此外，中日韩投资协定（China-Japan-Korea Trilateral Investment Agreement）（2012 年）也采用 TRIMs 协定模式。这些采用 TRIMs 协定模式的投资协定有一个共同特点，即在“业绩要求”条款下直接将 TRIMs 协定并入（incorporate），作为其协定的组成部分。

2.《北美自由贸易协定》模式

（1）《北美自由贸易协定》的业绩要求条款与实践。

《北美自由贸易协定》第 1106 条以“业绩要求”为题对业绩要求规则作了详细规定，但是，《北美自由贸易协定》的业绩要求规则与 TRIMs 协定的业绩要求规则存在诸多不同之处。

《北美自由贸易协定》业绩要求规则的适用范围比 TRIMs 协定的范围要广。第一，《北美自由贸易协定》的业绩要求规则原则上同时适用于货物和服务贸易[④]，这与 TRIMs 协定只适用于货物贸易不同。第二，《北美自由贸易协定》业绩要求规则不仅

---

① See Canada—Measures Relating To Exports Of Wheat and Treatment of Imported Grain, WT/DS276/R, Reports of the Panel, para. 4. 279.

② 参见《能源宪章条约》，第 5 条。

③ 参见《能源宪章条约》，第 5 条第 3 项。

④ 《北美自由贸易协定》提及的业绩要求基本上都是用“货物或服务”，如第 1106 条第 1 款（a）（c）（g）项、第 1106 条第 3 款（d）项。

适用于来自缔约国的投资者的投资，也适用于来自非缔约国的投资者的投资。[①] 这也与 TRIMs 协定不同，TRIMs 协定只对世界贸易组织各缔约方有拘束力。《北美自由贸易协定》的这一规定非常特殊，而且超出了条约的通常适用范围（条约通常只适用于缔约国，不能适用于非缔约国），为此，《北美自由贸易协定》“投资”章在开篇第 1 条“范围”就明文将这一扩张性规定写入条约，作为条约的一部分。它是这样规定的：就第 1106 条（业绩要求）而言，本章适用于该缔约方境内的所有投资。[②] 也即，业绩要求规则适用于包括所有在一缔约国境内的来自缔约国本身、其他缔约国以及非缔约国的投资。这一规定意味着，《北美自由贸易协定》所禁止的业绩要求（包括强制性的业绩要求和鼓励性的业绩要求）及于非缔约国的投资者的投资，因为这些业绩要求可能会影响或减少对其他缔约国的进口。将鼓励性的业绩要求也适用于非缔约国的投资者的投资，是为了避免非缔约国的投资者接受业绩要求而获得额外的好处，从而将缔约国的投资者置于不利地位。[③]

《北美自由贸易协定》将强制性业绩要求和鼓励性业绩要求分开规定，其范围和规则略有不同。[④] 这与 TRIMs 协定对强制性措施和鼓励性措施一视同仁不同。与 TRIMs 协定相比，《北美自由贸易协定》没有禁止当地销售要求。

《北美自由贸易协定》禁止施加的强制性业绩要求的清单分类与 TRIMs 协定的清单分类有较大不同，条目也更多。《北美自由贸易协定》规定，缔约方不得强制施加以下业绩要求[⑤]：(a) 要求出口一定数量或比例的货物或服务，即出口业绩要求。这是 TRIMs 协定没有的。(b) 要求达到一定数量或比例的当地成分，即当地成分要求。这一规定比 TRIMs 协定的规定更简洁明了。(c) 要求购买、使用或优待境内生产的货物或境内提供的服务，或要求向境内人员购买货物或服务，即当地采购要求。这一规定比 TRIMs 协定的规定更明确。(d) 以任何方式要求进口的数量或价值与其出口的数量或价值相关，或与其关联投资的外汇流入额相关。这事实上包含了贸易平衡要求和外汇平衡要求，而 TRIMs 协定将这两项要求分开规定。(e) 以任何方式要求投资生产或提供的货物或服务的销售与其出口或所赚取的外汇的数量或价值相关来限制其境内销售。这是以贸易平衡要求和外汇平衡要求为手段限制当地销售，TRIMs 协定没有此类

---

① 《北美自由贸易协定》第 1106 条第 1 款规定：“No Party may impose or enforce any of the following requirements, or enforce any commitment or undertaking, in connection with the establishment, acquisition, expansion, management, conduct or operation of an investment of an investor of a Party or of a non-Party in its territory: …” 第 1106 条第 3 款规定：“A Party shall not condition the receipt or continued receipt of an advantage, in connection with investment in its territory of investors of a Party or of a non-Party, on compliance with any of the following requirements: …”

② 该条英文原文为：This Chapter applies to measures adopted or maintained by a Party relating to: (a) investors of another Party; (b) investments of investors of another Party in the territory of the Party; and (c) with respect to Articles 1106 and 1114, all investments in the territory of the Party.

③ See Kenneth J. Vandevelde, *U. S. International Investment Agreements*, Oxford University Press, 2009, pp. 391-392.

④ 强制性业绩要求规定在第 1106 条第 1、2 款，鼓励性业绩要求规定在第 1106 条第 3、4 款。

⑤ 参见《北美自由贸易协定》第 1106 条第 1 款。

规定。(f) 要求转让技术、生产工序或其他专有技术给境内人员，除非该要求、承诺 (commitment) 或保证 (undertaking) 是由法院、行政法庭或反竞争当局施加或强制执行，目的是纠正被认为违反竞争法的行为。这就是通称的技术转让要求。TRIMs 协定没有禁止技术转让要求。对于技术转让要求，《北美自由贸易协定》在第 1106 条第 2 款还规定了一项例外，即如果是根据《北美自由贸易协定》第 915 条要求投资使用某项技术以符合一般规定的与健康、安全或环境标准有关的措施，则不能认为违反了禁止技术转让要求。(g) 要求在某一地区市场或世界市场作为其生产的货物或提供的服务的独一供应商。这是独一代表要求，也是 TRIMs 协定所没有的。

根据《北美自由贸易协定》，以上业绩要求不得作为强制性的业绩要求加以实施，而且适用于投资的设立、获得和扩大 (establishment, acquisition, expansion) (即投资准入前) 和投资的管理、实施或运营 (management, conduct or operation) (即投资准入后) 的各个阶段。[①]

《北美自由贸易协定》对于鼓励性业绩要求的规则是：在上述业绩要求中，(a) 当地采购要求 (仅限于货物，这与强制性业绩要求不同)，(b) 当地成分要求，(c) 贸易平衡要求和外汇平衡要求，(d) 以贸易平衡要求和外汇平衡要求为手段限制当地销售，即使是作为鼓励性的业绩要求，《北美自由贸易协定》也加以禁止，但这种禁止只限于在投资准入后，不限于投资准入前，这与对强制性业绩要求的态度不同。[②] 其他的鼓励性业绩要求则不受限制。由此可见，(a) 当地采购要求，(b) 当地成分要求，(c) 贸易平衡要求和外汇平衡要求，(d) 以贸易平衡要求和外汇平衡要求为手段限制当地销售，无论是作为强制性的业绩要求还是作为鼓励性的业绩要求，《北美自由贸易协定》均不允许。

但是，《北美自由贸易协定》又明文规定，以下几项鼓励性的业绩要求允许实施，即：要求在其境内进行生产、提供服务、培训或雇佣工人、建造或扩建特定设施、实施研发。[③]

在《北美自由贸易协定》中，以上列举的强制性业绩要求清单和鼓励性业绩要求清单是封闭式的[④]，未列举的都是允许的。这与 TRIMs 协定开放式的列举清单模式不同。

《北美自由贸易协定》的业绩要求规则在适用时存在以下各种例外：

第一，《北美自由贸易协定》业绩要求规则自带的例外。《北美自由贸易协定》在规定了业绩要求规则后，对该规则本身设定了例外[⑤]：被禁止的强制性业绩要求中的当地采购要求和贸易平衡要求与外汇平衡要求，以及被禁止的鼓励性业绩要求中的当地采购要求和当地成分要求，并不能阻止任何缔约方采取或维持包括环境措施在内的

---

① 参见《北美自由贸易协定》第 1106 条第 1、3 款。
② 参见《北美自由贸易协定》第 1106 条第 3 款。
③ 参见《北美自由贸易协定》第 1106 条第 4 款。
④ 参见《北美自由贸易协定》第 1106 条第 5 款。
⑤ 参见《北美自由贸易协定》第 1106 条第 6 款。

以下措施：为确保遵守不与《北美自由贸易协定》不相一致的法律和法规所必需的措施；为保护人类、动物或植物生命或健康所必需的措施；为保护可用尽的生物或非生物自然资源所必需的措施。

第二，《北美自由贸易协定》"投资"章所列的某些保留和例外也适用业绩要求规则。[①] 例如，如果缔约国将某些措施作为不符措施列入附件中的负面清单，则业绩要求规则不适用。[②] 业绩要求规则也不适用于各缔约方在附件Ⅱ中所列的行业、子行业或活动中所采取或维持的措施。[③] 再如，关于《北美自由贸易协定》所禁止的强制性业绩要求中的出口业绩要求、当地成分要求、当地采购要求的规定，以及关于所禁止的鼓励性业绩要求中的当地采购要求和当地成分要求的规定，不适用于促进出口或对外援助活动中的货物或服务的资格要求[④]；关于《北美自由贸易协定》所禁止的强制性业绩要求中的当地成分要求、当地采购要求、技术转让要求和独一代表要求的规定，以及关于所禁止的鼓励性业绩要求中的当地采购要求和当地成分要求的规定，不适用于缔约国或国有企业对货物和服务的采购（通称政府采购例外）[⑤]；关于所禁止的鼓励性业绩要求中的当地采购要求和当地成分要求的规定，不适用于进口缔约方对能否享受优惠关税或优惠配额的货物所设定的要求。[⑥]

第三，适用于《北美自由贸易协定》整体协定的根本安全例外条款[⑦]，从理论上说，也适用于业绩要求规则。

迄今为止，投资者声称东道国违反了《北美自由贸易协定》业绩要求规则而提起投资仲裁的案件有 11 个，其中 3 个得到仲裁庭支持，6 个被驳回，2 个庭外和解。[⑧] 被指控的业绩要求既包括强制性业绩要求也包括鼓励性业绩要求，被指控最多的是当地采购要求，然后依次是当地成分要求、出口业绩要求和限制当地销售要求。被诉国进行抗辩的理由包括被诉措施不属于业绩要求、不符措施例外、政府采购例外等。

（2）采用《北美自由贸易协定》模式的投资协定。

经合组织 1995 年启动《多边投资协定》谈判，该谈判以《北美自由贸易协定》第十一章"投资"为蓝本，基本沿用其业绩要求规则及其例外，但禁止的强制性业绩要求的清单比《北美自由贸易协定》的更长，包括转让技术或生产流程或专有技术给当

---

① 参见《北美自由贸易协定》第 1108 条。

② 参见《北美自由贸易协定》第 1108 条第 1 款。

③ 参见《北美自由贸易协定》第 1108 条第 4 款。

④ 参见《北美自由贸易协定》第 1108 条第 9 款（a）项。

⑤ 参见《北美自由贸易协定》第 1108 条第 9 款（b）项。

⑥ 参见《北美自由贸易协定》第 1108 条第 9 款（c）项。

⑦ 参见《北美自由贸易协定》第 2102 条。

⑧ 根据联合国贸易与发展会议的 Investment Policy Hub 网站上的 Investment Dispute Settlement Navigator 搜索，截至 2017 年 10 月，获得仲裁庭支持的四个案例是：Mobil Investments Canada Inc. and Murphy Oil Corporation v. Government of Canada［ICSID Case No. ARB（AF）/07/4］；ADM v. Mexico Archer Daniels Midland and Tate & Lyle Ingredients Americas，Inc. v. United Mexican States［ICSID Case No. ARB（AF）/04/5］；Cargill v. Mexico Cargill，Incorporated v. United Mexican States［ICSID Case No. ARB（AF）/05/2］。

地人（技术转让要求）、将公司总部设于当地（公司总部设置地点要求）、将货物或服务销往东道国之外的特定地区或世界市场（销售地要求）、达到一定价值的国内研究和开发（研究和开发要求）、雇佣一定比例的本国国民（雇佣要求）、设立合营企业要有当地参加（设立合营企业要求）、达到最低比例的国内参股（最低股权要求）。《多边投资协定》谈判最终无疾而终。

美国早期双边投资协定范本对业绩要求的规定比较简单，但 2004 年范本和 2012 年范本基本上采用《北美自由贸易协定》的业绩要求规则及其例外，只作些微文字修改和增加极少量的业绩要求项目，例如，增加了一项应予禁止的业绩要求，即要求在当地购买、使用或给予优惠本国技术，或禁止在当地购买、使用或给予优惠某一特定技术，目的是给予本国投资者或其投资或者本国技术以保护。

美国主导的《跨太平洋伙伴关系协定》谈判于 2015 年完成，其第九章“投资”是以美国 2012 年《双边投资协定范本》为蓝本的，其业绩要求规则没有大的变化，但增加一项给予禁止的业绩要求，即禁止东道国在许可合同中规定一定比例或金额的使用费，或规定一定的使用期限。

目前根据双边投资协定提起的涉及业绩要求的案件只有 *Lemire v. Llkraine* 案，该案是美国投资者根据 1994 年《美国—乌克兰双边投资协定》提起的，但其诉请被仲裁庭驳回。[①]

第三节　“高管”要求

“高管”是高级管理人员的简称，通常是指在公司高级管理层中担任重要职务、负责公司经营管理、掌握公司重要信息的人员，主要包括总经理、副总经理、行政主管、财务主管等。从理论上说，公司有权自主决定和聘任本公司的“高管”，对“高管”只要求其具备相当的工作能力，能够把公司治理好，而不论其国籍。对外国投资者而言，希望能够自主雇佣合适的工作人员，包括在东道国当地雇佣或从自己的母国带来本国技术人员、专业人员、“高管”等。对很多国家而言，引进外资的目的之一是增加本国就业，为此，其国内法（包括劳工法和移民法）对于外国人在本国就业有很多限制性规定。此外，有些国家为提高本国人员的经营管理水平，或确保本国投资方对合资企业或合作企业的经营管理的控制权或参与权，其外资法规定，外资企业或有外资参与的合资企业或合作企业的“高管”只能由东道国国民担任或由双方分别担任，合资企业或合作企业设立董事会时，董事长和副董事长应由东道国国民担任或由双方分别担

---

① 根据联合国贸易与发展会议网站检索而得，见 http://investmentpolicyhub.unctad.org/ISDS，最后访问日期：2017-01-18。

任，董事由双方协商确定。外国投资者及其母国认为，东道国国内法的雇佣要求和对“高管”的国籍要求可能干涉企业的管理自主权、影响企业的经营管理，因而希望通过国际条约加以禁止。禁止东道国的雇佣要求和“高管”要求能够保护投资者的利益，增加母国国民在东道国的就业机会，但可能损害东道国的相关国内利益。

综观现有的国际投资协定，美国自始至终保护本国投资者的利益，确保投资者的自主雇佣权，禁止“高管”要求。加拿大紧随其后，澳大利亚和日本、意大利也在少量投资协定中禁止“高管”要求，而多数发展中国家的投资协定对此不作规定。

一、“高管”要求的历史变革

美国是通过条约禁止“高管”要求的先锋。禁止“高管”要求涉及人员雇佣问题。美国最早是通过条约赋予投资者自由雇佣某些人员的权利，从而间接禁止东道国施加“高管”要求。自《北美自由贸易协定》起，美国在条约中直接规定缔约国有义务不施加“高管”要求。美国在早期的通商航海条约中规定有雇佣条款，允许缔约一方投资者（个人或公司）在另一方境内聘用自主选定的会计师、技术专家、行政人员、律师、代理人或其他专业人员。[①] 该条款包含几层含义：第一，投资者可自主雇佣的人员仅限于条约规定的特定人员（其范围比“高管”范围更宽泛），不是所有的雇员。第二，“自主选定”表明投资者可以选择聘用任何人，不论其国籍为何（regardless of nationality），虽然该条款没有明确使用“不论其国籍为何”这一用语，但后来的双边投资协定明确增加了这一用语。第三，只有外国投资者而不是其在东道国设立的企业享有该雇佣权。第四，投资者只能在东道国境内雇佣人员，而没有被赋予权利从境外引进人员，也就是说，投资者雇佣外国人仍受东道国移民法的限制。该雇佣条款以正面赋予外国投资者自主雇佣的权利的方式减损了东道国国内法中的相关规定。有一个美国案例 *Sumitomo Shoji America, Inc. v. Avagliano* 与该雇佣条款有关[②]：*Sumitomo Shoji America* 公司是日本人在纽约设立的全资公司，在招聘实践中，只雇佣男性日本公民担任行政、管理和销售职位，因此被指控违反美国禁止雇佣歧视的相关法律。该公司辩称，根据美日友好航海通商条约，日本公司有权自主决定雇佣人选。美国最高法院认为，美日的条约只赋予日本的个人或公司雇佣自主权，但该公司是在纽约注册成立的，属于美国的公司，不是日本的公司，故条约不适用。该案说明，享有自主雇佣权的只是外国投资者个人，投资者在东道国设立的企业不享有该权利，仍受东道国国内法的约束。

Sumitomo Shoji America 案对于美国起草双边投资协定范本中的雇佣条款产生了

---

① 参见《美国—日本友好通商航海条约》第 8 条第 1 款。转引自 Kenneth J. Vandevelde, *U. S. International Investment Agreements*, Oxford University Press, 2009, p. 369。

② 关于该案，参见 457 U. S. 176 (1982)。转引自 Kenneth J. Vandevelde, *U. S. International Investment Agreements*, Oxford University Press, 2009, p. 370。

很大影响。美国1983年范本不仅沿用前述友好通商航海条约关于缔约一方的国民或公司（即外国投资者）的雇佣权条款，还新增了依据缔约一方可适用的法律法规设立或组建的由另一缔约方国民或公司拥有或控制的公司（即在东道国成立的由外国投资者拥有或控制的公司）的雇佣权条款。对于外国投资者的雇佣权，1983年范本规定，缔约国应允许缔约一方的国民或公司，为提供投资策划或经营所需之专业、技术和管理支持之目的，在缔约另一方（即东道国）境内聘用其自主选定的专业人员、技术人员和管理人员，不论其国籍为何。[①]“不论其国籍为何”是新增用语，既不是要求也不是限制投资者雇佣某一特定国籍的人员。投资者在作雇佣决定时，可以选择以国籍为由歧视某人，或拒绝以国籍为由歧视某人，或根本不考虑国籍问题。[②] 该款还新增了目的要求，也即，投资者只能是为了投资特定需要之目的而聘用这些人员。对于在东道国成立的由外国投资者拥有或控制的公司的雇佣权，1983年范本规定，缔约一方应允许其在该国境内聘用其自主选定的高级管理人员（“高管”），而不论其国籍为何。该款是新增的，而且自主雇佣权仅及于“高管”，也是首次使用“高管”一词。

美国1984年范本取消了有关外国投资者雇佣权的规定，因为外国投资者如果要雇佣自己的专业人士、技术人员和管理人员，可以通过双边投资协定中的主要人员进入和居留条款获得保护，但保留了在东道国成立的由外国投资者拥有或控制的企业的雇佣权，而且语言更为精练，还省略了在东道国境内的要求。1994年范本继续保护此类人，但修改了措辞，直截了当规定，“每一缔约国应允许涵盖投资聘用自主选择的高级管理人员，不论其国籍为何”[③]。涵盖投资是指缔约一方国民或公司在另一方境内的投资。[④]

由美国主导签署的《北美自由贸易协定》没有采用美国双边投资协定范本中雇佣条款的措辞，而是明确禁止“高管”要求。在该协定第1107条，标题就是“高级管理人员和董事会”。该条规定：缔约一方不应要求另一缔约方投资者在该方投资的企业任命具有任何特定国籍的个人担任高级管理职位。这就是明确禁止东道国对外资企业的“高管”要求。但该条还设了一个例外，即允许东道国对董事会设特定要求。该例外是：缔约一方得要求另一缔约方投资者在该方投资的企业的董事会或任何委员会的多数成员具有某个特定国籍，或居住在该方境内，只要该要求不会严重损害投资者对其投资行使控制的能力。

美国2004年双边投资协定范本直接采用《北美自由贸易协定》“高级管理人员和董事会”的条文标题，但将措辞略作修改：“任一缔约方均不得要求属于涵盖投资的该缔约方企业任命具有某一特定国籍的自然人担任高级管理人员职位”[⑤]，也即，东道国不得要求外国投资者在东道国注册成立的企业雇佣具有某一特定国籍的自然人担任

---

① See The 1983 Model, Art. II (5) (b).

② See Kenneth J. Vandevelde, *U. S. International Investment Agreements*, Oxford University Press, 2009, p. 371.

③ 1994年范本第7条第2项。

④ 参见1994年范本第1条（e）项。

⑤ 2004年双边投资协定范本第9条。

"高管"职务。董事会条款是禁止"高管"要求条款的例外①，东道国可以要求董事会成员的多数具有某一特定国籍或居住在东道国境内，只要不严重损害投资者行使对其投资的控制权。这是因为，美国国内法本身就有要求，在某些行业，例如银行，董事会成员的多数必须是美国公民或居住在银行所在的州。② 自此，美国的双边投资协定与自由贸易协定就"高管"问题采用了相同的规则和几乎相同的措辞。2012 年范本完全沿用 2004 年范本的内容。

二、"高管"要求的规制模式

多数国际投资协定均未对缔约国关于企业"高管"和董事会成员的国籍要求进行限制。美国在其双边投资协定和自由贸易协定缔约实践中，基本上遵从其范本和《北美自由贸易协定》的雇佣条款和禁止"高管"条款。加拿大在 1994 年之后，在双边投资协定和自由贸易协定中也基本上都采用《北美自由贸易协定》的禁止"高管"要求。澳大利亚和日本也在少量对外签订的双边投资协定或自由贸易协定中列入《北美自由贸易协定》版的"高管"条款。中国只在中加双边投资协定中接受《北美自由贸易协定》版的"高管"条款。

经合组织的《多边投资协定》是以《北美自由贸易协定》为蓝本起草的，但其"高管"条款与《北美自由贸易协定》的有所不同，其"高管"条款的标题是"行政主管、经理和董事会成员的国籍要求"，该条规定：任一缔约方均不得要求另一缔约方投资者在该缔约方投资的企业任命某一特定国籍的个人担任行政主管、经理或董事会成员。③ 可见，《多边投资协定》不允许将董事会作为例外，这与《北美自由贸易协定》不同。《多边投资协定》最终谈判失败，其"高管"条款也没有后继者。

晚近双边投资协定中的"高管"条款出现一个新的趋势，即不设单独的"高管"条款，而是将"高管"要求作为业绩要求加以禁止。例如，2014 年《日本—哈萨克斯坦投资促进与保护协定》第 7 条是业绩要求条款，其中一项规定，缔约国不得要求任命具有特定国籍的个人担任行政主管、经理或董事会成员。

关于"高管"条款，迄今没有出现任何案例。

① See Kenneth J. Vandevelde, *U. S. International Investment Agreements*, Oxford University Press, 2009, p. 374.

② Ibid., p. 375.

③ See The MAI Negotiating Text (as of 24 April 1998), III. Treatment of Investors and Investments, Nationality Requirements for Executives, Managers and Members of Boards of Directors.

第六章

国际投资待遇

第一节　国际投资待遇概述

国际投资待遇作为国际投资法制的核心内容，对投资东道国施加义务、明确纪律，要求其按照一定标准对待外国投资者及其投资，否则，根据特定的国际投资协定中的投资待遇条款，外国投资者可诉诸国际投资仲裁庭，要求违反待遇条款的东道国承担赔偿责任。因此，国际投资待遇条款也是国际投资仲裁实践中援引频率最高、引发争议最多的法律根据。

禁止歧视是国际投资待遇的宗旨所在。首先，它是自由市场经济的要求，特别是避免因东道国的国别歧视造成外国投资者的不公平负担，使其处于竞争劣势。其次，它是现代法治的要求。法治意味着相同情形以相同方式对待，所有市场因素享有法治下的平等与正义。最后，国际投资协定所追求的安全、透明、合理的投资环境等目标实现也有赖于东道国如同对待内国投资者及其投资一般对待外国投资者及其投资，如提供同样合理、可预见、相对稳定的投资法制。

当然，国际投资待遇并不要求在所有情况下，东道国均给予投资者及其投资完全同等的待遇。例如，在国际投资协定下，所涵盖的投资者及其投资享有充分、及时、有效的征收补偿标准，并自由转移；所涵盖的投资者有权诉诸投资者—国家仲裁程序等，其享有比内国或非国际投资协定缔约方投资者及其投资更为优惠和安全的待遇。因此，东道国根据国际投资协定给予“内外有别”或“外外有别”的待遇，在一定情形下并不违反国际投资协定范畴内的非歧视原则。

此外，东道国有正当理由的歧视并不构成对国际投资待遇条款的违反。例如在外资并购国家安全审查制度下，东道国基于国家根本安全考虑拒绝批准外资并购申请，或东道国根据反垄断法作出否决外资并购申请的决定等，均属于合理歧视的范围。当然，即便如此，东道国行为的实施方式仍然要经受仲裁庭的考验，例如是否存在专断、蛮横，是否符合善意。

国际投资待遇可分为一般待遇和具体待遇。一般待遇适用于东道国对待投资行为各方面的标准，包括投资的设立、获取、扩大、管理、经营、运营、出售或其他投资处置方面，如国民待遇、最惠国待遇、公平与公正待遇、充分的安全和保护、依据国际法给予的待遇。而具体待遇则是指东道国对待投资具体事项的标准，如资本及利润的转移、征收及补偿、业绩要求等。本章仅讨论国际投资的一般待遇。

一般待遇标准又以是否需要参照系而分为绝对待遇标准和相对待遇标准。前者如公平和公正待遇、充分的安全和保护、根据国际法的最低待遇标准，后者如最惠国待遇和国民待遇。不同投资协定中对待遇条款具体表述不尽相同，含义也有所差别。较为抽象、含糊的措辞，一方面有利于适应复杂多变的具体事实情况，但另一方面也因此给仲裁庭留下弹性过大的解释空间。

第二节 国民待遇

一、国民待遇的基本含义

学界对国际投资法制中的国民待遇存在两种不同的观点。第一种观点认为国民待遇系指东道国给予外国投资者及其投资的待遇应“不低于”（no less favorable than）其给予本国投资者及其投资的待遇，不排除给予外国投资者及其投资“超国民待遇”[①]。第二种观点则认为国民待遇是指东道国给予外国投资者及其投资的待遇应“等同于”（as the same favorable as）其给予本国投资者及其投资的待遇。[②] 主权国家基于对国民待遇原则的不同认识以及在投资自由化程度上的不同需求，在对外缔结的国际投资协定中关于国民待遇条款的表述亦存在上述差异。

根据国家主权原则，任何国家都没有义务给予外国投资者以国民待遇。为了吸引外国投资，创造良好的投资环境，东道国可能通过国内立法单方面给予外国投资者以国民待遇，也可能根据其所缔结的国际投资协定中的国民待遇条款，给予缔约他方投资者及其投资以国民待遇。

---

① “国民待遇是指外国人同本国国民在享受权利和承担义务方面，有同等地位，即授予外国人所享有的权利，不得低于本国国民所享有的同等权利。”（姚梅镇：《国际投资法》，修订版，武汉，武汉大学出版社，1987，第 331 页。）“(national treatment) is the duty to treat foreign investors and their investments no less favourably than the host treats its national investors and their investments.”（Krista Nadakavukaren Schefer, *International Investment Law*, Cheltenham, Edward Elgar Publishing Limited, 2013, p. 303.）

② “国民待遇是指一国给予外国人的待遇和给予本国人的待遇一样，即在同样条件下，二者所享受的权利和承担的义务相同。”（王铁崖：《国际法》，北京，法律出版社，1995，第 369～370 页。）

国民待遇最早源于18世纪的法国，大致经历过三种形式：第一，无条件的国民待遇，即不附加任何条件地把本国法律给予本国国民的所有权利赋予在本国境内的外国人。此种无条件国民待遇仅短暂地出现于1789年至1799年间的法国。因为各国的经济发展水平有巨大差异，无条件的国民待遇不可能获得普遍适用。第二，有条件的国民待遇。1804年《法国民法典》第11～13条确立了在一定条件下赋予外国人民事权利的有条件国民待遇。这是基于互惠对等待遇而适用的国民待遇。美国《对外关系法》第722条则规定了不以互惠为前提的国民待遇，即除非法律另有规定，外国人在美国可享受与本国国民同等的保护。第三，特定范围的国民待遇，本质上也属于有条件的国民待遇，并多以互惠为前提。随着国际经济自由化的发展，各国不断扩大授予外国人国民待遇的范围，但出于公共利益或国家安全的考虑，仍然在特定领域对外国人作出限制，排除国民待遇。特定行业比如国防、军工、通讯、航空等，只允许本国企业或国民经营，禁止或限制外国投资者进入；或在已适用国民待遇制度的领域内，规定适用国民待遇的例外。此外，有的国际投资协定规定，国民待遇不涉及缔约一方根据关税同盟、自由贸易区、经济同盟、共同市场、区域经济一体化协定或为方便边境贸易而给予第三国投资者的优惠。①

二、国民待遇的类型

国际投资活动以是否在东道国获批准设立商业机构或场所为标准，可划分后两个阶段，即外资准入前（pre-establishment）阶段与外资准入后（post-establishment）阶段。而在这两个阶段，是否给予外国投资者及其投资以国民待遇，各国根据自身经济发展水平和吸引外资的需要持不同态度，相应地，国民待遇也可分为准入后国民待遇和准入前国民待遇。

1. 准入后国民待遇

东道国在国内立法或对外缔约中承诺给予外国投资者及其投资在扩大、管理、经营、运营和销售或其他处置在其领土内投资方面的待遇，不得低于在类似情形下给予其国内投资者及其投资的待遇。② 在这种模式下，外国投资者及其投资不具有进入东道国、在其境内投资的一般性权利。是否允许某一外国投资者及其投资进入本国取决于东道国的国内法，拒绝允许一项投资的进入和设立一般不违反东道国的条约义务，不产生国际法上的责任。采取这种外资准入模式的国家往往要求希望进入本国的外国投资得到该国外资管理机构的审批。③ 许多发展中国家间签订的双边投资协定采用的

---

① 如2008年《中华人民共和国政府和哥伦比亚共和国政府关于促进和保护投资的双边协定》第3条。

② 如2012年《中国—加拿大双边投资协定》第6条。该条并进一步规定，本条中"扩大"的概念仅适用于依据"扩大"时有效的相关行业指引和适用法律、法规和规则不需经过事先审批程序的行业，并可受制于规定的手续和其他信息要求。

③ 如2000年《埃及—泰国双边投资协定》第2条第2款要求外国投资（者）在准入阶段必须获得东道国的书面审批。

是准入后国民待遇的模式。[①]

2. 准入前国民待遇

准入前国民待遇是在全面的准入后国民待遇的基础上再推行准入前的国民待遇。[②] 东道国承诺在投资的进入、设立、获取，以及投资在东道国设立后的运营、管理、处置等方面都给予投资者及其投资以不低于或等同于其在类似情形下给予其国民的待遇。[③] 准入前国民待遇比准入后国民待遇模式出现得更晚。其首先体现在美国于20世纪80年代与发展中国家谈判和缔结的一些双边投资协定中，并成为后续美式协定的重要内容。[④] 后来这种模式也被一些国家在缔约实践中所遵循，如加拿大和日本。[⑤] 一些区域性的包含投资保护和促进规范的自由贸易协定也采纳了准入前国民待遇的模式，如1992年签订的《北美自由贸易协定》。

虽然目前我国对外签订的所有国际投资协定采用的主要是准入后国民待遇的模式[⑥]，但正在谈判中的中美、中欧（盟）双边投资协定预计都将包括给予缔约国另一方投资者及其投资以准入前国民待遇的承诺。

对外资的准入给予国民待遇并不代表东道国放弃了自己的管制权力和对外资流入的控制，为了实现这种控制，东道国有两种路径可以选择：一是采取正面清单（positive list）方式，如《服务贸易总协定》第16条，只有世界贸易组织成员方在清单（schedule）上作出特定承诺，才给予国民待遇。二是负面清单（negative list）方式。这也是普遍使用的方式，是指以给予国民待遇为原则，将不符合国民待遇义务的，对特定行业（sector）、子行业（subsector）、投资活动采取的不符措施作为例外列明并予以维持的外资准入模式。负面清单又被称为“不符措施清单”。被排除在准入前国民待遇范围之外的行业或活动通常对东道国有特殊的战略意义或政治、经济上的重要性。

根据其出现的时间，不符措施又可分为现存的不符措施和将来的不符措施。对于现存的不符措施，东道国可以予以维持、更新、补充。有的投资协定还规定了对现存不符措施的“停止义务”（standstill obligation），要求该类不符措施只能在原有水平上延续、修订，而不能扩大其与国民待遇要求的不符性。针对特定的现存不符措施，缔约国还可以约定逐步停止适用。[⑦] 将来的不符措施则是指东道国在未来可以采取的新的和更加具有限制性的与国民待遇不符的措施。[⑧] 现存的不符措施和将来的不符措施

① See UNCTAD Series on Issues in International Investment Agreements (National Treatment), 1999, p. 20.

② 参见余劲松主编：《国际投资法》，4版，北京，法律出版社，2014，第242页。

③ 如《北美自由贸易协定》第1102条。

④ 参见余劲松主编：《国际投资法》，4版，北京，法律出版社，2014，第243页。

⑤ 如2002年《日本—韩国双边投资协定》第2条。

⑥ 2017年6月28日签署的《〈内地与香港关于建立更紧密经贸关系的安排〉投资协议》第5条含有准入前国民待遇。

⑦ 如《北美自由贸易协定》第1108条第1款。

⑧ See Andrew Newcombe & Lluis Paradell, *Law and Practice of Investment Treaties*, Zuidpoolsingel: Kluwer Law international, 2009, pp. 138-139.

通常被安排在条约的不同的附件中。

三、国民待遇条款的适用

国民待遇条款在国际投资争端解决中的适用通常分为三个步骤："第一，仲裁庭要识别相关的用于比较的主体，即它们是否处于类似情形中；第二，仲裁庭将分析、比较不同的主体所享有的待遇并决定是否存在差别待遇；第三，仲裁庭要考虑是否存在合理的、非保护主义的理由来使事实上的差别待遇正当化。"①

第一个步骤涉及的是国民待遇的相对性问题。与最低待遇标准或公平公正待遇等绝对性待遇不同，国民待遇标准并没有其固有的实质性内容，国民待遇的实际水平取决于东道国给予本国投资者及其投资的待遇。因此，只有通过比较特定外国投资者及其投资所享受的待遇与东道国给予本国投资者及其投资的待遇，才能确定东道国给予前者的待遇是否符合国民待遇标准。为了进行比较，两者之间必须具有一定的相关性——这两类投资者及它们的投资处于"类似情形"（like circumstance/like situation）下——这是大部分国际投资协定使用的表述，但也有少部分国际投资协定使用的是"相同情况"（similar circumstance）的表述。②

（一）类似情形

在国际投资仲裁中，确定作为申请人所受待遇参照系的"类似情形"的范围取决于仲裁庭在每个案件中审查全部相关事实后的裁量，而没有适用于所有案件的统一标准。经合组织（OECD）的一份报告中对"类似情形"的确定提出了四个指标：第一，两企业是否处于同样的部门（sector）；第二，措施在特定领域的影响（impact）；第三，措施的动机；第四，差别待遇是否基于特定企业由外国投资者控制的事实。③

在上述标准中，最简单明了的是部门（行业）标准，该标准的隐含意思是，当特定的外国投资者及其投资与参照系处于同一部门时，它们之间一般会存在竞争关系。该标准与世界贸易组织体系下的"相似产品"标准——以竞争性和可替代性产品作为涉及国民待遇问题时比较的对象，有着千丝万缕的联系，但也有着明显的区别。④ 经合组织在 1993 年发布的《外国控制企业的国民待遇》中指出，当涉及"类似情形"时，缔约国境内设立的由外国控制的企业与该国境内的国内企业的比较只有当这两个

---

① Andrew Newcombe & Lluis Paradell, *Law and Practice of Investment Treaties*, Zuidpoolsingel: Kluwer Law International, 2009, p. 162.

② See UNCTAD Series on Issues in International Investment Agreements (National Treatment), 1999, pp. 28-34.

③ 转引自 UNCTAD Series on Issues in International Investment Agreements (National Treatment), 1999, p. 33。

④ 国际贸易法与国际投资法下国民待遇适用的比较，see N. DiMascio & J. Pauwelyn, "Nondiscrimination in Trade and Investment Treaties: Worlds Apart or Two Sides of the Same Coin?", (2008) 102 A. J. I. L. 48。

(类)企业是在同一部门时才是有效的。[①]

然而,两个类比对象处于同一部门并不当然意味着它们就在"类似情形"下。仲裁员在*UPS v. Canada*案的个别意见中特别指出:"两企业在同一经济部门(economic sector)可能是它们处于类似情形的证据。同样,虽然两企业可能被划分到不同经济部门中,但只要它们处于竞争关系中,也可能被视为'类似情形'的证据。然而,上述的这两种特征都不是决定性的。存在这样的可能性,即两个投资者或企业处于同一行业或竞争关系中,但却在一些特定待遇的重要特征上不相似。"[②] 该意见强调了同一部门或处于竞争关系中的投资不处于类似情形的可能性。因此,在判断"类似情形"时,除了采用部门标准外,还要结合其他的标准。

在*Occidental v. Ecuador*案中[③],申请人认为厄瓜多尔对花卉、矿产品和海产品等出口企业实行出口退税,却不对作为石油出口商的申请人进行退税的行为违反了国民待遇原则。这一观点得到仲裁庭的认可,仲裁庭进一步指出:国民待遇的目的是避免出口商因国内的间接税而导致其在外国市场上处于不利地位。在这种情况下,与其他出口商相比,任何一个出口商都不应该被置于不利地位。"类似情形"可以指所有具有增值税退税情形的出口商而不论它们具体所在的行业是什么。在该案中,东道国所采取的措施——对增值税的出口退税,影响的是整个出口行业,因此与申请人所受待遇进行对比的也应该是整个出口行业而不仅仅是石油业。当涉诉措施所影响的对象与某个行业部门不完全匹配的时候,"类似情形"的范围就应当视受影响的那些部门或子部门的情况而定。

(二)待遇的比较

确定了"类似情形"的范围后,下一步需要对特定外国投资者及其投资所受的待遇与东道国给予国内投资者及其投资的待遇进行比较。这会涉及两个问题:第一,当在"类似情形"下东道国国内不同的投资者及其投资所享受的待遇之间存在差异时,用以进行比较的对象是什么;第二,国际投资体系中国民待遇的保护重点在于具体投资者的权益,因此待遇比较的重点在于所涉措施在事实上的影响和结果,即是否对投资者造成了实际的损害。

1. 国内投资者及其投资所享受的待遇之间存在差异

不同投资者待遇的不平等不仅可以体现为外国投资者与内国投资者之间、同一东道国境内不同国籍的外国投资者之间,而且可以体现为东道国境内本国投资者的待遇不同。特别是在许多发展中国家,国有企业与私营企业之间至少存在着事实上的区别待遇。

---

① 转引自 Andrew Newcombe & Lluis Paradell, *Law and Practice of Investment Treaties*, Zuidpoolsingel: Kluwer Law international, 2009, p. 166。

② United Parcel Service of America Inc. v. Canada, Separate Statement of Dean Ronald A. Cass, Award on Merits, 24 May 2007, para. 16.

③ See Occidental Exploration and Production Company v. the Republic of Ecuador, LCIA Case No. UN 3467 (UNCITRAL), Final Award, 1 July 2004.

关于这个问题，经合组织的国际投资和跨国公司委员曾经作过这样的解释：第一，造成对外国投资者的歧视性对待的公共垄断事业并不违反国民待遇。第二，如果给予外国投资者的待遇比给予东道国国内投资者的最低待遇还要低，那么东道国当然违反了国民待遇义务；如果给予外国投资者的待遇与本国投资者享有的最优惠待遇一样，则东道国的行为符合国民待遇标准；当情况介于这两者之间时，则不确定东道国是否违反国民待遇义务。[①] 因此，仍然悬而未决的问题是：东道国到底应该给予外国投资者的是本国投资者享受的平均待遇，还是应该给予不低于国内投资者受到的最优惠待遇的待遇，甚或只要给予不低于本国投资者受到的最低待遇的待遇即可？

在 *Pope & Talbot v. Canada* 案中，仲裁庭认为，《北美自由贸易协定》的国民待遇义务要求东道国将提供给本国投资者的最优惠待遇给予来自其他缔约国的投资者。如果本国投资者在类似情况下得到了比本国其他国民更优惠的待遇，那么外国投资者有权得到不低于这种优惠待遇的待遇。这种解释意味着，缔约国不能一并将优惠待遇和次优惠待遇给予本国投资者，然后将这两种待遇的平均待遇与其给予外国投资者的待遇相比较。这与国民待遇保护外国私人投资者及其投资免受基于国籍的歧视的目的是不一致的。[②]

2. 实际损害

一旦确定了合适的比较对象，下一步就需要将外国投资者及其投资与该对象进行比较，看其是否被给予了差别待遇。这种比较的重点在于审查东道国的措施对外国投资者及其投资产生的事实上的影响，而不在于法律上（*de jure*）是如何规定的。在 *Feldman v. Mexico* 案中，问题不在于墨西哥法律是否在相应的情况下授权退税，而是事实上墨西哥政府是否已给予其他国内卷烟出口商退税优惠，而不给予申请人以退税优惠，因而导致申请人的损害，构成歧视性的待遇。事实上的差别待遇足以构成违反国民待遇。[③]

损害不一定以直接的金钱损失表现出来，国民待遇义务也包含了程序方面的要求。如果东道国在行政或司法程序上给外国投资者的待遇低于给本国投资者的待遇，那么东道国有可能构成对国民待遇义务的违反。当然，形式上对外国投资者的区别待遇不一定意味着其被给予了相对于国内投资者较低的待遇。比如说，东道国要求外国投资者在准入阶段填写与本国投资者不一样的表格或提供额外的文件或信息，这并不必然意味着东道国违反了国民待遇义务，只要这些行政管理程序上的要求不会明显地消耗外国投资者更多的时间，不会更加复杂或需要付出更加昂贵的费用，以至于给外国投资者或其投资的设立、运营等造成实际上的障碍和更高的成本。

---

① See UNCTAD Series on Issues in International Investment Agreements (National Treatment), 1999, p. 38.

② See N. DiMascio & J. Pauwelyn, "Nondiscrimination in Trade and Investment Treaties: Worlds Apart or Two Sides of the Same Coin?", (2008) 102 A. J. I. L. 48.

③ See Feldman v. Mexico [ICSID Case No. ARB (AF) /99/1], Award, 16 December 2002, para. 169.

（三）正当理由

不是所有的针对外国投资者和本国投资者的差别待遇都违反国民待遇义务，这种区别待遇如果有足够的正当理由（justification），在通常情况下是可以被接受的。这在国际投资协定本身没有明确规定国民待遇例外条款时显得十分重要。在 *Total v. Argentine* 案中，仲裁庭指出："国民待遇条款的目的就是要确定那些受到保护的投资是否在没有任何正当理由的情况下遭受了不利的待遇，特别是否因为投资者的国籍而遭受这种待遇。"①

在 *Feldman v. Mexico* 案中，仲裁庭认为，虽然申请人与其他经营香烟出口或分销的企业处于类似情形下，但东道国对香烟生产商和分销商的区别待遇是有合理理由的，包括为了更好地控制税收、阻碍走私行为、保护知识产权和禁止灰色交易。②

（四）意图

虽然国际法中的"非歧视"概念要求申请人证明东道国有歧视的意图，但目前大部分仲裁庭都认为存在歧视的意图并不是确定东道国的措施是否违反国民待遇的必要条件。在 *Siemens v. Argentine* 案中，仲裁庭认为，意图对于歧视的认定不是必要的，相关措施对投资的影响才是确定东道国是否违反非歧视待遇的决定性要素。③

越来越多的仲裁庭支持不把东道国的歧视性意图作为其构成违反国民待遇义务的必要条件，*Feldman v. Mexico* 案的仲裁庭对此解释得比较清楚：要求证明歧视性意图会给申请人带来几乎无法克服的障碍和负担，因为相关的信息几乎都在东道国的掌控中，让申请人证明东道国政府采取差别待遇是出于国籍的考虑而不是其他合理原因事实上是不可能的。同样，正如墨西哥提出的那样，如果无法就东道国行为的动机进行验证的话，那么申请人和仲裁庭也没有办法有效地就东道国的歧视性行为是基于申请人的国籍这一问题作出主观判断。④

四、国民待遇的例外

虽然国民待遇标准的目的是要保证外国投资者与东道国国内投资者能享受同等的待遇，或者享有不低于东道国国内投资者所享待遇的待遇，以保证竞争机会的平等。但是基于公共政策、国家安全，或者保护国内比较脆弱的产业等考虑，东道国一般会在国际投资协定中约定国民待遇的例外，属于例外范围的措施即使造成了对外国投资者的歧视，也不构成违反条约义务，这也是东道国保留其对外资的管制权力的表现。

---

① Total SA v. The Argentine Republic (ICSID Case No. ARB/04/1), Award on Jurisdiction, 27 December 2010, para. 302.

② See Feldman v. Mexico [ICSID Case No. ARB (AF) /99/1], Award, 16 December 2002, para. 170.

③ See Siemens A. G. v. Argentina [ICSID Case No. ARB/02/08], Award on Jurisdiction, 6 February 2007, para. 321.

④ See Feldman v. Mexico [ICSID Case No. ARB (AF) /99/1], Award, 16 December 2002, para. 183.

一般而言，东道国承诺的国民待遇义务的水平越高，例外也相应更多一些：准入前国民待遇模式下的例外规定要比准入后国民待遇模式下的复杂。[①] 国际投资实践中的例外可以分为以下四种类型。

1. 一般例外

一般例外是指对条约中的所有条款都适用的例外，而不仅仅适用于国民待遇条款。在许多的国际投资协定中都有单独的条款规定基于公共卫生、秩序和道德以及国家安全[②]等考虑的例外。《能源宪章条约》第 24 条规定了国民待遇的例外之一是：在能源原料和产品短缺的情况下，为了保护人类、动物或植物的生命健康，或为了保护原住民、在社会经济上处于劣势的投资者的利益，缔约国可以对取得、销售此类原料和产品进行限制，只要不构成对能源领域经济活动的变相限制或武断、不合理歧视。

2. 特定行业或领域的例外

一些国际投资协定中会明确地把某些行业或领域排除出国民待遇义务适用的范围。这主要出现在给予投资者准入前国民待遇的条约中。这种例外所包含的行业一般会被具体地列举在条约的附件当中，即采负面清单模式。例如韩国与蒙古签订的双边投资协定中的税收例外、《多边投资协定（草案）》中的金融服务审慎措施例外和暂时的宏观经济安全措施例外、《北美自由贸易协定》中的激励机制例外等。[③]

3. 互惠的国民待遇条款

小部分的国际投资协定中曾经要求国民待遇的给予必须是互惠性的，只有对方国家给予本国的投资者以国民待遇时，本国才给予对方国家的投资者以相同水平的国民待遇。经合组织在 1985 年指出：如果在互惠的情况下，东道国给予外国投资者的待遇低于给予本国投资者的待遇的话，那么它也属于国民待遇的一个例外。[④]

4. 基于发展考虑的例外

对于发展中国家来说，有时给予外国投资者国民待遇是困难的，因为它们脆弱的国内产业在与外国投资者的竞争中处于劣势。为此发展中国家一般会给予国内企业优惠的待遇和特权以增强它们的竞争力。为了避免这种措施构成对国际投资协定中国民待遇义务的违反，有些国际投资协定引入了“发展例外”条款，以保证在维持国民待遇原则基础上的政策灵活性。[⑤] 不过这种例外在国际投资协定实践中已经变得越来越少见了。

---

① See UNCTAD Series on Issues in International Investment Agreements (National Treatment), 1999, p. 43.

② Ibid., p. 44.

③ 参见《韩国—蒙古多边投资协定》第 7 条，《多边投资协定（草案）》第 8 条，《北美自由贸易协定》第 1108 条。

④ See UNCTAD Series on Issues in International Investment Agreements (National Treatment), 1999, p. 47.

⑤ Ibid., p. 49.

第三节　最惠国待遇

一、最惠国待遇的基本含义

学界对国际投资法制中的最惠国待遇存在两种不同的观点。第一种观点认为，最惠国待遇系指东道国给予外国投资者及其投资的待遇应“不低于”（no less favorable than）其给予第三国投资者及其投资的待遇，不排除给予外国投资者及其投资更优惠的待遇。① 第二种观点则认为，最惠国待遇是指外国投资者及其投资应享受与第三国国民所受待遇“同等”的待遇。换言之，只要缔约国一方通过以前或将来签订的投资协定给予第三国更优惠的条件，则缔约国另一方有权享有这种更优惠的条件。② 两种观点表述上虽有差异，但都表达出了规定最惠国待遇的目的，即防止外国投资者及其投资在从事与投资有关的活动时较第三国投资者及其投资遭受不利对待。对于投资者而言，公平竞争环境是其判断东道国的营商条件优劣时考察的重要指标，其内涵包括东道国本国投资者与外国投资者之间待遇的平等以及来自不同国家的外国投资者之间待遇的公平，前者被称为国民待遇原则，后者则被称为最惠国待遇原则。最惠国待遇条款能够避免外国投资者之间的竞争关系因国籍问题而受到扭曲，使市场在资源配置中起决定性作用，有利于营造健康的投资环境。

最惠国待遇的历史可以追溯到 11 世纪。当时地中海沿岸的意大利城邦、法国与西班牙城市的商人到外国做生意，在无法独占市场、排挤其他国家的商人时，就退而求其次，要求在该国市场上获得同等机会。为了满足这种要求，西北非阿拉伯王子们曾颁布命令，给予他们以与捷足先登的威尼斯、比萨等城邦同样的特许权。相似地，神圣罗马帝国皇帝曾经向意大利的曼托瓦市作出承诺，将其授予其他城市的任何特权同样授予曼托瓦。国际贸易法专家杰克逊（J. Jackson）教授则认为最惠国待遇首次出现在 17 世纪，如 1654 年英国与瑞典的条约规定，缔约一方的国民、财产在另一国境内享受与第三国国民同等程度的特权、自由与豁免。③ 不难看出，这种最惠国待遇的原始形态就是作为保证外资在市场竞争中“机会均等”的一种权利形式出现的。④ 二战

---

① 如 2014 年《欧盟—加拿大全面经济贸易协定》第 7 条、2013 年《中华人民共和国政府和坦桑尼亚联合共和国政府关于促进和相互保护投资协定》第 4 条、美国 2012 年《双边投资协定范本》第 4 条、1978 年联合国国际法委员会《关于最惠国条款的规定（草案）》第 5 条。Also see Rudolf Dolzer and Christoph Schreuer，*Principles of International Investment Law*（2012），p. 206.

② 参见余劲松主编：《国际投资法》，4 版，北京，法律出版社，2014，第 246 页；史晓丽主编：《国际投资法》，北京，中国政法大学出版社，2005，第 80 页。

③ See August Reinisch，*Standards of Investment Protection*，Oxford University Press，2008，p. 61.

④ 参见赵维田：《世贸组织（WTO）的法律制度》，长春，吉林人民出版社，2000，第 51～52 页；方荀：《ICSID 仲裁实践中最惠国待遇适用范围问题的研究》，华东政法大学 2011 年，第 3 页。

后，1948年生效的《关税与贸易总协定》第1条就规定了最惠国待遇条款，体现了最惠国待遇制度在国际贸易法中的核心地位。[①] 相似地，在国际投资法领域，美国在签订友好通商航海条约时逐步加入保护私人海外投资的内容，其中就包括相互给予无条件的最惠国待遇。在20世纪后半段开始涌现的绝大多数促进与保护投资协定中都包含最惠国待遇条款。

最惠国待遇是专属于条约法的制度[②]，并非国际习惯法的内容。国际投资协定可以对最惠国待遇的取得与否、程度高低作出具体约定，约定范围之外的最惠国待遇标准不属于缔约国的义务范围。

二、最惠国待遇条款的表现形式

保护资本输出国投资者及其投资得以享受不低于第三国投资者及其投资所受之待遇，是最惠国待遇条款的核心。如1982年《中华人民共和国政府和瑞典王国政府关于相互保护投资的协定》（以下简称《中国—瑞典双边投资协定》）规定，缔约任何一方的投资者在缔约另一方境内的投资所享受的待遇，不应低于第三国投资者的投资所享受的待遇。又如德国2008年《双边投资协定范本》规定，缔约任何一方对于另一方投资者及其投资在其境内从事投资相关的活动，对另一方投资者及其投资所给予的待遇不应低于其给予第三国投资者的标准。值得注意的是，晚近签订的国际投资协定在此基础上添加了各种具体说明及限制，不同条约中的最惠国条款具体表述差别很大，在实践中引发了诸多争议。

首先，许多条约明确列举了最惠国待遇要求适用的投资阶段。如2012年《中国—加拿大双边投资协定》规定，任一缔约方给予另一缔约方投资者在"设立、购买、扩大、管理、经营、运营和销售或其他处置其领土内投资方面"的待遇，不得低于在类似情形下给予非缔约方投资者的待遇。又如2014年《欧盟—加拿大全面经济贸易协定》"投资"章规定，各缔约方给予另一缔约方的投资者及涵盖投资的待遇应不低于在类似情况下在"设立、获取、扩大、经营、运营、管理、维持、使用、享用、出售或其他投资处置方面"，给予国内投资者及其投资的待遇。相对于其他例如"投资及与投资有关的活动"[③] 之类的笼统措辞，此种列举意在督促东道国政府在投资从准入到退出的各个阶段都不可歧视外国投资，特别是在投资设立和转让问题上要贯彻最惠国待遇。然而，允许投资者将最惠国待遇作为挑战东道国在投资准入、设立方面政策的武器，这种情况并非多数。[④]

---

① See UNCTAD Series on Issues in International Investment Agreements II (Most-favored-nation Treatment), 2010, p. 13.

② 参见余劲松主编：《国际投资法》，4版，北京，法律出版社，2014，第246页。

③ 如2007年《中华人民共和国政府和法兰西共和国政府关于相互促进和保护投资的协定》（以下简称《中国—法国双边投资协定》）第4条。

④ See UNCTAD Series on Issues in International Investment Agreements II (Most-favored-nation Treatment), 2010, pp. 17-18. About the instruction to pre/post-establishment MFN treatment, see pp. 19-20.

其次，许多条约中的最惠国待遇条款规定，其不适用于缔约国各方作为关税同盟、税收条约当事国、区域经济一体化组织、自由贸易区、共同市场等组织的成员而给予第三国投资者及其投资的特权，以避免上述关系之外的非成员国通过最惠国待遇机制以“搭便车者”（free-rider）的身份享有这些特权。[①] 如 2003 年《中国—德国双边投资协定》规定，第 3 条（最惠国待遇）不应解释为缔约一方有义务将由下列原因产生的待遇、优惠或特权给予缔约另一方投资者：（1）任何现存或将来的关税同盟、自由贸易区、经济联盟、边境贸易安排以及共同市场的成员；（2）任何双重征税条约或其他有关税收问题的条约。此外，以美国 2012 年《双边投资协定范本》为代表的一些投资协定中的“不符措施”条款，将附件中“负面清单”所列举的部分措施排除在最惠国待遇适用范围之外，使缔约国在条约谈判阶段得以明确意欲保留的范围，方便就此问题交换出价，在条约生效后确保对关键经济领域的管制权力。

再次，因为维护公共安全、公众健康或道德等公共利益而采取的措施常被列入保留范围。如 2003 年《中国—德国双边投资协定》所附议定书规定，因公共安全和秩序、公众健康或道德而采取的措施，不应视为对最惠国待遇义务的违反。再如美国 2012 年《双边投资协定范本》第 18 条（根本安全）规定，本条约不应被解释为（1）要求缔约方提供或允许获得有可能违背缔约方根本安全利益的信息；或（2）排除缔约方适用其认为系履行有关维持或恢复国际和平与安全的义务或者为保护其自身根本安全利益所必要的措施。

最后，一些条约规定最惠国待遇条款不得适用于在该条约生效前（或者某一时点前）给予第三国投资者或其投资的优惠待遇。如 1982 年《中国—瑞典双边投资协定》第 8 条规定：“本协定应适用于一九七九年七月一日以后的所有投资。”又如 1988 年《中华人民共和国政府和马来西亚政府关于相互鼓励和保护投资协定》（以下简称《中国—马来西亚双边投资协定》）第 12 条规定：“本协定适用于在其生效之前或之后缔约任何一方投资者根据缔约另一方的立法或法规在缔约另一方领土内进行的投资。”联合国国际法委员会在 1978 年就肯定，最惠国待遇条款使受益国有权享有在所缔结的条约生效以前或生效后同意给予第三国的更优惠的待遇，但缔约国也可以规定该条款只适用于以后给予的优惠待遇。[②] 从晚近的缔约实践来看，对最惠国待遇条款的效力加以此种限制的做法并不多见。

三、最惠国待遇条款的适用

（一）适用范围

对于最惠国待遇条款适用于外国投资者及其投资相关的实体性权利没有争议，

---

① See UNCTAD Series on Issues in International Investment Agreements II (Most-favored-nation Treatment), 2010, pp. 17-18. About the instruction to pre/post-establishment MFN treatment, see p. 20.

② 参见余劲松主编：《国际投资法》，4 版，北京，法律出版社，2014，第 247 页。

但许多条约并没有明确这一条款的效力是否及于争端解决程序，这给国际投资仲裁庭留下了很大的解释空间。

在实践中，仲裁庭对这一问题的回答可分为两类：一是将最惠国待遇扩及争端解决程序，如果在作为被申请方的东道国与第三国签订的国际投资协定中，有关争端解决程序的规定更有利于作为申请方的投资者，则该投资者可以援引最惠国待遇条款请求适用该条约中有关争端解决程序的规定，作为提起仲裁依据的投资协定（以下简称基础条约）中的程序性条款；二是认为最惠国待遇条款并不能被引入第三方条约中的纠纷解决程序。

Maffezini v. Spain 案是第一个关于最惠国待遇条款能否适用于争端解决程序的案件，也是第一个允许外国投资者通过最惠国待遇条款将其他条约中的程序条款引入基础条约的案例。[①] 来自阿根廷的投资者马菲基尼在西班牙投资建立了一家化工产品企业，设立时由西班牙国有实体 SODIGA 持股 30%，马菲基尼持股 70%。[②] 后来马菲基尼与 SODIGA 签署合同购回 SODIGA 手中的股权，同时 SODIGA 承诺未来提供给化工产品企业一笔低息贷款。后来化工产品企业陷入经营困难，向 SODIGA 要求提供贷款救济未果，因而根据 1991 年阿根廷与西班牙间的双边投资协定将西班牙政府诉至 ICSID。西班牙政府认为，马菲基尼未能按照条约第 10 条的要求，在诉诸 ICSID 仲裁之前向当地法院寻求救济，未满足穷尽当地救济要求，因而不能提交 ICSID 解决争议。马菲基尼则认为，根据《阿根廷—西班牙双边投资协定》最惠国待遇条款，他可以援引智利与西班牙间的双边投资协定中更优惠的争端解决程序条款，该条款不要求申请人在提交 ICSID 仲裁前穷尽当地救济。仲裁庭判定马菲基尼的做法无可厚非，认为自身对本案有管辖权。此后又有几起案件支持将最惠国待遇条款适用于程序事项的裁决。[③]

然而，投资协定中关于争端解决程序的规定往往是缔约国根据各自特殊情况设计的，如果条约文本表述不一致，或根本就没有相应规定，则表明该条约与其他条约是有区别的。[④] 扩大解释最惠国条款的适用范围，将其效力扩及于争端解决程序，其结果很可能让东道国本应在争端解决程序中享有的程序性权利受到损害，或导致东道国的缔约目的落空。亦有投资仲裁庭认为最惠国待遇条款适用于程序事项会影响仲裁合意的明确性，如 2005 年仲裁庭在 *Plama v. Bulgaria* 案中指出，仅通过"给予不低于第三国投资者所享受待遇之待遇"的表述不能够推断出程序事项处于最惠国待遇适用范围内的结论。[⑤]"不可认为缔约国已经同意，条约中的争端解决机制因最惠国待遇条款的适用而被未来的其他程序所（部分）替代，除非国家对此明确表示同意。这是仲

---

① 参见余劲松主编：《国际投资法》，4 版，北京，法律出版社，2014，第 248 页。

② 设立时为满足法律要求，有少量的第三方持股，但随即被马菲基尼收购。See Maffezini v. Spain（ICSID Case No. ARB/97/7），Award on Jurisdiction，para. 39.

③ 如 Siemens A. G. v. Argentina（ICSID Case No. ARB/02/8），Award on Jurisdiction，paras. 94-102.

④ 参见余劲松主编：《国际投资法》，4 版，北京，法律出版社，2014，第 249～250 页。

⑤ See Plama Consortium Limited v. Bulgaria（ICSID Case No. ARB/03/24），Award on Jurisdiction，paras. 198-203.

裁条款的可分离性——一个被普遍接受的原则——的组成部分。”① 又如在 *Tecmed v. Mexico* 案中，仲裁庭认为，最惠国待遇不适用于东道国与第三国的投资协定中的某些条款，如果这些条款与特定的谈判环境有着不可分离的关系、规定着特别的权利、义务。因此，申请人关于最惠国待遇条款的效力及于程序事项的观点被驳回。②

近期一些国家在缔结投资协定时也注意排除最惠国待遇条款适用于争端解决程序的可能。如 2012 年中日韩投资协定第 4 条（最惠国待遇）第 3 款规定：“缔约各方理解，本条第一款给予缔约第三方或非缔约方投资者及其投资的待遇，不包括根据其他国际协定中规定的、关于缔约一方和缔约第三方投资者或缔约一方和非缔约方投资者的投资争端解决条款而给予缔约第三国或非缔约方投资者及其投资的待遇。”又如 2012 年《中国—加拿大双边投资协定》第 5 条第 3 款规定，为进一步明确，本条第一款（给予投资者的最惠国待遇）和第二款（给予投资的最惠国待遇）提及的“待遇”不包括例如第三部分所述的，其他国际投资条约和其他贸易协定中的争端解决机制。

（二）作为相对标准的最惠国待遇

作为一种相对标准（relative standard），东道国的措施是否符合最惠国待遇要求需要通过比较来自不同母国的外国投资者所受待遇来进行检验。相对地，如公平公正待遇之类的绝对标准是否达到与第三国投资者所受待遇好坏无关。认定东道国违反最惠国待遇义务，首先应找出不同国籍外国投资者及其投资之间所受待遇客观上的不同，随后进一步判断是否由于这种差别待遇使一国投资者及其投资处于不利情形，最后考察是否存在排除差别待遇违法性的正当理由。然而，并非任意两个国籍不同的外国投资者及其投资的待遇都适合拿来进行比较。在投资仲裁实践中，作为参照的第三国投资者及其投资所受待遇与申请方所受待遇需属于同一事项或同一范畴（category），这一要求被称为“同类规则”（Ejusdem Generis principle）。例如，甲国与乙国之间的商事条约中的最惠国待遇条款，不可导致甲国与丙国在外交豁免条约或税收条约中的待遇的适用。③

值得注意的是，第三国投资者所享受的待遇可能是现实中实际享受到的待遇，也可能是仅体现在第三国与东道国签订的投资协定约文中的抽象的待遇。一些近期签署的投资协定要求缔约方的投资者及其投资所受待遇“在类似情形下”（in similar situations，in like circumstances）不低于第三国投资者及其投资所受待遇。如美国 2012 年《双边投资协定范本》第 4 条规定，各缔约方给予另一缔约方的投资者的待遇应不低于在类似情形下其给予任何非缔约国一方的投资者在设立、获取、扩大、管理、经营、运营、出售或其他投资处置方面的待遇。由于此限定语的存在，即使作比较的两个待遇属于同一事项，如果不能在现实中找到享受更优待遇的第三国投资就不能证明“类

---

① Plama Consortium Limited v. Bulgaria（ICSID Case No. ARB/03/24），Award on Jurisdiction，para. 212.

② See Matthias Herdegen，*Principles of International Economic Law*，Oxford：Oxford University Press，2005，p. 393. Also see Tecmed v. Mexico [ICSID Case No. ARB（AF）/00/2]，para. 69.

③ See UNCTAD Series on Issues in International Investment Agreements II（Most-favored-nation Treatment），2010，pp. 17-18. About the instruction to pre/post-establishment MFN treatment，see p. 24.

似情形”的存在，仅仅援引更高待遇的其他投资协定不能证明投资者受到了歧视。

例如，在 *Ickale Insaat Limited Sirketi v. Turkmenistan* 案中，来自土耳其的投资者将土库曼斯坦政府诉至 ICSID，称东道国政府存在随意更改、终止投资者与政府部门之间签订的能源协定的行为。因为《土耳其—土库曼斯坦双边投资协定》中包含最惠国待遇条款，所以投资者试图根据最惠国待遇条款援引、适用土库曼斯坦政府对外签订的其他双边投资协定中的高标准待遇条款（包括公平公正待遇条款、充分保护与安全条款、保护伞条款、非歧视条款）的规定，请求仲裁庭裁定土库曼斯坦政府违反了这些条约义务。土耳其—土库曼斯坦双边投资协定在叙述最惠国待遇要求时添加了“在类似情况下”（in similar situations）的限定语。① 仲裁庭在 2016 年 3 月作出的裁决中指出，条约中最惠国待遇条款所指向的国家义务“仅成立于以下情况，即母国（土耳其）的投资者可以被认为与第三国实际存在的投资者处于类似的情况之下”，且“所受待遇水平低于第三国投资者”②。根据《维也纳条约法公约》第 31 条对条约解释方法的规定，所谓“类似情况”绝非如申请人所言③仅仅意在强调最惠国待遇条款适用的地域范围问题，否则，这一词汇的存在将变得可有可无，违反了有效解释原则——条约的所有组成部分都应有其意义和效力。④ 由于申请人无法找到在土库曼斯坦与自身处于“类似情况”的第三国实际投资者作为参照，所以仲裁庭无法通过比较认为土耳其投资者遭受了事实上的歧视，最终驳回了适用最惠国条款的主张。

针对未在最惠国待遇条款中加入“在类似情形下”的投资协定，联合国贸易和发展会议的相关文件指出，即使不存在这种限定，对最惠国待遇条款的合理解释亦应要求作比较的两个投资处于相似的客观情况之中。⑤

第四节　公平公正待遇

绝大多数双边投资协定规定缔约方有义务给予外国投资者以公平公正待遇（fair

---

① 相关条约原文表述如下：“Each Party shall accord to these investments [i. e., investments permitted into its territory pursuant to Article II (1)], once established, treatment no less favorable than that accorded in similar situations to investments of its investors or to investments of investors of any third country, whichever is the most favorable.” 转引自 Ickale Insaat Limited Sirketi v. Turkmenistan（ICSID Case No. ARB/10/24），para. 321。

② Ibid., paras. 328-329.

③ Ibid., para. 317.

④ Ibid., para. 329.

⑤ See UNCTAD Series on Issues in International Investment Agreements II（Most-favored-nation Treatment），2010，p. 26. 而在 Ickale Insaat Limited Sirketi v. Turkmenistan 案中仲裁庭认为，若条约中明确指出作为比较基准的第三国投资者及其投资所受待遇包括条约中所载的抽象待遇（如《能源宪章条约》第 10 条第 3 款之规定），则抽象的待遇也可被拿来作比较。See Jarrod Hepburn，“Analysis：In a Recent MFN Clause Interpretation，Arbitrators Diverge from More Generous Approach Taken by Certain Earlier Tribunals”，at www.iareporter.com，2016-07-13.

and equitable treatment)。在目前的国际投资争端解决实践中，外国投资者常常声称东道国违反公平公正待遇，并且很有可能获得仲裁庭支持。[①] 这也体现出公平公正待遇保护外国投资者权益的重要作用。

通常，国际投资协定中公平公正待遇的规定模式有以下四种：第一，仅规定东道国有义务给予外国投资者及其投资公平公正待遇，除此以外并没有进一步明确规定，如"缔约各方承诺在其领土和海域内给予缔约另一方的投资者的投资以公正和公平的待遇"[②]。第二，按照一般国际法的标准来授予公平公正待遇。如1980年《比利时卢森堡经济联盟—马来西亚双边投资协定》规定，本条约公平公正待遇标准不得低于国际法认可的标准。这种条款比较少见。第三，按照国际习惯法上对外国人的最低待遇标准给予公平公正待遇，如规定公平公正待遇的概念"并不要求给予由被接受为法律的一般国家实践所确立之国际法要求给予外国人的最低待遇标准之外或额外的待遇"[③]。第四，在概括承诺授予公平公正待遇的同时列举了部分具体内容，如规定"公平公正待遇包括依照世界主要的法律制度中的正当程序原则，不得在刑事、民事、行政诉讼中拒绝司法的义务"[④]。

尽管对于公平公正待遇的确切含义学界众说纷纭，但澄清以下两个问题对于理解何谓公平公正待遇非常重要：第一，公平公正待遇是一个独立自足的标准还是一个需要参考其他待遇原则进行解释的标准？第二，公平公正待遇包括哪些具体的待遇标准？

一、公平公正待遇与其他待遇标准的关系

国际投资协定中公平公正待遇的表述主要可以分为两种：一部分条约中明确规定，公平公正待遇的内涵应等同于国际习惯法上关于外国人待遇的最低标准；另一部分条约中仅笼统地规定了公平公正待遇，并未表明公平公正待遇与国际习惯法的关系如何。而在国际投资仲裁实践中，仲裁庭对公平公正待遇的解释也存在类似的分歧。

（一）早期国际习惯法上关于外国人待遇的规定

随着各国间人员流动的增加，东道国对外国人的保护逐渐成为了国际法关注的重点。1910年，时任美国国务卿的伊莱休·鲁特（Elihu Root）为美国国际法学会年会所致的开幕词"对侨居国外公民进行保护的基础"，被认为是对"外国人待遇的国际标准"这一概念的经典阐述："存在一个法律标准，非常简单而又非常重要，为所有文明国家所普遍接受，构成世界国际法的一部分。一国有权限根据它给予本国公民的公平

① See UNCTAD Series on Issues in International Investment Agreements II (Fair and Equitable Treatment), 2010, p. xiii.

② 1984年《中国—法国双边投资协定》第3条第1款。

③ 2012年《中国—加拿大双边投资协定》第4条第2款。

④ 美国2012年《双边投资协定范本》第5条第2款。

待遇衡量它给予外侨的公平待遇，条件是，它的法律制度和行政制度须符合该一般标准。如果某国的法律和行政制度不符合该标准，那么，尽管该国人民愿意或被迫在其下生活，也不能迫使其他国家把它作为对其公民提供了一个令人满意的待遇措施来接受它。”[①]

实际上，不论是在19世纪末还是在鲁特之后的20世纪20年代到30年代，西方众多学者对国际标准问题的讨论都主要集中在司法程序上的权利，尤其是在拒绝司法问题上。他们普遍认为，按照国际习惯法的标准，东道国有义务保障其国内的司法程序向外国人提供充分的救济途径，不得在实体及程序层面对外国人作出歧视、不公的判决或裁决。[②] 这一观点在1926年的尼尔案中又有了进一步的发展。

尼尔是受雇于墨西哥境内一家矿场的美国公民，在回家的路上被杀害。美国政府代表其遗孀与女儿向墨西哥政府索赔，认为墨西哥政府未尽责追查凶手。负责审理此案的美墨求偿委员会在裁决中指出，很难在国际不法行为与国家权力不太恰当地行使之间划分清晰的界限，也很难定义作为国际习惯法标准的拒绝司法，但依然可以在先前对拒绝司法认识的基础上再迈出一小步[③]，裁定“对外国人的待遇，若要构成国际不法行为，则应达到暴行、恶意、故意漠视义务的程度，或政府的行为与国际标准相差甚远以至于任何理性公正的人都会轻易地认为该行为是不当的”。由于没有证据证明墨西哥政府不尽责，该委员会最终认为墨西哥不应承担国际责任。这一案例为东道国构成国际不法行为筑起了很高的门槛，直到现在依然有意见认为这种高标准正是国际习惯法上外国人待遇的最低标准。

除尼尔案以外，国际常设仲裁法院在挪威船主求偿案（1922年）、常设国际法院在波兰上西里西亚（Upper Silcsian）的某些德国人的利益案中都认为：存在一个尊重外侨待遇的普遍的或一般接受的国际法。虽然有国内立法，但并不妨碍国际法的适用。[④]

（二）将公平公正待遇等同于国际习惯法上外国人待遇的实践

1. 缔约实践

2001年，《北美自由贸易协定》下的自由贸易委员会发布了对《北美自由贸易协定》第1105条第1款[⑤]的解释，规定，条约中东道国依据“国际法”给予缔约他方投资者的待遇是指依照“国际习惯法”，且“公平公正待遇”“全面保护与安全”二者不

---

① E. Root，“The Basis of Protection to Citizens Residing Abroad (1910)”，4 *ASIL Proceeding* 16，21. Also see Martins Paparinskis，*The International Minimum Standard and Fair and Equitable Treatment* (2014)，p. 2.

② See Martins Paparinskis，*The International Minimum Standard and Fair and Equitable Treatment* (2014)，pp. 46-48.

③ See L. F. H. Neer and Pauline Neer（U. S. A.）v. United Mexican States（15 October 1926），UN Reports of International Arbitral Awards，at http：//legal. un. org/riaa/cases/vol _ IV/60-66. pdf.

④ 参见余劲松：《外资的公平与公正待遇问题研究——由NAFTA的实践产生的几点思考》，载《法商研究》，2005（6）。

⑤ 该款原文如下：“每一缔约方应给予缔约另一方投资者之投资以符合国际法的待遇，包括公正与公平待遇和充分保护与保障。”

要求给予国际习惯法外关于外国人最低待遇标准之外的待遇。[1] 美国 2012 年《双边投资协定范本》规定，各缔约方应当根据国际习惯法给予投资以公平公正待遇，并以国际习惯法给予外国人待遇的最低标准作为确定给予公平公正待遇标准的依据。2012 年中日韩投资协定第 5 条第 1 款规定，"'公平公正待遇'及'充分保护及保障'的概念不要求在依据公认的国际法规则给予的任何合理及适当标准的待遇之外或额外给予"。

2. 仲裁实践

在支持上述观点的投资仲裁案件中，虽然仲裁庭都认为公平公正待遇标准等同于国际习惯法上外国人待遇标准，但对于何为国际习惯法上的外国人待遇标准却存在分歧。有的认为直到现今国际习惯法依然停留于尼尔案的高门槛标准，有的则认为国际习惯法早已发展到较尼尔案更高的待遇标准。

在 2001 年 *SD Myers Incorporated v. Canada* 案中，美国的梅耶公司在加拿大设立了子公司，经营将印刷电路板出口到美国处理的业务。但加拿大随后制定了出口禁令。梅耶公司将加拿大政府诉至仲裁庭，声称该禁令违反了包括《北美自由贸易协定》第 1105 条（最低待遇标准）在内的多个待遇条款中的义务。仲裁庭指出：最低待遇标准条款的意义在于防止东道国对国内、国外所有投资者均给予严苛不公的待遇，由于不存在歧视，在这种情况下投资者将无法通过相对待遇原则获得救济。[2] 对《北美自由贸易协定》第 1105 条中"依照国际法的待遇"的违反仅成立于以下情形，即投资者被不公正或专横地对待，而这种待遇从国际观点来看是无法接受的。在考虑这一问题时应考虑到国际法尊重国家管制境内事项的权力以及条约中的任何特别规定。[3]

在 2009 年 *Glamis Gold Ltd. v. America* 案中，原告关于美国政府的行为构成非法征收的诉请被仲裁庭驳回。仲裁庭对《北美自由贸易协定》第 1105 条中限定公平公正待遇的"国际习惯法"内涵作出阐释："由于缺少足够的证据证明习惯的改变，尼尔标准的原则在今天依旧适用：要违反《北美自由贸易协定》第 1105 条中的国际习惯法最低待遇标准，其行为必须是异乎寻常和令人震惊的——包括严重拒绝司法、明显专断、明显不公、完全缺乏正当程序、明显歧视、明显缺乏理由——以至于低于可接受的国际标准并构成对第 1105 条第 1 款的违反。"[4]

与以上两个仲裁庭的意见相左，2003 年 *Mondev International Limited v. United States* 案的仲裁庭则认为国际习惯法的待遇制度已不同于尼尔案的情形。蒙得福公司认为其在马萨诸塞州法院遭受了不公正的对待，以美国政府违反《北美自由贸易协定》第 1105 条在内的数项待遇条款义务为由诉至 ICSID。仲裁庭在讨论第 1105 条中"国

---

① See Nicolas Angelet, "Fair and Equitable Treatment" (2011), *Max Planck Encyclopedia of Public International Law*, at http://opil.ouplaw.com/view/10.1093/law:epil/9780199231690/law-9780199231690-e2055?rskey=DdhI5e&result=3&prd=EPIL.

② See SD Myers Incorporated v. Canada, Ad hoc Tribunal (UNCITRAL Rules), First Partial Award on the Merits, para. 259.

③ Ibid., para. 263.

④ Glamis Gold Ltd. v. America, Ad hoc tribunal (UNCITRAL Rules), Award (2009), para. 616. See full text at http://oxia.ouplaw.com/view/10.1093/law:iic/380-2009.case.1/law-iic-380-2009.

际习惯法”的内容时指出，尼尔案的标准“涉及的不是外国投资待遇而是外国人人身安全”。尼尔的死亡与国家权力的积极行使没有关系，一般来说国家也的确无须对私主体的行为负责。但外国投资待遇是国家自己给予的，与尼尔案标准的适用背景不同。[①] 而且，在尼尔案作出裁决的 20 世纪 20 年代，对外国投资的国际保护程度远低于现在的保护程度，如果还认为当时的标准至今一贯适用的话是缺乏说服力的。[②] 此外，大量的双边投资协定中都规定了公平公正待遇和充分保护与安全，这种国家间缔约的重复实践必然对公平公正待遇的内容有所影响。如果将这些条约中的公平公正待遇条款都解释成尼尔案的标准，会是令人震惊的。[③] 如今，认为国际习惯法待遇标准已经比尼尔案有所进步的这种观点已获得较为普遍的认可。

除上述两种相对的意见外，个别案件的仲裁庭认为不需要对公平公正待遇与国际习惯法的关系作出明确的回答，尽管这个领域存在很多争议，但单凭事实即可作出裁决。[④]

（三）认为公平公正待遇标准是一个自足标准的实践

在以下两个案件中，仲裁庭均认为公平公正待遇的内涵无须借助国际习惯法来揭示。

在 2001 年 *Metalclad Corporation v. Mexico* 案中，申请人本欲建设垃圾填埋场，并获得了联邦政府的项目许可，但墨西哥为保护稀少的仙人掌而在建设的位置设立“生态地域”，市政当局因此叫停了垃圾填埋场的建设工程。申请人于是将墨西哥政府诉至 ICSID。仲裁庭裁定墨西哥违反了《北美自由贸易协定》第 1105 条给予公平公正待遇的义务。关于公平公正待遇的解释，仲裁庭并没有从探讨国际习惯法的内容出发，而是从《北美自由贸易协定》第 102 条第 1 款（协定的目的）入手，指出：在第 102 条第 1 款所列举这一协定的原则和规则中“透明度”被置于首位，所有与投资相关的法律要求都应能够被受影响的外国投资者所知晓。[⑤] 当申请人询问联邦当局是否需要获取市政当局同意时，联邦官员保证说申请人已经满足了承接垃圾填埋场项目的全部要求[⑥]，因而下级市政当局在此后又阻止项目进行的行为证明东道国提供给投资者的法律框架不够透明。仲裁庭认为，存在这样的问题足够证明墨西哥政府没能满足公平公正待遇的要求。

在 2005 年 *Noble Ventures Incorporated v. Romania* 案中，仲裁庭在论及被申请方是否违反公平公正待遇时也没有提及国际习惯法，而是指出“判断是否公平公正待遇

---

① See Mondev International Limited v . United States，ICSID Case No. ARB（AF）/99/2，Award（2003），para. 115.

② Ibid.，para. 116.

③ Ibid.，para. 117.

④ See ADC Affiliate Limited and ADC & ADMC Management Limited v. Hungary，ICSID Case No. ARB/03/16，Award（2006），para. 445；Plama Consortium Limited v. Bulgaria，ICSID Case No. ARB/03/24，Award（2008），para. 175.

⑤ See Metalclad Corporation v. Mexico，ICSID Case No. ARB（AF）/97/1，Award（2001），para. 76.

⑥ Ibid.，para. 80.

被违反应从个案具体情况入手考虑”[①]，并列举了一些（仲裁庭认为）属于公平公正待遇具体内容的要素（提供充分保护与安全、禁止专断与歧视的措施、遵守与投资者间的合同义务）。接着，仲裁庭论证罗马尼亚政府的措施并不符合这些要素的要求，因而未违反公平公正待遇。

许多权威学者反对将公平公正待遇与国际习惯法挂钩。从文本解释层面看，如果缔约方的真意是要参照国际习惯法，那么人们一般会认为缔约方会称其为国际习惯法，而非包括“公平公正待遇”在内的其他表达方式。[②] 从政策层面看，借助于国际习惯法中不易理解的规则来界定公平公正待遇效果并不理想。[③] 此外，从上述案件可见，仲裁庭关于外国人待遇的国际习惯法内容如今究竟发展到何种程度有很大分歧。加之许多发展中国家认为，西方的传统国际法是在大多数发展中国家处于殖民统治时形成的，没有反映构成现代国际社会多数的发展中国家的意志和利益，因此没有普遍效力。[④] 于是，一些条约转向对公平公正待遇所包含的更具体标准的列举。[⑤]

二、公平公正待遇包含的具体要素

投资仲裁庭大多认为公平公正待遇是一个包含具体要素的标准[⑥]，因而除了探讨公平公正待遇与国际习惯法最低标准的关系以外，它们常常在裁决书中用大量篇幅探讨公平公正待遇包含哪些具体要素，承担着发掘公平公正待遇客观内容的主要角色。根据目前投资争端仲裁实践及学说的发展状况，我们可以列举一些违反公平公正待遇的不当行为：(1) 使投资者的合理期待落空；(2) 拒绝司法（denial of justice）或违反正当程序；(3) 决策中明显的专断（arbitrariness）；(4) 歧视；(5) 公然虐待。[⑦]

此外，对于透明度（transparency）、充分保护与安全（full protection and security）等标准是否应被纳入公平公正待遇内涵存在分歧。部分条约包含专门的透明度条款、充分保护与安全条款，同时又规定“一项对本协定的其他条款或其他国际协定条

---

① Noble Ventures Incorporated v. Romania，ICSID Case No. ARB/01/11，Award，p. 181.

② See Rudolf Dolzer and Christoph Schreuer，*Principles of International Investment Law*，Oxford University Press，2012，p. 109.

③ See Martins Paparinskis，*The International Minimum Standard and Fair and Equitable Treatment*，Oxford University Press，2013，p. 161.

④ 参见余劲松：《外资的公平与公正待遇问题研究——由 NAFTA 的实践产生的几点思考》，载《法商研究》，2005 (6)，第 45 页。

⑤ 如 2014 年《欧盟—加拿大全面经济贸易协定》第 10. 9 条第 2 款规定：“各缔约方的下列行为构成对第 1 款公平公正待遇义务的违反：在刑事、民事或行政程序中拒绝司法；对正当程序的根本违反，包括在司法、行政程序中对透明度规则的根本违反；明显的专横；基于明显错误基础，如性别、种族或宗教信仰的定向歧视；对投资者的虐待，例如强迫、威胁及袭扰；或对根据本条第 3 款被各缔约方接受为公平公正待遇要素的其他义务的违反。”

⑥ See Saluka Investments BV v. Czech，PCA Case IIC 210 (2006)，Partial Award (2006)，para. 284；SD Myers Incorporated. Canada，Ad hoc Tribunal (UNCITRAL Rules)，First Partial Award on the merits，para. 261.

⑦ See UNCTAD Series on Issues in International Investment Agreements II (Fair and Equitable Treatment)，2010，p. 62.

款的违反，不能认定为对本条款（公平公正待遇）的违反"[①]，所以严格来讲，在此种情形下，公平公正待遇不包括这两个要素。[②]

（一）合理期待

合理期待被许多仲裁庭认为是公平公正待遇的关键要素，其出发点在于变化的投资环境。投资不是一次性交易，投资项目往往期限较长，在经营的漫长时间里相关环境很可能会出现变化，对投资产生负面影响。这些变化部分归因于经济因素，如技术革新、价格涨落或市场竞争，部分归因于东道国政府或具体性或一般性的措施。其中只有后一部分属于公平公正待遇涉及的范围。[③] 一些体量较大的外国投资建立在投资者与东道国间的合同基础之上，政府对这些投资的干预也可能直接施加于合同的权利义务关系。外国投资者当由于东道国的措施变化受到经济损失时，常常会在投资争端仲裁中声称东道国损害了自己的合理期待，进而请求认定东道国政府违反了条约中的公平公正待遇义务。但公平公正待遇条款是否保护以及在何种程度上保护合理期待依然是尚未明朗的问题。一部分仲裁庭采取有利于投资者的态度，将公平公正待遇解释为保持稳定的法律与商业环境的义务；另一部分仲裁庭则认为合理期待必须建立在某些前提条件之上。

1. 强调东道国法律与商业环境的稳定

只有在一贯且明晰可知的规制环境中，投资者才能对未来产生可靠的预期，因而稳定性与透明度既是定义投资者合理期待的出发点，也是检验投资者合理期待是否被尊重的落脚点。许多仲裁庭对这种稳定性作出了界定，其中最为理想化的描述当属2003年 *Tecnicas Medioambientales Tecmed S. A. v. Mexico* 案中，ICSID 仲裁庭对西班牙与墨西哥间双边投资协定中公平公正待遇条款的解释："从国际法的善意原则出发，这一条款要求缔约各方对国际投资给予待遇，这一待遇不影响投资者投资之时的基本期待。外国投资者期待东道国以始终如一的方式行动，毫不含糊，在与外国投资者的关系上完全透明，使投资者可以事先得知任何及所有相关规则规章以及相关政策与政府行为和指令的目标，以便能规划投资并遵守这些规章。"[④]

按照如此理想化的高标准，似乎东道国任何商业、法律环境上的变动都有可能违反公平公正待遇对合理期待的要求，这显然是不合理的。从东道国角度来说，缔结投资保护协定的国家绝不会为了保护外国投资者而放弃合法合理调整国内法律体制的权力；从投资者角度来说，审慎的投资者在投资前一定会在某种程度上考察东

---

① 2012年《中国—加拿大双边投资协定》第4条第3款。

② See Nicolas Angelet, "Fair and Equitable Treatment", paras. 29-35, *Max Planck Encyclopedia of Public International Law*, at http://opil.ouplaw.com/view/10.1093/law: epil/9780199231690/law-9780199231690-e2055? rskey=mz6BG2&result=1&prd=EPIL.

③ See UNCTAD Series on Issues in International Investment Agreements II (Fair and Equitable Treatment), 2010, p. 64.

④ Tecnicas Medioambientales Tecmed S. A. v. Mexico, ICSID Case No. ARB (AF)/00/2, Award, para. 154.

道国的法律，并意识到投资的法律环境会随着东道国的经济社会发展而出现变化，所以即使东道国调整法律，也不一定就会超出投资者的期待。

2. 强调投资者应当对东道国的投资环境变化有所预期

与上述观点不同，许多仲裁庭认为在考察合理期待时需要权衡投资者的预期和东道国合法规制的目标。也有仲裁庭从利益平衡的角度出发，论证公平公正待遇条款的内涵绝非为了防止投资者遭受不利而一味否定东道国为维护公共利益采取行动的正当性。① 例如，在2006年的 *Saluka Investments BV v. Czech Republic* 案中，仲裁庭指出，"条约为阻遏不公平、不公正待遇给予外国投资的保护程度，不应仅依照外国投资者的主观动机和考虑决定。为受到保护，外国投资者的期待必须根据具体情况符合合法合理的标准"；"任何投资者都不应期待在投资设立时的环境完全维持不变。为确定使外国投资者期待落空的行为是否合法合理，必须同时考虑东道国基于公共利益管制国内事项的合法权利"②。

此外，投资者在选择机会多、预期回报高的发展中国家市场进行投资时应当预料到投资风险也会相对较大。期待一个独立不久或处于政治转型阶段的国家能够在长时间内保持经济、法律环境稳定很可能是不合理的。③

(二) 拒绝司法与正当程序

在国际公法中，拒绝司法是一个弹性很大的概念，其范围可能包括某个具体案件中的程序性错误，也包括一国整体司法程序在制度上的缺陷。④ 与之类似，在国际投资法中，拒绝司法概念也在两种情形下被适用。其一，国际投资协定中的程序性条款可能会包含穷尽当地救济要求——用尽东道国国内行政的或司法的所有救济程序才可将争议诉诸国际程序的要求。⑤ 如果东道国的当地救济程序存在拖延的情况，以至于达到了拒绝司法的程度，则外国投资者可以不受用尽当地救济条款的约束而直接向国际仲裁庭提出救济请求。⑥ 其二，适用东道国国内救济程序的结果严重不公，可能会被认定违反外国人待遇的国际最低标准，进而违反公平公正待遇。后一种情况的案件相对较多，其中之一的 *Loewen Group v. United States* 案较有代表意义。申请人在密

---

① See UNCTAD Series on Issues in International Investment Agreements II (Fair and Equitable Treatment), 2010, p. 73.

② Saluka Investments BV v. Czech Republic, PCA Case IIC 210 (2006), Partial Award, paras. 304-305.

③ See Alex Genin and Others v. Republic of Estonia, ICSID Case No. ARB/99/2, Award, para. 348; Parkerings-Compagniet AS v. Republic of Lithuania, ICSID Case No. ARB/05/8, Award, paras. 335-338.

④ 参见董萧：《拒绝司法与一国的国家责任》，载《2008年全国博士生学术论坛（国际法）论文集》，p. 309.

⑤ 例如2001年《中华人民共和国政府和塞浦路斯共和国政府关于相互促进和保护投资协定和议定书》第9条规定，如协商不成，外国投资者可将争议提交ICSID仲裁庭或专设仲裁庭解决，"条件是在将争议提交上述仲裁程序之前，作为争议一方当事人的缔约方可以要求投资者根据该缔约方国内的法律法规，用尽当地行政复议程序。"

⑥ 但究竟拖延到何种程度可被认定为拒绝司法尚无定论。有仲裁庭认为，复杂的案件审理时间长完全合理。See UNCTAD Series on Issues in International Investment Agreements II (Fair and Equitable Treatment), 2010, p. 81.

西西比州法院的诉讼中被判承担巨额惩罚性赔偿，而后将美国政府诉至 ICSID 仲裁庭，请求裁定美国政府违反了包括《北美自由贸易协定》第 1105 条（最低待遇标准）在内的多项条约义务。仲裁庭裁定密西西比州法院的判决不构成拒绝司法，因为申请人洛文公司没有就州法院的判决继续提起上诉，从而使美国政府失去了在上诉法院挽救初审中司法不公正行为的机会。只有当所有上诉途径都穷尽后，才能判断国家司法程序作为整体是否构成司法拒绝行为。①

多数仲裁庭和学者认为，东道国的行为只有达到"故意忽视正当程序"、"判决极其不公"或"恶意"的程度才可构成拒绝司法。② 值得注意的是，这里的正当程序要求不同于征收情形下对正当程序的要求。一般来说，对征收的正当程序要求都会在征收条款中特别写明。③

（三）透明度④

在国际投资协定中，传统的透明度义务要求东道国向外国投资者提供足够的信息，以便投资者作出合理的投资决策，并使东道国与投资者间的持续投资关系变得可预测和稳定。⑤ 这些信息包括对投资有影响的现行法律、政策等，其中有些直接与投资金融问题相关，如资本转移限制、开户费、经营许可和税收，也有一般层面上的规制措施，如环境、健康、社会福利方面的法规与政策。如前所述，作为公平公正待遇的要素之一，透明度常与稳定性要素联系起来作为检验外国投资者的合理期待是否落空的下一级标准。

在前述的 *Metalclad Corporation v. Mexico* 案中，仲裁庭认定，墨西哥市政当局的行为未满足《北美自由贸易协定》第一章所规定的透明度要求，因而违反了《北美自由贸易协定》第 1105 条公平公正待遇的裁决。然而，在加拿大不列颠哥伦比亚省最高法院对这一裁决作出的司法审查意见中，法官指出：仲裁庭把透明度纳入《北美自由贸易协定》第 1105 条"待遇的最低标准"所依照的"国际法"范畴中，这一做法是缺乏足够基础的。由此仲裁庭错误地将透明度义务解释为公平公正待遇的一部分，并作出了超过提交仲裁范围的裁决。⑥ 后来《北美自由贸易协定》自由贸易委员会对第

① See Loewen Group Incorporated and Loewen（Raymond L.）v. United States，ICSID Case No ARB（AF）/98/3，Award，paras. 151-156.

② See M. Sornarajah，The International Law on Foreign Investment（2010），p. 357. Also see Alex Genin et al. v. Estonia，ICSID Case No. ARB/99/2，Award，para. 371；International Thunderbird Gaming Corporation v. Mexico，Ad Hoc tribunal，UNCITRAL（NAFTA），Award，para. 194.

③ See M. Sornarajah，*The International Law on Foreign Investment*，Cambridge University Press，2010，p. 358.

④ 这里只介绍作为实体待遇的透明度。除此之外，透明度要求在国际投资协定中的程序事项中也常有涉及，甚至有观点认为，应将透明度作为投资者的义务加以规定（出于维护投资所在地区的利益、预防腐败等考虑）。

⑤ See UNCTAD Series on Issues in International Investment Agreements II（Transparency），2012，p. 5.

⑥ See Metalclad Corporation v. Mexico，Review by the Supreme Court of British Columbia，para. 75，at http：//oxia. ouplaw. com/view/10. 1093/law：iic/162-2001. case. 1/law-iic-162-2001? rskey = iUJ7vQ&result = 2&prd=IC#law-iic-162-2001-div4-75.

1105条的解释中也再度强调，公平公正待遇不要求提供高于国际习惯法中外国人待遇最低标准的待遇，意图避免类似麦塔克勒德案的裁决再度出现。[①]

(四) 充分保护与安全

国际投资仲裁庭通常认为：这一标准是对国际习惯法规则的强调，即国家力量不应用于侵害外国投资者及其投资。或者，当外国投资者的利益受到暴力侵害，且此种侵害可以被合理预见时，国家应为其提供保护。[②] 一般认为，"充分保护与安全"仅限于保护物理意义上的安全，包括作为自然人的投资者身体不受侵害、肆扰或威胁，以及作为财产的投资不被东道国国内的个人、团体损坏。

例如，在*Wena Hotels Limited v. Egypt*案中，申请人是一家来自英国的公司，与代表埃及政府的埃及酒店公司签署协议，租用并开发埃及境内的两处酒店。协议签订后不久，申请人发现租来的两处酒店的状况远远不及协议中约定的标准[③]，便拒绝支付租金。1991年4月，埃及酒店公司的员工攻击了这两处酒店，驱逐了申请人的员工以及酒店里的顾客，并对酒店进行了破坏。随后埃及政府宣称此行为是违法的。后来埃及政府部门撤回了申请人的经营许可，申请人在国内救济无果的情况下诉至ICSID。仲裁庭认为，有证据证明埃及政府在埃及酒店公司袭击申请人租用的酒店之前已经知道此事会发生，但没有采取任何措施阻止埃及酒店公司的行动。在袭击发生后埃及政府没有及时干预，事后也没有给予任何实质赔偿。这种行为明显违反了《英国—埃及双边投资协定》关于充分保护与安全的规定。[④]

值得注意的是，衡量东道国是否履行这一义务是看其是否已经勤勉地采取预防性措施来保护投资者。但东道国并没有能力预见其境内任何违法活动的发生，因此，在东道国意欲保护而损害仍然发生的情形下，不应要求东道国对此承担严格责任。[⑤]

有的仲裁庭将上述充分保护与安全的概念进行了延伸，认为既然这一标准的要求是"充分"的，则在保护外国投资者与投资的物理安全的同时也蕴含保护"法律安全"的意思，要求提供保护与安全的程度不因东道国法律的修正及行政措施的施行而降低。[⑥] 这一论断从一个完全不同于国际习惯法的角度扩张了"充分保护与安全"的概念范畴。由于在以往的国际实践中，并没有足够多的证据来证明东道国提供"法律安全"的义务已成为国际习惯法，所以此种解释的合理性值得商榷。

---

① See UNCTAD Series on Issues in International Investment Agreements II (Transparency), 2012, p. 53.

② See M. Sornarajah, *The International Law on Foreign Investment*, Cambridge University Press, 2010, p. 205; Krista Nadakavukaren schefer, *International Investment Law: Text, Cases and Materials*, Edward Elgar Publishing, 2013, p. 311.

③ See Wena Hotels Limited v. Egypt, ICSID Case No. ARB/98/4, Award, para. 19.

④ Ibid., paras. 84-95.

⑤ See Asian Agricultural Product Limited v. Sri Lanka, ICSID Case No. ARB/87/3, Award, paras. 48-50.

⑥ See Suez, Sociedad General de Aguas de Barcelona SA and Vivendi Universal SA v. Argentina, ICSID Case No. ARB/03/19, Award, paras. 166-168.

第七章 征收及其补偿

征收意味着投资财产权的整体性或实质性丧失，故被视为外国投资者在东道国面临的头号政治风险。长期以来，这也是发达国家与发展中国家有关国际投资法律保护最有争议的问题之一。

第一节 征收条件

征收被视为东道国政府采取的最严重的侵害外国投资者财产权的一种行为，包括直接征收和间接征收两种形式。按照国际投资协定的规定，无论是直接征收还是间接征收，均应满足以下条件：

一、公共利益的需要

一个国家必须出于公共利益的需要，才可对外资实行征收。但是，公共利益是一个“弹性”措辞，迄今无统一、明确的界定标准。据此，东道国拥有充分的解释空间。虽然在一些案件中，如 2006 年 ICSID 仲裁庭裁决的 *ADC v. Hungary* 案，仲裁庭强调了征收基于公共利益的重要性，并提出了一些限制性的解释，但在征收实践中，极少有否认东道国具有公共利益的情形。据认为，这一条件的设置，仅在防止为了个人或集团的私利或出于政治上的报复，对外资实行征收。

二、非歧视

对于非歧视条件，有的双边投资保护协定明确将其界定为最惠国待遇，如 1984 年中国与比利时—卢森堡经济联盟间的协定第 4 条第 1 款（2005 年的协定替代了该协定，新协定只提及非歧视性）；有的此类协定只是笼统地规定了非歧视原则，如 2004 年中国与芬兰间的协定第 4 条第 1 款等。该原则具体所指，是一个具有争议的问题：美国官方和一些西方学者认为，它既包括最惠国待遇，也包括国民待遇；但另一些西方学者认为，对其仅应作最惠国待遇解释。

然而，在许多场合，东道国基于特定的公共利益，其实际征收的对象只涉及某一外国投资者的投资。在没有东道国和第三国的投资者或投资可供参照的情况下，或在东道国采取的是阶段性征收措施（尤其是“间接征收”）的情况下，要判断征收是否具有歧视性，是十分困难的。因此，有的学者主张，东道国的征收是否做到一视同仁，应看其法律有无歧视性规定，而不应视征收立法适用结果而定。

需要指出的是，国际投资协定通常都规定了对外资实行非歧视待遇（最惠国待遇和国民待遇）的一般性原则，而同一条约针对征收专门规定的非歧视条件具有优先适用的效力①，亦即，国际投资协定中有关非歧视待遇原则的例外和限制性条件不能适用于征收。

三、按照法定程序

征收应按照法定程序进行，发达国家普遍将之理解为其法律传统中的“正当程序”。至于应采用何种“法定”程序，则有不同的解读：一些双边投资保护协定（如 1988 年中国与日本间协定第 5 条第 2 款）仅笼统规定，征收应“依照法律和法规”进行。此处的“法律”就有可能被发达国家解释为包括国际法在内。另一些此类协定（如 1988 年中国与澳大利亚间协定第 8 条第 1 款）则明确规定征收应按东道国法律规定的程序。

一些双边投资保护协定（如 1992 年中国与韩国间协定第 5 条）具体规定，被征收的投资者有权要求东道国法院、行政机构或其他授权机关，以其法律规定的形式，对征收措施的合法性进行审查。

四、征收的补偿

如果得不到补偿，即使征收符合上述各项条件，对外国投资者来说，最终也毫无意义。从这个角度来看，给予补偿可被视为事关征收最为重要的一项条件。由于它又是发达国家与发展中国家有关征收问题争议的焦点所在，因而，有必要将它单列出来加以论述。

此处需要提及的是，征收是否符合公共利益需要、非歧视和按照法定程序等上述三项条件与补偿之间的关系问题。代表发达国家利益的一派观点认为，无论是符合该三项条件的合法征收，还是违反该三项条件的非法征收，其结果都导致了外国投资者

① See R. Dolzer & M. Stevens, *Bilateral Investment Treaties*, Martinus Nijhoff Publishers, 1995, p. 106.

财产权的丧失，东道国均应给予充分的补偿；代表发展中国家利益的另一派观点则主张，既然是合法征收，就意味着东道国对外国投资行使的是正当的管理权，其法律后果不应等同于非法征收，仅需给予外国投资者以适当的补偿，或在补偿额的计算上应与非法征收有区别。① 不管合法征收和非法征收在补偿上有无区别，在非法征收的情形下，补偿应受到国际法中有关国家责任一般规则的约束。②

第二节　直接征收

直接征收是指东道国政府公开地将外国投资者的财产收归国有的行为。

一、直接征收的历史

在历史上，西方列强曾以“私有财产神圣不可侵犯”等原则为法律依据，视弱小国家直接征收外国人财产为“国际不法行为”，并时而以对本国投资者有权实行外交保护为由，“追究”东道国的“国家责任”，乃至大动干戈、兴兵索债。

经过弱小国家的不断抗争，20 世纪 30 年代，西方国家被迫逐步承认各国对外资实行直接征收的权力，但对直接征收提出了十分苛刻的要求。征收的合法化，也反映了西方国家本身从传统的“绝对所有权论”到近代的“所有权受限论”这一主导法学理念的转变。

二战结束之后，非殖民化运动风起云涌，遍及亚非拉各洲。发展中国家在刚获得独立之时，国民经济处于一穷二白的状况。为了尽快完成民族工业从无到有的建立过程，发展中国家对外资开展了大规模的直接征收活动（国有化运动）。因此，20 世纪 50—70 年代，直接征收一直占据着国际投资法的中心议题，特别是就其中的补偿问题，南北国家形成了尖锐的立场对立。

迄今为止，发达国家未出现类似历史上发展中国家对外资实行国有化那样的直接征收并发的情形。

为了发展经济，发展中国家转而采取鼓励吸收外资的政策。具言之，发展中国家需要外资发挥促进当地经济社会发展的作用，而不着眼于取得这些外资财产本身。此时，发展中国家如再对外资实行直接征收，所获得的只不过是一些物化的财产，离开了原来的经营者，这些外资也就失去了市场价值。而如果就此发展中国家还需冒支付高额的补偿之风险，自无多少对外资采取直接征收的动力。

---

① See I. Marboe, “Compensation and Damages in International Law, the Limits of ‘Fair Market Value’”, *Journal of Investment and Trade*, Vol. 7, 2006, pp. 723-759.

② See R. Dolzer & C. Schreuer, *Principles of International Investment Law*, Second ed., OUP, 2012, p. 100.

但是，绝大多数发展中国家对直接征收仍留权在手。在克服经济危机或进行国内重大改革时，一些发展中国家仍有可能比较大规模地直接征收外国人的财产。最典型的例子是，从1995年开始，纳米比亚颁布土地改革法，陆续征用外国人拥有的土地，用以安置本国无地农民。此外，出于其他各种具体原因，仍有发展中国家直接征收外国投资者财产个案发生。例如，在 *Swembalt v. Latvia* 案中，临时仲裁庭于2000年裁决，拉脱维亚政府根据新法，强行移走瑞典投资者购买和经营的一条用作水上商业中心的船只，并禁止其继续营业，且最后将之拍卖，构成直接征收行为。鉴于直接征收行为虽不常见但仍然存在，发达国家也从未放弃要求发展中国家加强对这一政治风险实行法律保证的努力。

二、直接征收的认定

因直接征收表现为东道国政府取得外国投资者财产所有权的一种确定性行为，难以辩驳，故对直接征收的识别比较容易，历来极少发生争议。①

但是，对于特殊情形，有关直接征收的认定可能出现困难。尤其东道国政府取消与外国投资者签订的契约，到底是一般的违约行为，还是构成直接征收，取决于仲裁庭依具体案情所作的自由裁量。② 例如，在1999年裁决的 *Azinian v. Mexico* 案中。美国投资者在墨西哥设立的一家合资经营企业与当地政府签订特许协议，从事废弃物的回收和处理业务。后该合资经营企业无法从业，墨西哥当地政府遂取消特许协议。美国投资者诉称该行为违反了《北美自由贸易协定》第1110条的规定，构成对其特许协议项下权利的直接征收。但仲裁庭最终裁决，投资者诉求的只是一般的违约行为，而不是直接征收。又如，在2005年裁决的 *Empresas Lucchetti v. Peru* 案中，为了保护本国自然保护区的生态，秘鲁政府取消了与智利投资者订立的特许协议，要求其迁移或关闭所投资的项目，ICSID仲裁庭则认定，该违约行为构成直接征收。

第三节　间接征收

间接征收是指东道国政府采取干预外国投资者行使财产权的各种措施，从而导致其失去实质效用的行为，又称“管理征收”“事实征收”“变相征收”“推定征收”“逐渐征收”等等。

---

① See Z. A. Alqurashi, “Indirect Expropriation in the Field of Petroleum”, *The Journal of World Investment & Trade*, Vol. 5, 2004, p. 902.

② See P. Muchlinski, F. Ortino & C. Schreuer eds., *The Oxford Handbook of International Investment Law*, Oxford University Press, 2008, pp. 417-420.

一、间接征收状况

当代，直接征收的情形已很少见，间接征收渐成各国关注的焦点。在国际投资法“所有的这些新发展中，在国家实践方面唯一的一个最重要的发展已非间接征收问题莫属”[①]。无论是发展中国家，还是发达国家，作为东道国都涉及间接征收的问题。

在发展阶段，既然发展中国家吸收外资以其促进当地经济社会发展为条件，那么，为了实现该目的，发展中国家就需要对外资实行有效的管理，由此而可能引发的便是间接征收的问题。另外，虽然许多发展中国家快速建立起了市场经济体系，但其远未达到成熟的程度，始终无法摆脱市场失灵的风险，政府进行干预，势必引发是否对外资实行间接征收的问题。在一些出现经济危机的发展中国家，更是如此。例如，1997年亚洲金融危机发生时出现在印度尼西亚的一系列间接征收事件，特别是2001年金融危机时阿根廷采取的影响范围甚广的所谓间接征收措施，就属此类。然而，为克服经济危机，发展中国家采取宏观紧急措施的必要性非常明显，而且具有普适性，必然会认为此乃对外资管理权的正常行使，坚决反对视之为间接征收，由此引发与发达国家有关间接征收的争议在所难免。

与此同时，在任何国家，过度推行经济自由化，必将损害应有的社会价值。为此，东道国政府出于保护环境、公共健康、劳工权益等需要，依法采取的各种社会管理措施，也会带来间接征收的问题，并有可能成为此类征收的主要爆发源。[②] 例如，1997—2000年，在《北美自由贸易协定》争端解决机制下，相继出现了一系列因美国、加拿大和墨西哥三个成员国政府采取保护环境措施而引发的间接征收案件。以往因经济管理措施带来的间接征收一般只出现在发展中国家，发达国家很少有这样的案例。与过去不同的是，现因社会管理措施而引发的间接征收所指的对象多为社会立法发达的西方国家。由此，对于发达国家而言，间接征收由原来的只用以对付发展中国家的利器，如今蜕变成有可能伤及自身的“双刃剑”。这就使得对间接征收的认定问题更加复杂化。

众所周知，国际习惯法认可各国政府享有管理外资的“治安权”（Police Power）。据此，即使东道国政府采取的一项限制性管理措施给外国投资者造成了经济损失，但如果该措施仍在“治安权”许可的范围之内，那么，就不构成间接征收，当地政府无须承担赔偿的责任。然则，对于“治安权”的具体运用与间接征收之间的界分，现行的国际法并未释明，从而形成当代国际投资中所谓的“征收—管理困境”[③]。实质上，

---

① R. Dolzer, “Indirect Expropriations: New Developments?”, *New York University Environmental Law Journal*, Vol. 11, 2002, p. 65.

② See R. Dolzer & F. Bloch, “Indirect Expropriation: Conceptual Realignments?”, *International Law Forum du Droit International*, Volume 5, Number 3, 2003, p. 155.

③ J. L. Gudofsky, “Shedding Light on Article 1110 of the North American Free Trade Agreement (NAFTA) Concerning Expropriations: An Environmental Case Study”, *Northwestern Journal of International Law & Business*, Vol. 21, 2000, p. 259.

这种困境反映了维护社会公共利益与保护私人财产权之间永恒的张力，需要对二者作出审慎的平衡。然而，当代的国际投资仲裁实践显示，关于对间接征收的认定和补偿，国际仲裁庭滥用自由裁量权，严重偏袒外国投资者。对此做法，就连美国这样的发达国家都无法认同和接受。于是，在间接征收的认定以及相关的补偿问题上，如何矫正这些仲裁员们手中失衡的天平，对于维护东道国尤其是像中国这样引资大国的外资管理权，无疑具有重要的现实意义。

二、间接征收认定的理论争议

在各国的国内法律实践中，对间接征收的认定，应当做到平衡增进社会公共利益的要求与保护私人财产权的需要。这早已成为定论，无可异议。即便是在法律上注重对个人权利保护的美国，也不例外。事实上，关于对外资间接征收的认定，当代，国际仲裁庭的裁断标准要比许多国家国内法律实践更为宽松。例如，就此，外国投资者得到的国际法律保护水平在许多方面高于美国法对本国投资者的保护，亦即，国际仲裁庭实际上给予外国投资者以过多的“超国民的待遇”[①]。在国际层面，力主降低对间接征收的认定标准，单方面加大对外国投资者的保护力度的主张，获得了有关传统理论的支持。然而，随着当代对滥用间接征收概念之担忧的加剧，有一些学者开始置疑此类传统理论。实际上，这些置疑可为开辟有关间接征收认定方面的平衡路径扫清理论上的障碍。

1. 间接征收的偏向理论及其批判

在间接征收的认定上，倾向保护外国投资者的理论包括成本内化理论、公平理论和补差理论等，这些理论均失之偏颇。

（1）成本内化理论（公共道理论）。

一些美国学者运用法经济学中的“外部性”理论，主张只有东道国政府采取的管理措施求得社会效益的最大化，间接征收才是有效率的。显然，对于采取管理措施给外国投资者造成的损害，如果不认定为间接征收、拒绝给予赔偿，就没有把全部的管理成本内化，由此必将鼓励东道国政府实施过度的管制。其中，有可能会形成所谓的“财政幻觉”，即决策者低估需要承担的成本，并在这样的情形下误认为其采取的行动能够达到最理想的政策效果。[②]

然而，成本内化理论的反对者批驳道：依公共选择理论，东道国政府中对外资采

---

① V. Been & J. C. Beauvais, “The Global Fifth Amendment? NAFTA’s Investment Protections and the Misguided Quest for an International ‘Regulatory Takings’ Doctrine”, *New York University Law Review*, Vol. 78, 2003, pp. 59-86.

② 假设，在一块小面积用地上建一座高而窄的政府办公大楼，土地的市场价为 100 万美元，造价为 1 000 万美元，总成本合计 1 100 万美元；而在一块大面积用地上建一座低而宽的同样的大楼，土地的市场价为 300 万美元，造价为 900 万美元，总成本合计 1 200 万美元。从全社会角度来看，前一种选择是有效率的；但由于土地对政府是免费的，于是，政府就会选择后者。See R. A. Posner, *Economic Analysis of Law*, CITIC Publishing House, 2003, p. 57.

取管理措施享有决策权的官员，作为一个理性的主体，是否选择实施间接征收行为，通常是政治激励（如对自己连任及职位升迁的影响等）的结果，考虑的并非管理效率的问题。因为实行间接征收所带来的赔偿之管理成本并不是由作出决策的官员直接承担，而是由国库支付，除非预算的支出影响到了这些决策官员追求自身政治利益的最大化。一般而言，对外资实行征收性管理措施会给本国人带来经济利益（如宏观经济的稳定等）和社会利益（如保护环境等），从而有利于这些决策官员获得更多的选票等政治利益。[①]

公共选择理论认为，东道国政府对外资采取管理措施通常是基于对社会公共利益的考虑，而社会公共利益往往难以简单地用成本—收益的方法加以分析，尤其是对于意在保护生态环境、国民健康和劳工权利等社会管理措施而言。例如，为了防止经济危机，东道国政府采取宏观调控措施，能够带来多大的经济社会收益，是无法估量的。足见，为了维护社会价值和经济稳定，东道国政府对外资采取管理措施，势在必行，很难说这是一种无效率之举。而降低对间接征收的认定标准，外国投资者动辄索要高额赔偿，使东道国政府处处作出巨资赔付才能“买断”对外资的管理权，将会导致“管制不足”问题的出现，即因担心支付高额的间接征收赔偿，东道国政府对外资该管的不敢去管。有关国际仲裁庭放宽了对《北美自由贸易协定》第十一章第 1110 条项下间接征收概念的解释，已经给成员国带来了这种“寒蝉效应”[②]。

（2）公平理论（“公众负担”理论）。

美国联邦最高法院大法官布莱克曾指出，征收补偿“意在阻止政府强制一些人独自承担公共负担，无论按照何种公正和正义观，这些负担都应由作为一个整体的公众承担”。美国一些学者夸大该“公众负担”理论，论证放宽对外资间接征收之认定标准的合理性。

然而，众所周知，正义就像“普洛秀斯的脸”，从来没有不二的标准。“公众负担”理论认为，在间接征收的认定上，为多数人利益牺牲少数人利益是不公平的。这充其量反映的不过是美国的个人主义正义观，而不同程度地存在于其他诸多国家的是集体主义正义观。在间接征收的情形下，多是个人权利的行使妨碍了社会公共利益的实现，如外资活动损害了东道国的生态环境等。此时，东道国政府如不加以管制，就等于为了少数人利益而牺牲多数人利益。按照集体主义正义观，这将是更加不公平之举。在跨国层面，关于对间接征收的认定，东道国与外国投资者的公平观存在着对立，不能妄言代表投资者利益的“公众负担”理论就应成为主导的理念，东道国只能放弃集体主义正义观。

另有一种观点则主张，外国投资者并非当地公民，对东道国的政治进程没有“用手投票”的权利，因而无法影响东道国官员对间接征收的决策过程。但是，反对的意

---

① 有关成本内化理论及反对意见，see V. Been & J. C. Beauvais, “The Global Fifth Amendment? NAFTA's Investment Protections and the Misguided Quest for an International ‘Regulatory Takings’ Doctrine”, *New York University Law Review*, Vol. 78, 2003, pp. 88-100。

② Ibid., pp. 132-135.

见认为，现行的国际投资协定普遍确认了国民待遇原则，外国投资者可以得到与东道国国民同样的待遇，因此，不会出现外国投资者因无法参与东道国的政治进程而任由当地决策官员宰割的情形。何况在全球化时代，即便外国投资者无权"用手投票"，但有"用脚投票"的权利。如果外国投资者认为东道国的管理气候不佳，可以不选择到该国投资。然而，一旦作出了投资选择，那么，外国投资者接受东道国政府或松或紧的非歧视性管理，并无不公平之处。外国投资者可能会认为，一旦在东道国投下了资本，许多资本就会"沉没"，以致无法撤出，只能任由当地政府摆布。这种说法同样无法立足。外资在东道国始终受到国际法的保护；而且，如果一外国投资者的投资不是独一无二的，东道国为了吸引类似的其他外国投资，不会对该外国投资任意施加过度的管制。①

（3）补差理论。

该理论可分为两个方面的主张：一方面是"外国投资者弱者论"，认为代表东道国的是一国政府，而外国投资者不过是一介个人或公司，双方之间存在着地位不对称的关系，因此，对间接征收的认定，应有利于外国投资者。然而，现代的外国投资者特别是富可敌国的跨国公司，相对于弱小的发展中国家而言，并非脆弱的一方。另者，广大发展中国家已经普遍实行鼓励吸收外资的政策，在利用外资上可谓"有求于"外国投资者；而且各发展中国家引资竞争激烈，需要建立良好的投资法律环境。在此背景下，如果一发展中国家因实施过度管制而给外国投资者带来损失，但又不愿承担应有的间接征收赔偿责任，将可能导致大量的外国投资者撤销已作的投资，以及使潜在的投资者望而却步，从而给该国造成事实上的巨大发展压力。显然，经济全球化给外国投资者提供了越来越多的投资场所，使它们获得了更大的"用脚投票的权利"，在与发展中国家形成的跨国投资关系中，外国投资者反而处于强势的地位。

补差理论另一方面的主张是"东道国单方获益论"，认为在国际投资协定中加入间接征收保证条款有助于创造良好的投资环境，鼓励外资的持续流入，从而使东道国受益。鉴于此，东道国不能不承担相应的义务，即不得通过对间接征收条款的限制性解释，来阻挠外国投资者获得赔偿。持此论者，完全系外国投资者的代言人：首先，跨国投资是一种互利的行为，并非外国投资者对东道国的恩赐；其次，有关间接征收的规定不是一种保险制度，不是外国投资者各种无限度之权利可赖以栖身的一个"安全港"或"保险箱"，而只是一种保护机制。据此，东道国对外国投资者提供了实体上和程序上的良好保护，并不意味着东道国将就此放弃对外资应有的管理权；而且，对外国投资者而言，市场总是不稳定的，东道国的法律也不可能一成不变。对于东道国正常的管理风险，外国投资者应当通过采取保险以及分散风险等自我风险管理措施来加以防范和应对。

① 有关公平理论及反对意见，see V. Been, "Does an International 'Regulatory Taking'", *New York University Environmental Law Journal*, Vol. 11, 2002, pp. 59-62。

2. 间接征收的平衡理论及其实践

如上所证，主张对间接征收的认定应更有利于外国投资者的种种理论无不缺乏应有的说服力，因而需要引入一种能够平衡维护东道国公共利益与保护外国投资者私人财产权的理论。

从各国的国内实践来看，间接征收是由政府过度实施管理行为引起的，因此可以被归入行政法中政府不当作为的范畴。而在行政法乃至整个公法之中，“比例原则”被誉为“帝王条款”、“皇冠原则”或“黄金原则”，其要义是通过实现公权力与私权利之间的动态平衡，达致个案的公正。因“比例原则”契合法治精神，故许多国家的国内法院对间接征收的判定均以“比例原则”为指导。一般认为，“比例原则”含义有三：一是政府采取的行为之方式必须适合于实现法律规定的目的，即政府行为的“适当性”首先应当得到保证；二是在若干适合实现法律目的的行为方式中，政府必须选用其中对私人造成最小损害的那种方式，即政府行为应具有“必要性”；三是必要的政府行为对私人造成之损害与使社会所获之益应当成比例，即应符合狭义的“比例原则”。在这三项要求中，第一、二项往往比较容易满足，关键是第三项要求即狭义的“比例原则”应如何运用。

在国际层面，在对间接征收的裁定中，“比例原则”早已得到运用。1954 年生效的《欧洲人权和基本自由公约》第一议定书第 1 条第 2 款规定：“……国家有权实施这样的法律，只要确信根据普遍的利益对控制财产的使用或保证税收或其他捐税或罚金的支付是必要的。”根据该款规定，经过长期的实践，欧洲人权法院（现已为欧洲法院所取代）发展出了认定间接征收的标准，即应“公平平衡”维护社会公共利益的需要与保护私人财产权的要求，其中最重要的是采取“比例原则”——只要政府实行的适当的和必要的增进社会公共利益的措施不是不成比例地对私人施加过度的或不合理的负担，就不应该被认定为间接征收。① 例如，1991 年判决的 *Fredin v. Sweden* 是欧洲人权法院运用“比例原则”的一个典型案例。在该案中，瑞典地方政府停止对原告发放在自家土地上采掘金矿的许可证，被原告认为是一种间接征收的行为。欧洲人权法院裁决指出：首先，在该案中，当地政府采取措施是为了保护生态环境，乃出于公益的目的；其次，即使原告的土地不能再用以采矿，但仍可用作他途。因此，当地政府采取的措施只是有限地控制了原告财产的使用；更为重要的是，原告应当已经意识到，这样的采矿将会受到越来越严格的管制。由此，瑞典政府停发许可证不属于损害其合理期待的行为。无疑，在国际投资法领域，这种理论框架兼顾了东道

---

① See H. R. Fabri, “The Approach Taken by the European Court of Human Rights to the Assessment of Compensation for ‘Regulatory Expropriations’ of the Property of Foreign Investors”, *New York University Environmental Law Journal*, Vol. 11, 2002, pp. 163-165; E. M. Freeman, “Regulatory Expropriation under NAFTA Chapter 11: Some Lessons from the European Court of Human Rights”, *Columbia Journal of Transnational Law*, Vol. 42, 2003, pp. 199-200; G. H. Sampliner, “Arbitration of Expropriation Cases under U. S. Investment Treaties-A Threat to Democracy or the Dog that Didn't Bark”, *ICSID Review—Foreign Investment Law Journal*, Vol. 18, 2003, pp. 21-22.

国和外国投资者双方的利益，应当得到支持。

关于对间接征收的认定，一些国际仲裁庭现也开始明确支持采取“比例原则”。例如，在2003年裁决的*Tecmed v. Mexico*案中，ICSID仲裁庭采用了欧洲人权法院坚持的“比例原则”，裁决表明：“在确定管理行动和措施初步不被排除在征收行为的界定之外，以及加上此等行动或措施的负面财务影响之后，为了判断它们可否被定性为征收，本仲裁庭将考虑此等行动或措施是否与兹假定需要保护的公共利益和给予投资的合法保护成比例，而考虑此类影响的意义，是构成判定该比例的一个关键因素。”2006年裁决的*LG&E v. Argentina*案中，ICSID仲裁庭也援用了*Tecmed*案的裁决有关“比例原则”的以上表述，并指出，“在这样的情况下，该措施必须被接受而不应施加任何责任，除非国家的行为与其所需显然不成比例”。

三、间接征收认定的构成要素

通常情况下，直接征收易于识别。但在间接征收的界定问题上，则存在着巨大的争议，其中最大的争议来自东道国政府行为的“效果”和“性质”方面。对此，国际法律规范虽未定型，但是始终在演进之中，随着相关实践的增加，一些基本的认定标准已初现端倪[①]，其可大致分为以下两类。

1. 行为效果标准

行为效果标准是依东道国政府所采取的管理措施对外国投资和外国投资者造成的影响程度来判断其是否构成间接征收。

（1）对外国投资的影响。

该情形是指东道国政府采取的管理措施剥夺了外国投资者享有的投资财产权利的“实质部分”，或使其投资财产“归于无用”[②]。例如，在2005年裁决的*CMS v. Argentina*案中，ICSID仲裁庭指出：“……关键的问题是……确立财产权的享有是否被实际上归于无效。许多仲裁庭在认定间接征收案件中所适用的标准是要有被实质剥夺的情形。”按照法经济学理论，假如东道国政府采取的管理措施对外国投资者对投资财产权的行使只是稍有干预，并未达到“实质损害”的程度，此时如允许外国投资者主张赔偿，将不利于鼓励它们自我防范投资风险，因而使间接征收成为一种无效率的法律制度。[③]

（2）对外国投资者的影响。

该情形是指东道国政府采取的管理措施损害了外国投资者对投资的“合理期待”

---

① See OECD, “International Investment Law: A Changing Landscape”, Chapter 2, “ ‘Indirect Expropriation’ and ‘Right to Regulate’ in International Investment Law” (prepared by C. Yannaca-Small), 2005, pp. 45, 71-72.

② L. Y. Fortier & S. L. Drymer, “Indirect Expropriation in the Law of International Investment: I Know It When I See It, or Caveat Investor”, *ICSID Review—Foreign Investment Law Journal*, Vol. 19, 2004, p. 306.

③ See L. Blume & D. L. Rubinfeld, “Compensation for Takings: An Economic Analysis”, *California Law Review*, Vol. 72, 1984, pp. 606-611.

或“正当期待”。例如，在 2004 年裁决的 *Occidental v. Ecuador* 案中，ICSID 仲裁庭在分析东道国政府的一项征收法令时指出，该项征收法令“……没有剥夺投资的使用权和对投资的合理期待经济收益……”。以投资者“合法期待”受损作为判断间接征收的一个要件，其依据主要是：一方面，就保护外国投资者的投资权利而言，有关征收的“情感成本”（demoralization costs）理论认为，投资实际上是投资者投资期望的固化，投资被征收后得不到补偿，将严重打击投资者本人及其同情者的心理和感情，使他们感到遭受了不公正待遇，从而惧怕进行生产性投资。此种潜在的投资积极性受挫的结果，将带来市场价值的损失。[①] 另一方面，就维护东道国政府的正常管理权而言，应该认为，间接征收制度只是一种投资保护，而不是一种投资保险，如果东道国政府采取的管理措施仅仅构成对外国投资者而言正常的风险，就不应被视为间接征收行为。

在国际投资仲裁实践中，关于对东道国政府“行为效果”的裁量，存在着只考虑客观要素和综合考虑主、客观要素两种不同的裁决：一些国际仲裁裁决只考虑客观要素，即只要东道国政府采取的管理措施剥夺了外国投资财产权的“实质部分”，就可认定其为间接征收，如 2000 年按照《北美自由贸易协定》仲裁机制裁决的 *Pope Talbot v. Canada* 案和 2005 年 ICSID 仲裁庭裁决的 *CMS v. Argentina* 案等；另一些国际仲裁裁决主张应综合考虑主、客观要素，即除非东道国政府采取的管理措施既实质性地损害了外国投资财产权，又挫败了外国投资者对投资的“合理期待”，否则就不构成间接征收，如 2002 年 ICSID 仲裁庭裁决的 *Feldman v. Mexico* 案和 2004 年裁决的 *Occidental v. Ecuador* 案等。

为了达致对间接征收认定的平衡，判定东道国政府的“行为效果”时，必须考虑是否损害了外国投资者之合理期待这一主观因素。因为，如前所述，间接征收制度只是一种投资保护，而不是一种投资保险。在政治、经济和社会环境发生变化时，任何国家的政府都会采取相应的管理措施，只要这些措施在外国投资者合理预料的范围之内，就属于对外国投资者而言正常的风险，即使给外国投资的财产权造成了实质性的损害，也不应被视为间接征收。

2. 行为性质标准

行为性质标准是依东道国政府所采取的管理措施的性质或目的来判断其是否对外国投资者的投资构成间接征收。

该标准主要关注东道国政府的行为是否以维护公共利益为目标。一些国际投资争端案的裁决确认，东道国政府为维护较为广泛的公共利益之目的而采取的合理管理措施，不构成间接征收。例如，在 2002 年裁决的《北美自由贸易协定》项下关于间接征收的 *Feldman v. Mexico* 案中，ICSID 仲裁庭指出：“以往，没收性质的征税；拒绝提供基础设施服务和必要的原料；实施不合理的管理制度；等等，被认为是征收行为。与此同时，出于较为广泛的公共利益，政府必须拥有行动的自由，从事环境保护；制

---

① See F. I. Michelman, “Property, Utility, and Fairness: Comments on the Ethical Foundations of ‘Just Compensation’ Law”, *Harvard Law Review*, Vol. 80, 1967, pp. 1165-1258.

定新的或修改旧的税收制度；给予或撤回政府补贴；降低或提高关税水平；实施区域规划限制等诸如此类的活动。如果任何受到不利影响的企业都要求赔偿的话，那么，此类合理的政府管理就不可能实施。可以保险地说，国际习惯法对此予以承认……"

美国 2012 年《双边投资协定范本》附件 B（征收）第 4 条 b 款也将"保护合法的公共福利之目标"列为排除间接征收的条件，即"除非在极少的情形下，竟至缔约一方的一项或一系列措施依其目的是如此的严厉，以至于它们不能被合理地认为是基于善意和非歧视而采取或适用，旨在和用于保护合法的公共福利之目标（诸如健康、安全和环境等），即构成间接征收。"这种的样板条款现早已被应用于美国的对外缔约实践，如 2012 年《美国—新加坡自由贸易协定》附件 10-D 和《美国—智利自由贸易协定》第十五章的规定等。加拿大 2004 年《双边投资协定范本》附件 B. 13（1）（征收）也完全是该美式条款的翻版。

有的学者认为，既然出于公共利益之需要已成为判断一项间接征收是否合法的条件，那么它就不能再同时充当认定间接征收的一项标准。① 该观点显然难以成立。因为，如果东道国政府的行为不是出于实现公共利益的目的，肯定是非法间接征收；反之，如果是基于公共利益，又符合关于合法征收的其他条件的，必然是合法间接征收。然而，不论是合法征收还是非法征收，均需支付补偿。那么，何时东道国基于公共利益的行为不构成间接征收呢？这需要加以综合判断。例如，根据上述"比例原则"，东道国政府的行为所维护的公共利益越大，对私人利益的损害越小，就越不可能构成间接征收；反之，就越可能构成间接征收。可见，在通常情况下，作为判断合法间接征收的公共利益标准的门槛，要比判断是否构成间接征收的公共利益的门槛低。但需要注意的是，按照"比例原则"，有时公共利益虽不是很强烈，但对私人利益损害也很小，仍有可能不构成间接征收；反之，公共利益虽然很强烈，但对私人利益损害也特别大，照样构成间接征收。据此，有关间接征收的规则表明，如东道国的行为造成私人财产完全归于无用的结果，哪怕公共利益再大，也构成征收。②

四、间接征收认定要素的选择

在以往的国际投资协定中，有的将间接征收与直接征收写入同一条款；有的甚至没有直接使用"间接征收"一词，只是采用与征收"类似的其他措施"或"效果类似的其他措施"等方式表达。这些国际投资协定实际上只规定了征收（包括间接征收）

① See L. Y. Fortier & S. L. Drymer, "Indirect Expropriation in the Law of International Investment: I Know It When I See It, or Caveat Investor", *ICSID Review—Foreign Investment Law Journal*, Vol. 19, 2004, p. 309.

② See G. H. Samp6liner, "Arbitration of Expropriation Cases under U. S. Investment Treaties-A Threat to Democracy or the Dog that Didn't Bark", *ICSID Review—Foreign Investment Law Journal*, Vol. 18, 2003, pp. 21-22; H. R. Fabri, "The Approach Taken by the European Court of Human Rights to the Assessment of Compensation for 'Regulatory Expropriations' of the Property of Foreign Investors", *New York University Environmental Law Journal*, Vol. 11, 2002, pp. 156-157.

的条件，对征收的构成要素没有作出任何规定。于是，就"行为效果"和"行为性质"两大要素如何取舍，已成为有关间接征收界定之争议的最基本问题。

1. 间接征收构成要素选择的争议

就如何选择"行为效果"和"行为性质"两大要素来构建认定间接征收的法律框架，国际投资仲裁实践存在着严重分歧，具体表现为"单一效果标准"、"单一性质标准"与"兼采效果和性质标准"三者之争。①

"单一效果标准"认为，只要东道国政府采取的管理措施实质性地损害了外国投资者的财产权，不管出于维护多大的公共利益之需要，一概构成间接征收。20 世纪 80 年代，美伊仲裁庭多采取"单一效果标准"②；进入 21 世纪，一些国际投资仲裁庭仍坚持依该原则判定间接征收，如 2000 年利用 ICSID 附加便利程序裁决的 *Metalclad v. Mexico* 案和 *Santa v. Costa Rica* 案。尤其是在 21 世纪初，为克服严重的金融危机，阿根廷不得不对外资采取相应的管理措施，从而引发了一系列国际投资争端案。对这些案件中间接征收的认定，大部分仲裁庭主张"单一效果标准"，包括 2007 年 ICSID 仲裁庭裁决的 *Vivendi v. Argentina* 案、*Sempra Energy v. Argentina* 案、*Ponderosa Assets. v. Argentina* 案。

相反，"单一性质标准"主张，只要东道国政府采取的管理措施具有维护社会公共利益之目的，不管对外国投资者的财产权造成多大的损害，均不能被视为间接征收。迄今为止，也有少数国际投资仲裁庭采取"单一性质标准"，如 ICSID 仲裁庭 2001 年裁决的 *Olguin v. Paraguay* 案，2005 年裁决的 *Methanex v. USA* 案，2006 年裁决的 *Saluka v. Czech* 案、Lauder v. Czech 案等。

而"兼采效果和性质标准"走的是中间道路，要求同时顾及上述两方面的因素。按照该综合标准，即使东道国政府采取的管理措施实质性地损害了外国投资者的财产权，但只要其所维护的公共利益足够强大，仍不应被认定为间接征收。

无疑，"单一效果标准"旨在单方面保护外国投资者的财产权利，而"单一性质标准"过分强调维护东道国社会公共利益的优先性。前者显属偏袒外国投资者之举，过分损害了东道国政府管理外资的主权；反之，后者则可能会纵容东道国政府滥用外资管理权，给外国投资者带来不公。质言之，上述两种标准均将造成间接征收认定过程中利益考量的严重失衡；而"兼采效果和性质标准"，实际上反映了维护东道国社会公共利益与保护外国投资者私人财产权之间的基本平衡，具有理论上的确当性。正因如此，有关间接征收认定国际法律框架的建立，应朝着"兼采效果和性质标准"的方向发展。

2. 对否定"行为性质"要素的批判

目前，在国际投资法律实践中，支持"单一性质标准"者已比较少见。因为国际

---

① See U. Kriebaum, "Regulatory Takings: Balancing the Interests of the Investor and the State", *The Journal of World Investment & Trade*, Vol. 8, 2007, pp. 724-729.

② V. Heiskanen, "The Doctrine of Indirect Expropriation in Light of the Practice of the Iran-United States Claims Tribunal", *The Journal of World Investment & Trade*, Vol. 8, 2007, pp. 215-231.

投资协定一般只将基于社会公共利益之需要作为判断东道国政府的征收行为是否合法的一个标准，而非作为判断其管理行为是否构成间接征收的标准。可见，采取“单一性质标准”明显与国际投资协定的此类规定相矛盾。然而，现在固守“单一效果标准”者仍旧存在，如ICSID仲裁庭2011年裁决的*El Paso Energy v. Argentina*案等。应该说，反对在间接征收认定上考虑东道国政府“行为性质”的观点，缺乏坚实的立论基础。

第一，有的学者拒绝接受“行为性质”要素的主要理由是，如果采用该标准，那么，东道国政府就可以轻易地以本国社会公共利益很大为由，逃避本应承担的对外资间接征收之责任。① 实际上，这样的担忧是不必要的：诚然，对东道国社会公共利益的解释具有一定的弹性，但并非无章可循。

第二，有的学者认为，既然出于东道国社会公共利益之需要已成为判断对外资征收是否合法的一个条件，那么它就不能再同时充当认定间接征收的一项标准。然而，只要稍加分析，就不难发现，这两种情形并不矛盾：在决定东道国政府采取的一项措施是否构成合法的间接征收时，只涉及东道国的社会公共利益“有无”的问题，即只要该项措施的采取不是出于维护东道国社会公共利益的目的，即属非法征收；反之则否。而对间接征收的认定，涉及的是东道国社会公共利益“大小”的问题，而不是“有无”的问题，即按照“比例原则”，只有东道国政府所欲维护的社会公共利益大到一定的程度，其行为才不构成间接征收。

第三，有的学者反对“行为性质”要素的理由则是，在间接征收的认定上，考虑东道国政府采取管理措施的主观目的，不符合国际法有关国家责任制度中的客观归责原则。② 这样的理由同样难以成立。因为在国际法中，国家责任的确定应并用加害国主观要素的观点，只是存在争议，并未被一致否定。进一步而言，征收是国家责任中的一种特殊情形，而间接征收又牵涉到国际法中的“治安权”问题，其本身就可以不适用有关国家责任的一般性客观归责原则。

3.“兼采效果和性质标准”的证成

从国际投资法律实践来看，“兼采效果和性质标准”有进一步得到普及的趋势。

在国际投资协定层面，在有关《北美自由贸易协定》的投资争端案中，国际仲裁庭过度放宽间接征收认定标准的做法，使得美国倍感压力，从而不得不修正以往偏向“单一效果标准”的立场，转而认同“兼采效果和性质标准”的做法。例如，美国2012年《双边投资协定范本》附件B（征收）第4条对后者就作了明确的规定：“对于在特定事实情形下缔约一方采取的一项或一系列行为是否构成间接征收的认定，应考虑以下以及其他因素，根据案情采取逐案分析的方法：（i）该政府行为的经济影响，虽然仅凭缔约一方采取的一项或一系列行为对投资经济价值所产生的负面影响，并不

① See J. L. Gudofsky, “Shedding Light on Article 1110 of the North American Free Trade Agreement (NAFTA) Concerning Expropriations: An Environmental Case Study”, *Northwestern Journal of International Law & Business*, Vol. 21, 2000, pp. 266-269.

② See K. A. Byrne, “Regulatory Expropriation and State Intent”, *Annuaire Canadien de Droit International*, 2000, pp. 90-91, 94.

足以断定征收已经发生；(ii) 该政府行为对支持投资的清晰的、合理的期待的干预程度；以及 (iii) 该政府行为的性质。”此类样板条款早已出现在美国与新加坡、智利、多米尼加、澳大利亚和摩洛哥缔结的双边自由贸易协定，以及美国与乌拉圭签订的双边投资协定之中；相同和相似的条款也被写入了加拿大 2004 年《双边投资协定范本》附件 B. 13 (1)（征收）以及其他有关国家对外签订的国际投资协定之中。

就间接征收的认定，建立平衡维护东道国公共利益与保护外国投资者私人财产权的国际法制，符合我国同时作为资本输入国与输出国的综合利益。例如，2006 年中国与印度缔结的双边投资保护协定之议定书第 3 条关于间接征收基本框架的规定①，基本上采纳了美国双边投资协定范本的规定，属于一种比较平衡的机制。

另外，在国际投资争端解决层面，就间接征收的认定，按照《欧洲人权公约》第一议定书第 1 条第 2 款的规定，欧洲人权法院历来支持“兼采效果和性质标准”。有越来越多的国际投资仲裁裁决主张，在认定间接征收时，应“兼采效果和性质标准”，如上述 *Tecmed* 案、*LG&E v. Argentina* 案，ICSID 仲裁庭 2004 年裁决的 *Occidental v. Ecuador* 案、2012 年裁决的 *Burlington Res. v. Ecuador* 案，国际常设仲裁法院 2014 年裁决的 *Yukos v. Russia* 案等。在 *Tecmed* 案中，ICSID 仲裁庭明确指出：“仲裁庭认定进行这样的审查是妥当的，即按照该双边投资协定第 5 条第 1 款的规定，就其性质，而非仅仅考虑其效果，审查（墨西哥政府所作出的）该决议是否构成征收性决定。”

如前所述，关于对间接征收的判断，应当引入体现平衡性的“比例原则”。然而，“兼采效果和性质标准”只是反映了其中最为核心的狭义的“比例原则”。此外，对“比例原则”的适用，还应考虑东道国政府行为的“适当性”和“必要性”之因素。

就其中的“适当性”因素而言，可以以 1979 年的 *Hauer v. Land Rheinland Pfalz* 案为例：该案的原告是一个葡萄种植户，其向德国政府有关部门申请种植某类葡萄的许可证。此时，欧共体颁布了一个决议，禁止申请种植此类葡萄，禁止期为2～3 年。据此，原告的申请遭到拒绝。于是，原告以财产权利受到间接征收为由诉诸欧洲人权法院。欧洲人权法院认为，欧共体出台该决议的目的是控制葡萄的过度生产，以平衡整体经济，而为实现该目的所采取的禁止措施是适当的，因为禁止种植的期限只有 3 年，在此期间，原告还可以改种其他种类的葡萄或作物。又如，在 1996 年的 *Agrotexin & Others v. Greece* 案中，原告是一家啤酒厂的股东，希腊雅典市政当局进

---

① 该条规定，“关于对第五条中征收的解释，缔约双方确认以下共识：（一）除了通过正式移转所有权或直接没收的形式进行的直接征收或国有化外，征收措施包括一方为达到使投资者的投资陷于实质上无法产生收益或不能产生回报之境地，但不涉及正式移转所有权或直接没收，而有意采取的一项或一系列措施。（二）在某一特定情形下确定一方的一项或一系列措施是否构成上述第一款所指的措施，需进行以事实为依据、各案进行的审查，并考虑包括以下在内的各因素：1. 该措施或该一系列措施的经济影响，但仅仅有一方的一项或一系列措施对于投资的经济价值有负面影响这一事实不足以推断已经发生了征收或国有化；2. 该措施在范围或适用上歧视某一方或某一投资者或某一企业的程度；3. 该措施或该一系列措施违背明显、合理、以投资为依据的预期之程度；4. 该措施或该一系列措施的性质和目的，是否是为了善意的公共利益目标而采取，以及在该等措施和征收目的之间是否存在合理的联系。（三）除非在个别情况下，缔约一方采取的旨在保护公共利益的非歧视的管制措施，包括根据司法机关所作的具有普遍适用效力的裁决而采取的措施，不构成间接征收或国有化”。

行城市规划，在原告的一些财产周围设置了写明“征用区域”的标识牌。原告称，此举造成他无法出售这些财产以解决其财务困难问题。欧洲人权法院查明：该标识牌放置达10年之久，而且雅典市政当局对法院的命令置之不理，拒绝拆除此牌。实际上，雅典市政当局可以不设置此牌。如果原告出售财产而卖家不按市政规划要求开发这些财产，那么雅典市政当局可以拒发许可证。据此照样可以达到实现城市规划的目的。欧洲人权法院认为：现雅典市政当局设置这样的标识牌，属于为达公共目的而采取的不适当措施，构成间接征收。

再就其中的“必要性”因素而言，假设一外国投资者投资的废物处理厂会排放有损周围居民健康的有害气体。对此，当地政府有两种选择：一是勒令该厂停产，由此外国投资者将遭受重大损失；二是强令其加装废气过滤设施，此举也能达到相同的环保目的，而只是增加外国投资者的投资而已。在以上两种做法中，东道国政府如选择第一种，就不仅仅是只对外国投资者造成最小损失的措施，因行为“必要性”的缺失，可能会构成间接征收；反之，如果东道国政府采取第二种措施，则符合“必要性”之要求，可能就不会被认定为间接征收行为。[①]

五、间接征收认定要素的解释

关于对间接征收的认定，国际投资法律和实践缺乏明确、具体的标准，需要依不同案情进行自由裁量。例如，美国2012年《双边投资协定范本》附件B（征收）第4条第1款明确规定：“判断缔约一方在特定事实情况下采取的一项行为或一系列行为是否构成间接征收，需要在事实基础上进行个案考察。”国际仲裁庭在认定间接征收的过程中，为了平衡维护东道国公共利益与保护外国投资者私人财产权，除了在基本框架层面应“兼采效果与性质标准”之外，还应对其中的“行为效果”和“行为性质”本身作出确当的解释。

1. 对“行为效果”的解释

如上所述，对“行为效果”的判断，应视东道国政府采取的管理措施损害外国投资财产权和挫败外国投资者合理期待的程度而定。相应地，对“行为效果”的解释涉及主、客观两方面的因素。

（1）对客观因素的解释。

显然，要认定东道国政府采取的管理措施是否达到了剥夺外国投资财产权的“实质部分”之程度，需要综合案情作出最终判断，其中涉及对一些具体要素的解释。[②]

---

① See U. Kriebaum, “Regulatory Takings: Balancing the Interests of the Investor and the State”, *The Journal of World Investment & Trade*, Vol. 8, 2007, p. 733.

② See R. Dolzer & C. Schreuer, *Principles of International Investment Law*, Second ed., OUP, 2012, pp. 115-126; P. Muchlinski, F. Ortino & C. Schreuerh, *The Oxford Handbook of International Investment Law*, Oxford University Press, 2008, pp. 421-456; B. Al-Mukhaizeemt, “The Dilemma of Indirect Expropriation of Host States and the Right to Regulate in the International Investment Sphere”, *Legal Issues Journal*, Vol. 4, 2016, pp. 3-13.

第一，受损的外国投资财产权的种类问题。原则上说，东道国政府无论是实质性地损害外国投资者的有形财产权，还是损害其无形财产权，均可能构成间接征收。但在实践中，一些国际仲裁庭可能任意扩大对可被征收投资财产种类的界定，从而过度加大了对外国投资者利益的保护。例如，在 2001 年裁决的 *CME v. Czech* 案中，作为申诉方的荷兰投资者称：东道国捷克政府强迫其改变与当地合作伙伴之间法律关系的形式，即将合办公司改为合同关系。由此，当地合作伙伴就能解除合同，离开该公司，并带走该公司的业务，从而使它“失去对其投资的法律保护”。ICSID 仲裁庭支持申诉方的诉求，认定捷克政府“强制或强迫放弃法律保护”的行为“本身就使申诉方投资的价值实质贬值”，因而构成间接征收。

第二，外国投资者对投资财产的控制权问题。诸多国际投资仲裁案的裁决认可，虽然外国投资者仍然控制着投资财产，但只要东道国政府采取的管理措施使其在经济上无法存活，该行为仍有可能是一种间接征收的行为。然而，如果外国投资者对投资财产的控制权仅仅是受到了东道国政府一定程度的干预，而其投资的价值并未实质性丧失的，则不能就此认定间接征收已经发生。例如，在 *LG&E v. Argentina* 案中，仲裁庭指出：“当当事一方不再控制其投资，或不能主导投资的日常经营，可以说其所有权或享有权已被‘抵消’……如果投资还能继续经营，哪怕利润消失，仍不构成对经营业务之投资能力的干预。”又如，2006 年 ICSID 仲裁庭对 *Azurix v. Argentina* 案的裁决指出：“Azurix 没有丧失其所有权的属性，仍然一直继续控制着 ABA，且其 90% 的股权未受影响。无疑，ABA 的经营受到了（阿根廷）下属省有关行为的影响，但不足以使仲裁庭查明投资已被征收。”

第三，对外国投资财产权的部分间接征收问题。关于对被间接征收行为损害之财产权范围的确定，在欧洲人权法院和美国的司法实践中，采取的是“权利整体论”(parcel as a whole)，主张所有权人不能将其财产权加以分解，即只把受影响的那部分权利析出，作为间接征收的对象。[①] 相反，有的国际投资仲裁庭在认定间接征收时，对投资财产权实行所谓的“概念性切割”[②] (conceptual severance)。例如，在 *Pope Talbot* 案中，加拿大政府限制了一美商之产品对美国出口的准入权。该案仲裁庭一反过去有关国际仲裁机构的裁决，不但放宽了对可征收财产种类的界定——承认市场准入权为可被征收的一项投资财产权，而且扩大了对被征收行为损害之财产权范围的认定——视对某一国家出口产品的准入权本身为美国投资者独立的权利，并认为若对其加以实质剥夺，就构成间接征收；而不是视该美国投资者的产品对所有国家出口的准入权为整体，来研判对美国出口之准入权的限制，即相对于整体是否达到了

---

① 例如，在土地征收案中，被征收的土地权利应当是一“权利束”，不能把其中的一项权能剥离出来，独自依这部分权利的受损程度来决定间接征收是否发生。现假设一土地的通行权受到了政府的限制，要看对该通行权的限制是否达到了剥夺所有权人对该土地全部权利的“实质部分”程度，来判断间接征收是否存在；而不能把通行权分割出来，认为只要政府的行为对该部分通行权的限制达到了实质程度，就构成对该土地的间接征收。

② M. J. Radin, “The Liberal Conception of Property: Cross Currents in the Jurisprudence of Takings”, *Columbia Law Review*, Vol. 88, 1988, pp. 1674-1678.

"实质部分"的程度。在对东道国政府行为之效果的认定上，这种"概念性切割"的做法显然对外国投资者有利。

第四，对外国投资财产的"逐渐征收"问题。在国际投资法律和实践中，东道国政府对外国投资者采取的一系列不利措施，如果在还没有到达触发点之前便停止下来，就不会构成征收。但这样的措施如继续进行，则可能成为"压倒骆驼的最后一根稻草"，从而触发间接征收。对此，ICSID 仲裁庭 1999 年在 *Tradex v. Albania* 案的裁决中所作的说明是："在 Tradex 诉称的构成征收的单个决定和事件中，没有一个能被仲裁庭真正地定性为征收。然而，仍有这样的可能，仲裁庭接下来得审查和评估，阿尔巴尼亚在长时间内一步一步出台的决定和事件累积起来是否可被定性为征收。"在国际投资协定中，美国 2012 年《双边投资协定范本》附件 B（征收）第 4 条第 1 款界定的间接征收可以是"缔约一方在特定事实情况下采取的一项行为或一系列行为"。

第五，对外国投资不利措施的持续时间问题。*LG&E v. Argentina* 案的裁决对这方面的规则作了比较完整的阐述："同样，必须考虑的是措施持续的时间与对投资者所有权干预的程度相关。通常而言，征收必须是永久性的，也就是说，其不能是临时性质的，除非投资的成功发展取决于某些活动的实现，而这些活动在特定时刻可能会因变化而受损。"东道国政府对外国投资者采取的不利措施到底是"永久性"的还是"临时性"的，需要根据不同的案情作出判断。在 2000 年初步裁决的 *Myers v. Canada* 案中，ICSID 仲裁庭认为，加拿大政府采取的措施仅仅持续 18 个月，对 Myers 的影响有限，因而不构成间接征收；而在同年裁决的 *Wena Hotels v. Egypt* 案中，ICSID 仲裁庭断定，埃及政府接管外国投资者的宾馆的行为持续将近一年时间，其非"短暂的"，等同于征收。当然，在特定情形下，哪怕东道国采取的措施持续时间很短，仍可能属于间接征收之举。例如，外商投资企业的生产是季节性的，东道国政府恰在外国投资者生产季节采取不利措施，其虽然持续时间有限，但对外国投资造成的损害却是实质性的，于是构成间接征收行为。

第六，东道国政府对外国投资者不作为的问题。在国际投资法律实践中，一些案件的仲裁庭主张，间接征收也可能因东道国政府的不作为而发生。例如，对于 *Eureko v. Poland* 案，ICSID 仲裁庭在 2005 年作出的部分裁决中指出："显然，侵犯一个投资者的权利可能是缔约一方没有去做其必须做的行为所致。"早在 1993 年裁决的 *Amco v. Indonesia* 案中，ICSID 仲裁庭也表达了相同的观点。但也有的国际投资仲裁庭持相反的立场。例如，*Olguin v. Paraguay* 案中仲裁庭的裁决释明："征收从技术上要求触发的行为已经发生；而不作为，也许异乎寻常，不足以使其发生。"

（2）对主观因素的解释。

鉴于外国投资者合理期待所具有的弹性概念之性质，难以期待对其作出机械的解释。但综观国际投资仲裁实践，可以梳理对该主观因素解释的基本取向，并阐明应当考虑的东道国的具体情况。

其一，国际投资仲裁实践的基本取向。

如果东道国政府对外国投资者已在事先作出确定的承诺，尤其是与之订立了相应的契约，那么违反此等承诺的行为，将极易被仲裁庭视为损害了外国投资者的合理期待。早在1978年裁决的*Revere v. OPIC*案中，仲裁庭即言明："我们认为，这些原则尤其适用于这样的问题，犹如本案，一个政府采取的违反或损害外国人经济利益的行为，是否与其对该外国人已诚信地作出的承诺和保证相冲突，且这些承诺和保证曾诱导他们进行现受到东道国行为影响的投资。"

但是，对外国投资者合理期待的损害并不限于东道国违反具体承诺的场合，还包括更广泛的情形。例如，*Azurix v. Argentina*案仲裁庭认为，外国投资者的合理期待"不必基于一项契约，也可以基于国家已作出的明示或默示的保证，或基于作出的表述，而投资者进行投资时已把它们考虑在内"。在*Metalclad v. Mexico*案中，仲裁庭裁决道："这些措施，连同墨西哥联邦政府作出的、Metalclad信赖的陈述，以及地方政府拒发当地建设许可证缺乏及时、有序或实质的根据，相当于间接征收行为。"

除东道国政府违反契约中的具体承诺之外，引发损害外国投资者合理期待的主要情形是东道国改变法律。

当然，如果外国投资者投资之时东道国的法律是透明的，且不违反国际最低待遇标准，其后东道国政府正当地适用这些法律，即使给外国投资者带来损害，也不存在挫败外国投资者合理期待的问题。因为东道国政府在接受外国投资时有权力界定外国投资者可享有的权利，这样的"治安权"早已被1934年国际常设仲裁法院裁决的*Oscar Chinn v. Belgium*案等所肯定。

一旦东道国政府改变了法律，只要在正常行使权力的范围内，也不至于造成对外国投资者合理期待的损害。但何为东道国法律的正常变化，应视个案而定。就此，国际投资仲裁庭自由裁量的尺度也有宽严之分：一些仲裁庭支持的是东道国改变法律会给外国投资者带来损害其合理期待之后果。例如，*LG&E v. Argentina*案仲裁庭强调："投资者的期待应当是基于政府给出的条件，而当这样的期待被侵害时，投资者应该得到损害赔偿。"另一些仲裁庭则倾向于肯定东道国对外资享有的管理权而不是外国投资者的合理期待。例如，*Saluka v. Czech*案仲裁庭申明："国家的管理权力不能被冻结，投资者不应期待投资时的环境不发生变化。"

应当指出的是，在判断"行为效果"时，如上所述，一些国际投资仲裁庭仅以对外国投资财产权的客观损害为据，根本不考虑是否损及外国投资者合理期待的问题；即便另一些仲裁庭对此予以考虑，对该主观要件的解释在整体上也相当宽松，损害外国投资者合理期待很容易得到裁决的认可。一些学者诟病这种倾向实为对外国投资者的偏袒，束缚了东道国对外国投资行使管理的权力。[1]

---

① See A. Luca, "Indirect Expropriations and Regulatory Takings: What Role for the 'Legitimate Expectations' of Foreign Investor", in G. Sacerdoti ed., *General Interests in International Investment Law*, Cambridge University Press, 2014, p. 64; M. Potesta, "Legitimate Expectations in Investment Treaty Law: Understanding the Roots and the Limits of a Controversial Concept", *ICSID Review—Foreign Investment Law Journal*, Vol. 28, 2013, p. 88.

其二，应予考虑的东道国具体情况。

为了在间接征收认定上实现维护东道国公共利益和保护外国投资者私人财产权之间的平衡，需要改变国际仲裁实践就损害外国投资者合理期待实行宽松解释的政策，要求仲裁庭在作出这方面的认定时，还应考虑到东道国的有关特殊情况。

首先，就不同发展水平的国家而言，随着经济自由化的推行，许多发展中国家经济和社会的不稳定性有增无减，相应的，其经济和社会管理措施的实施将更加密集，标准也可能会不断提高。外国投资者在东道国进行投资时对此等态势应当有所预料，像东道国政府加强环境保护这样的做法很难说对审慎的外国投资者会是一个意外之举，进而损害其合理期待。[①] 例如，在 *Methanex v. USA* 案中，仲裁庭裁定，美国加利福尼亚州政府实行的新的环保措施应当为加拿大投资者所预见，不构成对其合理期待的侵害。对发达国家的投资环境尚且可以如此定夺，相比之下，发展中国家的市场经济体制和社会管理体制远未达到发达国家那样的成熟度，外国投资者对于其在发展中国家的投资活动免受当地政府干预的合理期待，理应比其在发达国家投资时的期待更低。

其次，就外国投资者的合理期待是否受损作出判断，应考量投资之时东道国经济社会的整体状况。申言之，一个外国投资者对在东道国经济社会陷入困境时所作投资的合理期待，应低于对在东道国经济社会状况稳定、向好时进行的投资的合理期待。在 2005 年裁决的 *Generation Ukraine v. Ukraine* 案中，为了认定间接征收是否发生，ICSID 仲裁庭需要查明投资者期待的合理性，最终裁决表达的观点是："在决定投资者的正当期待时，考虑作为投资东道国的该国经济的兴衰，与之相关联。"据此，仲裁庭认为，该案投资者属于在高风险的国家开展投资，且潜在的收益高于平均回报，因而当投资者遭遇各种"挫折和推延"时，不能断定已经发生了间接征收。

最后，在具体判定一个外国投资者的合理期待是否受到损害时，还应考虑具体部门和区域内的东道国政府管理措施的性质与程度。例如，在一个已经或可能受到严格环境保护管制的部门或区域内投资的外国投资者，其合理期待受到损害的可能性将小于在此类管制比较宽松的部门或区域内的外国投资。按照经济学原理，如果对期待过高的情形也给予赔偿，将会使一些本应由外国投资者防范的风险"外部化"，从而导致低效率结果的出现。

2. 对"行为性质"的解释

应该说，对东道国政府"行为性质"的判断，有的比较容易取得共识。例如，就东道国政府采取的维护人类健康的有关措施，其社会公共利益之大，通常难以被否认。*Pinnacle Meat Processors Co. v. United Kingdom* 案就是典型一例：原告的肉类加工厂用牛头生产剔骨牛肉，人类食用这样的牛肉，有感染疯牛病的危险。于是，英国政府通过一项法律，禁止生产、加工和销售此种牛肉，致使原告的工厂关闭。原告主张英国政府的这项法律已构成间接征收。1996 年，欧洲人权法院作出判决，认为英国政府

① See J. M. Wagner, "International Investment, Expropriation and Environmental Protection", *Golden Gate University Law Review*, Vol. 29, 1999, p. 537.

的所作所为根本不属于间接征收。其给出的具体分析之一是，在该案中，保护公众健康是“第一重要的”，对私人财产权的保护应当让位。然而，在许多情况下，关于对东道国政府“行为性质”的解释，国际投资仲裁庭存在着相当大的自由裁量余地，其尤其需要注意权属分配和具体取向两大问题。

（1）判断东道国政府“行为性质”的权属分配。

在适用《欧洲人权公约》第一议定书第1条第2款时，欧洲人权法院认为，对于社会公共利益的确立，东道国政府应享有非常大的“剩余裁量权”，即东道国的裁量权是主要的，国际法的监控权是辅助的，国际裁判机构依国际法干预东道国的裁量权时，应保持“司法克制”①。

在国际投资仲裁实践中，欧洲人权法院采取的“剩余裁量权原则”应得到推广。正如英国著名国际法学者劳尔所言，关于对间接征收的认定，东道国“在机构上处于优势地位，以便当管理出现变化时，大胆地决定私人利益应在哪个关键点上让位于公共利益”②。该结论值得称赞：第一，从公正的角度分析，如前所述，自由主义和集体主义都是正义的题中应有之意，各国基于本国的政治、经济、历史、文化、传统等，对两种正义观的认同可能各有偏重，从而在间接征收的认定上，对私人利益与社会公共利益平衡点的掌握并不完全一致。这是完全正常的一种现象。反之，一国以一己之正义观锁定该种平衡点，并强求其他国家遵守，实乃将自己的正义观强加给别人，必然有违国家间的主权平等原则。第二，从效率的角度分析，征收的经济分析表明，如果对社会公共利益的界定过于苛求，动辄认定东道国政府采取的管理措施为间接征收，允许外国投资者要求赔偿，将会激励外国投资者在当地进行缺乏效率的过度投资，并带来“败德行为”（又称“道德风险”）③；相反，如对社会公共利益的界定过于宽松，则将鼓励东道国政府对外资实行同样是无效率的过度管理。然而，因东道国政府掌握的信息最完全，故对社会公共利益的认定是否适度，应交给东道国政府断定。

（2）判断东道国政府“行为性质”的具体取向。

当然，主张由东道国政府主掌对社会公共利益的认定，并非完全要排除国际法的监控。然而，国际法对此所设的监控规则不可能是一些机械的“化学公式”④，而只能是一种具有弹性的标准。由此，将会产生第二个需要应对的问题——国际仲裁机构应如何进行自由裁量，即对东道国政府“行为性质”的认定应采取何种取向的问题。就

① E. M. Freeman, “Regulatory Expropriation under NAFTA Chapter 11: Some Lessons from the European Court of Human Rights”, *Columbia Journal of Transnational Law*, Vol. 42, 2003, pp. 195-199; H. R. Fabri, “The Approach Taken by the European Court of Human Rights to the Assessment of Compensation for ‘Regulatory Expropriations’ of the Property of Foreign Investors”, *New York University Environmental Law Journal*, Vol. 11, 2002, p. 158.

② V. Lowe, “Regulation or Expropriation?”, *Current Legal Problems*, Vol. 55, 2002, p. 464.

③ 例如，外国投资者当因自身原因面临经营危机时，可能会想方设法激怒东道国政府，以诱使它们对其采取管理措施，然后主张这些管理措施构成间接征收，要求赔偿。

④ N. Horn & S. Kröll eds., “Arbitrating Foreign Investment Disputes”, *Kluwer Law International*, 2004, p. 146.

此，发达国家可能会大搞双重标准，对南北国家采取的措施所基于的社会公共利益作出不同的评估。

其一，双重标准出现的主要情形。

关于对东道国政府“行为性质”的评判，发达国家推行的双重标准最可能出现以下情形：

对于东道国政府采取的经济管理措施，发达国家可能会尽力否定其乃出于维护社会公共利益的需要。这样做实际上是将矛头指向发展中国家。显然，发达国家经济的自由化程度高，市场机制比较成熟和稳定，对外资活动的干预少，因采取经济管理措施而引发间接征收的情形比较罕见。在经济自由化趋势的推动下，虽然发展中国家普遍放松了对外资的管制，但许多发展中国家的市场经济仍不完善，民族产业的竞争能力有限，从经济上对外资采取相应的管理措施，显属必要。然而，在平衡利益时，贬低发展中国家出于维护社会公共利益的需要，动辄采间接征收论，将会极大地限制其对境内外资行使正常的管理权。

反之，对于东道国政府采取的社会管理措施，发达国家可能会极力肯定其出于增进社会公共利益的需要。众所周知，发达国家的社会立法发达，采取的社会标准也更高，从“行为性质”的解释上限制对间接征收的认定，于其有利。例如，美国 2012 年《双边投资协定范本》附件 B（征收）第 4 条第 2 款明确列举的“合法的公共福利之目标”只有“保护公众健康、安全和环境”，而没有维护宏观经济稳定乃至克服经济危机一项。从理论上说，对于社会管理措施，在东道国政府“行为性质”方面提高间接征收的认定标准，也可以为发展中国家在该领域行使对外资的管理权留出更大的空间，其本身对发展中国家也不无利处。但问题是，一旦发展中国家对来自发达国家的投资者采取社会管理措施成为现实，发达国家又会极力否认其出于增进社会公共利益的需要。

其二，双重标准的代表性理论。

对于间接征收认定中“行为性质”的解释，实质上持上述双重标准的发达国家学者典型代表如曾任美国国务院法律顾问和美国驻美伊仲裁庭代表的魏纳教授。魏氏提出，要以“国际公认”的标准来限定“合法的公共福利”。这种提法貌似公正，但从实际解释来看，魏氏毫不掩饰其倾向性。①

一方面，魏氏声称，维护公共健康和国际劳工标准等公共福利，由于得到发达国家与发展中国家的共同认可，应具有“国际公认性”；而比如为了建立国际经济新秩序那样主张分配正义和集体目标的，因得不到发达国家的同意，就不是“国际公认”的合法公共福利。此外，美伊仲裁庭曾审理的案件中，伊朗政府为了稳定经济，也是为了使美资企业免遭倒闭而采取的暂时接管措施，也得被视为不是出于合法的公共福利之需要。

---

① See A. S. Weiner, “Indirect Expropriations: The Need for a Taxonomy of Legitimate Regulatory Purposes,” *International Law Form*, Vol. 5, No. 3, 2003, pp. 172-175.

另一方面，魏氏认为，美国采取的环保措施乃出于真正保护环境之目的，而发展中国家实行的环保政策，多是推行贸易保护主义的工具，属于间接征收行为。因发展阶段不同，发展中国家实行的许多管理外资的社会措施，可能在发达国家比较少见。于是，发展中国家以促进"国际公认"的公共福利为目的，就难以被证成，从而难逃被归入间接征收的命运。即便发展中国家采取的社会管理措施，表面上达到了魏氏主张的"国际公认"的公共福利之标准，仍有可能被解释为在本质上是不合法的。

其三，双重标准的国际仲裁实践。

从有关间接征收争端的国际仲裁实践来看，对"行为性质"的解释，也出现了对发达国家和发展中国家实行相当程度的双重标准的趋向。

首先，发展中国家采取经济管理措施所基于的公共利益未得到仲裁庭应有的尊重。姑且不论如在21世纪初阿根廷因金融危机所引发的系列间接征收案中，仲裁庭多主张"单一效果标准"，疏于考虑阿根廷的公共利益。就是在另一些发展中国家的经济管理措施被诉构成间接征收的案件中，即使仲裁庭采取的是"兼采效果和性质标准"，其对东道国公共利益的考虑也是避重就轻。例如，2012年ICSID仲裁庭裁决的*Burlington v. Ecuador*案就将"行为效果"和"行为性质"置于"一主一从"的地位，最终裁决厄瓜多尔政府对外资的征税措施构成间接征收；又如，在2014年国际常设仲裁法院裁决的*Yukos v. Russia*案中，仲裁庭认为，像东道国征税这样的经济管理措施可以直接有利于公共利益的实现，但像该案俄罗斯政府那样试图将尤科斯公司的资产转移给本国国有企业的行为，对于公共福利的实现只能起到非常间接的作用，而且需要经过很长时间才能见效。据此，仲裁庭裁决，不能从"行为性质"上认定俄罗斯政府采取的措施为非间接征收行为。通过对这两个典型案例的分析，有学者得出的结论是，即便对间接征收的认定"兼采效果和性质标准"，就其中公共利益的解释，仲裁庭表面上看似中立，实际上却偏向保护投资者，有失偏颇，不足以有效克服国际投资仲裁的合法性危机。[①]

其次，从发展中国家和发达国家采取社会管理措施而触发的间接征收仲裁案来看，发达国家作为东道国败诉的案件越来越少，而发展中国家被裁败诉的案件的比例依然偏高。由此可见，国际仲裁机构对两类国家在这一性质公共利益事实上的不同对待显然存在。

从应然角度来说，恰与倾向发达国家的上述理论和实践相左，在间接征收的认定上，包括对其中"行为性质"的判断，理应向发展中国家倾斜。[②] 此乃因为，相对于发达国家，发展中国家担当着更为繁重的管理经济社会的任务，对于它们促进本国社会公共利益的需要，国际仲裁机构应作更为宽松的解释[③]，否则，就会阻碍发展中国

---

① See Mojtaba Dani & Afshin Akhtar-Khavari, "The Uncertainty of Legal Doctrine in Indirect Expropriation Cases and the Legitimacy Problems of Investment Arbitration", *Widener Law Review*, 2016, Vol. 22, pp. 20-32.

② See M. Sornarajah, *The International Law on Foreign Investment*, Second ed., Cambridge University Press, 2004, p. 347.

③ See H. Sedigh, "What Level of Host State Interference Amounts to a Taking under Contemporary International Law", *The Journal of World Investment*, Vol. 2, 2001, p. 641.

家对外资采取必要的社会经济管理措施。例如，在欧盟内部，一些新成员国实际上发展水平还不够高，需要借助比较严格的标准来认定间接征收，以有助于它们尽快采取措施，提高环保和公共健康的水平。[①]

最后，值得注意的是，虽然东道国政府损害外国投资者的行为尚未达到间接征收的程度，但仍有可能引发对国际投资协定中其他义务的违反，在国际投资法律实践中最有可能违反的是公平与公正待遇原则。这样也导致了一些国际投资仲裁庭提高了对间接征收认定的门槛，更愿意地将东道国政府对外国投资者采取的不利措施归为违反公平与公正待遇的行为。[②] 至少在许多情形下，对违反公平与公正待遇的赔偿要比对间接征收的赔偿来得更为灵活一些。

第四节　征收补偿

一旦东道国政府的行为被认定为征收，随之而来的将是如何对外国投资者进行补偿的问题，包括补偿标准和补偿额确定两个层面。

一、征收补偿的标准

征收补偿的标准事关从大局上框定补偿额多少的问题。

1. 征收补偿标准的争议

在征收补偿标准上，发展中国家与发达国家历来存在激烈的争议[③]：

一方面，发达国家历来株守的立场是，东道国政府征收外国投资者的财产，必须给予“充分、及时、有效”的补偿；并认为这是一项“国际最低待遇标准”，其理论根据是西方传统的“私有财产神圣不可侵犯”、“尊重既得权”以及“不当得利”等原则。

“充分、及时、有效”补偿标准是时任美国国务卿赫尔于 1938 年首倡的，因此又被称为“赫尔公式”。在该公式中，所谓的“充分”是指赔偿金应相当于被征收财产的全部价值，并包括直至支付赔偿金时的利息；“及时”是指支付赔偿金应尽速实现，不得迟延；“有效”是指赔偿金应以国际硬通货，至少应以可兑换货币支付。

从理论根据上看，“赫尔公式”是站不住脚的，因为“尊重既得权”及“不当得

---

① See H. Mountfield, “Regulatory Expropriations in Europe: The Approach of the European Court of Human Rights”, *New York University Environmental Law Journal*, Vol. 11, 2002, p. 146.

② See R. Dolzer & C. Schreuer, *Principles of International Investment Law*, Second ed., OUP, 2012, p. 101.

③ 南北国家关于外资征收补偿标准的争议，详见曾华群：《外资征收及其补偿标准：历史的分野和现实的挑战》，载《国际经济法学刊》，2006 (1)，第 38～69 页；M. Sornarajah, *The International Law on Foreign Investment*, Second ed., Cambridge University Press, 2004, pp. 435-488。

利”等原则一般针对的是无法律依据的行为，如果把它们套用到征收补偿问题上，等于从一开始就视征收为不法行为，从而陷入逻辑上的自相矛盾。从实际效果来看，假如外国投资者有权按“赫尔公式”索要补偿，广大发展中国家的财力将无法担负，这无异于变相否定东道国对外资实行国有化及征收的权力。

另一方面，广大发展中国家一贯主张，对外资实行国有化或征收，应当给予的是“适当”补偿。这种补偿原则上只是“部分”补偿，但对于特定的征收事例，在东道国财力允许的情况下，可采用其他补偿标准，包括“全部”补偿。但是，无论如何，“适当”补偿都只是东道国在国内法上的补偿标准。

“适当”补偿的根据在于：首先，东道国对其境内的自然资源享有永久主权。据此，东道国有权根据其国内法对外资实行征收，并考虑“本国认为有关的一切情况”，给予适当补偿。其次，如果东道国对本国国民的资产实行征收后仅给予“适当”补偿，那么，按照国民待遇原则，外国投资者也只能得到与东道国国民相同标准的补偿。最后，历史上，许多西方投资者滥用政治、经济乃至军事优势，从东道国攫取了大量的苛刻特权及暴利，这些暴利已远远超过投资的本身价值。现东道国基于公共利益实行征收，给予适当补偿，符合公平和正义的原则。

自20世纪90年代以来，相当一部分发展中国家为了吸引外资，不得不对发达国家作出妥协，被迫在有关国际投资协定中接受“充分”补偿标准。据此，一些西方学者认定，“赫尔公式”已构成国际习惯法。实际上，这样的结论是站不住脚的：首先，从客观要素来看，虽国际习惯法的形成不要求所有国家的行为完全一致，但在一般情况下，至少多数国家的实践应当如此。对于征收的“充分”补偿标准，迄今仍只有部分而不是全部的发展中国家在有关国际投资协定中对发达国家有所妥协。更为重要的是，发展中国家之间缔结的大量双边投资保护协定并未引入“赫尔公式”。其次，从主观要素来看，各国接受的国际通例，只有在它们认为是基于法律义务时，才构成国际习惯法。在有关国际投资协定中，部分发展中国家接受“充分”补偿标准，是基于东道国吸收外资的需要以及受投资者母国政策和实力影响所致，并不具有构成国际习惯法所必需的“法律确信”。

2. 间接征收的补偿标准

间接征收已成为最主要的国际投资争端之一。因此，探讨间接征收的补偿标准具有重大的现实意义。从现行的国际投资协定的条款来看，间接征收的补偿标准包含在对征收补偿标准的一般规定之中，多为“充分”补偿，实际上采取的是一种“要么全有，要么全无”（all-or-nothing）的做法，亦即，如果东道国政府的管理措施不被认定为间接征收，东道国政府就无须向外国投资者承担任何补偿责任；反之，一旦东道国政府的管理措施被认定为间接征收，则无论情形如何，东道国政府均需按照“赫尔公式”，向外国投资者支付全部或充分的损害赔偿[①]，从而置东道国于十分不利的地位。

---

① See U. Kriebaum, “Regulatory Takings: Balancing the Interests of the Investor and the State”, *The Journal of World Investment & Trade*, Vol. 8, 2007, pp. 719-720 and pp. 729-744; J. J. Coe & N. Rubins, “Regulatory Expropriation and the *Tecmed* Case: Context and Contributions”, in T. Weiler ed., *International Investment Law and Arbitration*, Cameron May, 2005, p. 619.

在直接征收的情形下，东道国政府的行为直接针对外国投资者的财产，将其收归已有之后，东道国政府得到了物质上的收入。由此，采取“要么全有，要么全无”的做法，要求在直接征收发生时一概给予全部补偿，似乎还具有一定的正当性。然而，间接征收不同，东道国政府采取管理措施的目的不是将外国投资者的财产收归已有，以获得物质上的直接好处，而只是因管理行为产生的“外部性”及于外国投资者，间接地损害了外国投资者的财产权。因此，对于这样的管理征收，不能一概要求东道国政府对外国投资者支付全部补偿，而是应区分不同的情形，给予数额不等的补偿，即采取“适当”补偿的标准。

首先，如前所述，间接征收可分为合法征收和非法征收。就这两种征收的补偿标准是否应当予以区别的问题，国际投资法律理论与实践存在分歧。这种争议集中到了间接征收：一种观点主张对这两种间接征收应设置不同的补偿标准（区别制）。具体而言，如属合法间接征收，东道国只需给予外国投资者以直接损失“补偿”（compensation）；而属于非法间接征收的，外国投资者可同时获得直接损失和间接损失的“赔偿”（damage）。另一种观点则认为，关于合法间接征收的补偿标准，不应有别于非法间接征收（同一制）。以上两种主张分歧的实质在于，对待合法征收，有着“全部”补偿（同一制）与“部分”补偿（区别制）之争，而在非法征收应支付全部补偿这点上，两种主张实际上并无不同。然而，如果按照同一制，在补偿上不作区别对待，那么国际投资协定区分合法间接征收与非法间接征收还有何意义？

其次，反对区别制者认为，对于间接征收的补偿，只应考虑外国投资者的客观损失，不必顾及东道国政府的主观动机、意图和目的。这样的观点未免过于绝对，就东道国政府的非法征收行为给外国投资造成损失的，的确既要考虑补偿，又要考虑惩罚的因素，促使东道国政府引以为戒。但是，对于东道国政府的合法征收行为，显然只能要求支付补偿而不能妄加惩戒。实际上，要满足出于公共利益、非歧视和符合正当程序等要件并不难，故东道国政府实行的一般都是合法间接征收。然而，国际仲裁实践对于这些合法间接征收的补偿大多采取统一制，一概要求东道国支付“全部”补偿。[①] 此属于偏袒外国投资者之举。据此可知，对于间接征收的补偿应采区分制，合法间接征收与非法间接征收的补偿标准不应等同；即便主张二者在补偿标准上相同，至少在补偿额的计算上前者应低于后者，从宽泛意义上说，就是外国投资者不应得到“全部”补偿。就此，一些持同一制观点者也难以辩驳。[②]

按照区别制，对合法间接征收只能采取“部分”补偿标准，而在该“部分”补偿标准下，根据合法间接征收的不同情形，给予外国投资者的补偿数额也应有大有小。既然在间接征收的认定上，可以运用平衡维护东道国公共利益与保护外国投资者私人

---

① See N. Rubins & N. S. Kinsella, *International Investment, Political Risk and Dispute Resolution: A Practitioner's Guide*, Oxford University Press, 2005, p. 181; C. McLachlan QC, L. Shore & M. Weiniger, *International Investment Arbitration: Substantive Principles*, Oxford University Press, 2007, p. 332.

② See P. E. Comeaux & N. S. Kinsella, "Protecting Foreign Investment under International Law: Legal Aspects of Political Risk", Oceana, 1996, pp. 86-87.

财产权的“比例原则”，那么该原则同样可用以确定合法间接征收之补偿额的大小。[1]详言之，在外国投资财产遭受同等损失的前提下，东道国政府行为的“适当性”和“必要性”如何、外国投资者合理期待受损的程度，以及东道国所要实现的社会公共利益有多大等因素，均将影响补偿额的确定。例如，在其他因素相同的情况下，社会公共利益越小，外国投资者得到的补偿额就越高；反之，社会公共利益越大，东道国给予的补偿额就越低。当然，补偿额大小的最终定夺，需要综合考虑以上各种因素。

由此可见，关于间接征收补偿额的确定，发展中国家长期以来主张的“适当”补偿标准（视征收的具体情形，或给予全部补偿，或给予部分补偿），应当得到支持。值得注意的是，在美国的国内法中，也采取“适当”补偿的提法，对间接征收而言，该标准实质上同样只是一种“部分”补偿。[2] 另者，《欧洲人权公约》第一议定书第 1 条第 2 款也不是保证被间接征收者在所有的情形下都能得到“全部”补偿。[3] 具体而言，“比例原则”既可适用于间接征收的认定，也可适用于补偿问题，这就要求国际投资法律与实践抛弃“充分”补偿之现制，改取“适当”标准。例如，在 *Metalclad* 案中，国际仲裁庭按照《北美自由贸易协定》第 1110 条第 2 款规定的“充分”补偿标准，采用“公平的市场价值”进行估算，最后裁决墨西哥应向美商支付 1 668.5 万美元的补偿金。暂且不论该案可被认定为间接征收已属非常勉强，关于补偿问题，考虑到该案为合法征收，且墨西哥当地政府采取措施涉及的社会公共利益很大，以及对美国投资者合理期待的损害也非常有限等因素，公正的做法应当是适用“部分”补偿标准，而且只是给予少量的补偿，即美国投资者得到的补偿额应远低于仲裁庭裁决的 1 668.5 万美元。

最后，对间接征收的补偿与认定实际上是相互关联的两个问题。在间接征收的认定上，如果国际仲裁庭执意要放宽尺度，而在补偿问题上又概采“全部”补偿标准，那么就是极度偏袒外国投资者之举；反之，虽然国际仲裁庭不当地扩大了对间接征收的认定，但在补偿问题上，能摒弃“全部”补偿标准，改采“适当”补偿标准，调低对外国投资者的补偿额，那么，此举可在一定程度上降低由前者带来的不公正结果。例如，发展中国家一些行为的背后虽然有着足够大的社会公共利益，但因国际仲裁机构滥用自由裁量权，这些行为本不该却最终被判定为间接征收。在此情形下，如发达国家投资者又可按照“赫尔公式”得到高额的赔偿，则将置东道国于极端不公的地位；而且在发展中国家为克服经济危机等采取的宏观调控措施波及大量的外国投资者时，如果国际仲裁机构将之广泛地认定为间接征收，进而要求东道国支付全部补偿，那么

---

① “比例原则”已在包括间接征收争端在内的国际投资仲裁实践中得到广泛的运用，see E. M. Leonhardsen，“Looking for Legitimacy：Exploring Proportionality Analysis in Investment Treaty Arbitration”，*Journal of International Disputes Settlement*，2012，Vol. 3，pp. 120-136。

② See T. W. Merrill，“Incomplete Compensation for Takings”，*New York University Environmental Law Journal*，Vol. 11，2002，pp. 110-135.

③ See H. R. Fabri，“The Approach Taken by the European Court of Human Rights to the Assessment of Compensation for ‘Regulatory Expropriations’ of the Property of Foreign Investors”，*New York University Environmental Law Journal*，Vol. 11，2002，pp. 165-173.

这实际上也是发展中国家所无法承受的。因此，在此等情形下，国际法和国际仲裁机构应“将功补过”，大幅降低对外国投资者的赔偿标准。

二、征收补偿额的确定

补偿额的确定关涉到在具体层面最终判定补偿数额的大小。

无论是采用“充分”补偿标准，还是采用“部分”补偿标准，都有一个对补偿额如何估算的问题。倘若按高估的方法，在“充分”补偿标准下，支付的赔偿额将构成发展中国家无法接受的一项沉重财政负担；而如果按低估的方法，发达国家投资者获得的补偿额将大为降低，在它们眼中，“充分”补偿实际上变成了“部分”补偿。可见，在征收的补偿问题上，补偿额的估算方法有着同样重要的意义。①

对于征收补偿额估算问题的争议主要出现在被征收的是整个外商投资企业的情形。如果该外商投资企业属于“非持续经营企业”（non-going concern），因其已不再具有继续盈利的能力，故只需补偿其有形资产价值的损失。就此，一般不会产生太大的争议。反之，如果该外商投资企业属于能继续盈利的“持续经营企业”（going concern）②，现行的国际投资协定多规定以“市场价值”估价。然而，对于市场价值的确定，发展中国家与发达国家存在着严重的分歧。

发达国家固执己见，认为被征收“持续经营企业”的市场价值既包括该企业资产的价值，也包括其未来利润，应采取“现金流量折现”方法估价。而发展中国家坚决反对补偿额中包含被征收企业的预期收益损失。其理由主要在于：第一，就外商投资的“持续经营企业”而言，其在东道国已经营有年，获得了多少不等的盈利。为实现当地的公共利益，东道国政府对此类企业实行征收后，给予外国投资者以本金的补偿，外国投资者则放弃对预期利润损失的求偿，可谓达到了东道国公共利益与外国投资者私人权益之间的一种公正合理的平衡。第二，如果外国投资者连本带利获得赔偿，那么，它们以其中得到的本金再进行投资，日后仍可获利。由此，就同一笔资金，便有了双重收益，显然将产生不当得利的结果。更为严重的是，外国投资者可能会通过短期行为，人为地扩大利润，以求获得高额赔偿，从而制造“道德风险”。第三，对被征收企业未来利润的估算，往往缺乏应有的确定性，乃至具有很强的投机性。而根据有关国家责任的国际法规则，对于臆测的和不确定的损害，当事方本不应主张赔偿。

相反，发展中国家主张，对于被征收“持续经营企业”的市场价值，应采取“账

---

① 关于外资征收补偿额估算问题的讨论，详见徐崇利：《外资征收中的补偿额估算》，载《国际经济法学刊》，2006（1），第70～108页。

② Going concern 又译“营业兴旺的企业”，按照1992年世界银行和国际货币基金组织联合设立的发展委员会制定的《外国直接投资待遇指南》之指南四第6条的定义，其是指“一个企业拥有能产生收益的资产，且该资产业已营运足够长的时间，由此生成了为计算预期利润所必需的数据，同时这些数据可被认为具有合理的稳定性；假如征收没有发生，在东道国现采取征收措施之后的通常情势下，其于存续期间将继续产生正当的收入”。在之前的该指南草案中，只是简单地要求“持续经营企业”必须是“可被合理地期望”继续产生收益。最后，在发展中国家的要求下，加上了现行条文中更为严格的限定。

面价值”的方法估算，只补偿外国投资者有形资产的损失，而不赔偿其预期收益的损失。

三、中国的立场

中国外资法（如《中外合资经营企业法》第 2 条第 3 款）规定，国家对外商投资企业不实行国有化和征收；在特殊情况下，根据社会公共利益的需要，对外商投资企业可以依照法律程序实行征收，并给予相应的补偿。就征收的补偿标准，在中国对外签订的双边投资保护协定中，除有“适当”补偿规定（如 1986 年中国与瑞士间协定第 7 条）之外，还有“公平”补偿（如 1993 年中国与乌拉圭间协定第 4 条第 1 款）、“合理”补偿（如 1988 年中国与澳大利亚间协定第 8 条第 1 款）、“公正与公平”补偿（如 1985 年中国与科威特间协定第 5 条）等提法，但中国拒绝在此类协定中接受“充分”补偿、“充足”补偿、“全部”补偿等措辞。

关于对征收补偿标准的解释，美国双边投资协定认为，只要按被征收投资的“市场价值”或“公平的市场价值”给予赔偿，即属“充分”。对于何为“适当”、“公平”、“合理”或“公正与公平”补偿，中国对外签订的诸多双边投资保护协定也以被征收投资的“市场价值”或“公平的市场价值”为准，例如，1988 年中国与澳大利亚间协定第 8 条第 2 款、1990 年中国与土耳其间协定第 3 条第 2 款等。按此推论，是否可以说在这个层面上中国实际上已接受了“充分”补偿标准了呢？虽中国对外缔结的某一双边投资保护协定（如 2004 年中国与芬兰间协定第 4 条第 2 款）规定，被征收投资“公平市场价值”的确定“应根据普遍承认的估价原则”，但实际上，迄今为止根本没有这样的“普遍承认的估价原则”。由此可见，无疑，与其他发展中国家一样，中国只会支持以“账面价值”等客观的方法估算被征收企业的“市场价值”或“公平的市场价值”。在补偿额估算这一最终层面上，尚不能轻易得出中国已认同“充分”补偿标准的结论。

第八章

外汇管制与投资转移

第一节　外汇管制

一、外汇管制的含义

外汇管制（foreign exchange control），亦称外汇管理，是指一个国家为了维持国际收支的平衡和汇价水平的稳定，通过制定有关法律、法规、法令、条例，指定或授权某一机构对其境内和其管辖范围内的居民和非居民的一切外汇收支活动实行管制。管制的范围通常包括贸易收支、非贸易收支、资本输出入、汇率、外汇市场、银行的外币存款账户等方面。外汇管制是国家货币金融法律和政策的重要组成部分，对国民经济有着重大意义。

外汇管制是从第一次世界大战时期开始的。在此之前为金本位制度，即本国货币可以向中央银行兑换黄金，而黄金在国际上可自由流通，而且外汇交易和外汇资金的移动也是自由的，那时任何一个国家都没有外汇管制。第一次世界大战期间，参战国为了弥补国际收支逆差，防止本国黄金、外汇资金外流，宣布实行外汇管制，禁止外汇的自由买卖和黄金输出国外。战后经过一段相对稳定的经济恢复，很多国家陆续取消了外汇管制。1929 年世界性经济危机爆发，许多国家放弃了金本位制，全球财政金融一片混乱，各国不得不又重新实行外汇管制。二战期间，各国都对外汇严加管制，1944 年，在 100 多个资本主义国家和地区中，只有几个国家未正式实行外汇管制。二战后，世界面临着从战争废墟中重建家园的重任，许多国家仍继续实施外汇管制。“直到 60 年代，大多数欧洲国家才最后放弃对经常项目的管制，但许多国家仍然保持资本项目的广泛管制，许多不发达国家则因面临外汇资金的经常性短缺，而仍保持着广泛的外汇管制（包括经常项目与资本项目），在可预见的将来，它们也不会取消这些管制。”①

从外汇管制演变的历史进程可以得知，实施外汇管制的根本原因是保障国内经济、金融的发展，改善与平衡收支，防止或减缓国际收支危机，稳定本国金融货币秩序，避免货币信用危机，维护对外经济往来正常发展。具体而言，各国实施外汇管制有下面几个目的：（1）防止资本逃避和外汇投机，以稳定外汇汇率和维持国际收支平衡。这是外汇管制的首要目的。（2）限制外国商品的输入，促进本国商品的输出，扩大国内生产，以改善本国国际收支经常项目的状况。（3）稳定国内物价，避免受国际价格巨大变动的冲击，促进国内经济平衡发展。（4）稳定外汇汇率，保护本国对外贸易的发展。（5）增加黄金、外汇储备，提高货币对外价值，增强本国货币的信用，加强本国的经济地位。

二、外汇管制法

外汇管制法是指一国为实施外汇管制而颁布的法律法规、条例的总和。它一般包括以下几个方面：（1）管制的对象。各国的外汇管制法律法规均规定其所管制的人、物、地区。人被划分为居民与非居民，对二者的管制程度是不同的。物是外汇管制的基本对象，它主要包括外国纸币和铸币，用外币表示的有价证券和支付凭证、贵金属等。携本币出入国境，也属外汇管制的范围。地区是指有些国家的外汇管制法规定对不同地区实施不同的管制政策。（2）指定或建立国家机构作为实施外汇管制的专门主管当局，一般为中央银行、财政部或专门的外汇管理机构。（3）对跨国经济往来中进行支付的限制，如进出口许可证制度，对某些交易征收一定的外汇税、进出口存款预交制等。（4）交付制度（surrender requirement），即规定本国国民或公司应将其在对外交易中取得外汇的全部或部分上交给外汇管制当局或其指定银行或机构，由后者按本国法定汇率偿付其等量本币。（5）汇率管理，即规定本国货币与外币的比价方法。

外汇管制法在一国特别是经济实力相对较弱的不发达国家的经济生活中占据着重要地位，因外汇管制是国家财政经济政策特别是货币政策的重要组成部分。每一个国家都是从本国的实际和经济发展的需要出发，来确定适应本国国情的外汇管制制度和政策的，并且，每个国家的外汇管理方式、范围及政策的宽严程度，是和其经济发展水平、对外经济关系规模、参与国际分工的深度与广度等状况紧密联系在一起的。因此，随着经济条件的变化，各国一般会相应地修改其外汇管制法律法规。

外汇管制法是一国稳定地实施其财政金融政策特别是货币政策的重要保证。一国通过本国的外汇管制法维护了本国货币汇价，改善或平衡了本国的国际收支状况，增加了外汇收入并能集中、经济地使用本国的外汇，从而促进了贸易的发展，保证本国经济的独立和顺利发展。具体而言，外汇管制法在一国经济中的作用表现为以下几个

---

① Abraham M. George，Ian H. Giddy（ed.）：*International Finance Handbook*，Vol. 1，Wiley，1983，p. 2. 2. 4.

方面：（1）国家可以集中外汇收入，有计划地分配使用，有利于平衡国际收支，以充分合理地利用货币资源。（2）对于本国和外国的资金流动在一定程度上能起引导作用，有助于抑制通货膨胀、筹集必要的发展资金，同时防止外汇储备和资金流失。（3）对进口非必需品和高级消费品的限制，有利于撙节使用外汇，同时对国内产品亦起重要的保护作用。发展中国家的外汇管制已成为保护本国市场和新兴工业的一个重要手段。（4）统一规定外汇的价格、买卖、使用，有利于稳定物价和保护本国货币，限制金融投机和走私活动。

目前，世界各国都颁布了自己的外汇管制法律法规，不仅采用《国际货币基金协定》第 14 条规定的外汇管制制度的国家是这样，而且接受了《国际货币基金协定》第 8 条规定的外汇管制制度的国家也是如此。如日本有《外汇管制令》，联邦德国 1985 年《信贷法》中也有有关外汇管制的规定。

国际贸易、国际投资和国际金融领域都离不开外汇，而各国由于本国经济利益的驱使所实施的外汇管制不可避免地会在这些领域中产生重大的影响。如在国际贸易领域，外汇管制成为各国设置非关税壁垒的手段之一；在国际投资领域，引起各方当事人关注的外汇险就主要是各国实行外汇管制的结果；在国际金融领域，外汇管制的影响就更大，仅汇率一项就足以引起国际金融市场的混乱。正是因为外汇管制是国际经济领域中的重要角色，国际货币基金组织才将消除外汇管制作为其宗旨之一，并作了第 8 条与第 14 条之规定，以期协调国际经济的发展。然而自国际货币基金组织成立至今，这一问题仍困扰着该组织及世界各国，“在国际经济继续动荡的形势下，金融货币领域的利益冲突和对立正在进一步加深，外汇管制在长时期内将配合国家经济政策而发挥作用……任何国际安排都很难改变这个基本趋势”①。

三、《国际货币基金协定》建立的外汇管制制度

《国际货币基金协定》第 8 条与第 14 条建立了有关经常项目的外汇管理制度，其第 6 条规定了资本项目的外汇管理制度。这是国际货币基金组织（IMF）的成员国在实施外汇管制措施时所必须遵守的国际纪律。

外汇管制通常涉及的是一国国际收支。国际收支一般情况下分为经常账户与资本账户。随着国际经济的发展，各国对其统计逐渐细化。根据国际货币基金组织《国际收支和国际投资头寸手册》（第六版）的定义，国际收支是某个时期内居民与非居民之间的交易汇总统计表，组成部分有：货物和服务账户、初次收入账户、二次收入账户、资本账户和金融账户。而所谓的经常账户显示的是居民与非居民之间货物、服务、初次收入和二次收入的流量。经常账户是国际收支中重要的账户类别，其中的初次收入为提供劳务、金融资产和出租自然资源而获得的回报，二次收入则是通过政府或慈善组织等的经常转移对收入重新分配。所谓资本账户显示的是，居民与非居民之间非生

① 盛愉：《国际货币法概论》，北京，法律出版社，1985，第 58 页。

产非金融资产和资本转移的贷方分录和借方分录。金融账户显示的是金融资产和负债的获得和处置净额。《国际货币基金协定》由于签订的时间较早，其外汇管制制度只作了经常账户与资本账户之分。现在看来其资本账户是包括《国际收支和国际投资头寸手册》（第六版）中的资本账户与金融账户之和的。

（一）经常项目的外汇管制

《国际货币基金协定》的外汇管制规则对于经常项目用了两个条款，即第 8 条“一般义务”和第 14 条“过渡性安排”。

1. 第 8 条外汇管制制度

《国际货币基金协定》第 8 条所确立的外汇管制制度是同其第 1 条所示的国际货币基金组织为适应会员国间经常交易的进行，协助会员国建立多边国际支付体系，取消有碍国际贸易的外汇管制的目的相配合的。它的基本精神是：

（1）原则上，接受第 8 条义务的会员国不得对经常项目的国际交易支付与资金转移实施限制。并且，第 8 条所言之“限制”一词，指的是会员国对经常项目的支付及资金转移所实施的所有限制，而不论会员国实施这些限制的动机和境况如何。依照第 8 条第 2 款，决定一个措施是否是对经常项目的交易支付与资金转移所实施之限制的指导精神是，该措施是否涉及政府对外汇之提供和使用的直接限制。[①] 也即，接受第 8 条义务的会员国应允许其居民向非居民或外国人购买商品、服务，或与后者从事其他经常性交易，并应赋予其居民以取得其所需之外汇，用于支付上述交易的权利；同时，会员国也不得限制非居民将其近期内取得的贸易盈余转移到他人手中，但以这种贸易盈余是经常性交易而非以资本交易为限。

接受第 8 条义务的会员国在下列两种情况下，可实施与第 8 条义务相抵触的外汇管制措施：第一，国际货币基金组织同意。《国际货币基金协定》允许会员国在其本国国际收支状况不佳的情况下向国际货币基金组织提出维持或实施与第 8 条精神不相符的外汇管制措施的请求。但国际货币基金组织仅在该请求满足该措施为必须和暂时实施，并且该会员国正朝着消除对它的需求的方向努力时，才会同意。第二，会员国的货币被宣告为稀少货币。如果国际货币基金组织认为某个会员国的货币需求量明显地严重威胁国际货币基金组织供应该货币的能力时，将宣告该货币为稀少货币，并授权会员国与国际货币基金组织协商后，可实施任何性质的相应措施，暂时限制稀少货币的自由汇兑。但这种限制仅以使对稀少货币的需求能与该国已有或应有的供应相适应为限，一旦情势有所改观，应立即放宽或解除该限制。

（2）禁止施行歧视性货币措施。接受第 8 条义务的会员国，包括其财政部、中央银行、平准基金会或其他类似的财政机构，不得施行歧视性货币措施或者多种货币汇率制度，但获得国际货币基金组织同意者除外。多种汇率制度，是指在一个国家内，就一种货币而言政府规定几种同时并存的官方汇率。多种汇率少至两种，多至二十种。

---

① See Selected Decisions of the IMF，1991，p. 351.

由于它针对不同商品、不同性质的交易乃至不同国家或地区加以区别对待，其给予某类进口产品以较优惠的兑换率，具有不公平性和歧视性，与《国际货币基金协定》促进汇价的稳定、维持会员国之间有秩序的外汇安排的宗旨相悖，最终将导致经济政策的混乱和发展的不稳定，不利于多边国际货币制度的建立。因此，会员国有义务不实施歧视性货币安排或多种货币汇率制度。

但考虑到有些国家由于历史上和体制上的原因所形成的特殊情况，国际货币基金组织也允许一些会员国在一定时期内采取过渡性的多种汇率制度，或者由于会员国国际收支方面的原因而许可其施行临时性的多种汇率制度。

(3) 兑付外国持有的本国货币。第 8 条第 4 款规定，会员国有义务购买其他会员国在近期经常性交易中所得的本国货币的盈余，条件是其他会员国提出申请并阐明此种盈余为近期经常性交易所得或者此项兑换为支付经常性交易所必需。购回国既可用特别提款权也可用申请国的货币兑付。

第 8 条第 4 款同时规定了会员国在下述情况下可不履行上述的回购义务：第一，会员国正在施行符合《国际货币基金协定》的外汇管制，限制此项货币结存的兑换；第二，此项货币结存系一会员国在实施第 14 条第 2 款规定的过渡性安排的外汇管制期间的交易所得；第三，此项货币结存的获得系违反被要求购买的会员国的外汇管制法令；第四，申请国的货币被宣告为稀少货币；第五，被要求购买的会员国由于其他原因已无资格用本国货币向国际货币基金组织购买其他会员国的货币。

2. 第 14 条外汇管制制度

第 14 条所确立的外汇管制制度授权加入国际货币基金组织的会员国依其本国经济状况，特别是国际收支状况，以及国际经济情势而自行决定是否对本国的国际支付加以限制。它的基本精神是：

(1)《国际货币基金协定》允许接受第 14 条义务的会员国保留其在加入国际货币基金组织时即已存在的对国际交易中经常项目的限制，并可以依情势变迁修正其限制，而不论这种限制是否与《国际货币基金协定》的任何其他条款相抵触。但是，会员国不得对经常性国际交易的支付实施新的限制，除非获得国际货币基金组织的许可。对于如何区别新实施的限制与对原有限制的修改，国际货币基金组织在实践中尚未形成任何固定的标准。一般地，会员国所实施限制的新颖性、实际效果、限制的作用等均为考虑某项限制为新实施或仅为修正的因素。国际货币基金组织如此考虑，目的在于促使会员国不断减少对经常性国际收支的限制，尽早结束过渡性安排而成为第 8 条会员国，使《国际货币基金协定》的宗旨得以充分的实现。

(2) 会员国应承担义务，不断审查其外汇政策是否与《国际货币基金协定》的宗旨相符。会员国依据第 14 条第 2 款的规定而施行的对经常项目的管制只是暂时性的，是一种过渡性安排。所以，采用第 14 条过渡安排的会员国应在其外汇政策中继续贯彻《国际货币基金协定》的宗旨，一旦情势允许，应努力采取各种措施，与其他会员国发展各种商业和金融安排，以便利国际收支及促进稳定的汇率制度。特别是，当会员国相信一旦取消这种限制，并对国际货币基金组织的普通基金不过分依赖就能满足本身之国际收支状况时，应当取消依第 14 条第 2 款所实施的各种限制。

（3）会员国应每年同国际货币基金组织进行磋商，讨论是否继续实施这种过渡性的外汇管制。

（4）国际货币基金组织还可根据采用第 14 条过渡性安排的会员国的经济情况的变化，向该会员国提出将不符合《国际货币基金协定》其他条款规定的限制部分或全部取消的建议，并给予该会员国一定的答复期限。如若国际货币基金组织发现该会员国仍坚持保留不符合国际货币基金组织宗旨的限制，将对该会员国采取《国际货币基金协定》第 26 条第 2 款 a 项规定的制裁办法，即宣告该国丧失使用基金普通资金的资格。

（二）资本项目的外汇管制

《国际货币基金协定》第 6 条规定了资本项目的外汇管理制度，其主要内容是：

（1）《国际货币基金协定》授权会员国可对国际资本转移采取必要的管制措施，只是这种管制不得限制经常项目的支付或不合理地阻滞约定债务清偿的资金转移。但是，实施第 14 条过渡性安排的会员国不受此限制。

（2）如果国际货币基金组织认为对某会员国货币的需求明显地严重威胁国际货币基金组织供应该项货币的能力时，国际货币基金组织应即正式宣告该货币已经稀少，同时，亦可授权任何会员国在与国际货币基金组织协商后，暂时限制稀少货币的自由汇兑，并由会员国自行决定该限制的性质。但此项限制，仅以使对稀少货币的需求能与该会员国已有或应有的供给相适应为限，一旦情况许可，应立即尽速放宽或解除限制。

（3）会员国不得将基金普通资金作为大量或长期的资本输出之用。国际货币基金组织可以要求会员国实行管制，以防止对基金普通资金作如此使用。如果会员国接到国际货币基金组织的管制要求而不采取适当管制措施，国际货币基金组织可宣布该会员国无资格使用基金资金。但允许两个例外：第一，会员国为扩大出口或进行正常贸易，在金融业或其他业务使用基金普通资金作必需的合理数额资本交易；第二，会员国使用其自有资金作符合《国际货币基金协定》宗旨的资本移动。

（4）会员国可以在储备部分额度内购买货币，作为资本转移之用。

国际经济一体化的进程不断地深化，把各个国家的经济发展与整个世界经济体系的发展紧密地联结在一起，因而国际经济关系愈来愈具有普遍性与全球性，国际经济形势也随之发生了巨大的变化。有鉴于此，尽管国际货币基金组织认识到，依据上述《国际货币基金协定》条款，会员国有管制资本流动的自由与权利，国际货币基金组织还是不断地在其多边监督磋商和双边政策劝告中鼓励会员国采取措施以促进资本项目交易的自由化，并力劝资本自由化对其广泛结构改革具有决定性意义的会员国放开对资本项目的管制。[①] 国际货币基金组织通过与发展中国家的磋商，逐个地实现了资本

---

① See IMF Occasional Paper, "Capital Account Convertibility: Review of Experience and Implications for IMF Policies", by staff teams headed by Peter J. Quirk and Owen Evans, 1995, p. 5.

项目自由化的目标，特别是，从20世纪80年代中期开始，国际货币基金组织通过其技术援助这一媒介来发展外汇市场，以逐步达到资本自由化之目的。而在传统上，国际货币基金组织的技术援助是用来处理会员国经常项目自由化的。[①] 国际货币基金组织在推广"华盛顿共识"包括资本账户自由化方面确实发挥了一定作用，多次对会员国提出包括资本账户自由化在内的各项改革建议。1994年10月，国际货币基金组织临时委员会通过的《马德里宣言》在鼓励会员国进一步地实行经常项目可兑换的基础上，再次鼓励会员国取消对资本流动的阻挠。[②] 经过国际货币基金组织不断地努力，已有相当多的国家，包括发展中国家，逐步放开了对资本项目的管制，使资本的国际流动日益自由化。[③] 国际货币基金组织在1997年9月发布的1997年年度报告中提出，"基于世界经济稳定增长和全球一体化得以发展，国际货币基金组织正考虑把资本项目自由化作为其努力的目标"。国际货币基金组织执行董事会在该年度年初两次讨论了资本项目自由化的问题，并提出为了使国际货币基金组织对国际资本流动实行更为有效的监督，需要对《国际货币基金协定》的有关条款进行修订。然而，由于自1997年以来，不断爆发的地区甚至全球金融危机，特别是2007年以来的全球金融危机，使得国际货币基金组织不得不对资本项目的全面自由化进行重新评估，其对资本项目自由化的态度也没有如20世纪80—90年代那么激进了。

1997年亚洲金融危机以后，国际货币基金组织的态度已有明显转变，认为应当将资本账户自由化作为一揽子经济改革的一个有机组成部分，与其他相关改革协调推进。它也很少建议成员国不讲条件、不管次序、不顾后果地激进推行资本账户可自由兑换了。2008年金融危机以来，国际货币基金组织进一步发展了关于资本账户自由化的观点。在《资本流动自由化与管理：基金组织的观点》的工作报告中，国际货币基金组织比较系统地梳理了其对资本账户自由化的看法：一方面，资本流动可以提高效率，促进金融部门竞争，便利生产性投资和平滑消费；另一方面，资本项目开放的利弊以及资本项目开放的适当程度有赖于一国特定的发展环境，并非任何时候对任何国家来说资本项目开放都是最合适的目标。国际货币基金组织指出，资本项目开放需要缜密规划，应注意发挥包括货币、财政和汇率政策等在内的宏观经济政策在管理资本流动中的作用。国际货币基金组织在该报告中同时也声明，其对国际资本流动的授权及管理非常有限，它的观点可用于对会员国提出政策建议和进行监督评估，不会改变会员国既有的权利和义务，也不构成使用国际货币基金组织贷款的强制性要求。[④]

---

① See IMF Occasional Paper, "Capital Account Convertibility: Review of Experience and Implications for IMF Policies", by staff teams headed by Peter J. Quirk and Owen Evans, 1995, p. 6.

② Ibid., p. 1.

③ Ibid., p. 2.

④ See IMF, "The Liberalization And Management of Capital Flows: An Institutional View", November 14, 2012.

第二节 国际投资协定中的投资转移

国际投资协定①中的投资转移条款是由政治风险中的汇兑险或外汇险条款发展演化而来的。其核心内容在于东道国承诺保证投资者的投资及其收益能够自由地兑换、自由地转移出东道国。其核心价值在于保护投资者的财产利益不被东道国的外汇制度所限制。

从国际投资协定的实践来看，国际投资协定中投资转移条款的标题主要有以下几种表达方式："转移"（Transfers）、"投资及其回报的转移"（Transfers of Investments and Returns）、"资本及其回报的转移"（Transfer of capital and returns）、"汇回"（Repatriation）、"投资及其回报的汇回"（Repatriation of Investment and Returns）。目前较为常见的是采用"转移"这种表述。该条款主要规定了东道国保证缔约方投资者资本自由转入、转出的内容、条件、限制及例外。

一、转出与转入

国际投资协定中投资转移条款中"转移"的含义应该主要是指"转出"，即转移出东道国。不需要专门去规定所谓的"转入"，即投资转移进入东道国，因为投资者的投资自由地"转入"东道国是国家间签订国际投资协定的本来之意。只是由于若干国际投资协定中的转移条款包含了"转入"的表达，所以现在提及国际投资协定中的转移条款时会主张该"转移"具有"转出"与"转入"两层含义。

所谓"转出"，是指缔约一方承诺允许另一缔约方的投资者自由汇回其与投资有关的资本及其收益，内容包括投资者正常经营过程中发生的转移保证、缔约一方基于其他投资保护义务而向投资人作出的赔偿的转移保证两个方面。这种"转出"承诺可见于几乎所有的国际投资协定。而"转入"是指缔约一方应保证另一缔约方的投资者为在东道国进行投资自由地转入协定所规定的投资资本。如，《跨太平洋伙伴关系协定》"投资"章第 9.8 条第 1 款规定："每一缔约方应允许所有与涵盖投资有关的转移自由、无迟延地进出其领土。"美国 2012 年《双边投资协定范本》第 7 条第 1 款规定："缔约一方得允许所有与所涉投资相关的转移自由与不迟延地进出其领土。"中日韩投资协定第 13 条第 1 款规定："各缔约方应保证，缔约另一方的投资者在其领土内与投资有关的转移，可以自由转入转出并不得延误。"《能源宪章条约》第 14 条第 1 款规定："每

① 国际上目前主流观点主张，国际投资协定主要由双边投资协定（BIT）和自由贸易协定（FTA）及类似条约中的投资章节构成。本章在一般性论述时采用"国际投资协定"的表述，特定情况时采用 BIT 或 FTA 表述，但从实际内容来说，无论什么表述都是一样的。

个缔约方应保证在其境内的其他缔约方投资者的投资可以自由地转入或转出……”

二、转移对象

投资转移的项目是投资协定中投资转移条款的主要内容，通常采取概括加列举的方式加以规定。实践中，也有极少数的投资协定仅进行概括性规定，如《中华人民共和国政府和以色列国政府关于促进和相互保护投资协定》第 6 条“投资和收益的汇回”规定：“各缔约方应保证根据缔约另一方投资者履行投资之日有效的法律和法规，在缔约另一方的投资者在已履行其全部财政义务并遵守所有外汇条例要求的条件下，不受限制地汇出其投资及收益的权利和利益……”，或者仅有列举清单，如《中华人民共和国政府和巴布亚新几内亚独立国政府关于促进和保护投资的协定》第 6 条“投资的汇出”规定：“一、缔约一方应在其法律和法规的管辖下，不无故迟延地允许以任何可自由流通的货币进行转移以下：（一）缔约另一方国民或公司投资所得的净利润、股息、提成费、技术援助费和服务费、利息及其他日常收入；（二）缔约另一方国民或公司投资的全部或部分清算所得；（三）缔约另一方国民或公司所借且缔约双方均承认为投资的贷款的偿还款项；或（四）被允许在缔约一方领土内工作的缔约另一方国民的收入。”

相对来说，绝大多数的国际投资协定，特别是近期的实践，其转移条款通常采用概括性与举例相结合的方式。例如，美国 2012 年《双边投资协定范本》第 7 条“转移”规定：“（一）缔约一方得允许所有与所涉投资相关的转移自由与无迟延地进出其领土。这些转移包括：(1) 投入的资本；(2) 利润、股息、资本收益以及从出售全部或部分所涉投资或者从部分或完全清算所涉投资中所获得的收益；(3) 利息、特许权使用费、管理费用、技术援助及其他费用；(4) 根据包括贷款协定在内的所合同进行的支付；(5) 依据和第 5 条［最低待遇标准］第 4 款、第 5 款和第 6 条［征收与补偿］进行的支付；以及 (6) 由于争端所产生的支付。”《跨太平洋伙伴关系协定》第 9.8 条“转移”规定：“1. 每一缔约方应允许所有与涵盖投资有关的转移自由、无迟延地进出其领土。该等转移包括：(a) 投入的资本；(b) 利润、股息、利息、资本所得、特许费款项、管理费、技术援助费和其他费用；(c) 全部或部分出售涵盖投资所得，或全部或部分清算涵盖投资所得；(d) 根据包括贷款协议在内的合同所付款项；(e) 根据第 9.6 条之二（武装冲突或内乱情况下的待遇）和第 9.7 条（征收和补偿）所获款项；(f) 因争议而需支付的款项。”《中国—加拿大双边投资协定》第 12 条“转移”规定：“一、缔约方应以自由和不迟延的方式，准许与涵盖投资有关的所有转移。这些转移包括：（一）资本注入；（二）产生自投资的利润、资本收益、红利、利息、包括与知识产权和工业产权有关的支付在内的特许权使用费、酬金、实物回报或其他收入；（三）全部或部分涵盖投资出售所得收益，或者部分或全部投资清算所得；（四）投资者或其涵盖投资达成的合同项下的支付，包括依据贷款协议进行的支付；（五）依据本协定第十条和第十一条及第三部分进行的支付；以及（六）一缔约方国民在另一缔约方境内从事与一项投资有关的工作所取得的收入。”

三、可兑换性要求（货币/汇率）

所谓的可兑换性指的是转移条款中规定的可转移的货币、转移时适用的汇率以及转移的时间。

1. 货币类型

由于各国经济发展不同，东道国在转移货币类型上做法并不相同。

（1）大多数条约允许以可自由兑换的货币转移。如 2003 年《中国—德国双边投资协定》第 6 条“投资和收益的汇回”第 3 款规定：“上述转移应以可自由兑换的货币按照转移当日接受投资的缔约一方通行的市场汇率不迟延地进行。”

（2）也有一些条约规定以初始投资的货币或双方同意的货币类型转移。如《中国—英国双边投资协定》第 6 条“投资和收益的汇回”第 3 款规定：“货币的转移应以该资本初始投资时的可兑换货币或投资者与有关缔约方同意的任何其他可兑换的货币不迟延地实施。”

（3）还有一些条约对于可转移的货币种类未作规定，如 2007 年《中国—法国双边投资协定》。

一般而言，对于什么是“可自由兑换的货币”，大多数双边投资协定通常没有给予界定，对其含义的理解，可参照国际货币基金组织的相关规定。如《跨太平洋伙伴关系协定》第 9.1 条“定义”规定：“可自由使用货币指由国际货币基金组织根据《国际货币基金协定》确定的‘可自由使用货币’。”中日韩投资协定第 1 条“定义”规定，“‘可自由使用货币’一词是指在《国际货币基金协定》条款项下定义的可自由使用货币”。

2. 汇率

大多数双边投资协定都规定转移应依转移日的市场汇率进行，但也有一些投资协定对汇率问题作出了其他方式的规定。有的协定采用转移之日东道国的官方汇率；有的协定要求按转移时实际使用或通行的或有效的汇率（通行汇率对于采取不同汇率制度的国家可能有不同的指称，有可能是官方汇率，也有可能是市场汇率或依据其他标准确定的汇率）。如《中国—英国双边投资协定》第 6 条第 3 款规定：“除非有关的国民或公司另行赞同，转移应依照有关缔约一方有效的外汇管理条例按转移之日适用的汇率进行。”而在采用市场汇率下，如果市场汇率不存在，则采用交叉汇率。如中德、中荷双边投资协定规定，该汇率必须符合转移时国际货币基金组织特别提款权同有关货币的汇率折算而得出的汇率。具体如 2011 年《中华人民共和国政府和乌兹别克斯坦共和国关于促进和保护投资的协定》（以下简称《中国—乌兹别克斯坦双边投资协定》）第 8 条第 2 款规定：“除本协定中另有规定外，缔约任一方，根据其法律和法规，应保证以上转移以可自由兑换的货币按照转移当日的市场汇率不延迟地进行。”《中华人民共和国政府和马里共和国政府关于相互促进和保护投资协定》第 6 条“转移”规定：“……三、上述转移应以可自由兑换的货币按照转移当日接受投资缔约一方通行的市场汇率进行。四、在没有外汇市场的情况下，使用的汇率应为支付当日国际货币基金组织规定的缔约双方货币与特别提款权之间的汇率得出的交叉汇率……”《中国—加拿大双边投资协定》第 12 条“转移”第 2 款规定，任一缔约方应准许涵盖投资用自由转换的货币以转移之日通行市场汇率进行转移。如果市场汇率不存在，该兑换汇率应符合国际货币基金组织于支付当日适用的将相关货币转换成特别提款权的交叉汇率。

3. 转移时间

绝大多数双边投资协定规定转移不得延迟或不得无故延迟。有些条约则规定得更详细，如中日韩投资协定第 13 条“转移”第 5 款规定：“完成本条第四款所指程序需要的时间，应从第一款所指的投资者向该投资者投资所在缔约方外汇管理机关提交书面转移申请（附必要的证明文件）开始计算。投资所在缔约方有关机关应当在大约一个月期间内给予必要的授权，并且从申请提交之日起不超过两个月。此类程序不应被用作规避缔约方在本协定项下义务的手段。”

四、自由转移的限制

双边投资协定中自由转移的保证针对的是投资者的投资本金及其合法利润、收益（包括外籍员工的合法收益），并且，这些收益在不涉及善意第三方的利益的前提下可自由转移。因而，在投资协定中会对若干收益的自由汇出作出限制性的规定，只是要求东道国依法善意地、公正地和非歧视地实施该汇出限制。如《中国—加拿大双边投资协定》第 12 条“转移”第 3 款规定：“尽管有本条第一款和第二款的规定，一缔约方可以公正、非歧视和善意适用其法律的方式阻止与下述情形有关的转移：（一）破产、无力偿还债务或保护债权人权利；（二）证券发行、交易或买卖；（三）犯罪或刑事违法；（四）货币或其他金融工具转移的申报；或者（五）确保司法程序中判决的履行。”《跨太平洋伙伴关系协定》第 9.8 条“转移”第 4 款规定：“尽管有第 1 款、第 2 款和第 3 款的规定，一缔约方可公正、无歧视和善意地适用与下列事项有关的法律（包括与社会保障、公共退休或强制储蓄计划有关的法律）以阻止或延迟转移：(a) 破产、无力偿还或保护债权人的权利；(b) 证券、期货、期权或其他衍生品的发行、买卖或交易；(c) 刑事犯罪；(d) 协助执法或金融监管机关所必需的对转移进行财务报告或记录；(e) 保证遵守司法或行政程序作出的命令或判决。”其第 5 款规定：“尽管有第 3 款的规定，但如出现包括第 4 款在内的本协定其他规定限制实物回报转移的情况，则一缔约方可限制该等转移。”

有些协定对于转移还规定了应当按照东道国法律履行相应的汇出程序、手续。如中日韩投资协定第 13 条“转移”第 4 款规定：“本条所指的转移应当遵守缔约另一方投资者进行投资时缔约一方有效的外汇管理法律法规（如有）规定的相关程序，这些程序包括但不限于与下列事项相关的程序：（一）海外投资；（二）清算、所有权转移、注册资本减少，包括投资所得资金再投资的相关程序；（三）偿还登记外债（包括从外国投资者获得的贷款）的本金和利息；或（四）本国担保人提供的对外担保。”其第5款相应规定了东道国完成这些程序的时间：“完成本条第四款所指程序需要的时间，应从第一款所指的投资者向该投资者投资所在缔约方外汇管理机关提交书面转移申请（附必要的证明文件）开始计算。投资所在缔约方有关机关应当在大约一个月期间内给予必要的授权，并且从申请提交之日起不超过两个月。此类程序不应被用作规避缔约方在本协定项下义务的手段。”

五、自由转移的临时背离

由于投资资产属于资本项目，其转移会对东道国的金融稳定带来一定的影响，因而，大多数的协定允许东道国在本国收支平衡存在较为严重状况时临时偏离协定保证的自由转移规定而限制其汇出。所谓临时背离，是指允许东道国在面临国际收支失衡的情况下采取临时性措施对资金转移进行管制。即使在双边投资协定中规定了投资和收益的绝对转移自由，也不能妨碍处于经济紧急状态的国家援引“情势变迁”原则，对该权利进行限制，临时背离就是该种限制的法定情况。如《中国—加拿大双边投资协定》第12条“转移”第4款规定：“（一）本协议不得阻止一缔约方在经历严重国际收支平衡问题时，或者面临严重国际收支平衡问题威胁时，采取或维持限制转移的措施，前提是该措施符合如下条件：1. 有限定的实施期，在善意基础上实施，且适用该措施的情形改善时应该停止实施；2. 不构成双重或多重汇率做法；3. 不妨碍投资者在该缔约方领土上以其选择的方式进行投资的能力，以及，与之相关，不妨碍投资者以当地货币形式对限制从缔约方领土转移出境的资产进行投资的能力；4. 在公正和非歧视的基础上适用；5. 由该缔约方的金融服务主管部门或者中央银行迅速公布；6. 符合1944年7月22日于布雷顿森林通过的《国际货币基金组织协定》的规定；以及7. 防止对另一缔约方的商业、经济和金融利益造成不必要的损害。（二）第（一）分款不适用于经常性交易下限制支付或转移的措施，除非实施该措施符合《国际货币基金组织协定》规定的程序。”其第5款同时规定：“尽管有第一款的规定，一缔约方在依据WTO协定可限制转移的情形下，可以限制实物回报的转移。”

在国际投资协定的实践中，在要求东道国采取“临时背离”措施时应该在“公平、非歧视和善意”的基础上进行之外，有些协定还规定了其他一些限定条件。如2011年《中国—乌兹别克斯坦双边投资协定》第8条第4款规定：“在国际收支遇到严重问题或受到严重威胁的时候，缔约任何一方可以参照国际标准实施有关措施，暂时限制转移。这些限制应该在平等、无歧视和善意的基础上实施。”它要求的是按照“国际标准”实施。而2004年《中国—芬兰双边投资协定》要求的是按照国际货币基金组织的规定实施，其第6条第2款规定：“缔约一方在国际收支平衡发生困难情况下，在公平、非歧视和善意的基础上可以采取管理措施，但应符合国际货币基金组织在此类情况下规定的时限和根据法律所获得的权力。”

《中国—英国双边投资协定》第 6 条第 2 款则规定了采取临时背离措施必须在限定的时间内完成以及不受该措施影响的若干转移项目：“上述第一款所提到的权利应受制约于缔约各方有权在其国际收支困难的例外情况下，并在有限的时期内公平诚信地行使其法律所赋予的权力。但此种权力不得用于阻止利润、利息、股息、使用费或酬金的转移，并应保证每年至少转移百分之二十的投资及其他任何形式的收益。”《中国—法国双边投资协定》中则明确规定了实施临时背离措施的时间，其第 6 条第 5 款规定：“在特殊情况下，当从第三国流入的资本或向第三国流出的资本引起或者威胁引起严重的收支失衡，任一缔约方可以暂时对转移采取保障措施，只要这些措施是必要的，并且是以公平的、非歧视的和诚信的方式做出。这些措施在任何情况下不得长于 6 个月。”

第九章

国际投资担保制度

国际投资担保（investment guarantees）也称“国际投资保险”，是海外投资保护的重要措施之一。目前，许多国家尤其是资本输出国都建立了本国的海外投资担保制度，世界银行也建立了多边投资担保机制。投资担保已经成为国际投资法的重要组成部分，对于促进海外私人直接投资发挥了重要作用。

第一节　国际投资担保的国内法制度

一、海外投资担保制度的产生

国际私人直接投资活动不仅面临商业风险，而且相比其他商业活动更容易受到政治风险的影响。特别是在二战后相当长一段时间内，发达国家在发展中国家的海外私人直接投资屡屡遭遇战争和内乱、没收和国有化、外汇禁兑、政府违约等种种政治风险的影响。于是发达国家意识到，对本国海外私人直接投资必须从法律上加以保护，从而降低政治风险对其造成的不利影响。1948 年，美国制定《对外援助法》（Foreign Assistance Act），首创国际投资担保的国内法制度——海外私人直接投资保险制度，针对在欧洲国家发生的货币汇兑风险（其后转变为针对在发展中国家投资的政治风险）提供担保。随后，德国、法国、丹麦、澳大利亚、加拿大、瑞士、英国、日本、韩国等几乎所有的发达国家都建立了本国的海外私人直接投资保险制度。[①] 目前，海外私

① See Organization for Economic Cooperation and Development, *Investing in Developing Countries: OECD/DAC Member Countries' Policies with Regard to Private Direct Investment in Developing Countries*, Fourth Revised Edition, OECD, 1978, p. 11. 例如，加拿大制定了《出口发展法》（Export Development Act），英国制定了《出口和投资担保法》（Export and Investment Guarantees Act），澳大利亚制定了《出口融资和保险公司法》（Export Finance and Insurance Corporation Act 1991），日本制定了《贸易和投资保险法》（Trade and Investment Insurance Act），韩国制定了《贸易保险法》（Trade Insurance Act）。

人直接投资保险制度已经成为各国国内法中一项重要的海外投资保证制度。

二、海外投资担保制度的特点和内容

(一) 海外投资担保制度的特点

海外投资担保制度是指资本输出国政府对本国国民在资本输入国的投资可能遇到的政治风险给予承保的制度。本国国民在与投资保险机构签署保险合同后，如果发生承保范围内的政治风险并遭受投资损失，可以请求投资保险机构给予赔偿。

与一般的财产保险制度相比，各国海外投资保险制度具有如下主要特点：(1) 海外投资保险机构通常是政府机构或由政府出资设立。目前，大多数国家通过政府出资方式设立专门从事海外投资保险业务的公司。(2) 海外投资保险只承保本国投资者在海外投资遭遇的政治风险，不承保商业风险。各国普遍承保的政治风险主要有外汇转移险、征收或国有化险、战争与内乱险、政府违约险等。(3) 各国建立海外投资保险机制的目的是促进本国的对外投资，而不是营利。因此，各国海外投资保险机构通常收取较低的保险费用，以降低本国投资者的投保成本。

(二) 海外投资担保制度的主要内容

在通常情况下，各国通过立法方式确立海外投资保险制度。概括而言，各国的海外投资保险制度主要有如下内容。

1. 担保机构

与一般的商业保险不同，海外私人直接投资保险是一种政府保证或者国家保证，保险人往往是政府机构或者国有企业，保险业务不以营利为目的，而是为了鼓励和保护本国海外私人直接投资。少数私人性质的商业保险机构也承保海外投资政治风险，这些私人机构的承保业务对政府主导的海外投资保险机制起到了很好的补充作用。例如，美国国际集团（American International Group，AIG）在商业风险保险之外就开办了政治风险保险，承保的海外投资风险包括征收和国有化、货币兑换和禁止转移、政治暴力（包括恐怖主义和战争）。①

(1) 政府设立的投资担保机构的类型。

根据各国相关立法和实践，政府设立的海外私人投资保险机构主要有如下类型：

第一类，政府部门直接从事投资保险业务：由政府机构中的某一部门从事该业务，经费来自政府的年度预算拨款。许多国家在早期采取这种做法。该做法实际上是将投资保险业务作为政府行政管理工作的一部分，目的是确保政府在资金和政策等方面能够提供全方位的支持。但是，僵化的行政管理方式往往难以全面和及时地适应海外投资的商业需求，而且政府部门直接向东道国政府行使代位求偿权有诸多不便，因此，许多国家放弃了这种模式。目前，只有少数国家是由政府部门直接从事投资保险业务。

① 参见 AIG 官网，http：//www.aig.com/。

例如，英国出口信贷担保部（the Export Credits Guarantee Department，ECGD）就属于这类机构。

第二类，政府部门从事投资保险业务，但按公司机制运营：日本经济产业省出口和投资保险课（Nippon Export and Investment Insurance，NEXI）、比利时国家支付保证办公室（Office National du Ducroire，ONDD）就属于这类机构。

第三类，政府出资另行设立全资拥有的独立性公司实体：政府主管部门负责制定与投资保险有关的政策和法规，投资保险的承保和理赔交由专门设立的全资国有企业按照商业模式处理。[①] 以美国为例，海外私人投资公司（Overseas Private Investment Corporation，OPIC）是美国政府出资设立的公司，独立于政府机构，按照市场经济模式经营，自负盈亏，其最高权力机构是董事会，在每个会计年度结束后向国会提交经营状况报告。

第四类，德国模式：政府审批，其他业务委托私人公司办理。在德国，由联邦经济事务和能源部（牵头机构）、联邦财政部、联邦对外办公室、联邦经济合作和发展部组成的部际委员会负责批准和签发出口信贷担保。联邦政府授权私人公司裕利安宜公司（Euler Hermes Aktiengesellschaft，Euler Hermes，全球规模最大的信贷保险机构）和普华永道咨询公司（PwC）处理出口信贷担保业务，负责向出口商和银行提供建议并准备投保申请，其中，普华永道咨询公司主要负责向公司提供咨询、接收新的投保申请和修改申请、接收索赔请求、准备部际会议作出决定所需要的文件、对担保业务进行管理。[②]

（2）伯尔尼联盟。

1934 年，法国、意大利、西班牙以及英国的私人出口信用保险机构和政府出口信用保险机构在瑞士首都伯尔尼成立“伯尔尼联盟”（Berne Union），目的是支持国际社会建立更加完善的出口信用和外国投资保险制度，并为各成员提供专业交流场所。目前，伯尔尼联盟已经有 180 个成员。中国出口信用保险公司也加入了该联盟。

2. 投保人

各国法律通常对海外投资保险的投保人提出资格方面的要求，符合这些要求的投保人称为“合格投资者”。根据各国规定，对投保人的资格主要有如下要求：（1）国籍标准，海外投资保险的投保人仅限于本国国民，包括本国自然人和法律实体。大部分国家提出了该要求。（2）国籍标准和密切联系标准相结合，不仅本国国民可以作为合格投资者，与本国具有密切联系的外国国民也可以作为合格投资者。对于密切联系的

---

① 美国海外私人投资保险公司、加拿大出口发展公司（Export Development Canada，EDC）、澳大利亚出口融资和保险公司（Export Finance and Insurance Corporation，EFIC）、韩国贸易工业和能源部贸易保险公司（Korea Trade Insurance Corporation，K-sure）、南非出口信用保险公司（Export Credit Insurance Corporation of South Africa，ECIC）、印度出口信用担保公司（Export Credit Guarantee Corporation of India，ECGC）均属于这类机构。

② See Federal Ministry for Economic Affairs and Energy，Annual Report 2014，available at https://www.bmwi.de/Redaktion/EN/Publikationen/annual-report-status-german-unity-2014.html.

要求，各国有如下规定：其一，虽为外国国民，但在本国设有机构，也属于合格投资者。其二，本国公司在海外的附属机构，属于合格投资者。

3. 承保的投资

各国均对海外投资保险机构承保的投资在类型、金额、时间等方面提出了要求，符合要求的投资称为"合格投资"。合格投资不仅包括股权投资，还包括贷款和预付款、许可和使用费等。[①] 向投资保险机构投保的投资必须是合格投资，并不意味着所有合格投资将自动获得投资保险机构的承保，只有经投资保险机构审查通过后才予以承保。在通常情况下，各国审查如下因素：其一，海外投资对本国的影响：海外投资必须符合投资国的利益。其二，海外投资对东道国的影响，即海外投资应有利于东道国的经济发展，并（或）经东道国政府的同意和批准。

4. 承保金额

大多数国家对海外投资提供不足额保险，投保人通常自行承担5%左右的风险损失。例如，OPIC对于承保项目因政治风险而遭受损失的赔偿上限为投资额的90%，余下10%的损失由被保险人承担；对每个投资项目可以承保的上限为2.5亿美元（油气类项目因投资额更大，其可承保上限为3亿美元）。[②]

5. 东道国

出于鼓励投资以及外交等方面的考虑，许多国家对投资所在地即东道国提出了要求，符合要求的东道国称为"合格东道国"。只有向合格东道国进行的投资，才能向投资保险机构投保。关于对合格东道国的认定，有如下规定：

（1）合格东道国仅限于和本国签署双边投资协议的国家。[③] 这也就是将东道国是否与其签署投资协定作为承保条件。这种做法称为双边模式。它可以有效地促进向缔约国的投资，并确保代位求偿权的行使。但对于签署投资协定数量比较少的国家，该模式无法发挥鼓励海外投资的作用。

（2）只要是在境外进行的投资，无论是否与本国签署投资协定，都予以承保。该做法称为单边模式。单边模式不以签署国际投资协定为前提，可以鼓励更多的海外投资，但不足是，如果东道国未与本国签署国际投资协定，投资保险机构在行使代位求偿权时只能根据保险合同，欠缺了国际投资协定给予的保障。

6. 承保险别

与一般商业保险不同，海外投资保险承保的风险主要是政治风险（political risk），即非商业风险。对于何为"政治风险"或"非商业风险"，大部分国家的立法并未给予

---

① See Organization for Economic Cooperation and Development, *Investing in developing countries: OECD/DAC Member Countries' Policies with Regard to Private Direct Investment in Developing Countries*, Fourth Revised Edition, OECD, 1978, p. 12.

② 参见OPIC官方网站，https://www.opic.gov/。

③ See Organization for Economic Cooperation and Development, *Investing in Developing Countries: OECD/DAC Member Countries' Policies with Regard to Private Direct Investment in Developing Countries*, Fourth Revised Edition, OECD, 1978, pp. 11-12.

直接定义，而是通过列举方式加以规定。在通常情况下，各国承保的政治风险包括征收险、外汇险（也称转移险）、战争与内乱险、违约险等。事实上，各国承保的政治风险范围经常根据各国经济利益和对外关系与对外政策的发展而变化。① 例如，美国在早期开设征收险、汇兑险、政治暴力险三种险别，随着政治风险的发展变化，现在则包括货币兑换和转移限制险，征收和其他形式的政府非法干预险、政治暴力险、管制政策险、特殊产品风险。在德国，承保的政治风险包括国有化、等同于征收的行为、战争、营业中断、禁止汇兑和转移。根据投保人的请求，也可以承保政府违约险、恐怖主义的政治性行为。②

也有的国家对政治风险作广义解释，涵盖了自然灾害等。例如，日本经济产业省出口和投资保险课承保的政治风险包括汇兑限制/禁止，战争、内乱、革命，支付国延迟支付外汇，罢工、恐怖主义，自然灾害等。③

（1）外汇险（transfer risks）。

外汇险包括禁兑险和转移险，是指东道国政府实行外汇管制，妨碍、迟延投资资本及其收益兑换成自由货币或转移出境而导致外国投资者的损失。禁兑风险发生的原因有多种，如东道国实行外汇管制、停止或限制外汇，或由于其他突发事变，如革命、战争、内乱等，致使投资者无法在一定期间内进行外汇业务等。在外汇险中，大多数国家都排除了货币贬值风险。④

（2）征收险（expropriation risks）。

征收险包括征收或国有化、未给予充分补偿的没收。⑤ 国有化（nationalization）或征收（expropriation）是指国家基于公共利益的需要对私人财产予以全部或部分征用，收归国家所有。

按照征收采取的措施，可以将征收分为直接征收和间接征收。直接征收是指直接剥夺私人财产的所有权。间接征收（也称“蚕食式征收”）是指私人财产所有权人使用、占有和处置的财产虽未被政府接管，但政府所采取的措施或行为的无理干涉或阻碍，使所有权人在合理期限内不能使用、占有和处置其财产，或使企业不能有效经营而导致损失的风险。几乎所有国家的征收险都包括直接征收。但是对于“蚕食式征收”，大部分国家将其包括在征收险范围内，也有少数国家将其排除在外。“蚕食式征收”通常是指本地企业没有被接管，而是其经营活动被政府行为阻止，不再能够进行有效的经营。⑥

---

① See Organization for Economic Cooperation and Development, *Investing in Developing Countries: OECD/DAC Member Countries' Policies with Regard to Private Direct Investment in Developing Countries*, Fourth Revised Edition, OECD, 1978, p. 12.

② See Federal Ministry for Economic Affairs and Energy, Annual Report 2014, available at https: //www.bmwi. de/Redaktion/EN/Publikationen/annual-report-status-german-unity-2014. html.

③ 参见 NNEXI 官网，http: //www. nexi. go. jp/en/products/index. html。

④⑤⑥ See Organization for Economic Cooperation and Development, *Investing in Developing Countries: OECD/DAC Member Countries' Policies with Regard to Private Direct Investment in Developing Countries*, Fourth Revised Edition, OECD, 1978, p. 11.

对于征收和国有化的合法性，国际上有两种意见。一种意见认为，征收和国有化是一个国家的主权的体现。另一种意见认为，只有出于国家公共利益的需要，才能实行征收或国有化。国有化应该是为了公共利益的、非歧视的、遵循正当程序的、有补偿的。关于国有化的补偿问题，国际上有三种观点：一是应给予即时支付、数量充分和有效的补偿。以美国为代表的发达国家持该观点。发达国家间所签署的投资保护协定通常采取这一补偿标准，即及时、充分和有效的补偿。二是给予适当和合理的补偿。三是不予补偿。在补偿的方式方面，大多数发展中国家采取一次补偿、一次征收。有些国家也采取逐步征用、逐步收购的措施。

联合国大会通过的《各国经济权利与义务宪章》规定："每个国家都有权将外国财产收归国有、征收或转移其所有权。在收归国有、征用或转移时，应由采取这些措施的国家，考虑本国有关法律和条例的规定以及本国认为有关的一切情况，给予适当的补偿。"从联合国这一文件的规定可以看出，国有化和征收是一个国家的权力，并且国家可以给予适当的补偿，而不是给予全部补偿。

（3）战争和内乱险（war risks）。

战争和内乱险是指革命、叛乱、内战等致使投资者在东道国的投资及其收益遭受损失的风险。随着恐怖主义事件的日益增多，大多数国家在该险别中也开始承保恐怖主义事件造成的投资损失。例如，美国 OPIC 承保以政治为目的的政治暴力险，包括：宣战或未宣战的战争；国内或国际力量实施的敌对行动；革命、暴动、内乱；恐怖主义和破坏活动。

（4）违约险。

违约是指东道国政府违反其与外国投资者签署的合同。大部分国家将违约险作为独立险别加以承保，但也有国家将其并入其他险别。美国将该险别并入剥夺投资者在项目中的基本权利的征收和其他形式的政府非法干预险。OPIC 传统的征收险包括国有化、没收和蚕食式征收。对项目的政府干预则包括废除合同、拒绝履行合同或者妨碍合同的履行，包括：强迫对合同条款再谈判；征收没收性的税收；没收资金或有形财产；项目被全部国有化等。美国的债务和股权投资者拒绝执行仲裁裁决或拒绝司法，也在该险别的承保范围内。

（5）其他险别。

各个投资保险机构可自行决定可以承保的其他政治风险类型。例如，美国 OPIC 针对可再生能源项目开办了管制政策险（regulatory risk），承保的风险包括：上网电价补贴政策的实质变化；影响项目经营能力的税收或其他政策发生关键性变化；项目经营所必需的许可或授权被撤销；对碳排放额度的制定（根据联合国清洁发展机制或自愿标准）或销售进行不当干预；外国政府不履行特许、技术援助或者有关林业服务的协议。为了满足某些类型国际投资对政治风险保险的特殊需求，美国 OPIC 还针对如下主体、部门或业务制定了具有针对性的保险方案：承包商和出口方；机构（银行和其他金融机构）贷款；资本市场（债券等）；政府不履行主权担保；再保险；自然资源（石油和天然气除外）；租赁（资本租赁和经营性租赁）；石油和天然气。[①]

7. 承保期限

海外投资保险的承保期限较长，大多数国家（美国、德国等）规定海外投资的保险期限最长可以是15年或20年，也有的国家（如日本）规定是10年。

8. 赔偿

在发生承保范围内的政治风险并造成损失后，保单持有人可以向保险机构提出索赔要求，保险机构提供的投资保险大多为不足额保险，即仅赔偿部分损失。许多保险机构通常还规定索赔的等待期，即在发生损失后经过一段时间才可以提出索赔请求，目的是促使投资者积极寻求当地救济。从实际情况看，投资者向保险公司索赔的情况并不多，而且保险公司的认定也比较谨慎。

9. 代位求偿权

海外私人直接投资保险中的代位求偿权是指保险人在投资保险事故发生后，向投保人支付保险金并取得向造成投资风险的东道国政府进行索赔的权利。因此，投资保险中的代位求偿权的行使对象是东道国政府。

在投资保险中，投保人和保险人签订的投资保险合同中的代位求偿权条款是保险人行使代位求偿权的依据。但是，为了保证保险人能够有效地行使代位求偿权，投资者母国往往和东道国政府事先签订双边投资保护协定，使东道国政府在双边投资保护协定中承诺接受投资母国的保险机构向其行使代位求偿权。以双边投资保护协定作为投资者母国的保险人向东道国行使代位求偿权的法律依据，可以将承认和接受代位求偿权转化为东道国在国际法上应承担的义务。因此，为了使代位求偿权得到有效行使，大多数投资保险机构要求投资保险合同必须得到东道国政府的批准或者认可，或者东道国政府已经与投资者母国签署了双边投资保护协定。

需要注意的是，许多投资者母国在投资保险合同中要求投保人在向保险人求偿之前有义务尽量寻求东道国的国内法律救济，从东道国取得赔偿。

10. 保险费率

投资保险的保险费率（premium rates）因投保的政治风险的类型和数量，以及对交易国家和交易特点的风险评估情况而有所不同。但是与商业保险相比，投资保险以鼓励和保护海外投资为目的，因而保险费率相对较低。

三、海外投资保险与劳工权利和环境保护

随着国际社会对劳工保护、环境保护、反腐败等社会问题的重视，一些国家和国际组织将提供劳工保护、环境保护或者反腐败措施作为提供贷款或其他支持的标准。经合组织制定《理事会关于官方支持的出口信贷和环境与社会考虑的共同做法的建议》

① 参见OPIC官方网站，https：//www.opic.gov/。

(Council Recommendation on Common Approaches for Officially Supported Export Credits and Environmental and Social Due Diligence)、《促进可持续贷款做法和向低收入国家提供官方出口信贷的原则和指南》(Principles and Guidelines to Promote Sustainable Lending Practices and the Provision of Official Export Credits to Low Income Countries)、《理事会关于贿赂和官方支持的出口信贷的建议》(Council Recommendation on Bribery and Officially Supported Export Credits)。尽管这些文件适用于官方出口信贷，不适用于海外投资保险，但是，经合组织成员国在提供投资保险时大都会予以充分考虑。例如，英国出口信贷担保部在决定是否对海外投资承保时会参考经合组织的上述指南进行审查。[①] 在日本，NEXI在收到投保申请后也将审查项目方是否考虑了环境和社会影响，尤其是分析环境和社会考虑是否充分建立在其发布的《贸易保险环境和社会考虑指南》基础上。

在美国，OPIC必须根据国会关于环境保护、社会影响、健康和安全方面的要求对投保请求进行审查。2010年10月制定的《环境和社会政策陈述》(Environmental and Social Policy Statement，ESPS)，规定了对OPIC支持的项目在环境、社会、劳工和人权问题上的评估与监管标准。上述文件在很大程度上是建立在世界银行集团、欧洲复兴和开发银行、美国国家间发展银行、美国进出口银行制定的相关规定的基础上的。《对外援助法》(Foreign Assistance Act of 1961) 规定，如果东道国已经或即将制定和执行保护国际公认的有关劳工权利的法律，OPIC可以为在该国的投资承保。但是，对于违反国际公认的劳工权利的计划、项目或者活动，OPIC不应提供任何支持。[②]

第二节 世界银行多边投资担保机制

尽管在多边层面还未达成涵盖内容全面的综合性投资条约，但是，在世界银行的积极推动下，各国在投资担保领域已经形成了多边机制，并且成功运行多年。这对各国投资保险机制、区域投资保险机制[③]、私人保险机构对非商业风险的保险起到了很好的补充作用，为那些尚未建立国内投资保险机制的国家及其投资者更是提供了一个多边平台。

---

① UK Export Finance, "Guidance to Applicants: Processes and Factors in UK Export Finance Consideration of Applications", January 2014.

② See Sec. 231A of Foreign Assistance Act of 1961.

③ 阿拉伯国家签署了《建立阿拉伯国家投资担保公司公约》(Convention Establishing the Inter-arab Investment Guarantee Corporation)，1988年生效。

一、多边投资担保机制的产生

多边投资担保机制的形成以《多边投资担保机构公约》生效和多边投资担保机构的成立为标志。

世界银行自成立时起就关注非商业风险的保险问题。1981 年世界银行着手起草《多边投资担保机构公约（草案）》。1985 年 10 月 11 日，在韩国首都汉城（现在改称"首尔"）召开的世界银行年会会议通过了《多边投资担保机构公约》（The Convention Establishing the Multilateral Investment Guarantee Agency，MIGA Convention，简称《汉城公约》）。1988 年 4 月 12 日该公约生效。多边投资担保机构（the Multilateral Investment Guarantee Agency，MIGA）宣告成立。2010 年该公约进行修订。我国于 1988 年 4 月 30 日加入该公约。1994 年，多边投资担保机构加入伯尔尼联盟。

《多边投资担保机构公约》的签署目的就是在世界银行集团设立一个独立的国际组织——"多边投资担保机构"，通过承保在发展中国家的非商业风险，促进外国投资流向发展中国家。多边投资担保机构的目标是促进成员国之间的生产性投资的流动，特别是促进各成员国向发展中国家成员国进行投资，以补充世界银行、国际金融公司和其他国际金融机构的活动。为了实现该目标，该公约要求多边投资担保机构承担如下职责：(1) 对一成员国向他成员国的投资遭遇的非商业风险损失予以担保，包括进行分保和再保险。(2) 开展补充性活动，以促进各成员国向发展中国家投资以及发展中国家之间的投资流动。(3) 行使为实现其目标所必需的其他权力。

多边投资担保机构总部设在美国首都华盛顿，具有完全的法人地位，特别是有权签订合同，取得和处理不动产、动产以及进行法律诉讼。多边投资担保机构设立理事会、董事会、总裁和职员。其中，理事会是权力机构，由各成员国指派的理事和副理事组成，每年举行一次会议。世界银行行长担任理事会主席。董事会是执行机构，由至少 12 名董事组成，经选举产生，由理事会任命。董事会设有总裁，负责董事会的日常工作。

多边投资担保机构享有以下几方面的特权和豁免。(1) 法律程序豁免：各成员国不得对多边投资担保机构提起诉讼。对多边投资担保机构的财产和资产，不论其在何地、被何人保管，在对多边投资担保机构作出最后判决或裁决之前，不得采取任何形式的扣押、查封或执行。(2) 财产豁免：多边投资担保机构的财产和资产免受搜查、征用、没收、征收或其他通过行政或立法行为进行的任何形式的扣押。(3) 档案和通讯：多边投资担保机构的档案不受侵犯。各成员国对于多边投资担保机构的公务通讯应该给予和世界银行同等的待遇。(4) 税收（包括关税）豁免：对多边投资担保机构及其资产、财产、收入和交易应豁免一切税收和关税。

二、多边投资担保机构的担保业务

多边投资担保机构从事担保和非担保业务，其中，投资担保是核心业务。非担保业务主要是为担保业务提供各项服务，例如，开展投资促进活动，包括提供技术咨询、发布投资信息、在投资者与东道国投资争议中进行协调、推动成员国之间达成投资协定等。为了更好地开展业务，多边投资担保机构发布《业务政策》（Operational Policies），根据《多边投资担保机构公约》的要求对投资担保业务、磋商和咨询活动作出详细规定。

与各国国内担保机构不同，多边投资担保机构的目标非常明确，就是提供投资担保服务。多边投资担保机构不从事贷款业务（该服务由世界银行提供），不提供出口信贷保险服务，也不开展商业风险保险业务。

（一）担保合同的签署和主要内容

多边投资担保机构的担保业务是通过当事人签署担保合同进行的。[①]

1. 合同当事人

多边投资担保机构担保合同的当事人有如下两方：（1）多边投资担保机构，对一成员国在另一成员国投资的非商业风险予以承保，在发生承保范围内的风险后有义务向保单持有人支付赔偿金。（2）保单持有人（Guarantee Holder），即与多边投资担保机构签署担保合同的人。根据《多边投资担保机构公约》的规定，只有合格投资者才能向多边投资担保机构投保并成为保单持有人。为了进一步促进向发展中国家投资，多边投资担保机构既允许东道国项目企业的股东投保，也允许非股东投保。保单持有人可以是如下主体：其一，东道国项目企业中的股权投资者（股东）；其二，向项目企业提供贷款担保的股权投资者；其三，向项目企业提供贷款的股权投资者；其四，向项目企业提供贷款的非股东投资者；其五，向国有企业提供贷款的非股东贷款人；其六，向项目企业提供贷款，并由东道国政府提供担保或投资资金的非股东贷款人。

2. 担保合同的类型及内容

《多边投资担保机构公约》并未规定担保合同应包含的内容，而是要求每一担保合同中的担保条件应该根据多边投资担保机构董事会制定的规则和规章确定，并由多边投资担保机构总裁批准。[②] 为便于开展担保业务，多边投资担保机构发布了多个担保合同的格式合同，这些格式合同包括如下类型。[③]（1）股权投资担保合同：由项目企业股东与多边投资担保机构签署，当股东在项目企业的股权投资因遭遇承保风险而发生损失时，多边投资担保机构给予赔偿。（2）股东贷款担保合同：股权投资者在向项目企业提供贷款时，可以向多边投资担保机构投保。如果股东在提供贷款后因遭遇承保风险发生损失，多边投资担保机构给予赔偿。（3）担保人贷款保证担保合同：项目企业股权投资者在为项目企业向第三方的借款提供担保时，可以向多边投资担保机构投保。如果股东支付担保款项后因遭遇承保风险发生损失，多边投资担保机构给

---

① 多边投资担保机构在成立两年后（即 1990 年）签发第一份担保合同。

② 参见《多边投资担保机构公约》第 16 条。

③ 参见多边投资担保机构官网，https://www.miga.org/resources。

予赔偿。(4) 非股东贷款担保合同：即便向项目企业提供贷款的主体不是项目企业股东，该非股东也可以向多边投资担保机构投保。该非股东如果在向项目企业提供贷款后因遭遇承保风险发生损失，可以向多边投资担保机构索赔。(5) 非股东贷款担保合同（国有企业不履行债务）：保单持有人向东道国的国有企业提供贷款，但不是该国有企业的股东，如果该国有企业不能偿还贷款，将由多边投资担保机构给予赔偿。国有企业是指在东道国提供公共服务或者履行政府职能并受东道国政府控制的实体。(6) 非股东贷款担保合同（不履行主权债务）：项目企业的非股东向项目企业提供贷款，东道国政府是担保人或者有义务应要求进行投资或者提供资金，但东道国政府未能履行义务，从而导致提供贷款的非股东不能收回贷款的，将由多边投资担保机构给予赔偿。

上述格式合同均由正文和附件组成。其中，正文第一部分载明“特殊条件”，第二部分载明通用于各类担保合同的“一般条件”，主要包括担保的风险、担保金额、担保货币、担保期限、保险费、索赔和赔偿、争议解决和法律适用等。以上两个部分是各类担保合同的必备条款。有的类型的担保合同在前两部分内容的基础上增加第三部分“修改”（载明对第二部分的变更问题）以及第四部分“备用选择”（更多范围的承诺，载明分期投资和利润再投资的担保以及担保金额的增加问题）。

以股权投资担保格式合同为例。[①] 该合同正文由两部分组成。第一部分规定了特殊条件，共有如下 15 条：项目企业；投资项目、东道国；担保货币；保单持有人拥有的总股本投资、担保的投资；合同期限；担保期限；担保的风险；等待期；担保的比例、自行承担风险的比例；现有担保金额、最高责任总额；年度保险费率、第一个合同期的总保险费；第一个合同期的到期总额、初期保险费到期日；可扣除额；生效日期；通知地址。第二部分规定了一般条件，共有如下 16 条：适用和解释；定义；转移限制险；国有化风险；战争和内乱险；违约险；自行承担风险的比例；扣除和调整；除外责任；赔偿决定和支付；代位求偿；保单持有人的代表、保证和义务；终止条件；争议解决和适用的法律；范围调整和保险费的支付；杂项。该合同的附件主要包括：多边投资担保机构反腐败指南（MIGA's Anti-Corruption Guidelines）；业绩标准和环境指南；发展效果；降低担保金额和最高责任的通知书。其中，反腐败指南主要是澄清行贿行为、舞弊行为、胁迫行为、共谋行为、阻碍行为的含义。随着国际社会对环境和劳工等问题的日益重视，多边投资担保机构对所有项目适用一套全面的社会和环境业绩标准，也就是附件“业绩标准和环境指南”的内容。在担保期间，担保投资必须满足下列标准：社会和环境评估与管理体系；劳动和工作条件；防止和减少污染；公共卫生、安全和保障；土地征用和非自愿的重新安置；保护生物多样性和可持续发展的自然资源管理；原住民；文化遗产。

3. 担保合同的签署与东道国政府的批准

在向多边投资担保机构投保时，申请人应先向多边投资担保机构提出初步申请，

---

① See MIGA, Contract of Guarantee for Equity Investments between the Multilateral Investment Guarantee Agency and [Guarantee Holder], 2012 Forms—31 December 2012.

在投融资计划完成后，再提交最终申请和相关项目文件。多边投资担保机构在受理申请后，先进行初步审查。东道国政府批准后，多边投资担保机构进行风险评估，交董事会审查，通过后签署担保合同。

在担保合同签署前，东道国对合同主要条件进行认可是一项必不可少的程序。《多边投资担保机构公约》第 15 条规定，多边投资担保机构在东道国政府同意其就指定风险予以承保之前，不得缔结任何担保合同。这一规定可以促使东道国政府在作出同意决定之前对外国投资进行充分评估，并在批准该投资后避免政治风险的发生。而且东道国政府对投保事实的知情也为多边投资担保机构向其行使代位求偿权提供了更多支持。如果东道国对多边投资担保机构提供投资担保没有控制权，任由外国投资者投保，在发生风险事故并且多边投资担保机构给予赔偿后，东道国将不得不接受多边投资担保机构行使代位求偿权，这对东道国是十分不利的。[①] 在投保实践中，通常是由投保人向多边投资担保机构提供东道国批准投保的文件，如果投保人未能提供，多边投资担保机构将请求东道国政府提供批准文件。在必要时，多边投资担保机构也可以请求东道国政府对某些类型的投资或风险的投保予以提前批准。

《多边投资担保机构公约》第 15 条并未要求在签署担保合同前必须获得投资者母国认可，但是在实践中，如果投资者的母国通知多边投资担保机构该项投资违反其法律规定，多边投资担保机构将拒绝为该投资提供担保。[②]

（二）合格投资

虽然多边投资担保机构为成员国之间的跨境投资提供保险服务，但是，为了充分利用有限的资金，多边投资担保机构对承保的投资提出了要求。只有符合这些要求的投资，才能向多边投资担保机构投保。这类投资称为“合格投资”（eligible investments）。

1. 合格投资的类型

多边投资担保机构承保的“投资”是一个广义概念，它既包括直接投资，也包括间接投资。根据《多边投资担保机构公约》第 12 条以及 2015 年《业务政策》的规定，可以向多边投资担保机构投保的合格投资有如下类型。

（1）股权权益和其他形式的直接投资。

股权权益包括股权投资、股权持有者提供给项目企业的中长期贷款或为项目企业的中长期贷款提供的担保。

1）股权投资。以下情形均属于股权投资：在位于东道国的公司或其他法人实体中拥有股份或者所有权利益；在位于东道国的合营企业拥有参与利润分配和清算程序的权利；在位于东道国的非公司性分支机构或其他实体拥有财产所有权；投资者转移到

---

① 参见徐崇利：《多边投资担保机构的比较优势及新世纪的发展战略》，载《华东政法学院学报》，2002（3）。

② 参见国际复兴开发银行理事会：《多边投资担保机构公约解说》，1985 年 10 月 11 日提交各国政府。

东道国并在东道国为生产目的使用一年以上的财产所有权；证券和直接股权投资，包括参与合营、因债务工具转换拥有的优先股和股份；其他形式的股权或者准股本权益。对于股权投资的最低比例，多边投资担保机构没有提出要求。

2）股东贷款，指股权持有者为项目企业提供的一年以上的中长期贷款。

3）股东为项目企业贷款提供的担保，指项目企业的股权持有者为项目企业一年以上的中长期贷款提供的担保或其他形式的保证。

4）其他形式的直接投资。对于“直接投资”，多边投资担保机构董事会根据国际货币基金组织制定的《外国直接投资的标准定义》进行判断。根据该文件，直接投资是指“为了获得在一经济体从事经营活动的某一企业的持久利益，投资目的是为了在该企业的经营管理活动中取得有效发言权”。其他形式的直接投资主要是指非股权形式的直接投资，包括：产量分成合同；利润分成合同；管理合同；特许协议；许可协议；工程、采购和建筑合同、交钥匙合同和履约保证；经营租赁；项目企业向股权投资者或者在投资项目中进行其他形式非股权投资的主体签发的一年以上还款期的次级债务工具；进行其他形式非股权直接投资的主体为项目企业一年期以上贷款提供的担保或其他形式的保证；董事会批准的其他形式的非股权直接投资。无论是何种形式的非股权直接投资，投资期应该在一年以上，并且主要依赖投资项目的生产、收入或利润获得投资回报。如果不是以投资项目的生产、收入或利润作为投资回报，对于许可协议而言，只要是与许可人在投资项目中的合格投资有关，就视为合格投资；对于工程、采购和建筑合同以及交钥匙合同和履约保证而言，如果承包方在项目完成后有义务按规定标准经营或运营投资项目一年以上，也视为合格投资。①

（2）股东贷款之外的其他贷款。

这类贷款主要是指非股东提供的一年期以上的中长期贷款，主要包括：银行、金融机构或其他人（不是项目企业的股东）向项目企业提供的贷款；非项目企业股东为项目企业一年以上的贷款提供的贷款担保或其他形式的保证；其他形式的债务工具；商业功能和目标在所有实质方面等同于贷款的其他金融交易；与其他形式的合格投资有关的掉期交易和其他对冲交易。②

在《多边投资担保机构公约》修改之前，这类贷款被涵盖在经多边投资担保机构董事会特别多数批准的“任何其他形式的中长期投资”中，并要求其与多边投资担保机构已经担保或将要担保的投资有关。在2010年修改公约时，这类贷款被从“任何其他形式的中长期投资”中独立出来、单独列举，加以细化，并放宽了承保条件。

根据2010年修改后的公约，股东贷款之外的其他贷款只要满足下列任何一项条件，就视为合格投资：1）是向特定直接投资和直接投资项目提供融资，或者与特定直接投资或直接投资项目有关，不论这些直接投资或者直接投资项目是否获得多边投资担保机构的担保，也不论这些直接投资是否已经投入。2）经多边投资担保机构董事会

①② See Multilateral Investment Guarantee Agency, Operational Policies, effective on January 6, 2015.

特别多数票通过。也就是说，即便不符合上述第一项条件，但只要经过多边投资担保机构董事会特别多数同意，仍然可以被视为合格投资。特别多数票是指赞成票不少于三分之二，并代表至少55%的认缴份额。

（3）任何其他形式的中长期投资。

这类投资在经多边投资担保机构董事会特别多数批准后，才能作为合格投资。在2010年修改公约以前，股东贷款之外的其他贷款包含在这类投资中。2010年修改公约后，股东贷款之外的其他贷款被作为一个独立的合格投资类型加以列举。这类投资主要包括：1）非股权直接投资之外的一年期以上的工程、采购和建筑合同以及交钥匙合同和相关履约担保。2）与投资有关的一年期以上的掉期交易和其他对冲交易。①

2. 可投资的资产

从资产形式看，合格投资可以是货币或实物。其中，货币应是可以自由兑换的货币或者作出给予担保的决定时可以自由兑换的其他货币。实物可以是有形或无形财产、合同权利或其他具有货币价值的财产。②

3. 对合格投资的时间点要求

根据2010年修改后的公约，在投保申请在多边投资担保机构登记后或者收到投资者提供的旨在获得担保的其他证明文件后进行的投资，都被视为合格投资。这些投资包括：（1）为了现代化、扩大或发展现有投资进行的外汇转移。在这种情况下，原始投资和增加的投资都被视为合格投资。（2）利用现有投资产生的本可汇出东道国的收益。（3）新合格投资者收购现有投资。（4）合格投资者正在寻求将现有投资和新投资一同投保情形下的现有投资。（5）合格投资者的已有投资，但是，这些投资必须改善或促进了潜在项目，或者投资者能够证明其对项目的中长期承诺并且多边投资担保机构认为该项目对东道国的发展仍然具有积极影响。（6）经多边投资担保机构董事会特别多数批准的其他投资。

4. 对合格投资的审查

在对一项合格投资提供担保前，多边投资担保机构通常对如下因素进行审查：（1）投资的经济合理性以及其对东道国发展的贡献；（2）投资与东道国法律和法规的一致性；（3）投资与东道国的发展目标和优先领域的一致性；（4）东道国的投资条件，包括投资获得公正、公平待遇和法律保护的可能性。上述规定体现了多边投资担保机构承保的投资具有发展性，而私营保险机构对国际投资保险业务采取“商业化”经营的方式，不会强调所承保投资项目的发展性。③ 在通常情况下，符合投资东道国发展目标和法律规定的投资项目，其非商业性风险较小。④ 从业务上看，多边投资担保机构的重点放在基础设施发展、促进南南投资、边缘市场国家和受冲突影响的国家。⑤

---

①② See MIGA，Operational Policies，effective on January 6，2015.

③ 参见徐崇利：《多边投资担保机构的比较优势及新世纪的发展战略》，载《华东政法学院学报》，2002（3）。

④ 参见王贵国：《评多边投资担保机构》，载《北京大学学报（哲学社会科学版）》，1989（3）。

⑤ See MIGA，Introduction to MIGA Investment Guarantee Programs，June 2009.

（三）合格投资者

合格投资者（eligible investor）是指有资格向多边投资担保机构投保的人，包括自然人和法人。如果是法人，必须按商业方式经营。因此，以商业方式经营的国有企业属于合格投资者，非营利组织以商业方式进行投资时也是合格投资者。①

1. 非东道国的自然人和法人

自然人投资者必须是东道国以外的多边投资担保机构成员国国民。法人投资者必须是在东道国以外的多边投资担保机构成员国设立并在该国有主要营业地，或其多数资本为东道国以外的多边投资担保机构成员国或者其国民所有。合伙、非法人社团和分支机构不属于合格投资者，但是，合伙人、社团成员和分支机构的所有人是合格投资者。如果投资者拥有多个国家的国籍，则以多边投资担保机构成员国国籍或者东道国国籍为准。

2. 东道国的自然人和法人

根据投资者和东道国的共同申请，经多边投资担保机构董事会特别多数票通过，也可以将东道国的自然人或者在东道国注册的法人或其多数资本为东道国国民所有的法人视为合格投资者。但是，这些投资者所投资产必须来自东道国境外。

（四）合格东道国

为鼓励向发展中国家投资，多边投资担保机构只对成员国合格投资者在发展中国家成员国境内的投资提供担保。也就是说，只有发展中国家成员国才是合格东道国（eligible host countries）。《多边投资担保机构公约》在附表一中将成员国分为两类，第一类是发达国家成员国，第二类是发展中国家成员国，多边投资担保机构理事会可以随时对该清单进行修改。根据附表一，在 181 个成员国中，发展中国家有 156 个，发达国家有 25 个。中国在发展中国家之列，多边投资担保机构已经为多个在中国境内的外商投资项目进行承保。

（五）承保的险别与赔偿

多边投资担保机构只对合格投资者的合格投资在合格东道国遭遇的政治风险（即非商业风险）予以承保。政治风险是指东道国政府（包括中央政府、地方政府）的行为（包括作为与不作为）以及其所同意、授权、批准或指示的作为和不作为。多边投资担保机构每年发布《世界投资和政治风险》（World Investment and Political Risk），对全球经济和对外直接投资的总体趋势、政治风险以及降低风险的策略、政治风险保险产业的新近发展予以分析和说明。

多边投资担保机构主要是对货币转移、征收和类似措施、违约、战争和内乱、东道

---

① 参见多边投资担保机构：《投资担保指南》，2015 年 7 月。

国不履行主权债务等政治风险造成的损失予以承保。根据多边投资担保机构的统计，发生概率比较高的风险依次是违约险、货币转移险、战争和内乱险、东道国不履行主权债务、其他政策/法规的不利修改、征收和类似措施、恐怖主义、向母国直接投资的限制。[①]

1. 货币转移险（Currency Transfer）

（1）《多边投资担保机构公约》的规定。

货币转移险是指东道国政府采取措施，限制将其货币兑换成可自由使用的货币或者保单持有人可接受的另一种货币以及将这些货币汇出东道国境外，包括东道国政府未能在合理时间内对保单持有人提出的转移申请作出任何行动。[②] 概括而言，货币转移险涵盖了直接限制（包括对现有限制的增加）以及间接或隐蔽的限制，不管这些限制是法律规定的还是事实上存在的；而且这些限制必须是东道国政府（包括东道国公共机构）实施的。[③]

（2）担保合同的规定。

多边投资担保机构股权担保格式合同规定，对转移限制的担保包括因下列主体的行为或不行为造成的损失：东道国政府；东道国政府根据东道国法律授权从事外汇交易的实体或个人。这两种情况均直接或间接地妨碍了保单持有人和项目企业依法从事如下活动：1）将基于投资股息、利润或其他金钱利益、处置或返还被担保投资以及被担保投资其他形式的投资回报所获得的东道国货币兑换成担保货币，包括以用于确定参考汇率的优惠汇率进行兑换。2）将基于返还担保投资或者作为担保投资回报所获得的担保货币转移到东道国境外。上述两种情况的后果是无法兑换和无法转移。但是，保单持有人或者项目企业中的任何一方或双方必须满足以下要求：在等待期内已经申请，但是未能通过东道国政府依法实施的兑换机制将东道国货币予以兑换或者转移担保货币；在合同生效日有权在东道国将当地货币予以兑换并转移担保货币。如果损失是由东道国政府剥夺了对担保投资股息、利润或其他金钱利益的使用权和控制权造成的，则属于征收风险的承保范围。

对于发生该风险后的赔偿，股权担保格式合同规定：如果发生了不能兑换风险，应该赔偿与不能兑换的东道国货币等值的担保货币，货币兑换率以损失发生日的参考兑换率为准。如果发生了不能转移货币的风险，则赔偿从损失发生之日起不能转移的担保货币额。

2. 征收和类似措施险（Expropriation and Similar Measures）

（1）《多边投资担保机构公约》的规定。

征收和类似措施险是指东道国政府采取立法措施或行政措施或者有懈怠行为，从而产生了剥夺保单持有人对其投资的所有权或控制权或实质利益的效果，但是，东道

---

① See MIGA, "Supporting Foreign Financing in Arab Region through Mitigation of Political Risk", October 2009.

② 参见《多边投资担保机构公约》第17条。

③ 参见国际复兴开发银行理事会：《多边投资担保机构公约解说》，1985年10月11日提交各国政府。

国政府为管理其境内的经济活动通常采取的非歧视性的普遍适用的措施除外。[①]东道国政府采取的立法或行政措施包括征收、没收、查封、剥夺、扣押、冻结资产等，东道国政府的懈怠行为是指妨碍保单持有人行使权利的行为。由此可见，征收和类似措施不仅包括直接征收，也包括间接征收。除了完全的国有化、没收外，逐步征收（在一段时间内采取一系列行动而产生征收的效果）也在可担保范围，对部分征收在某些情况下也可以投保（如资金或有形财产被征收）。[②]政府管理经济活动的措施主要包括税收、环境、劳动、公共安全等措施。但是，司法机关在行使职能时采取的措施不属于征收或类似措施。[③]

（2）担保合同的规定。

多边投资担保机构股权担保格式合同第 4 条规定，针对征收提供的担保，将赔偿在一个或一系列事件中东道国政府的任何立法行为或者行政行为或管理行为或者疏忽（任何司法行为或疏忽除外）造成的损失，并且损害在等待期内仍然继续：1）直接或间接剥夺或者阻碍保单持有人行使其对担保投资的所有或实质部分的所有权或者有效控制权，或剥夺保单持有人或者项目企业对担保投资的实质利益，该实质利益构成基本权利，对担保投资或项目企业的整体财政能力必不可少。2）直接或间接剥夺保单持有人或项目企业使用、控制任何资金的权利，这些资金构成担保投资产生的股息、利润或者其他金钱利益。东道国政府为了规范经济活动、确保公共安全、提高收入、保护环境目的通常采取的善意和普遍适用的非歧视性措施，不属于征收措施，除非被东道国政府用于实现没收目的。虽东道国政府违反其在东道国与保单持有人、项目企业所签协议下的义务造成了损失，但东道国是在商业基础上行事的，不构成征收。

对于此种风险的赔偿，股权担保格式合同规定：在发生上述第 1）种风险时，赔偿额是保单持有人在项目企业账面净值中所占的份额或者在被征收部分所占的份额，或者被担保投资是由有形资产构成时，在该有形资产账面净值中所占的份额或者在被征收部分所占中的份额。在发生上述第 2）种风险时，赔偿与东道国货币总额等值的担保货币，或者保单持有人或项目企业被剥夺的担保投资的担保货币总额。

3. 违约险（Breach of Contract）

（1）《多边投资担保机构公约》的规定。

违约险是指东道国政府不履行或者违反其与保单持有人签署的合同，并且保单持有人无法通过司法或仲裁机构对其提出违约诉求，或者该司法或仲裁机构未能在担保合同规定的合理期限内作出决定，或者这些机构作出的决定无法得到执行。[④]也就是说，东道国政府存在违约行为本身并不当然构成违约险，只有在发生东道国政府违约行为后，投资者无法通过司法或仲裁途径解决争议，才引发违约险。多边投资担保机构设立违约险一方面是促使东道国政府履行其与投资者签署的合同，另一方面是促使

---

① 参见《多边投资担保机构公约》第 17 条。

② 参见多边投资担保机构：《投资担保指南》，2010。

③ 参见国际复兴开发银行理事会：《多边投资担保机构公约解说》，1985 年 10 月 11 日提交各国政府。

④ 参见《多边投资担保机构公约》第 17 条。

投资者在风险发生后首先在东道国寻求救济，以充分利用多边投资担保机构有限的资金。

(2) 担保合同的规定。

“违约保险可以根据个案与具体问题量身定做。保险范围可以包括吊销执照或许可、关税、法规风险，也可以包括不合理的要求履约保证或终止管理合同。”①

多边投资担保机构股权担保格式合同规定，针对违约提供的担保，将赔偿由下列情形直接导致的损失。不履行仲裁裁决：保单持有人或者项目企业（代表保单持有人）无法执行对其有利的针对东道国政府作出的裁决，并且保单持有人和/或项目企业作出了所有合理努力，以促使裁决得到执行，包括在等候期内提起和参加适当的司法程序。

下列机构造成的违约损失不予以赔偿：在损失发生之日，国有企业或者公共机构不再受政府机关的监督、控制和指示，除非政府机构对这些国有企业或公共机构的义务承担责任；在生效日，政府机构对公共机构或者管理机构是承担责任的，但在损失日不再有责任。

4. 战争和内乱险（War and Civil Disturbance）

(1)《多边投资担保机构公约》的规定。

战争和内乱是指在东道国境内发生的军事行动或者内乱。② 军事行动是指不同国家的政府武装力量之间发生的战争行动，包括经宣战或未经宣战的战争。内乱是指直接针对政府并以推翻政府或将其驱逐出某个特定地区为目的的有组织的暴力行动，包括革命、暴乱、叛乱和军事政变。概括而言，战争和内乱主要是指东道国发生的政府不能控制的革命、起义、政变和类似的政治事件③，恐怖主义也包括在内。④ 战争和内乱不仅包括针对东道主政府的东道国动乱，还包括针对外国政府（包括投资者的母国及政府）或外国投资的东道国动乱。战争和内乱导致投资者的损失主要包括有形资产损失或整体营业中断。如果投资者提出申请，暂时性业务中断也可以包含在担保范围内。⑤

(2) 担保合同的规定。

多边投资担保机构股权担保格式合同第 5 条规定：对战争和内乱险的担保，如果损失是因军事行动、战争行动、革命、叛乱、内战、民众骚乱、暴动、恐怖主义活动、破坏活动引起，并且这些活动（包括针对保单持有人所在国政府、保单持有人国籍国或任何其他外国政府或外国投资的活动）主要是为了在东道国实现政治或意识形态方面的目标，则赔偿下列情形下的直接或间接损失：1）在东道国用于投资项目的有形资产（贵重金属、宝石、艺术品、货币或文件除外）发生毁灭、消失或物理性损坏；或者 2）在等待时期，项目企业作为一个经营性企业无法进行经营活动，而该经营活动

① MIGA，MIGA Annual Report 2003，at http：//www.miga.org.

② 参见《多边投资担保机构公约》第 17 条。

③ 参见国际复兴开发银行理事会：《多边投资担保机构公约解说》，1985 年 10 月 11 日提交各国政府。

④ See MIGA，Investment Guarantee Guide，July 2015.

⑤ 参见多边投资担保机构：《投资担保指南》，2010。

对其整体财政能力极为重要。但是，仅仅为了实现劳工、学生或其他特定利益进行的活动所导致的损失不构成战争和内乱险承保的损失。

对于损失赔偿，多边投资担保机构股权担保格式合同规定，如果发生了财产损失，对于有形资产损失，将支付以下二者中的较低者——重置同类和同质财产的成本、合理维修成本，但条件是，该赔偿将实际用于替代该资产或者维修该资产。如果相关资产既不会被替代，也不会被维修，则赔偿受损财产在损失发生日的账面价值。如果是发生了用途方面的永久损失，则赔偿项目企业损失发生日的账面净值。

5. 其他非商业风险

除上述非商业风险之外，经多边投资担保机构董事会特别多数票同意，也可以将担保范围扩大到其他非商业风险。但在任何情况下，货币贬值或降低定值的风险不被包括在内。随着政治风险的日益多样化，经多边投资担保机构董事会批准，东道国政府不履行主权债务义务、国有企业不履行债务义务的风险已经由多边投资担保机构承保，但是，多边投资担保机构只为信用评级合格的政府/国有企业提供上述担保。[①]

实践中，从事基础设施建设或其他生产性投资的公共部门实体经常向商业性贷款人借款。为了保护此类贷款人的利益，推动涉及主权和次主权交易的信贷业务[②]，多边投资担保机构董事会在2009年对《业务政策》进行实质性修改，增加了一项新的承保风险“不履行主权债务义务”（non-honoring of sovereign financial obligations，NHSFO）。多边投资担保机构承保该风险的前提是，主权债务履行义务是无条件和不能进行任何抗辩的，也就是说，主权政府没有任何理由对到期义务进行抗辩。如果东道国政府未能履行无条件支付义务或担保下的到期付款义务，那么多边投资担保机构对该风险造成的损失给予赔偿。对该风险损失向多边投资担保机构进行索赔时，保单持有人无须提供仲裁裁决。2013年，多边投资担保机构又将“不履行债务”扩大到包括国有企业的债务。当国有企业或公共机构未能履行无条件支付义务或担保下的到期付款义务而导致保单持有人损失时，多边投资担保机构也给予赔偿，但是，该国有企业或公共机构必须是由东道国控制、履行公共服务或政府职能的。目前，多边投资担保机构已经签署多个这类担保合同。[③]

6. 不予承保的情形

以下情形造成的损失不在多边投资担保机构的承保范围内：（1）东道国政府的行为或疏忽，但是，保单持有人已经同意或者负有责任的除外。（2）担保合同生效之前发生的东道国政府的行为、疏忽或其他事件。

（六）担保金额

根据《多边投资担保机构公约》第16条的要求，多边投资担保机构不得承保全部投资损失，即多边投资担保机构提供不足额保险，余下风险损失由投资者自行承担。

---

① 参见多边投资担保机构：《投资担保指南》，2015年7月。

②③ See MIGA，MIGA's Non-Honoring of Sovereign Financial Obligations Product，March 2012.

除了对单项合同有最高承保比例和金额限制外，对单个成员国也有最高承保额度要求。《多边投资担保机构公约》第 11 条规定：多边投资担保机构董事会可以规定对同一成员国投资者提供担保的限额。在确定该限额时，董事会将适当考虑各成员国在多边投资担保机构资本中的份额，并对来自发展中国家成员国的投资给予宽松待遇。

（七）担保期限

公约对担保期限没有作出明确规定。实践中，多边投资担保机构在担保合同中对担保期限的规定从 1 年到 15 年，如能证明是项目性质所需，期限可延至 20 年。一旦担保合同签署并生效，除非出现违约，多边投资担保机构不能终止合同。但是，从第一个合同周年日开始，投保方可以在任何合同周年日减少或撤销担保，且不得对其进行任何处罚。[①]

（八）保险费

公约要求多边投资担保机构制定并定期检查适用于各类风险的担保费率、手续费和其他收费。多边投资担保机构根据每个项目的具体情况决定保险费率，所涉国家、部门、项目和风险类型不同，保险费也不同，保费在每个合同期开始时缴纳。[②]

（九）索赔与支付

1. 索赔

对于保单持有人向多边投资担保机构索赔的条件，公约作出了如下规定：（1）在多边投资担保机构支付赔偿之前，保单持有人必须先寻求按照东道国法律可利用的适当的行政补救。也就是用尽当地救济。（2）担保合同可以要求保单持有人在引起索赔的事件发生一段合理时间（等待期，waiting period）后提出支付请求。为此，多边投资担保机构各类担保合同的格式合同均要求保单持有人在等待期结束后才能获得赔偿。例如，股权担保格式合同规定，如果发生转移限制、国有化和征收、战争和内乱、违约险，从损失发生日起计 180 天后，保单持有人才能向多边投资担保机构提出索赔请求。规定等待期是各国投资担保机构的常见做法，等待期的长短取决于风险类型和情况的复杂性。[③]

2. 支付赔偿金

多边投资担保机构总裁在董事会的指导下根据担保合同和董事会制定的政策，对保单持有人的索赔作出支付决定。由于多边投资担保机构在保单持有人与东道国之间的投资争议中积极进行协调和调解，从 1988 年成立至今，多边投资担保机构仅对 8 起

---

①② 参见多边投资担保机构：《投资担保指南》，2015 年 7 月。

③ 参见国际复兴开发银行理事会：《多边投资担保机构公约解说》，1985 年 10 月 11 日提交各国政府。

索赔案件支付赔偿金。[1]

(十)代位求偿权

代位权(subrogation)是一项公认的保险法原则。保单持有人向多边投资担保机构转让索赔权,多边投资担保机构作为代位人取得投资者拥有的权利。[2]

1.《多边投资担保机构公约》的规定

公约第 18 条规定,多边投资担保机构对保单持有人支付或同意支付赔偿后,取得保单持有人对东道国及其他债务人与担保投资有关的权利或索赔权。鉴于在获得大量东道国货币的情况下如何有效使用和处分这些货币十分重要[3],公约规定,对于因代位获得的东道国货币,对其使用和兑换应该获得与保单持有人享有的待遇同样的待遇。多边投资担保机构有权用其支付行政开支或其他费用。如果这些货币是不可自由兑换的货币,多边投资担保机构可以就这些货币的其他用途与东道国达成协议。其他用途包括将这些货币卖给其他机构(例如国际贷款机构)、在东道国的外国投资者、东道国商品的进口商。

2. 担保合同的规定

为了确保行使代位权,多边投资担保机构的各类担保合同的格式合同都对代位求偿问题作出了详细规定。以股权担保格式合同为例,其第 11 条规定:多边投资担保机构支付赔偿金后,在赔偿总额内拥有了保单持有人针对造成风险损失的东道国政府、项目企业或任何义务方的所有请求权、起诉理由、追偿权利以及其他权利,保单持有人不能采取任何损害多边投资担保机构代位权的行动。本合同的任何规定不得视为多边投资担保机构通过其与东道国政府或任何义务方签署协议放弃或者影响本合同中采取救济或其他追偿措施的独立权利。在多边投资担保机构支付损失赔偿金之后,如果保单持有人又收到了项目企业、东道国政府或者任何其他来源对担保投资支付的全额或部分赔偿,则收到的对担保投资的全额或者部分赔偿应该被视为是保单持有人基于多边投资担保机构的利益以信托形式持有的财产(视为多边投资担保机构的财产),保单持有人应该在收到赔偿后立即向多边投资担保机构支付其收到的赔偿。

为了更好地行使代位求偿权,多边投资担保机构股权担保格式合同对多边投资担保机构的赔偿规定了如下前提条件:(1)转移险。股权担保格式合同第 3 条规定:在支付赔偿之前或者与支付赔偿的同时,保单持有人应该,或者应该促使项目企业,在东道国以现金方式(或者多边投资担保机构选择的托收下的汇票)向多边投资担保机构支付其不能兑换或转移的本地货币或担保货币中被担保的部分,或者根据多边投资担保机构的选择向多边投资担保机构移交和转移项目企业在本地货币或担保货币中的所有权利,但是,该移交或者过户不应涉及任何诉求、抗辩、反诉、抵销权、留置、担保权益或者其他权利负担。(2)征收险。股权担保格式合同第 4 条规定,在支付赔

---

① See MIGA, MIGA: Helping Keep Sustainable Investments on Track, October 2015.

②③ 参见国际复兴开发银行理事会:《多边投资担保机构公约解说》,1985 年 10 月 11 日提交各国政府。

偿之前或支付的同时，保单持有人应该根据多边投资担保机构的指示向多边投资担保机构移交和转移下列部分中没有附加义务的任何请求、抗辩、反诉、抵销权、扣押权或其他财产留置权：1）在投资被征收的情况下，是保单持有人在项目企业或有形财产中的被担保比例（或者被征收担保投资中的相应部分），包括所有权利和利益。2）在资金被征收的情况下，是本地货币被担保的部分或者担保货币的数额。（3）战争和内乱险。股权担保格式合同第5条规定，在支付赔偿之前或支付的同时，保单持有人应该，或应该促使项目企业向多边投资担保机构移交和转移下列部分中没有附加义务的任何诉求、抗辩、反诉、抵销权、扣押或其他留置权：保单持有人在受影响的有形财产或者项目企业中的份额。（4）违约。股权担保格式合同第6条规定，在支付赔偿之前或支付的同时，保单持有人应该或者应该促使项目企业向多边投资担保机构移交和转移保单持有人所属份额下的没有附加义务的请求、抗辩、反诉、抵销权、留置权或其他财产留置权，以及指控东道国政府的诉由：在不履行仲裁裁决的情况下，是裁决书中涉及保单持有人的份额；在无法获得救济的情况下，是项目协议下保单持有人的权利或者项目企业权利中的保单持有人拥有的份额。

3. 多边投资担保机构成员国对代位求偿权的认可义务

公约规定，所有成员国均应承认多边投资担保机构的代位权。这就意味着，在多边投资担保机构向东道国行使代位求偿权时，作为东道国的成员国有义务接受多边投资担保机构的请求。

（十一）担保合同的终止

公约对担保合同的终止没有作出明确规定，而是留给担保合同自行决定。多边投资担保机构股权担保合同格式第13条规定，保单持有人可以提前终止担保合同，但是必须是在担保合同生效的周年日终止，而且应该在日期前30天向多边投资担保机构提交终止通知。而多边投资担保机构原则上不得提前终止合同，除非出现保单持有人违约的情形，例如，保单持有人拖延支付保险费，在保险申请或交给多边投资担保机构的其他信息文件中进行虚假或误导性陈述，违反东道国的法律法规，违反东道国的业绩标准、环境和社会指南以及多边投资担保机构政策和程序及指令中规定的其他环境和社会标准、多边投资担保机构反腐败指南、多边投资担保机构政策和程序及指令中的任何其他诚信标准，并且这些情形在合同规定的期限内没有得到纠正。[①]

（十二）多边投资担保机构与成员国、保单持有人之间的争议解决

1. 多边投资担保机构与其成员国之间的争端解决

对于多边投资担保机构与其成员国或成员国某一机构之间的争端解决，公约附件二作出了详细规定，该规定也适用于多边投资担保机构因行使代位求偿权而与各成员

① See MIGA, Investment Guarantee Guide, July 2015.

国发生的争端。附件二规定了如下争端解决方式：

（1）磋商。各方应尽最大努力通过磋商解决争端。如果在提出磋商请求之日起120天内未能达成协议，任何一方均可提交仲裁，除非双方同意先行调解。

（2）调解。如果双方未能就调解人的具体人选达成协议，可以请求ICSID秘书长或联合国国际法院院长为其指定1名调解人。如果在同意提起调解之日起90天内仍未指定调解人，调解程序即行终止。除非另有规定或争端双方另有协议，调解人将根据《华盛顿公约》规定的调解规则确定调解程序。除非争端双方另有协议，调解人应在自其任命之日起180天内提交报告，载明调解结果。争端双方应该在收到报告之日起60天内以书面形式表明对该报告的看法。

（3）仲裁。在下列情况下，争议任何一方均可提起仲裁：调解人未能在规定期限内提交调解报告；争端双方未能在收到调解报告后60天内接受报告中提出的全部建议；争端双方就调解报告交换意见后，未能在收到报告后60天内就所有有争议的问题达成协议；争端方未能在规定时间内对调解报告发表意见。仲裁申请人应该向被申请人发出仲裁通知，载明争端性质、解决方案以及指定的仲裁员。被申请人应自收到通知之日起30天内将指定的仲裁员通知申请人。自第二位仲裁员指定后的30天内，双方应选出第三位仲裁员任仲裁庭庭长。如果在发出仲裁通知之日起60天内未能组成仲裁庭，双方可以请求ICSID秘书长任命仲裁员。如果双方未提出联合请求或者ICSID秘书长未能在请求提出后30天内作出任命，可以请求联合国国际法院院长任命。除非另有规定或双方另有协议，仲裁庭将根据《华盛顿公约》规定的仲裁规则确定仲裁程序。仲裁庭以多数票作出书面仲裁裁决。仲裁裁决为终局裁决，对争端双方具有约束力。如果双方就裁决书的含义或范围产生争议，可以在裁决书作出后60天内以书面形式向仲裁庭首席仲裁员提出对裁决书进行解释的申请；在作出解释之前，可以暂缓执行该裁决。仲裁裁决与成员国法院作出的最终判决具有同等法律约束力，并按法院判决予以执行。

2. 多边投资担保机构与保单持有人之间的担保合同纠纷

《多边投资担保机构公约》第58条规定，多边投资担保机构与保单持有人或再保人之间因担保合同或再保合同产生的任何争议，应该提交仲裁，根据担保合同或再保合同的规定或提及的规则进行裁决。

（十三）多边投资担保机构在投资者与东道国争议解决中的作用

为了防止发生潜在的索赔，充分利用多边投资担保机构的有限资金，《多边投资担保机构公约》要求多边投资担保机构积极促进投资者和东道国之间的投资争议得到解决。实践中，保单持有人在遭受投资损失后，可以请求多边投资担保机构对其索赔请求进行全面和公正分析。作为世界银行集团成员，多边投资担保机构可以利用其影响力直接与东道国政府高层官员进行接触，阻止东道国政府干预投资行为。多边投资担保机构的独特优势来自世界银行集团以及其作为一个以全球多数国家作为股东的国际组织的结构，这使多边投资担保机构可以针对那些可能干扰项目进行的政府行为提供保护与威慑，并帮助解决投资者与政府之间的争端。[①] 多边投资担保机构希望通过协助保单持有人解决其与东道国之间的投资争议，使投资项目继续经营、盈利，并实现发展目标。目前，多边投资担保机构已经为700多个投资项目承保，并在将近100个这类投资争议中向保单持有人提供协助。[②] 从成立至今，多边投资担保机构仅在8个争议案件中给予赔偿[③]，其他争议案件在向多边投资担保机构提出索赔请求之后都得到了解决或者投保人撤销了向多边投资担保机构的索赔请求。

（十四）与其他保险机构的合作

如果各成员国的国家实体和多边投资担保机构成员国拥有大多数资本的区域实体，也开展与多边投资担保机构类似的业务，为了与其担保业务形成互补，多边投资担保机构会与这些实体进行合作，签署包含分保和再保险等事项的合作协议。多边投资担保机构对建立合作关系的实体已就非商业风险给予保险的投资可以提供再保。多边投资担保机构也可以与成员国的私人保险机构签订合作协议，并鼓励私人保险机构对发展中国家成员国的非商业风险按照与多边投资担保机构相似的担保条件提供保险服务。

第三节　我国的海外投资保险制度

一、我国海外投资保险立法

早在1988年，中国人民保险公司就开办了海外投资保险业务。1994年成立的中国进出口银行也取得了开办海外投资保险业务的权利。随着中国在2001年年底加入世界贸易组织（WTO），中国的对外贸易发展面临新的机遇和挑战。为此，国务院在2001年12月18日设立了具有独立法人地位的全资国有政策性保险公司——中国出口信用保险公司（SINOSURE，以下简称“中国信保”）[④]，负责开展出口信用保险业务与服务、与出口信用保险相关的信用担保业务、进口信用保险业务以及国内贸易信用保险业务等。为了配合“走出去”战略的实施，海外投资保险也成为中国信保的一项重要业务范围。自中国信保成立后，它是我国唯一一家有权从事海外投资保险业务的机构，中国人民保险公司和中国进出口银行不再开办此项业务。

与日益提高的海外投资保险承保总额相比，我国的海外投资保险立法明显滞后。从1988年开办海外投资保险业务至今，我国并未在任何一部法律和行政法规中对出口信用保险（含海外投资保险）问题作出明确规定，而是通过一系列通知类的部门规章

---

① 参见世界银行多边投资担保机构：《投资担保指南》，2010。

②③ See MIGA，MIGA：Helping Keep Sustainable Investments on Track，October 2015.

④ 公司设有董事会和监事会。

对包括海外投资保险在内的出口信用业务进行管理。例如，国家发展和改革委员会、商务部、财政部、科技部等先后发布了《关于申请办理出口信用保险若干规定的通知》、《关于进一步推动出口信用保险业务开展有关问题的通知》、《关于利用出口信用保险积极促进企业外贸出口的通知》（现已失效）、《关于利用出口信用保险实施科技兴贸战略的通知》、《关于建立境外投资重点项目风险保障机制有关问题的通知》、《关于实行出口信用保险专项优惠措施支持个体私营等非公有制企业开拓国际市场的通知》、《关于利用出口信用保险扶持出口名牌发展的通知》、《关于利用出口信用保险进一步支持农产品出口的通知》、《关于利用信用保险促进农产品流动的通知》、《关于进一步发挥信用保险作用支持高新技术企业发展有关问题的通知》等。这些部门规章主要是对不同时期的出口信用保险业务重点和支持行业提出要求，对于出口信用保险业务中各方当事人的责任等法律问题没有作出任何规定。

出口信用保险属于财产保险，但它与一般的财产保险存在很多不同，例如，出口信用保险承保的是政治风险，保险费率较低，代位求偿权的行使对象往往是东道国政府等，而我国《保险法》对出口信用保险中的特殊问题没有作出任何规定。为了明确出口信用保险合同当事人之间的权利义务关系，最高人民法院在2013年5月2日发布了《关于审理出口信用保险合同纠纷案件适用相关法律问题的批复》。该批复指出，人民法院审理出口信用保险合同纠纷案件，可以参照适用保险法的相关规定；出口信用保险合同另有约定的，从其约定。但是，该批复仅仅明确了在发生出口信用保险合同纠纷时适用哪一法律的问题，并没有从根本上改变我国出口信用保险法律制度不健全的现状。

二、我国海外投资保险的主要制度

截至目前，中国出口信用保险公司（中国信保）仍然是我国唯一一家开办海外投资保险业务的政策性金融机构，其开办的海外投资保险业务具有如下特点。[①]

1. 投保人

如下主体有资格向中国信保提出海外投资保险申请：1）在中国境内（不含港、澳、台地区）注册成立的法人；或2）在中国境外（含港、澳、台地区）地区注册的法人，但实际控制权由中国境内注册的法人掌握；或3）为投资项目提供融资的境内外金融机构。4）其他经批准的主体。

2. 承保的投资

中国信保对股权投资者在中国境外（含港、澳、台地区）以货币、实物、技术或知识产权等方式进行的股权投资、股东或非股东（主要是金融机构）以债权方式对投资项目的投入在东道国遭遇的政治风险损失予以承保，即中国信保提供股权投资保险、股东贷款保险、金融机构贷款保险。此外，投资项目应该符合我国外交、外经贸、产

① 参见中国信保官方网站及其保单。

业、财政及金融政策，符合投资项目各方所在国的法律和政策规定，并获得与投资项目相关的批准许可。

3. 承保的险别

中国信保承保的政治风险包括基本政治风险和附加险。其中，基本政治风险包括汇兑限制、征收、战争及政治暴乱，附加险包括违约、经营中断（不适用于贷款保险）。在保险责任期内，因承保风险发生，被保险的股权投资和贷款遭受损失，且该损失在等待期（3个月）内持续存在，中国信保将承担赔偿责任。

（1）汇兑限制。汇兑限制是指东道国政府或代表东道国政府从事外汇交易管理的机构采取的下列任一行为：1）禁止、限制被保险人或项目企业将当地货币兑换成保单货币及任何可自由兑换货币，或将上述保单货币或可自由兑换货币汇出东道国。2）向被保险人或项目企业实行歧视性汇率。在以下情况下，被保险人可以向中国信保提出索赔请求：其一，当地货币、可自由兑换货币或保单货币在汇兑限制发生时为被保险人或项目企业依法拥有。其二，被保险人或项目企业在保单生效日之前已依法获得东道国政府对上述货币进行兑换或汇出的批准，包括但不限于有关被保险人的收回投资、股息、利润和其他货币权利的批准。其三，在等待期内，被保险人和项目企业应持续采用所有合理努力，通过一切可行方式兑换和/或汇出该货币；且在损失之日后30日内尝试进行汇兑，但仍不能完成汇兑。其四，不属于东道国政府剥夺资金使用权或控制权的行为。

（2）征收。征收是指东道国政府以国有化、没收、征用等方式造成下列任一情况，且东道国政府没有给予及时和有效的补偿：1）全部或部分剥夺被保险人或项目企业对投资项目的所有权或经营权。2）全部或部分剥夺被保险人或项目企业对投资项目的资金的使用权或控制权。3）全部或部分剥夺被保险人或项目企业对其资产的使用权或控制权。但是，东道国的下列行为不得被视为征收：其一，东道国政府通常为规范经济活动、确保公共安全、增加收入或者保护环境而采取的善意、非歧视性的普遍措施，并就上述行为给予了及时、有效的补偿。其二，东道国政府作为商业主体，违反其对被保险人或项目企业的合同义务而导致的损失。其三，东道国政府向被保险人或项目企业收取的非歧视性的税费、罚款、罚金或有关费用。其四，东道国政府根据该国有关破产法律的规定，依法执行对项目企业的破产清算及其他处置行为。

（3）战争及政治暴乱。战争及政治暴乱是指东道国参与的任何战争（无论是否宣战）或东道国国内发生的革命、骚乱、政变、内战、叛乱、恐怖活动或保险人认定的政治暴乱（但不包括民众为获得就业、就学或为达到其他非政治目的而采取的行动）。该风险致损的表现形态包括：1）资产毁损或灭失，指战争及政治暴乱造成资产（不包括贵重金属、珠宝、艺术品、现金或文件）的毁损或灭失，而直接导致被保险投资的损失。这些资产应位于投资项目所在地，并且与投资项目的经营有直接关系。2）永久无法经营，指项目企业因战争及政治暴乱破坏而完全丧失经营能力，且无法恢复经营。

（4）违约。违约是指东道国政府或经保险人认可的其他主体违反或不履行与被保险人或项目企业就投资项目签署的具有法律约束力的协议或合同。除非保险人书面同意，构成违约还必须满足下列条件：被保险人或项目企业已经获得有管辖权的法院或仲裁机构就上述所涉事宜作出的对东道国政府或经保险人认可的其他主体不利的裁决，且裁决书中规定了具体赔偿金额。

（5）经营中断。经营中断是指因战争及政治暴乱造成投资项目资产毁损或灭失或者导致人员撤离，进而导致投资项目的建设及/或经营的临时性完全中断。损失金额为经营中断责任期间被保险人的经营收益损失、经营中断责任期间必须发生的合理的常规费用、减损费用。

4. 损失赔偿比例

中国信保对海外投资保险也实行不足额保险。基本政治风险和经营中断项下的赔偿比例最高不超过95%，违约项下赔偿的比例最高不超过90%。

5. 除外责任

对下列损失，中国信保不承担赔偿责任：1）在保单生效日之前已适用的，为公众所知或理应为被保险人所知悉的任何法律、法规、政策、程序等导致的损失。2）被保险人或项目企业同意或由其不合理行为引发的损失。3）汇率波动、货币贬值造成的损失。4）被保险人或项目企业危害或违反中华人民共和国法律、国家利益、公共利益的行为，或被保险人或者项目企业违反东道国法律的行为（包括但不限于违反环境保护和反贿赂法律的行为）造成的损失。5）项目企业或被保险人未能在保单生效日前或保单有效期内获得与投资项目有关的批准和许可所导致的损失，但由承保风险直接引起的除外。6）承保风险之外的原因导致的损失。

第十章 国际投资法与可持续发展

可持续发展的理念和原则的产生与发展乃是源于国际社会对环境问题的关注。到目前为止，国际环境条约仍是解决可持续发展挑战的最主要的法律工具。但由于国际环境条约的适用范围有限，它们并不能充分应对与投资有关的可持续发展的挑战。随着跨国投资行为越来越频繁，投资给东道国的可持续发展方面所带来的负面影响也引发了广泛地关注。一般而言，外国投资在东道国的经营行为及其造成的损害应该通过适用东道国的国内法加以解决，但这种做法并不能充分解决与跨国投资有关的可持续发展问题。一方面，许多国家急于引进外资发展经济，其国内法对可持续发展的问题并没有给予足够关注；另一方面，在东道国采取可持续发展措施的情况下，外国投资者往往依赖国际投资协定对东道国启动国际投资仲裁进行索赔。国际社会逐渐产生了这样的呼声，即通过改革国际投资协定来更好地应对跨国投资所带来的可持续发展的挑战。这也是本章所要探讨的问题。

第一节 可持续发展原则与国际投资法的关系

毫不夸张地说，国际投资法的最为重要的法律渊源便是国际投资协定。据联合国贸易与发展会议（UNCTAD）的统计数据显示，截至 2016 年年底，全球共缔结了超过 3 500 个投资条约，主要包括双边投资协定、多边或国际投资条约以及区域贸易协定（包含投资章节或投资规则）。[①] 中国是缔结国际投资协定最为活跃的国家之一。依据中国商务部的统计，中国签订了大量国际投资协定，包括双边投资协定、中日韩投资协定[②]、自由贸易区协定的投资章节。[③]

---

① 参见 http：//investmentpolicyhub. unctad. org/IIA。

② 参见 http：//tfs. mofcom. gov. cn/article/Nocategory/201111/20111107819474. shtml。

③ 参见 http：//fta. mofcom. gov. cn/。

一般认为，国际投资协定的首要目的在于促进及保护外国投资，使其免受东道国的伤害，而非促进东道国的可持续发展。比如，经合组织（OECD）在一项调查中发现，“几乎所有的经合组织成员国及非成员国都致力于可持续发展的目标，但大部分国家并未利用国际投资协定作为实现该目标的机制”[①]。尽管可持续发展并非国际投资协定的主要目的，但这并不意味着国际投资协定对于促进东道国可持续发展毫无助益。

一、可持续发展原则的演进

作为一项发展理念，国际社会对可持续发展的关注的历史可追溯久远。这主要源于各国对环境与发展问题的关注。在盖巴契科夫—拉吉马洛工程案中，国际法院法官韦拉曼特雷认为，可持续发展的概念基于人类数千年的丰富经验，是人类遗产中最古老的思想之一。[②] 不过，作为一项法律原则，可持续发展得到国际社会的关注则较晚。1983 年，联合国大会成立了环境与发展委员会。该委员会的一项重要任务便是委托一个环境法专家小组确定支持环境保护和可持续发展的一系列法律原则。该委员会于 1987 年发布了著名的题为《我们共同的未来》的报告。由于该委员会由布朗顿兰特（G. H. Brundtland）担任委员会主席，故该报告又被称为《布朗顿兰特报告》。该报告强调了环境与发展之间的互动关系，指出了人类社会所面临的诸多环境挑战，并要求各国在环境保护和经济发展之间达到一个合适的平衡。[③] 该报告首次对可持续发展作出了规定[④]，提出，可持续发展是指“不以牺牲后代的满足其自身需要的能力的发展”[⑤]。该报告还要求国际社会将可持续发展“法制化”，使其得到各国政府、国际组织乃至私人主体的共同遵从。[⑥]

《布朗顿兰特报告》发布之后，可持续发展问题获得了前所未有的关注，并开始了从“发展理念”到“法律原则”的发展进程。普遍认为，可持续发展作为一项法律原则更多的是通过一系列的法律文件，特别是国际组织决议、宣言、条约及国际司法判决等，逐渐被确立的。[⑦] 典型的此类法律文件包括 1992 年《关于环境与发展的里约宣言》、《生物多样性公约》、《联合国气候变化框架公约》、2002 年《约翰内斯堡可持续发展宣言》[⑧]，以及于 2016 年 4 月签署的《联合国气候变化框架公约》项下的《巴黎协

---

① OECD，“International Investment Law：Understanding Concepts and Taking Innovations（2008）”，available at http：//www. oecd. org/daf/inv/investment-policy/40471550. pdf，at 138.

② 参见《1997 年国际法院案例汇编》，第 110～111 页。

③ See “Report of the World Commission on Environment and Development：Our Common Future（‘Brundtland Report’）”，available at http：//www. un-documents. net/wced-ocf. htm.

④ See N. Schijver，The Evolution of Sustainable Development in International Law：Inception，Meaning and Status，329 *Recueil des cours* 217（2007），at 238.

⑤ “*Brundtland Report*”，Chapter 1，para. 27.

⑥ Ibid.，Chapter 12，para. 17.

⑦ See V. Barral，“Sustainable Development in International Law：Nature and Operation of an Evolutive Legal Norm”，23（2）*European J. Int'l L.* 377，378（2012）.

⑧ Available at UN Documents，available at http：//www. un-documents. net/jburgdec. htm.

定》。[①] 尤其值得注意的是，《约翰内斯堡可持续发展宣言》明确了可持续发展的多个相互依赖并共同作用的三个支柱，即经济发展、社会发展及环境保护。这些法律文件试图从不同方面解决全球可持续发展的问题，并得到国际社会的一致支持。

可持续发展作为一项法律原则仍旧处于持续演进中，以适应人类社会不断发展的需要。简单而言，该原则源于环境保护的初衷，但其内涵已超越环境保护及可持续利用自然资源的狭窄范围。[②] 时至今日，人们似乎无法否认可持续发展已经渗入人类活动的几乎所有方面，囊括环境、社会、经济和文化等诸多领域，兼具区域性和全球性，覆盖私法与公法的范畴。[③] 尽管可持续发展的持续演进的特性使其难以被精确界定，但国际社会仍旧在很大程度上对该原则的基本内涵达成了一致意见。这主要体现在国际法协会在 2002 年通过的《可持续发展相关的国际法原则的新德里宣言》之中。[④] 该宣言列举了以下几项与可持续发展密不可分的国际法原则，得到广泛认同：第一，确保可持续利用自然资源的义务；第二，公平及消除贫困的原则；第三，共同但有区别的责任原则；第四，预防原则及环境影响的评价；第五，公众参与；第六，善治原则；第七，一体化与相互联系的原则。

不难看出，该宣言所列出的可持续发展七项原则不仅包括环境保护，也涵盖了消除贫困、人权保护、公众参与及善治等诸多原则。这些原则赋予了可持续发展原则更宽泛的内涵。不过也必须承认，上述几项原则虽然得到国际社会的广泛认同，但并不能被视为可持续发展原则的全部要素。

尽管可持续发展作为一项法律原则已经得到广泛认同，但其在国际法上的法律地位尚存不少争议。[⑤] 一方面，该原则已经被诸多国际条约所明确规定，这使得其成为具有约束力的条约规则[⑥]；但另一方面，该原则的产生与发展并非通过传统的国家实践及法律确信的方式所确立，更多的是通过联合国主导的各类活动所加强，尚不足以构成一项国际习惯法规则。[⑦] 不论如何，随着国际社会对可持续发展原则的认同的日益增强，该原则的“法制化”也必将日益加强。

---

① Available at https://treaties.un.org/pages/ViewDetails.aspx?src=TREATY&mtdsg_no=XXVII-7-d&chapter=27&lang=en.

② See P. Birnie & A. Boyle, *International Law and the Environment*, Second ed., Oxford: Oxford University Press, 2002, at 45.

③ See V. Barral, “Sustainable Development in International Law: Nature and Operation of an Evolutive Legal Norm”, 23 (2) *European J. Int'l L.* 377, 378 (2012), at 377.

④ See ILA, “New Dehli Declaration of Principles of International Law Relating to Sustainable Development”, reprinted in 2 (2) Int'l Env. Agreements 211, 211-216 (2002).

⑤ See *e.g.* D. Tladi, *Sustainable Development in International Law: An Analysis of Key Enviro-economic Instruments*, Cape Town: PULP, 2007, at 95-97.

⑥ See V. Barral, “Sustainable Development in International Law: Nature and Operation of an Evolutive Legal Norm”, 23 (2) *European J. Int'l L.* 377, 378 (2012), at 384.

⑦ See V. Lowe, “Sustainable Development and Unsustainable Arguments”, in A. Boyle & D. Freestone (eds), *International Law and Sustainable Development*, Oxford: Oxford University Press, 1999, at 34 *et seq.*.

二、可持续发展原则与国际投资法的关联性

鉴于可持续发展原则源于环境保护的需求，国际社会往往是通过缔结环境条约来应对可持续发展的挑战。很多国际环境条约都明确将促进可持续发展作为其主要目的，比如 1992 年《生物多样性公约》及 1997 年《联合国气候变化框架公约京都议定书》等。相较而言，在国际投资协定中纳入可持续发展原则是极为罕见的。之所以要在国际投资法中纳入可持续发展要素，是出于以下方面的考虑。

第一，可持续发展原则是一项不断演进的原则，其内涵已经得到了极大扩展，远超环境保护领域。由于适用范围的局限，国际环境条约已无法充分满足各国对可持续发展的需求。换言之，仅依靠国际环境条约，国际社会无法确保经济发展、社会发展与环境保护之间的平衡发展。为了更好地促进国际投资活动与社会发展和环境保护的平衡发展，在国际投资协定中纳入可持续发展要素成为一种值得尝试的做法。

第二，国际投资活动所造成的环境污染、侵犯人权等关涉可持续发展的纠纷日益增多。尽管国际投资协定的数量巨大、种类繁多，但极少有条约对这些问题作出明确规定，大部分国际投资协定甚至完全没有提及可持续发展。与此同时，国际投资仲裁的制度及实践过于强调外资保护，而对东道国采取公益保护（如环境或人权）措施的权利缺乏足够考量。这在一定程度上造成了国际投资协定的“不平衡”的现象。为缓解这种现象，有必要在国际投资条约中纳入环境、人权等公益条款，并确保东道国有足够的政策空间对国际投资活动采取必要的管制措施，使国际投资真正有利于东道国的可持续发展。

第三，从国际法的角度看，外国人（投资者）在本国（东道国）的行为一般应由东道国法而非其母国法规制。然而在现实中，不少发展中国家出于引进外资、发展经济的需要，疏于在其国内立法中纳入可持续发展的要求，或虽有相关立法但执法过于宽松，甚至不惜降低环境保护或人权保护标准作为吸引外资的“竞争优势”。这种做法既放任了跨国公司的不负责的投资行为（因其行为在东道国无须受到惩处，甚至得到默许乃至鼓励），也在一定程度上导致了一些国家的国内法在可持续发展方面的“逐底竞争”（竞相采用低标准以吸引外资）。

国际社会逐渐意识到促进国际投资活动必须要兼顾可持续发展。有学者还提出了“可持续发展的外国投资”或“负责任的投资”等概念来表达此种期许。要实现这一目标还需多方面的努力。首先，各国应加强国内法对国际投资活动的规制，以使外国投资更符合本国的可持续发展目标；其次，国际社会应重新审视现有的国际投资协定，使其更有力地约束不负责任的外国投资行为；再次，改革当前的国际投资仲裁体制，确保东道国保留足够权利为了公益目的而采取规制外资的措施；余次，要求跨国企业负起更多的社会责任，使其投资行为更具道德性；最后，倡导并发展“国际软法”，尤其是可以规制跨国企业行为的规则，如经合组织《跨国企业社会责任守则》等。

由于上述原因，国际社会逐渐意识到应该在国际投资协定中纳入相关条款，以促进东道国的可持续发展。在国际投资协定碎片化之今日，实现这一愿景不仅极为重要，

也困难重重。虽然现代国际投资协定几乎没有专门以“可持续发展”命名的章节或条款，但其前言、诸多实体及程序条款都与可持续发展有密切联系。有些条款专门针对可持续发展原则的诸类要素作出规定，从而可以对东道国的可持续发展产生直接影响，比如环境保护条款、劳工保护条款及公共健康条款等；有些条款虽然并非专门为可持续发展而设计，但其适用对东道国的可持续发展也具有潜在影响，比如间接征收条款、公平与公正待遇条款、例外条款及部分争端解决条款等。对这些条款进行适当设计将有助于缔结更有利于促进东道国持续发展的国际投资协定。

第二节　国际投资协定前言与可持续发展

条约前言体现其宗旨和目的以及缔结条约的价值与意义。[①] 随着各国对国际投资活动中的可持续发展问题的关注越发增强，越来越多的国际投资条约，尤其是发达国家缔结的协定，大多在其前言里提到促进可持续发展之目的。比如，加拿大 2004 年《双边投资协定范本》在前言中明确规定“本投资协定的施行应该有助于推动可持续发展”[②]。虽然美国 2012 年《双边投资协定范本》的前言并没有明确采用“可持续发展”之措辞，但其明确规定，“本条约的宗旨应依照符合环境保护的方式而实现”，这也充分体现了该范本支持可持续发展的目标取向。[③]

中国在签署国际投资协定时也开始关注可持续发展的问题。特别是，中国与发达国家所签订的投资协定大多明确将促进缔约国的可持续发展作为条约的目标之一。比如 2012 年《中国—加拿大双边投资协定》在前言中明确提到“进一步认识到需要依据可持续发展的原则促进投资”。中国近年来签署的自由贸易协定之中也有类似措辞。比如，2015 年《中华人民共和国政府和大韩民国政府自由贸易协定》也在前言中明确提出，“注意到经济发展、社会发展和环境保护是可持续发展相互依赖、相互促进的组成部分，更加密切的经济伙伴关系可以在促进可持续发展方面发挥重要作用”。

在国际投资仲裁实践中，仲裁庭也常依赖投资协定的前言来解释协定的相关条款。比如在 *Siemens v. Argentine* 案中，ICSID 仲裁庭明确表示其应依据国际投资协定的标题及前言所体现的条约目的之指引进行条约解释。[④] 在 *Vivendi v. Argentine* 案中，另

---

① See M. E. Villiger，Commentary on the 1969 Convention on the Law of Treaties，Martinus Nijhoff Publishers，2009，at 43.

② Preamble，*Canadian Model BIT*. （“Recognizing that the promotion and the protection of investments of investors of one Party in the territory of the other Party will be conducive to the stimulation of mutually beneficial business activity，to the development of economic cooperation between them and to the promotion of sustainable development...”）

③ See Preamble，*US Model BIT*. （“*Desiring* to achieve these objectives in a manner consistent with the protection of health，safety，and the environment，and the promotion of internationally recognized labor rights.”）

④ See Decision on Jurisdiction，Siemens A. G. v. The Argentine Republic （ICSID Case No. ARB/02/8），available at http：//www. italaw. com/cases/1026，at para. 81.

一 ICSID 仲裁庭认为，就双边投资协定的目的和宗旨而言，本庭注意到该协定的前言；在解释该协定时，应该关注这些目的。[①] 不过，尽管仲裁庭普遍认为国际投资协定的前言应在解释协定条款时起到辅助作用，但由于很多协定的前言将投资保护和促进可持续发展的目标均予以明示，因而仲裁庭在解释协定的条款时就必须考虑与平衡这两个“相互冲突”的目的。

总体说来，尽管条约在前言中就可持续发展问题进行规定体现了条约的宗旨和目的，但其实际效力却并不强。从国际法的角度看，虽然条约前言是条约的一部分，但其与条约的功能性条款仍有差别。条约前言一般并不直接对缔约方规定权利与义务，尽管它们可能也反映了国际习惯法的规则。[②] 尽管存在这种差别，在国际投资协定的前言中纳入可持续发展目标仍有重要作用。依据 1969 年《维也纳条约法公约》的多个条款规定，条约前言与条约的解释、履行及违反存在重大关联。依据该公约第 31 条，条约应当依据上下文进行解释，而条约前言是上下文的重要组成部分，在解释条约规定时起到重要的辅助作用[③]；依据该公约第 18 条，即便在条约生效之前，缔约方也不得采取违背公约目的和宗旨的行为；而依据该公约第 60 条，缔约方若违反了达成条约目的和宗旨的重要条款，将被视为构成根本性违反条约，并可能导致条约的终止或中止。

第三节　关涉可持续发展的实体条款

国际投资协定的很多实体条款都潜在地能影响东道国的可持续发展。典型的实体条款主要包括但不限于以下几类：间接征收条款、公平与公正待遇条款、一般例外条款、专门例外条款（比如环境条款、人权及劳工条款、公共健康及安全条款等）。前两类条款一般并不直接就可持续发展问题作出规定，但由于其涉及东道国采取公益措施的规制权，因而其适用间接影响到东道国的可持续发展。后两类条款的主要目的是为东道国保留采取此类各类公益措施的权利，对该国的可持续发展具有直接影响。

一、间接征收条款

征收及补偿条款（Expropriation Clause）是国际投资协定的传统及核心条款之一。

---

① See Award (20 August 2007), Compañiá de Aguas del Aconquija S. A. and Vivendi Universal v. Argentine Republic (ICSID Case No. ARB/97/3), available at http://www.italaw.com/cases/309 (last visited 20 September 2014), para. 7.4.4.

② See G. Fitzmaurice, “The Law and Procedural of the International Court of Justice 1951-1954”, 33 *Brit. YB Int'l L.* 229 (1957).

③ See M. E. Villiger, *Commentary on the 1969 Convention on the Law of Treaties*, Martinus Nijhoff Publishers, 2009, at 44.

从历史的角度看，各国缔结国际投资协定的一个重要目的就是要求东道国在对外国投资进行征收时提供赔偿，从而保证投资不受东道国的损害。这个目的集中体现在投资协定中的征收及补偿条款。征收及补偿条款在确认东道国对外资进行征收的权利的同时，也对征收规定了严格的条件，防止东道国滥用此种权利。尽管国际投资协定关于赔偿标准的规定有所不同，但一般而言，征收行为都会给东道国招致赔偿责任。

各国逐渐放弃了对外资的直接征收，间接征收逐渐成为征收的主要方式。[①] 尽管国际社会尚未就间接征收的定义达成一致[②]，但一般而言，间接征收又被称为管制性征收，是指东道国虽然没有采取直接剥夺外国投资者财产的行为，但其采取的管制行为实际上起到了剥夺外国人财产的效果。为确保外资在受到东道国间接征收时可以获得保护，国际投资协定一般通过两种形式纳入间接征收条款：一种是在协定已经包含征收条款的情况之下，将间接征收条款作为一项单独条款或附件纳入协定中；另一种则是将直接征收与间接征收并列规定。

在现实中，东道国往往需要为实现其政策目标采取各类管制措施。此类措施一旦对外资产生了负面影响，就可能被视为构成间接征收。[③] 在这个方面，阿根廷事件是一个典型例子。在21世纪初，阿根廷为应对突如其来的经济危机而制定了一系列金融政策，如采取汇兑控制、资本限制等措施。这些措施对在该国的外国投资造成了严重影响，不少投资者以阿根廷的措施对其投资构成了间接征收为由提起仲裁，要求获得赔偿，并在多起案件中获得国际仲裁庭的支持，引起多方关注。

间接征收条款及其适用对于东道国的可持续发展具有重要的潜在影响。一方面，随着各国对人权、劳工、环境、安全等可持续发展议题的关注日益加强，东道国为公益目的而采取各类管制措施的情形越发多见，比如提高环保标准、加强劳工保护等。这些措施均可能对外国投资造成重要影响，因此也可能被投资者乃至国际仲裁庭视为构成间接征收。有研究表明，《北美自由贸易协定》缔约国被投资者指控构成间接征收的措施绝大多数是环境保护措施。[④] 另一方面，由于间接征收是通过东道国采取各类管制措施而导致的，因而对于认定东道国的措施究竟是合法管制还是征收行为往往存

---

① See OECD, "Indirect Expropriation and the 'Right to Regulate' in International Investment Law", in *International Investment Law: A Changing Landscape* (2005), at 44.

② See, *e.g.*, Andrew Newcombe, "The Boundary of Indirect Expropriation in International Law", 20 (1) ICSID Rev. 1, pp. 1-57 (2005); UNCTAD, "Expropriation", in UNCTAD Series on Issues in International Investment Agreements II (2012), pp. 7-12; Suzy H. Nikièma, *Best Practices: Indirect Expropriation*, IISD Publication (2012), available at http://www.iisd.org/publications/best-practices-indirect-expropriation (last visited 10 Sep. 2014), at 5-7.

③ For a detailed analysis of such cases, refer to, *e.g.*, N. Bernasconi-Osterwalder & L. Johnson (eds.), *International Investment Law and Sustainable Development: Key Cases from 2000 to 2010*, IISD Publication (2010), available at http://www.iisd.org/publications/international-investment-law-and-sustainable-development-key-cases-2000-2010, last visited on 10 Sep. 2014.

④ 参见蔡从燕、李尊然：《国际投资法上的间接征收》，北京，法律出版社，2016，第22页。

在争议。①

因东道国采取环境措施或公共健康措施而导致的间接征收仲裁案例层出不穷②，一个典型案例是 *Mathanex v. US* 案。在该案中，美国加州为了环境保护而颁布了一项禁令，禁止在石油产品中使用某种添加剂。墨西哥投资者认为该禁令对其生产造成了负面影响，使其投资价值降低，构成了对其投资的间接征收。《北美自由贸易协定》仲裁庭认为，"从国际法的角度看，一项非歧视的、为公益目的而采取的、符合正当程序要求的措施，即便对外国投资者或投资造成了影响，也不被视为构成征收，因此也不能导致东道国的赔偿责任，除非东道国政府对于该外国投资者曾经作出不采用此类措施的具体承诺"③。

国际投资协定的间接征收条款在很大程度上限制了东道国的外资规制权，从而限制了东道国为促进可持续发展而采取措施的权利。为了确保东道国的政策空间和对外资的规制权不因间接征收条款而受到过分限制，近来一些国际投资协定在间接征收条款中纳入了"公益例外"，将东道国为公益目的而采取的措施排除在间接征收的范围之外。比如美国 2012 年《双边投资协定范本》规定，"除非在例外的情况下，缔约国一方为保护合法的公共福利目的而采取的非歧视性的规制行为，比如公共健康、安全、环境等措施，不构成间接征收"④。而 2014 年《欧盟—加拿大全面经济贸易协定》对此作出更细致的规定："除非在例外情况下，一条或一系列措施的影响鉴于其目的而言明显过分及严苛，则缔约一方为保护合法公共福利目标而设计及采取的非歧视性措施，比如健康、安全及环境等措施，均不构成间接征收。"⑤

中国仅有少数投资协定的征收条款就公益措施作出了规定。如《中国—加拿大双边投资协定》在其关于间接征收的附件中规定："除了在极少数的情况下，例如一项措施或一系列措施从目标来看相当严重，以至于这些措施不能认为以善意方式采取和适用，则缔约方为保护公众福祉之合法公共目的，如健康、安全和环境，而设计和适用的一项或一系列非歧视性措施，不构成间接征收。"不难看出，该规定将东道国采取的公益措施排除在间接征收之外，为缔约国采取相关措施保留了政策空间。

尽管国际投资协定的间接征收条款可以在一定程度上防止东道国为促进可持续发

---

① See, *e. g.*, W. M. Reisman & R. D. Sloane, "Indirect Expropriation and Its Valuation in the BIT Generations", 74 *Brit. Y. B. Int'l L.* 115, 121-122 (2003); OECD, "Indirect Expropriation and the 'Right to Regulate' in *International Investment Law*", *in International Investment Law: A Changing Landscape* (2005), at 47; J. Paulson & Z. Douglas, *Indirect Expropriation in Investment Treaty Arbitration*, in N. Horn & S. Kröll, eds., *Arbitrating Foreign Investment Disputes: Procedural and Substantive Legal Aspects*, Kluwer Law International, 2004, at 145.

② See *e. g.* N. Bernasconi-Osterwalder & L. Johnson (eds.), *International Investment Law and Sustainable Development: Key Cases from* 2000 *to* 2010, IISD Publication (2010), available at http://www.iisd.org/publications/international-investment-law-and-sustainable-development-key-cases-2000-2010 (20 Oct. 2015).

③ Methanex Corporation v. USA, Final Award, 3 Aug. 2005, Part IV, Chapter D, para. 7, available at http://www.italaw.com/sites/default/files/case-documents/ita0529.pdf (10 May 2015).

④ US Model BIT, Annex B. 4 (b).

⑤ CETA, Annex X. 11. 3.

展而采取的公益措施被视为间接征收，但这似乎并不足以保证东道国的仲裁空间和对外资的规制权。首先，只有少数国际投资协定包含此类条款。在大多数并无此类条款的国际投资协定项下，东道国为公益目的而采取的管制措施仍有可能构成间接征收。其次，此类条款的规定仍有不明之处，比如，究竟何种情形可以被视为"例外情形"？措施应怎样实施方可被视为非歧视性的？在现实中，某种公益措施是否构成间接征收在很大程度上仍仰赖于国际仲裁庭对个案情形的分析和对间接征收条款的解释。

二、公平与公正待遇条款

公平与公正待遇条款（Fair and Equitable Treatment/FET Clause）最早出现于旨在建立国际贸易组织的《哈瓦那宪章》之中，但很快便成为授予外国投资者的一项重要待遇。① 与另外两项重要待遇——国民待遇与最惠国待遇——不同，公平与公正待遇往往被视为"绝对待遇"。易言之，无论东道国对本国投资者和第三国投资者授予何种待遇，其对缔约国另一方的投资者都负有授予"公平"及"公正"待遇的义务。国际社会对该条款的广泛接受不仅因为该条款所蕴含的公平的基本理念，也因为该条款包含了国际习惯法规则中对外国人保护的基本原则。② 时至今日，公平与公正待遇条款不仅被囊括在几乎所有的国际投资协定中，而且也已成为国际投资仲裁实践中的"最为重要的标准"③。

尽管公平与公正待遇条款在国际投资协定中十分常见，但各协定的具体规定不尽相同，且理论界与实务界对其内涵及解释亦有争议。④ 依照学者研究，国际投资协定中的公平与公正待遇条款有几种不同的类型：第一，笼统地将该待遇与国际习惯法关联；第二，将该待遇与国际习惯法项下的"最低待遇标准"关联；第三，独立规定该待遇，并不与任何国内法或国际法关联。⑤ 这些不同的规定往往导致仲裁庭对公平与公正待遇的解释不同。特别是在第三种情况下，由于协定对该条款没有作出任何约束性的规定，国际仲裁庭可以依照其自身理解来解释公平与公正待遇。这在现实中往往导致国际仲裁庭对公平与公正待遇进行宽泛解释，进而导致缔约国的政策空间面临极大的不确定性。⑥

公平与公正待遇条款的不确定性严重影响了东道国实现可持续发展目标的能力。

---

① See K. J. Vandevelde, "A United Theory of Fair and Equitable Treatment", 43 *Int'l L. & Politics* 43, 44-45 (2010).

② See Rudolf Dolzer, "Fair and Equitable Treatment: Today's Contours", 12 *Santa Clara J. Int'l L.* 7, 12 (2014).

③ Christopher Schreuer, "Fair and Equitable Treatment in Arbitral Practice", 6 (3) *J. World Inv. & Trade* 357 (2005).

④ 参见徐崇利:《公平与公正待遇标准：国际投资法中的"帝王条款"?》，载《现代法学》，30 (5)，2008，第123～130页。

⑤ 同上，第123～124页。

⑥ 参见王彦志:《公平与公正待遇条款改革的困境与出路》，载《国际经济法学刊》，2014 (1)，第52页。

在现实中，外国投资者往往以东道国采取的各类公益措施对其投资造成影响而声称东道国违反了公平与公正待遇条款。在此方面，几个案例值得一提。尽管在这些案件中，仲裁庭并没有对于东道国的措施是否违反投资协定的公平与公正待遇条款问题进行明确裁断，但这些案件所揭示的公平与公正待遇条款对可持续发展的潜在的阻却作用，引发了全球对“更平衡的投资协定”的关注。

一个颇具争议的关涉环境措施的典型投资争端案例是 *Vattenfall v. Germany* 案。[①] 在该案中，瑞典能源公司 Vattenfall 拟在德国汉堡设立核电厂，但由于该项目对当地环境和河流可能造成影响而招致民意反对，汉堡政府迟延批准该项目，并对其提出了更高的环境要求。该公司依据《能源宪章条约》在 ICSID 针对德国提起了仲裁，声称汉堡政府违反了该条约的公平与公正待遇条款，并要求巨额索赔。该案是德国所面临的第一起国际投资仲裁被诉案，引发了德国乃至国际上的广泛关注。[②] 该案由争端方和解而告终，因此仲裁庭在裁决中并没有就汉堡政府采取的环境措施是否构成违反公平与公正待遇条款的问题作出裁断。

另外一个值得关注的案例是 *Philip Morris v. Australia* 案。[③] 该案因涉及公共健康问题，并且是澳大利亚所面临的第一个投资仲裁被诉案而广受关注。2011 年 12 月 1 日，澳大利亚为减少吸烟的危害通过了《烟草平装法》及相关条例，要求对所有烟草产品进行极为简单的包装。Philip Morris 公司认为，该法由于禁止其在产品上使用诸如商标等，侵犯了其知识产权，实质性降低了其投资的价值。该公司遂以澳大利亚的法律违反澳大利亚与中国香港双边投资协定项下的公平与公正待遇条款，依据《联合国国际贸易法委员会仲裁规则》在国际常设仲裁法院提起了仲裁。2015 年 12 月 17 日，仲裁庭作出裁决，认为其对争议无管辖权，因此也没有就该法是否违反投资协定中的公平与公正待遇条款作出裁断。[④]

鉴于公平与公正待遇限制了东道国采取公益措施的政策空间，将公益措施排除在该条款适用范围外将有助于东道国保留一定的政策空间，促进东道国的可持续发展。中国仅有一个双边投资协定在其公平与公正待遇条款中对公益措施作出了排除规定。《中华人民共和国政府和马达加斯加共和国政府相互促进和保护投资协定》第 3 条对“出于安全、公共秩序、卫生、道德和环境保护等原因采取的措施”作出排除，并不将其视为对公平与公正待遇的违反。不难看出，这条规定为东道国出于公益目的而采取措施保留了一定的政策空间。

---

① See Vattenfall AG v. the Federal Republic of Germany (ICSID Case No. ARB/09/6), available at http: //www. italaw. com/cases/1148 (10 May 2016).

② See Nathalie Bernasconi, Background Paper on Vattenfall v. Germany Arbitration, available at http: //www. iisd. org/pdf/2009/background _ vattenfall _ vs _ germany. pdf (10 May 2016).

③ See Philip Morris Asia Limited v. The Commonwealth of Australia, UNCITRAL, PCA Case No. 2012-12, available at http: //www. italaw. com/cases/851 (10 May 2016).

④ See Australian Government, Tabacco Plain Packaging—Investor-State Arbitration, available at https: //www. ag. gov. au/tobaccoplainpackaging (10 May 2016).

三、人权及劳工条款

一般认为，国际投资法与国际人权法是相互独立的法律部门，彼此有着不同的侧重点并沿着不同的路径发展。国际人权法所关注的是国家对个人特别是本国人所负有的义务；而国际投资协定更多关注国家与外国投资者特别是企业之间的关系。[①] 因此，国际投资协定对人权问题的关注并不充分，在人权保护方面也只能起到有限的作用。尽管从统计学的角度看，国际投资协定包含的人权条款数量很少，但各国对于国际投资活动中产生的人权问题正越发关注。人权已经逐渐渗透到国际投资法之中，这主要体现在国际投资协定缔结及国际投资争端解决两个方面。

从国际投资协定缔结的视角来看，不少发达国家已开始尝试在国际投资协定中纳入各类人权条款（Human/Labor Rights Clause），主要包括劳工权利、公共健康、国民安全等条款。一个典型的例子是由经合组织主导的《多边投资协定》。《多边投资协定》的谈判委员会主席曾提出一个劳工与环境一揽子条款的提议，要求在前言中明确指向缔约国在相关国际劳工及环境条约项下的承诺，比如《关于环境与发展的里约宣言》和《哥本哈根社会发展问题宣言》等；在正文中纳入一条款以制止缔约国将降低本国劳工、环境或健康标准作为引进外资的激励措施；缔约国还应当同意就将经合组织《跨国企业指南》作为《多边投资协定》的附件的问题进行谈判。[②] 即便如此，也有不少人权团体对《多边投资协定》表示不满，认为其对人权的保护尚不足够，有必要加强。[③] 尽管《多边投资协定》最后未能成功缔结，但其规定无疑体现了人权保护的高标准。[④] 此外，经合组织《跨国企业指南》虽不具有强制约束力，但其强调企业社会责任，对环境、人权、劳工、反腐等问题作出了全面规定，并与相关国际人权条约密切关联，树立了极高的可持续发展标准。[⑤] 一旦有国际投资协定纳入该指南，可持续发展标准将得到极大提升。

不少发达国家在其投资协定范本中强化了人权条款。这些范本不但纳入了诸多类型的人权条款，也使得这些条款更具可适用性。此类条款的典型是劳工权利条款。严格说来，劳工权利和人权是两个不同的概念，但两者之间关联密切。[⑥] 从传统的角度

---

① See M. Cordonier Segger, M. W. Gehring & A. Newcombe (eds.), *Sustainable Development in World Investment Law*, Kluwer Law International, 2011, at 59.

② UNCTAD, Lessons from the *MAI* (*UNCTAD/ITE/IIT/Misc.* 22), p. 17.

③ See International NGO Committee on Human Rights in Trade and Investment, Investment, "Trade and Finance: The Human Rights Framework", available at http: //www. iatp. org/files/INVESTMENTTRADE_AND_FINANCE_THE_HUMAN_RIGHTS_F. htm (30 March 2016).

④ See M. Cordonier Segger, M. W. Gehring & A. Newcombe (eds.), *Sustainable Development in World Investment Law*, Kluwer Law International, 2011, at 57-59.

⑤ See OECD, "Guidelines for Multinational Enterprises", 2011 Edition, available at http: //www. oecd. org/daf/inv/mne/48004323. pdf (30 March 2016).

⑥ See V. Mantouvalou, "Are Labor Rights Human Rights?", 3 (2) *European Labour L. J.* 151, 172 (2012).

看，国际条约中所包含的劳工权利条款一般都是非强制性的，并不给缔约国施加确定的义务。[①] 最近的国际投资协定加强了劳工权利条款的强制性，比如美国 2012 年《双边投资协定范本》包含了标题为“投资与劳工”的条款。[②] 该条款不仅明确规定缔约国必须保护劳工权利，还将此与国际劳工组织所规定的“核心劳工标准”直接关联，使其成为缔约国在投资协定项下应承担的义务。[③] 依据国际劳工组织《工作中基本原则及权利的宣言及后续措施》的相关规定[④]，“核心劳工标准”主要包括承认结社自由及集体议价权、禁止强迫劳动、禁止童工、消除雇佣和工作中的歧视等若干基本原则。[⑤]“投资与劳工”条款同时要求缔约国必须保证不放弃或减损其劳动法规以切实遵守上述“核心劳工标准”的要求。[⑥] 这些规定展现了该范本对劳工权利的高标准规定。

从国际投资争端解决的视角来看，各国及国际仲裁庭对投资争端中出现的人权问题也不得不进行考虑，如投资协定与人权条约的关系、仲裁庭对人权问题的管辖权等。[⑦] 在此方面的一个典型案例是 *Azurix Corp. v. Argentine* 案。在此案中，美国 Azurix 公司与阿根廷签署了一份关于供水及污水处理的特许合同。后该公司声称阿根廷未能依照合同履行基础设施修复义务，导致其无法按照合同要求供水并进行污水处理，进而导致阿根廷政府拒绝支付合同价款。Azurix 公司认为阿根廷此举构成了《美国—阿根廷双边投资协定》项下的征收行为。阿根廷表示，此案涉及其在人权法与投资条约项下的义务的冲突，并提出解决此种冲突时应优先考虑人权义务。[⑧] 该案集中体现了人权和国际投资协定的联系与冲突。尽管仲裁庭认同阿根廷所采取的措施具有公益目的，但拒绝接受阿根廷关于人权义务应优先于投资保护义务的观点。[⑨]

必须承认，尽管国际社会对跨国投资中的人权问题正越发关注，但现今国际投资协定纳入人权条款特别是高标准的人权条款，仍不多见的。这类协定大多是发达国家近期缔结的协定。随着各国对人权问题不断重视，未来的国际投资协定有可能会纳入更多类型、更高标准的人权条款，这将有助于缔约国可持续发展目标的实现。

---

① See A. Sewlikar, “Introduction of Labor Standards in Investment Arbitration”, available at http: //kluwerarbitrationblog. com/blog/2014/03/18/introduction-of-labour-standards-in-investment-arbitration/ (20 Oct. 2015).

② See Article 13 (Investment and Labor), the 2012 US Model BIT.

③ See Article 13 (1), the 2012 US Model BIT.

④ See ILO, “Declaration on Fundamental Principles and Rights at Work and Its Follow-up”, available at http: //www. ilo. org/declaration/info/publications/WCMS _ 467653/lang—en/index. htm (30 March 2016), p. 7.

⑤ See P. Alston, “ ‘Core Labor Standards’ and the Transformation of the International Labor Rights Regime”, 15 (3) *European J. Int'l L.* 457, 458 (2007).

⑥ See Article 13 (2), the 2012 US Model BIT.

⑦ See generally C. Reiner & C. Schreuer, “Human Rights and International Investment Arbitration”, available at http: //www. univie. ac. at/intlaw/h _ rights _ int _ invest _ arbitr. pdf (20 Dec. 2015).

⑧ See Azurix Corp. v. The Argentine Republic (ICSID Case No. ARB/01/12), available at http: //www. italaw. com/cases/118 (20 Dec. 2015).

⑨ See generally T. Meshel, “Human Rights in Investor-State Arbitration: The Human Right to Water and Beyond”, 6 (2) *J. Int'l Disp. Settlement* 277 (2015).

四、例外条款

近期，越来越多的国际投资协定逐渐纳入各类例外条款（Clause of Exceptions），将出于保护国家安全、人类生命、动植物种群、文化多样性、环境等公益目的而采取的措施排除在协定（或协定的某些条款，如争端解决条款）的适用范围之外。① 例外条款的目的在于为东道国保留采取公益措施的权利，使其免于承担因采取此类措施而违反国际投资协定的责任。② 正是由于例外条款为东道国采取公益措施保留了政策空间③，因而它们被视为国际投资协定框架下平衡东道国管制权和外国投资保护义务的“优选方法”④。

虽然并没有国际投资协定包含明确的“可持续发展例外”，但例外条款的适用均有助于东道国实现可持续发展目标。现有国际投资协定的例外条款可以分为两类。一类是“一般例外”条款。此类条款仿 1948 年生效的《关税与贸易总协定》（GATT）的“一般例外”条款（第 20 条）而设，将缔约国采取的各类公益措施作为例外，排除在协定适用范围之外。由于国际投资法与国际贸易法一般被认为是相互独立发展的法律分支体系，因而在国际投资协定中纳入“GATT 式”的一般例外条款，也被视为由全球化所带来的国际贸易法与国际投资法之间交融（convergence）与互养（cross-fertilization）的一个重要表现。⑤

北美国家是在投资协定中纳入 1947 年 GATT 式一般例外条款的先行者及主要实践者。⑥ 截至 2016 年 4 月底，加拿大共签署了 43 个双边投资协定，其中 29 个已生效。⑦

---

① See Kenneth J. Vandevelde, “Rebalancing through Exceptions”, 17 (2) *Lewis & Clark L. Rev.* 449, 450 (2013).

② See George K. Foster, “Investors, States, and Stakeholders: Power Asymmetries in International Investment and the Stabilizing Potential of Investment Treaties”, 17 (2) *Lewis & Clark L. Rev.* 361, 376-377 (2013).

③ See Simon Lestor, “Improving Investment Treaties through General Exceptions Provisions: The Australian Example”, available at http://www.cato.org/publications/commentary/improving-investment-treaties-through-general-exceptions-provisions (30 Sep. 2014).

④ Razeen Sappideen & Ling Ling He, “Dispute Resolution in Investment Treaties: Balancing the Rights of Investors and Host States”, 49 (1) J. World Trade 85 (2015).

⑤ See, *e.g.*, Andrea K. Bjorklund, “Convergence or Complementarity?”, *12 (1) Santa Clara J. Int'l L. 65, 70 (2014)*; Roger P. Alford, “The Convergence of International Trade and Investment Arbitration”, *12 (1) Santa Clara J. Int'l L. 35, 55 (2014)*; Jorge A. Huerta-Goldman, Antoine Romanetti & Franz X. Stirnimann (eds.), *WTO Litigation, Investment Arbitration and Commercial Arbitration*, Kluwer Law International, 2013; Jurgen Kurtz, “On the Evolution and Slow Convergence of International Trade and Investment Law”, in Giorgio Sacerdoti *et al.* (eds.), *General Interests of Host States in International Investment Law*, Cambridge University Press, 2014, at 104-129; Aikaterini Titi, *The Right to Regulate in International Investment Law*, Nomos Verlagsgesellschaft, 2014, at 173-175; Andrew Newcombe, “General Exceptions in International Investment Agreements”, available at http://www.biicl.org/files/3866_andrew_newcombe.pdf (last visited 30 Sep. 2014).

⑥ See Andrew Newcombe, “The Boundary of Indirect Expropriation in International Law”, 20 (1) ICSID Rev. 1, 1-57 (2005), at 3.

⑦ 加拿大签署的双边投资协定可以参见 http://investmentpolicyhub.unctad.org/IIA/CountryBits/35 (30 April 2016)。

在这些生效的协定中，有 21 个包含“一般例外”条款。比如，《中国—加拿大双边投资协定》包含一个十分典型的“一般例外”条款，该条款明确将缔约国采取的“保护人类、动物或植物生命或健康所必要的措施”、“与保护有生命或无生命的可耗尽自然资源相关的措施”、“为保护其根本安全利益所必要的措施”及“根据联合国宪章为履行维护国际和平与安全义务而采取行动”等作为该协定的例外，缔约国采取的此类措施将不被视为违反该协定项下的义务。[①] 不难看出，该条款在很大程度上可以保证缔约国为保护公益而采取管制措施的权利，有助于缔约国的可持续发展。

另一类例外条款可被称为“特别例外”条款。尽管国际投资协定并不包含以此为标题的条款，但许多协定包含基于保护特定的公益目的而单独设置的例外条款，如环境、健康及安全例外条款、国家安全例外条款等。“特别例外”与一般例外的功能与目的类似，均以为东道国保留出于公益目的而采取外资管制措施的空间为目的。较之于一般例外条款，“特别例外”条款的专门性较强，各国关注较多，其获得了更多国际投资协定的接受。

综观当今的国际投资协定，最为典型的“特别例外”条款莫过于环境例外条款。此类条款允许东道国为了环境保护的目的而采取管制措施，并不将此类措施视为对协定的违反。典型的环境例外条款可以参见 1994 年《北美自由贸易协定》的投资章节（第十一章）第 1114 条（“环境措施”）的规定。该条规定，缔约国一方采取、保持或施行任何其为确保境内投资活动符合环境关切的措施不应被视为违反本章项下的义务。该条还规定，缔约国不得不适当放松国内健康、安全及环境措施以鼓励投资。不难看出，这条“特别例外”条款不但禁止东道国的“逐底竞争”行为，还确保了东道国为环境保护而采取措施的管制权，对于促进缔约国的可持续发展具有重要而积极的意义。

到目前为止，中国缔结的三个国际投资协定包含单独的“环境例外”条款，尽管这三个协定均没有包含“一般例外”条款。这三个协定是《中华人民共和国政府与毛里求斯共和国政府关于相互促进和保护投资协定》、中日韩投资协定以及《中华人民共和国政府和坦桑尼亚联合共和国政府关于促进和相互保护投资协定》。《中华人民共和国政府与毛里求斯共和国政府关于相互促进和保护投资协定》第 11 条明确规定，该协定不得限制缔约国为环境保护目的而采取的禁止、限制或任何其他措施。《中华人民共和国政府和坦桑尼亚联合共和国政府关于促进和相互保护投资协定》第 10 条（“健康、安全及环境措施”条款）规定，本协定不得被视为禁止缔约国为保护人类、动物或植物生命与健康而采取环境措施；同时，缔约国不得被武断或不公正地实施环境措施，亦不得将环境措施作为对国际投资的隐藏限制。相较而言，中日韩投资协定的“环境例外”条款似乎更为复杂与现实，较为类似前述的《北美自由贸易协定》的规定。该协定第 23 条一方面确认缔约国不应放松环境保护措施以促进投资，另一方面还设置了“棘轮条款”以达此目的。换言之，缔约国仅被允许保持现有的环境措施或实施更为严格的环境措施，而不得放松其环境标准，从而杜绝了缔约国在环境政策方面的“逐底

① 参见《中国—加拿大双边投资协定》第 33 条。

竞争”。值得注意的是，这三个协定的“环境例外”条款的措辞各不相同，因而其侧重点及实际效力也存在差别。

尽管在国际投资协定中纳入“环境例外”条款似乎已经成为一种风潮，但到目前为止，此类例外条款尚未在国际投资仲裁实践中得到适用。因此，这类条款究竟能否以及在多大程度上可以确保东道国采取环境措施的政策空间不受限制尚不够明确。就此问题，我们不妨参考另外两类主要的例外条款在国际争端解决中的适用情况。一类是国际贸易争端解决实践中的“环境例外”条款，另一类则是国际投资协定中的“国家安全例外”条款。

在 WTO 及 GATT 的历史上，已有多起贸易争端援引了 GATT 第 20 条 g 款（即通常所称的“环境例外”条款）。与国际投资协定中的“环境例外”条款相类似，该款规定，缔约方所采取的环境措施不应被视为对 GATT 的违反。WTO 判例及权威学者的论述均表明，适用 GATT 第 20 条 g 款项下的环境例外应满足“多层次要求”[①]。这在实际上也造成该款规定适用难度大、门槛高的特点。[②] 截至 2015 年年底，已有 9 起 WTO 及 GATT 争端援引了该条款。[③] 在几乎所有争端中，WTO 争端解决机构的专家组或上诉机构都面临这样的要求，即必须在两个相互对立的价值取向——捍卫自由贸

---

① *E. g.*, “AB Report,” “US-Gasoline”, p. 22; AB Report, “China-Raw Materials”, para. 354, p. 140; Peter Van den Bossche, *The Law and Policy of the World Trade Organization: Text, Cases and Materials*, Second Edn., Cambridge: Cambridge University Press, 2008, pp. 620-634; Steve Charnovitz, “The WTO's Environmental Progress”, *10* (*3*) *J. Int'l Econ. L. 685*, 699 (2007).

② *E. g.*, Bin Gu, “Mineral Export Restraints and Sustainable Development—Are Rare Earths Testing the WTO's Loopholes?”, *14* (*4*) *J. Int'l Econ. L. 765*, 787-789 (2011).

③ This observation is based on the statistics provided on www. worldtradelaw. net, last visited on 25 Sep. 2014. Chronologically, these nine cases are (1) 1982 United States-Prohibition of Imports of Tuna and Tuna Products from Canada (US-Tuna Canada) (L/5198), available at http: //www. worldtradelaw. net/reports/gattpanels/ustuna. pdf; (2) 1988 Canada-Measures Affecting Exports of Unprocessed Herring and Salmon (BISD 35S/98) (Canada-Herring and Salmon), available at http: //www. worldtradelaw. net/reports/gattpanels/canadaherring. pdf; (3) 1991 United States-Restrictions on Imports of Tuna (BISD 39S/155) (US-Tuna Mexico), available at http: //www. worldtradelaw. net/reports/gattpanels/tunadolphinI. pdf; (4) 1994 United States-Restrictions on Imports of Tuna (DS29/R) (US-Tuna EEC), available at http: //www. worldtradelaw. net/reports/gattpanels/tunadolphinII. pdf; (5) 1994 United States-Taxes on Automobiles (DS31/R) (US-Auto Taxes), available at http: //www. worldtradelaw. net/reports/gattpanels/us-autotaxes. pdf; (6) 1995 United States-Standards for Reformulated and Conventional Gasoline (DS2) (US-Gasoline), available at http: //www. wto. org/english/tratop _ e/dispu _ e/cases _ e/ds2 _ e. htm; (7) 1996 United States-Import Prohibition of Certain Shrimp and Shrimp Products (DS58) (US-Shrimp), available at http: //www. wto. org/english/tratop _ e/dispu _ e/cases _ e/ds58 _ e. htm; (8) 2009 China-Measures Related to the Exportation of Various Raw Materials (DS394/395/398) (China-Raw Materials), available at http: //www. wto. org/english/tratop _ e/dispu _ e/cases _ e/ds394 _ e. htm, http: //www. wto. org/english/tratop _ e/dispu _ e/cases _ e/ds395 _ e. htm and http: //www. wto. org/english/tratop _ e/dispu _ e/cases _ e/ds398 _ e. htm; and (9) 2012 China-Measures Related to the Exportation of Rare Earths, Tungsten, and Molybdenum (DS394/395/398) (China-Rare Earths), available at http: //www. wto. org/english/tratop _ e/dispu _ e/cases _ e/ds431 _ e. htm, http: //www. wto. org/english/tratop _ e/dispu _ e/cases _ e/ds432 _ e. htm and http: //www. wto. org/english/tratop _ e/dispu _ e/cases _ e/ds433 _ e. htm (all cases last visited 20 Mar. 2016).

易及保护环境——之间作出权衡。[①] 对这些争端的研究显示，WTO 争端解决似乎更倾向于捍卫自由贸易而非缔约方的环境保护。[②] 这也充分凸显在 WTO 争端解决中适用环境例外条款之困难。

在国际投资仲裁实践中，阿根廷曾在多起案件中援引“国家安全例外”条款（即“非排除措施”条款），以论证其采取的某些紧急措施的合法性。前文已述，在阿根廷金融危机期间，阿根廷为了应对金融风险采取了一系列外汇汇兑的限制措施，从而导致了不少美国投资者依据《阿根廷—美国双边投资协定》提起仲裁。在诸如 *CMS v. Argentina* 案、*Enron v. Argentina* 案、*Sempra v. Argentina* 案及 *LG&E v. Argentina* 案等多起典型案例中，阿根廷认为，依据协定的“非排除措施”条款，本国所采取的措施不构成对协定的违反，也不应承担对外资的赔偿责任。依据学者的实证研究，尽管这些案件均依赖相似的事实和同一投资协定，但仲裁庭仍作出了不同的决定。在前三个案例中，仲裁庭认为“非排除措施”条款不能适用，而在第四个案例中，仲裁庭则认为该条款在特定时期是可以适用的，并排除了阿根廷采取相关措施导致的责任。[③]

诚然，国际投资协定中的“环境例外”条款和“国家安全例外”条款，以及 WTO 法中的“环境例外”条款并不相同，但它们均允许国际争端解决机构通过适用国际法（WTO 法、国际投资协定乃至一般国际法）来审查国内法及国家行为的合法性。鉴于这些条款在功能及目的上具有相似性，它们的适用对于国际投资协定中的“环境例外”条款的适用具有重要启示。[④] 上述研究显示，一方面，在 WTO 及 GATT 的争端解决实践中，“环境例外”条款的适用是极其困难的；另一方面，在国际投资仲裁实践中，“国家安全例外”条款的适用并未形成一致性做法。这种现状似乎预示着，即便国际投资协定中包含了“环境例外”条款，这些条款在实践中在为东道国保留足够的政策制定空间和外资管制权方面的效果仍是不确定的。这也显示出，尽管国际投资协定中的各类例外条款已成为可持续发展原则的重要规则载体，但仅在协定中纳入

---

① For more detailed discussion of the environmental exception under Article XX (g) of the GATT, refer to, *e. g.*, Manjiao Chi, “‘Exhaustible Natural Resources’ in WTO Law: GATT Article XX (g) Disputes and Their Implications”, *48 (5) J. World Trade 939 (2014)*.

② *E. g.*, Kati Kilovesi, *The WTO Dispute Settlement System: Challenges of the Environment, Legitimacy and Fragmentation*, the Netherlands: Kluwer Law International, 2011, pp. 82-90; Robert Howse, “Adjudicative Legitimacy and Treaty Interpretation in International Trade Law: The Early Years of WTO Jurisprudence”, in J. H. H. Weiler, *The EU, the WTO, and the NAFTA: Towards a Common Law of International Trade?*, Oxford: Oxford University Press, 2010, p. 43; Joost Pauwelyn, “Recent Books on Trade and Environment: GATT Phantoms Still Haunt the WTO”, *15 (3) European J. Int'l L. 595*, 585-591 (2004).

③ See William W. Burke-White & Andreas von Staten, “Investment Protection in Extraordinary Times: The Interpretation and Application of Non-Precluded Measures Provisions in Bilateral Investment Treaties”, 48 (2) *Virginia J. Int'l L.* 308 (2008), at 393-394.

④ See, *e. g.*, Aikaterini Titi, *The Right to Regulate in International Investment Law*, Nomos Verlagsgesellschaft, 2014, pp. 177-179; Manjiao Chi, “The ‘Greenization’ of Chinese BITs: An Empirical Study of the Environmental Provisions of Chinese BITs”, 18 (3) *J. Int'l Econ. L.* 511 (2015), at 522-523.

这类条款对于促进东道国的可持续发展是远远不够的。

五、小结

尽管国际投资协定并不包含明确的以“可持续发展”为标题的条款，但诸多实体条款均可能对东道国的可持续发展产生重要的潜在影响。这些条款包括但不限于间接征收条款、公平与公正待遇条款、人权及劳工条款以及各类例外条款。从功能和目的上看，这些条款都是相似的，即将东道国为公益目的而采取的管制措施排除在违反国际投资协定之列，从而为东道国采取此类措施预留了一定的政策空间。也正因为如此，这些条款被国际社会视为缔结“更平衡的投资协定”的重要政策工具。这也得到了国际投资仲裁实践的认同。比如，在 *S. D. Myers v. Canada* 案中，仲裁庭曾表示，在上述两个方面之间进行合理区分将“屏蔽”多数因政府管理公益事务而导致的投资争端。[①]

在实践中，对于上述条款究竟在多大程度上可以协助东道国实现可持续发展目标尚存争议。一方面，投资者不应被允许滥用国际投资协定以剥夺或限制东道国采取公益措施的政策空间；另一方面，东道国也不应被允许以维护公益为幌子滥用规制权。因此，上述争议的核心在于如何判断东道国的措施究竟是违反投资协定的行为还是合法行使规制权。[②] 比如，就环境措施而言，国际投资仲裁实践至今尚未能就如何判断一项环境措施是否构成间接征收或违反公平与公正待遇的问题产生一致性做法。[③] 这只能基于个案的具体情况来判断。[④]

第四节 关涉可持续发展的程序条款

国际投资协定发展的一个趋势是投资者与东道国间的争端解决的程序规则（尤其是国际投资仲裁规则）的复杂化与体系化。比如，美国 2012 年《双边投资协定范本》

---

① Partial Award on 13 November 2000，S. D. Myers，Inc. v. Government of Canada（UNCITRAL），available at http：//www. italaw. com/cases/documents/977（last visited on 30 Sep. 2014），at para. 282.

② See Justin R. Marlles，“Public Purpose，Private Losses：Regulatory Expropriation and Environmental Regulation in International Investment Law”，16（2）*J. Transnational L. & Policy* 275，280（2007）.

③ See，*e. g.*，Simon Baughan，“Expropriation and Environmental Regulation：The Lessons of NAFTA Chapter Eleven”，18（2）*J. Environmental L.* 207，216-227（2006）；Justin R. Marlles，“Public Purpose，Private Losses：Regulatory Expropriation and Environmental Regulation in International Investment Law”，16（2）*J. Transnational L. & Policy* 275，292（2007）.

④ See，*e. g.*，L. Yves Fortier & Stephen L. Drymer，“Indirect Expropriation in the Law of International Investment：I Know It When I See It，or Caveat Investor”，19（2）*ICSID Rev.-Foreign Investment L. J.* 293（2004），p. 314.

对投资者与东道国间的争端解决设置了单独的章节，包含多条规定，其不仅对仲裁庭的管辖权作出更具确定性的规定，还对仲裁程序的各个阶段都作出了明确规定。[①] 相比而言，欧洲国家及中国所缔结的大部分国际投资协定往往更为简练，主要关注准入后的外资待遇及保护，而对国际投资争端解决的规定往往非常简单。但欧洲国家与中国在缔结投资协定时似乎也跟随了这一趋势。比如，《欧盟—加拿大全面经济贸易协定》与《欧盟—新加坡自由贸易协定》都用整个章节来应对投资争端解决问题。这种做法甚至被视为“欧盟投资政策的重大转变”[②]。类似的是，《中国—加拿大双边投资协定》也包含了详细的争端解决章节。

国际投资协定的争端解决条款的复杂化使缔约国有机会针对某些特定类型的争议设计独立和特殊的争端解决制度。这从某些投资协定的税收条款或金融审慎措施条款的规定中就可见一斑。依据这些规定，如果投资者就东道国的税收政策或金融审慎措施构成征收提出了仲裁请求，这类问题将由缔约国的税务主管机关通过磋商或国家间仲裁加以解决，而仲裁庭不能直接就此类措施是否构成征收作出裁断。[③] 这种规定的核心目的在于在争端解决程序中限制仲裁庭的权限特别是管辖权和解释权，而将此类权利赋予缔约国。这在一定程度上维护了缔约国的政策制定空间。尽管很难断言国际投资协定的哪些程序规定与可持续发展相关，但目前的研究显示，透明度规则和第三方参与争端解决程序规则是国际社会关注的重点。

一、透明度规则

法律法规公开化及争端解决的透明化被视为现代法治的要素之一。国际社会对国际投资仲裁的合法性的批评也在一定程度上推动了国际投资协定中透明度规则的发展。[④] 诸多国际投资协定都纳入了“创建透明的投资法律环境”的宣言性规定。虽然这些规定本身并不为缔约国设置具体的权利、义务，但体现了各国对透明度的更高要求。国际投资协定中的透明度条款（Clause of Transparency）可以大致分为两类：第一类是指对与投资相关的法律、法规、政策等进行公开的规定；第二类是对投资仲裁程序进行公开的规定。

对于上述第一类规定，国际社会基本没有异议。事实上，即便国际投资协定对此没有作出明确要求，一国将其法律法规以适当的方式公布也被认为是法治的基本要求。我国缔结的近十个国际投资协定载有此类条款。比如《中国—加拿大双边投资协定》

---

① 参见池漫郊：《简论“美国 2012 年 BIT 范本”关于仲裁管辖的规定及其对中国 BIT 缔约实践的潜在影响》，载《国际经济法学刊》，2012（4），第 120～141 页。

② European Commission，Investment Provisions in the CETA，available at http：//trade. ec. europa. eu/doclib/docs/2013/november/tradoc _ 151918. pdf，10 May 2016.

③ See，*e. g.*，Article 21. 2 and Article 21. 5，China-Japan-Korea TIT.

④ See *e. g.* S. D. Franck，“The Legitimacy Crisis in Investment Treaty Arbitration：Privatizing Public International Law through Inconsistent Decisions”，73 *Fordham L. Rev.* 1521（2005）.

第 17 条以“法律、法规与政策的透明度”为标题作出规定，要求缔约方至少采取三类措施：公布就与投资相关或影响投资的法律与政策；应要求，向缔约另一方提供此类法律与政策的副本；应要求，与缔约另一方进行磋商以对特定的法律与支持进行解释。此外，该条还要求对于与投资准入条件相关的法律、法规与政策，包括申请与注册程序、评估与审批标准、处理申请及作出决定的时间表，以及对决定的复议或申诉程序，每一缔约方均应确保能够为另一缔约方投资者所知悉。

上述第二类规定，则容易引起争议。长期以来，私密性一直被视为国际仲裁的重要特征之一。除非争端方同意，仲裁程序、仲裁裁决乃至争端方之间存在的争议及仲裁的事实都不应被公开。尽管对于商事仲裁（私人间仲裁）而言，私密性仍是一条需要遵守的重要规则，但对投资仲裁而言，私密性越来越被认为有损法治的理念。首先，在国际投资仲裁中，投资者所挑战的措施大多是东道国（中央或地方层级）的立法、行政或司法等国家行为。除了在极少数例外情形下，国家行为是不应被保密的。其次，东道国一旦在投资仲裁中败诉，就负有对外国投资者进行赔偿的义务，而此类赔偿通常由国家财政经费开支，也就是“花纳税人的钱”，所以公众理应对此知情、监督乃至追责。

国际社会越来越关注投资仲裁的透明度问题。除了诸多国际投资协定对透明度问题作出规定之外，联合国大会于 2013 年通过的《国际贸易法委员会投资人与国家间基于条约仲裁透明度规则》（简称《透明度规则》或《毛里求斯透明度公约》）可谓国际社会在该议题上的最新、最重要的进展。联合国大会在其决议中明确表示，“确认关于解决投资人与国家间基于条约争议的透明度规定需要考虑到此类仲裁中所牵涉的公共利益”，并“相信投资人与国家间基于条约仲裁透明度规则将大大有助于建立公平高效解决国际投资争议的统一法律框架，提高透明度，加强问责制，促进善治”[①]。《透明度规则》对于仲裁程序启动、文件的公布、第三方提交材料、非争议方条约缔约方提交材料、审理等阶段和方面的透明度要求均作出了规定，还对透明度的例外以及已公布信息的存储等问题作出了规定。

特别值得一提的是，就文件公开而言，《透明度规则》规定，除非在例外的情形下，“应向公众提供下列文件：仲裁通知、对仲裁通知的答复、申请书、答辩书以及任何争议方提交的任何进一步书面陈述或书面材料；上述文件的所有证物以及专家报告和证人陈述的证物的清单（尚未为程序编拟的此种清单不在此列），但并非证物本身；非争议方条约缔约方以及第三人提交的任何书面材料、审理笔录（如果有）以及仲裁庭的命令、决定和裁决”[②]。就仲裁程序公开而言，《透明度规则》规定，除非有必要保护机密信息，“为出示证据或进行口头辩论而进行的审理（‘审理’）应公开举行”，且“仲裁庭可作出实际安排，便利公众列席审理”[③]。

---

① 联合国大会第 68 届会议决议（A/RES/68/109），https://documents-dds-ny.un.org/doc/UNDOC/GEN/N13/445/98/PDF/N1344598.pdf?OpenElement（10 May 2016）。

② 《透明度规则》第 3 条。

③ 《透明度规则》第 6 条。

越来越多的中国投资协定也纳入了透明度条款，要求公布与仲裁相关的文件材料。比如，《中国—加拿大双边投资协定》第 28 条以“审理与文件的公众参与”为标题，对仲裁文件和程序的公开作出了规定。就仲裁文件公开而言，该条规定：依据本部分规定作出之所有仲裁裁定应在删除保密信息后向公众公开。如果争端缔约方认为向公众公开提交至仲裁庭或由仲裁庭作出的所有其他文件系出于其公共利益，则在通知仲裁庭其关于公开的决定后，并在删除保密信息的情况下，该等其他文件亦应向公众公开。就仲裁程序公开而言，该条规定：在与争端投资者磋商后，如果争端缔约方认为公开审理系出于其公共利益，则在通知仲裁庭其决定后，依据本部分进行的仲裁庭庭审应向公众开放。但出于保护保密信息包括商业机密信息的需要，仲裁庭可就部分庭审进行非公开审理。

总体而言，上述规定具有以下典型特征。第一，上述规定将仲裁的公开作为基本要求，而将保密作为一种例外情形。这不仅与《透明度规则》的规定相一致，也是对中国现有的国际投资协定的重大突破。第二，上述规定明确仲裁庭应考虑公共利益问题，并将其作为是否应公开仲裁庭审的因素。鉴于公共利益与可持续发展有密切联系，该规定对于促进缔约国的可持续发展无疑具有积极影响。

二、第三方参与争端解决程序规则

第三方参与国际仲裁程序（Third Party Participation Clause）一直是一个敏感而复杂的议题，因其可能与仲裁的基本属性冲突。依据仲裁的契约性，仲裁是当事人之间就争端解决所达成的契约，只能基于同意而发生；仲裁的私密性要求，除非争端方同意，否则仲裁不得对非争端方开放。从本质上说，第三方既非仲裁协议方，也非争端方，允许其参与仲裁程序是对仲裁的契约性与私密性的重大突破。从这个角度看，第三方参与也是增强国际投资仲裁透明度的一个重要方面。

《透明度规则》对于第三方参与国际投资仲裁也作出了规定。[①] 依据该规定，经与争议各方协商后，仲裁庭可允许既非争议方又非争议方条约缔约方的人（“第三人”）就争议范围内的事项向仲裁庭提交书面材料。该规定对于提高仲裁的透明度固然起到积极作用，但其效果是有限的。一方面，该规定的适用条件严苛，第三方是否被允许提交材料不仅取决于仲裁当事方，而且最终取决于仲裁庭的自由裁量。另一方面，该规定的适用范围狭窄，第三方对仲裁的参与仅限于向仲裁庭提交材料，并不包括实质性参与仲裁的庭审、口头陈述或就争议问题进行抗辩等方面。

有些国际投资协定对于第三方参与仲裁程序问题作出了规定。典型的如《中国—加拿大双边投资协定》。该协定第 29 条对第三方参与仲裁程序作出了规定：“如果不是争端一方的个人或实体与仲裁有重大利益关系，经与争端双方磋商后，仲裁庭可接受该个人或实体提交的书面陈述。仲裁庭应确保任何非争端方的陈述不得影响仲裁程序

---

① 参见《透明度规则》第 4 条。

的进行，并应确保每一争端方均不会由此受到额外负担或不公平的损害。”依据该规定，第三方参与仲裁需要满足几个条件：第一，必须与仲裁有重大利益关系；第二，与争端双方磋商；第三，仲裁庭同意；第四，只可以提交书面陈述的方式参与仲裁；第五，不得给争端方带来额外负担。总体看来，该规定详细且严格，其立法精神和《透明度规则》的立法精神是一致的。需要注意的是，该规定虽然要求第三方与争端双方进行磋商，但并没有明确第三方是否需要争端双方的同意才可参与仲裁。

在现实中，第三方往往是各类以“法庭之友”（*amici curiae*）的名义参与仲裁程序的组织和个人，特别是非政府组织（NGO）。[①] 一个典型的例子是 *Methanex v. US* 案。前文已提及，该案涉及美国加州政府实施的一项环境保护措施。在仲裁过程中，有多个非政府组织向仲裁庭提出请求，要求作为“法庭之友”参与仲裁程序，以便获取案件资料、参与庭审并发表观点。由于《北美自由贸易协定》第十一章对“法庭之友”的问题没有规定，而该案所适用的仲裁规则（《联合国国际贸易法委员会仲裁规则》）规定仲裁不予公开审理，且当事方也认为应对仲裁程序予以保密，故仲裁庭最终决定仅接受这些非政府组织所提交的书面材料，并不允许它们参与仲裁庭审过程。[②]

非政府组织作为“法庭之友”参与国际投资仲裁虽然在一定程度上提高了仲裁的透明度，但也引发了种种顾虑。首先，现有的国际投资协定或仲裁规则对于非政府组织参与仲裁的问题要么缺乏规定，要么规定过于笼统。而现实中非政府组织鱼龙混杂、数目众多，仲裁庭难以判断一个非政府组织究竟应具备何种资格或能力才应被允许参与仲裁。此类问题只能依据个案情形，由仲裁庭依照其自由裁量权作出决定，难以在国际层面形成具有一致性的规则或做法。其次，不少非政府组织实际上受到利益集团的资助，其对于争议问题的立场是否真正公允、独立往往受到质疑。最后，很多非政府组织往往过于关注公益问题，比如环境保护、劳工保护等问题，但对国家的外资管制及外国投资运营等问题缺乏足够关注，与案件也缺乏重大利害关系，难以被认为是“合格”的第三人。这些非政府组织参与仲裁程序有时非但不能对仲裁庭解决争端起到良好的辅助作用，甚至会拖延仲裁程序或使争端更加复杂。

鉴于上述原因，现实中也有仲裁庭并不欢迎非政府组织作为“法庭之友”参加仲裁。比如，在 *Von Pezold v. Zimbabwe* 案中[③]，仲裁庭拒绝了一个土著居民组织和一个非政府组织以“法庭之友”身份参与仲裁的请求，其主要理由在于这些非政府组织不符合《华盛顿公约》第 37 条规定的“独立性”和“与仲裁有重大利益”的要求。

除了非政府组织热衷于在国际投资仲裁中担任“法庭之友”之外，一些国家或政府间国际组织也开始以“法庭之友”的身份参与国际投资仲裁。比如在 *AES*

---

① 参见周园：《国际投资仲裁中法庭之友制度的新发展》，载《东方法学》，2015（4），第 90～98 页。

② See Decision of the Tribunal on Petitions from Third Persons to Intervene as “Amici Curiae”（15 January 2001），“Amici Curiae Decision”，Methanex Corporation v. U. S.，available at http：//www. italaw. com/sites/default/files/case-documents/ita0517 _ 0. pdf，last visited 25 Dec. 2014，at paras. 51-52.

③ Bernhard von Pezold and Others v. Republic of Zimbabwe，ICSID Case No. ARB/10/15，Award of 28 July 2015，available at http：//www. italaw. com/cases/1472（10 May 2016）.

v. Hungary 案[①]和 *Electrabel v. Hungary* 案[②]中，欧盟委员会以“法庭之友”的身份向仲裁庭提交了书面报告，而仲裁庭则依据《华盛顿公约》第 37 条的规定同意其申请。更有甚者，在 *Eureko v. Slovak*（后为 *Achmae v. Slovak*）案中[③]，仲裁庭主动要求欧盟委员会和荷兰政府作为“法庭之友”向其提交书面报告，以协助其裁断案件。该案不仅是到目前为止首例仲裁庭主动要求第三方参与仲裁程序的案例，也是主权国家政府首次以“法庭之友”身份参与国际投资仲裁的案例，引发了全球关注。需要注意的是，在这些案件中，国家或国际组织以“法庭之友”的身份所提交的报告并非为了维护东道国自身的公益，而是为了阐释该国或该组织对于其相关投资政策的立场。从这个意义看，尽管这些“法庭之友”参与仲裁有助于仲裁庭作出合理裁决，但对于东道国的可持续发展却难以起到促进作用。

总体而言，由于“法庭之友”参与仲裁程序有助于加强仲裁的合法性，因而被视为更符合“法治”要求，因而得到了国际仲裁庭的越发宽容的对待。鉴于“法庭之友”在诸多案件中都是为了维护公益而要求参与仲裁程序，有不少学者认为，在国际投资协定中加强有关第三方参与仲裁及仲裁透明度的规定有助于促进东道国的可持续发展。[④] 这种看法无疑具有其现实性与合理性。然而如上所述，第三方参与仲裁和可持续发展之间并无直接关联。因此，对于加强国际投资协定中的此类条款究竟能否以及在多大程度上有助于东道国的可持续发展仍难以断言。

就中国而言，中国对于非政府组织以“法庭之友”身份参与投资仲裁的态度至今仍不够开放。随着“法庭之友”参与国际投资仲裁得到越来越广泛的接受，不难预见，

---

① See AES Summit Generation Limited and AES-Tisza Erömü Kft v. The Republic of Hungary（ICSID Case No. ARB/07/22），Award of 23 Sep. 2010，available at http：//www. italaw. com/cases/193（10 May 2016).

② See Electrabel S. A. v. Republic of Hungary，ICSID Case No. ARB/07/19，Award of 25 Nov. 2015，available at http：//www. italaw. com/cases/380（10 May 2016).

③ See Achmea B. V. v. The Slovak Republic，UNCITRAL，PCA Case No. 2008-13；formerly Eureko B. V. v. The Slovak Republic，award of 7 Dec. 2012，available at http：//www. italaw. com/cases/417（10 May 2016).

④ See，*e. g.*，Kyla Tienhaara，“Third Party Participation in Investment-Environment Disputes：Recent Developments”，available at http：//papers. ssrn. com/sol3/papers. cfm? abstract _ id＝1740088；Aníbal Sabater，“Towards Transparency in Arbitration（A Cautious Approach)”，5（1）*Berkeley J. Int'l L.* 47（2010)；Andrew Newcombe & Axelle Lemaire，“Should Amici Curiae Participate in Investment Treaty Arbitrations?”，5 *Vindobona J. Int'l L. & Arb.* 22（2001)；Barnali Choudhury，“Recapturing Public Power：Is Investment Arbitration's Engagement of the Public Interest Contributing to the Democratic Deficit?”，41 *Vand. J. Transnation'l L.* 775（2008)；Mary E. Footer，“BITs and Pieces：Social and Environmental Protection in the Regulation of Foreign Investment”，18（1）*Michigan State J. Int'l L.* 33（2009)；Eugenia Levine，“Amicus Curiae in International Investment Arbitration：The Implications of an Increase in Third-Party Participation”，29（1）*Berkeley J. Int'l Law.* 200（2011)；OECD，“Transparency and Third Party Participation in Investor-State Dispute Settlement Procedures”，OECD Working Papers on International Investment 2005/01，OECD Publishing，available at http：//dx. doi. org/10. 1787/524613550768；UNCTAD，“Transparency，Series on Issues in International Investment Agreements II”（2012)；CIEL，IISA & Vale Columbia Center，“New UNCITRAL Arbitration Rules on Transparency：Application，Content and Next Steps”，available at http：//ccsi. columbia. edu/files/2014/04/UNCITRAL _ Rules _ on _ Transparency _ commentary _ FINAL. pdf（all websites last visited on 20 Jan. 2015).

非政府组织对国际投资仲裁的影响将越发增强。在这种情况下，中国应该考虑接受乃至培养更多优秀的非政府组织，通过非官方和非正式渠道在国际投资仲裁实践中争取更多的支持和更大的话语权。

三、小结

本节探讨的是国际投资协定中与可持续发展相关的程序条款。这些条款的主要目的在于提高仲裁程序的透明度和公众参与度，并借此增强国际投资仲裁的合法性。特别是，通过建立第三方参与仲裁程序规则，非政府组织将有机会通过提交书面报告的形式参与到仲裁程序中来。至少从理论上看，这将有助于仲裁庭在实践中更好地平衡公益保护与外资保护这两个似乎“相互对立”的价值取向，对东道国的可持续发展进行更多地考量。这些条款仍处于急剧的演变进程中，它们究竟能否以及在多大程度上对东道国的可持续发展能起到推动作用，缔约国和仲裁庭能否以及在多大程度上能够有效防止此类条款被滥用，仍有待后续观察。

第五节　本章小结

尽管国际社会正面临严峻的可持续发展挑战，但目前看来，国际环境条约仍旧是应对这种挑战的首要手段。这种做法固然无可厚非，但由于国际环境条约的适用范围有限，对于法治、人权等可持续发展要素缺乏包容性，无法应对环保之外的可持续发展挑战。从国际投资协定的角度看，尽管越来越多的协定开始关注可持续发展，甚至将其作为协定的目标及宗旨之一，但少有协定将可持续发展原则充分规则化，并纳入功能性条款之中。此外，国际投资仲裁实践也显示，尽管仲裁庭对可持续发展的价值表示认同，但在处理具体案件时，仲裁庭一般并未对之给予特别考虑。这导致了国际投资协定往往过于强调保护与促进外国投资，而在促进东道国可持续发展方面乏善可陈。

虽然国际投资协定中并不包含“可持续发展条款”，但诸多实体与程序规定的适用均可就促进东道国可持续发展产生潜在的积极影响。这些规定包括但不限于间接征收条款、公平与公正待遇条款、例外条款、人权及劳工条款、第三方参与国际投资仲裁条款、透明度条款等。随着各国对可持续发展越发重视，越来越多的国际投资协定纳入了这些条款，或将其设计得更适合保留东道国的政策制定权及外资管制权，以便东道国能更好地采取公益措施来实现可持续发展目标。从此意义上看，当今的国际投资协定正变得越来越对可持续发展“友好”。

从本质上看，上述典型的国际投资协定“可持续发展条款”均采用了几乎相同的立法范式，即将东道国采取的公益措施作为投资协定的例外，使东道国不必因为采取此类措施而被视为违反协定。这为东道国保留了一定的政策空间与外资规制权，也减轻了东道国可能的赔偿义务。然而，这种立法范式的缺陷在于其仅考虑了投资者与国家（特别是东道国），却并未将可持续发展的其他重要利益相关者充分纳入。特别是，它无法规制投资者的行为，也无法对东道国的特定利益群体（如受到投资影响的土著居民或特定地区居民等）给予充分保护。目前已有要求在国际投资协定中纳入“投资者义务”条款的呼吁，比如纳入企业社会责任条款等。但从缔约实践来看，这种呼吁尚未得到足够、广泛的响应。如何在国际投资协定中体系性地纳入更多的可持续发展利益相关方，使其在平衡东道国与投资者的权利和义务的同时也对国际公益作更多考量，不但是各国未来商签国际投资协定时应更加重视的问题，也是国际社会面临的新的挑战。

第十一章
国际投资争端解决

普遍认为，外国直接投资是经济发展最重要的因素之一，而一个国家的投资环境由经济、政治和法律等因素决定。在法律因素中，有效而公正的争端解决制度不可或缺。

第一节　国际投资争端解决的概念与方式

狭义的国际投资争端是指投资者与东道国之间直接由于投资而产生的争端。[①] 这种争端在性质上属于混合争端，即争端的一方是作为私人的外国投资者，而另一方是行使公权力的国家。但广义的国际投资争端还包括投资者母国通过行使外交保护权利而与东道国之间发生的争端，以及国际投资协定缔约方之间因投资协定解释和适用而产生的争端。

国际投资争端解决的方式包括：磋商（consultation）、谈判（negotiation）、调停（mediation）、调解（conciliation）、东道国国内法院诉讼、投资者—国家间仲裁、外交保护、缔约方之间的投资仲裁等。其中，最为经常使用的是投资者—国家间仲裁。

第二节　投资者—国家间争端解决[②]

投资者—国家间争端解决在国际投资法中的地位最引人注目，有的学者甚至将其

---

① 参见《华盛顿公约》第25.1条："中心的管辖适用于缔约国（或缔约国指派到中心的该国的任何组成部分或机构）和另一缔约国国民之间直接因投资而产生的任何法律争端，而该项争端经双方书面同意提交给中心。当双方表示同意后，不得单方面撤销其同意。"

② See UNCTAD，"Investor-State Dispute Settlement and Impact on Investment Rulemaking"，New York and Geneva：UNCTAD，2007，at http：//unctad. org/en/docs/iteiia20077 _ en. pdf.

称为国际投资规则的“基石”[①]。绝大多数双边投资协定中都规定了投资者—国家间争端解决条款。此类条款可能包含各种争端解决方式。[②]

---

① “Report of the Executive Directors on the Convention on the Settlement of Investment Disputes between States and Nationals of Other States”, ICSID/15/Rev. 1, January 2003; See Azwimpheleli Langalanga, “Imagining South Africa's Foreign Investment Regulatory Regime in a Global Context”, Economic Diplomacy Programme, South African Institute of International Affairs, Occasional Paper 214, May 2015, p. 21.

② 以《中华人民共和国政府和坦桑尼亚联合共和国政府关于促进和相互保护投资协定》第 13 条为例，其规定如下：“缔约一方与缔约另一方投资者间的争议解决：

“一、缔约一方投资者与缔约另一方之间有关缔约另一方领土内的投资的任何法律争议，应尽可能由争议双方当事人通过磋商友好解决，其中包括调解程序的应用。

“二、对于缔约一方投资者主张缔约另一方违反本协定第二条至第九条，或者第十四条第二款项下的义务而产生的争议，如果自争议一方提出协商解决之日起 6 个月内，争议未能通过协商解决，则投资者可选择将由于该违反行为而蒙受损失或损害的诉求提交：（一）投资所在国有管辖权的法院；（二）依据 1965 年 3 月 18 日在华盛顿签署的《解决国家和他国国民之间投资争端公约》设立的‘解决投资争端国际中心’，如果缔约双方均是《解决国家和他国国民之间投资争端公约》的成员；（三）依据联合国国际贸易法委员会仲裁规则设立的专设仲裁庭；（四）经争议双方同意的任何其他仲裁机构或专设仲裁庭。缔约另一方可以要求该投资者在提交国际仲裁之前，用尽缔约另一方法律和法规所规定的国内行政复议程序。

“三、若投资者已将争议提交缔约另一方有管辖权的法院或国际仲裁，对上述四种程序之一的选择应是终局的。

“四、如果投资者首次获悉或应当获悉产生该争议的事件之日起已逾 3 年，则争端不得提交仲裁。

“五、本协定与可适用的仲裁规则存在冲突的，本协定优先适用。

“六、如果诉求涉及对第二条至第九条的违反，仲裁庭应根据本协定以及可适用的国际法规则来裁决争议中的问题。如果诉求涉及对第十四条第二款的违反，仲裁庭应适用：（一）争议双方同意的法律规则；或（二）如果未对法律规则达成一致：1. 投资所在的缔约一方的法律，包括其冲突法规则；以及 2. 可适用的国际法规则。

“七、除非争议双方另有约定，裁定缔约另一方违反依本协定承担义务的裁决，只可单独或一并判定：（一）金钱赔偿及任何适当的利息；（二）返还财产，裁决可以规定支付赔偿金和相应利息以代替财产返还。

“八、裁决是终局的，对争议双方均具有拘束力。缔约各方应依据其有关的法律法规确保裁决的承认及执行。

“九、只有在下列情况下，争端一方才可寻求执行一项终局裁决：（一）当终局裁决是依《华盛顿公约》作出时：1. 自裁决作出之日起已超过 120 日且无一争端方请求修改或撤销该裁决；或 2. 修改或撤销程序已经完结；以及（二）当终局裁决是依联合国国际贸易法委员会仲裁规则或争端双方选择的任何其他仲裁规则作出时：1. 自裁决作出之日起已超过 90 日且无一争端方启动修改、取消或撤销该裁决的程序；或 2. 法院已经驳回或同意修改或撤销裁决的申请且争端方没有进行上诉。

“十、原则上，争端各方应负担其委派的仲裁员和出席仲裁程序代表的费用。首席仲裁员和仲裁庭的其他费用应由争端双方平均承担。仲裁庭可在裁决中指示争端双方中的一方承担较高比例的费用并说明理由。如果仲裁庭认为争端一方的申诉或异议是轻率的，可依据正当理由裁定败诉方承担胜诉方由于反驳该申诉或反驳该异议而产生的合理费用和律师费用。”

一、概念

磋商或谈判（consultation or negotiation）①、东道国国内行政复议及行政诉讼，是很多双边投资协定和其他国际投资协定都规定的投资者—国家间争端解决方式。

1. 磋商或谈判

作为投资者—国家间仲裁的替代方式，磋商或谈判往往会被列在仲裁之前，而且作为前置程序。只有经过一段时间即冷却期（cooling period），强制磋商或谈判无法解决争端，才可以将争端诉诸仲裁。② 实际上，关于投资者—国家间争端解决，几乎所有双边投资协定都在仲裁之前，优先规定了磋商或谈判这种争端解决方式。而且，联合国贸易和发展会议推荐通过包括磋商或谈判在内的各种替代性争端解决方法（ADRs）来应对投资者—国家间仲裁遇到的挑战③，其实，这也是为了使投资者—国家间争端解决去法律化。通过磋商或谈判也确实能使很多争端得到解决。从已经公布的案例来看，大约30%的投资争端通过磋商或谈判得到了解决。④

2. 调停

关于调停这种争端解决方式，曾有研究试图使其成为投资者—国家间争端解决的一种方式。⑤ 为了应对投资者—国家间仲裁面临的挑战，已经有国际投资协定范本及条约在原有的磋商或谈判之外，以具体的措辞规定了调停方法，作为冷却期内友好解决投资争端的一种替代方法。例如，《欧盟—加拿大全面经济贸易协定》包含详细的调停规则。⑥ 相对来说，现实情况仍是极少看到双边投资协定中包含此类条款。其实，即使包含此类条款，此类条款也很少得到适用。与此类似，即使在世界贸易

---

① 有的学者认为二者存在区别，认为“consultation”主要指争端一方向另一方了解有关信息，而“negotiation”才是真正的双方间互相谈判，所以，“consultation”只是“negotiation”的一个组成部分或一个方面。See J. G. Merrills, *International Dispute Settlement*, Cambridge University Press, 2011, pp. 1-2；但也有学者认为二者没有区别，认为“negotiation”亦称为“consultation”。关于这一观点，see Chester Brown, “Resolving International Investment Disputes”, in Natalie klein ed., *Litigating International Law Disputes: Weighing the Options*, Cambridge University Press, 2014, pp. 401-435, at 422。

② 例如，根据《中华人民共和国政府和坦桑尼亚联合共和国政府关于促进和相互保护投资协定》第13条第1款和第2款，谈判和调解程序是仲裁的前置程序，冷却期是六个月。

③ See UNCTAD, “Investor-State Disputes: Prevention and Alternatives to Arbitration”, UNCTAD Series on International Investment Policies for Development, United Nations, New York and Geneva, 2010.

④ UNCTAD, “Latest Development in Investor-State Dispute Settlement”, IIA Issues Note No. 1, March 2, 2011, at http://unctad.org/en/Docs/webdiaeia20113_en.pdf.

⑤ See the International Bar Association Sub-Committee Produced Draft Rules on the Mediation of Investor-State Disputes in March 2012. 这些规则的目的就是为投资者—国家间争端建议具体的调停措施。See Chester Brown, “Resolving International Investment Disputes”, in Natalie klein ed., *Litigating International Law Disputes: Weighing the Options*, Cambridge University Press, 2014, pp. 401-435, at 424.

⑥ See Consolidated CETA Text (Canada-EU Comprehensive Economic and Trade Agreement), the Annex on Mediation. 该附件包含8个条款，详细规定了调停规则的各个方面，旨在通过调停员的帮助，促进争端的友好解决。参见 http://trade.ec.europa.eu/doclib/docs/2014/september/tradoc_152806.pdf。

组织《关于争端解决规则与程序的谅解》中包含调停这种争端解决方式，但实际上调停从未得到使用。所以，可能调停并不太适合用来解决经济争端。

3. 调解

调解的特点是有调解委员会作为第三方参与解决争端。但是，调解委员会不会作出对当事方有约束力的裁决，而只是为当事方达成和解协议提供建议。《华盛顿公约》包含促进投资者—国家间争端解决的调解程序，且调解和仲裁大多被并行规定，例如，为缔约国和其他缔约国的国民之间的投资争端，提供调解和仲裁的便利。① 批准或加入公约本身并不等于缔约国承担了将某一特定投资争端提交 ICSID 调解或仲裁的义务。ICSID 要管辖某一具体争端，还必须有缔约国（争端国）与该项目的外国投资者之间的同意，即当事方书面明示将此争端提交 ICSID 调解或仲裁解决。② 为特定争端设立的调解委员会有"义务""澄清当事方间争端涉及的争点"，并"努力使当事方间达成互相接受的协议"③。而且，为保证调解程序中当事方能够坦诚灵活地进行调解程序④，调解程序的当事方在调解过程中一般无权援引在仲裁庭或国内法院中作出的任何声明来支持自己的主张。⑤ ICSID 有专门的调解规则，但 ICSID 并不直接参加调解，而只是提供调解员名册供投资者和缔约国选择，依公约组成调解委员会进行调解。调解是一种高度灵活的非正式的争端解决方法，如果当事方打算继续进行投资合作，则 ICSID 调解是一种可行的选择。从 ICSID 的实践来看，尽管《华盛顿公约》同等对待仲裁和调解，但实践中投资者几乎总是选择仲裁，选择使用调解方式的案件很少，且目前主要为非洲国家所采用。除《解决投资争端国际中心调解规则》（The ICSID Rules on Conciliation）外，其他一些国际组织也有调解规则可供选择，例如，《联合国国际贸易法委员会调解规则》（The UNCITRAL Rules on Conciliation）。

尤其值得一提的是，《跨太平洋伙伴关系协定》规定，投资者与东道国首先要（should）寻求通过磋商和谈判来解决争端，也包括适用无拘束力的第三方程序，例如斡旋、调解或调停，并应（shall）由投资者先向东道国提出书面的磋商请求。⑥

4. 国家法院诉讼

由于国家豁免（state immunity）或国家行为（act of state）等理由的存在，投资者难以利用投资者母国法院及第三国的国内法院来起诉东道国，所以，投资者可以利用的国内法院只有东道国法院。由于投资者—国家间争端与东道国有最密切联系，所

---

① 参见《华盛顿公约》第 1 条第 2 款规定。

② 参见《华盛顿公约》第 25 条第 1 款、第 28 条第 1 款规定。

③ 《华盛顿公约》第 34 条第 1 款规定。

④ See Christoph Schreuer, Loretta Malintoppi, August Reinisch, and Anthony Sinclair, *The ICSID Convention: A Commentary*, Second Edition, Cambridge University Press, 2009, pp. 453-454.

⑤ 参见《解决国家与他国国民之间投资争议公约》第 35 条。

⑥ See *Trans-Pacific Partnership*, Chapter 9, Investment, Article 9.17, at https://ustr.gov/sites/default/files/TPP-Final-Text-Investment.pdf.

以，国际投资协定或者规定要用尽东道国国内行政复议及法院诉讼[①]，或者通过“岔路口”（fork in the road）条款规定，要么诉诸东道国国内法院诉讼，要么诉诸投资者—国家间仲裁，二者只能选择其一。[②]

但是，外国投资者通常认为东道国的国内法院不能为其投资提供充分的保护，所以除非条约要求用尽当地救济，否则，外国投资者会倾向于选择投资者—国家间仲裁。而且，在有些情况下，虽然东道国的投资措施损害了投资者的投资，但根据东道国的法律有可能不存在在东道国法院起诉的诉因（cause of action）。例如，虽然一些南非农场主的土地被津巴布韦政府征收，但是，于《2005 年津巴布韦宪法修正案》允许政府没收或征收私人农场而不给予任何补偿，并禁止其法院对此类外国投资者给予补偿[③]，所以在此情况下，南非农场主就不能在东道国津巴布韦的法院起诉津巴布韦政府。

二、演变

世界上第一个双边投资协定是 1959 年《德国—巴基斯坦双边投资协定》，但是其中并没有规定投资者—国家间争端解决，而是规定：经缔约双方同意，由国际法院来裁决缔约方间因条约的解释和适用而产生的争端，如缔约方间无此协议，则由仲裁庭来解决此类争端。[④]

① See e. g., Agreement between the Government of the United Kingdom of Great Britain and Northern Ireland and the Government of the Republic of Argentina for the Promotion and Protection of Investments, Article 8, “(1) Disputes with regard to an investment which arise within the terms of this Agreement between an investor of one Contracting Party and the other Contracting Party, which have not been amicably settled shall be submitted, at the request of one of the Parties to the dispute, to the decision of the competent tribunal of the Contracting Party in whose territory the investment was made. (2) The aforementioned disputes shall be submitted to international arbitration in the following cases: (a) if one of the Parties so requests, in any of the following circumstances: (i) where, after a period of eighteen months has elapsed from the moment when the dispute was submitted to the competent tribunal of the Contracting Party in whose territory the investment was made, the said tribunal has not given its final decision; (ii) where the final decision of the aforementioned tribunal has been made but the Parties are still in dispute; (b) where the Contracting Party and the investor of the other Contracting Party have so agreed.”

② 例如，“……如果自争议一方提出协商解决之日起 6 个月内，争议未能通过协商解决，则投资者可选择将由于该违反行为而蒙受损失或损害的诉求提交：（一）投资所在国有管辖权的法院；（二）依据 1965 年 3 月 18 日在华盛顿签署的《解决国家和他国国民之间投资争端公约》设立的‘解决投资争端国际中心’，如果缔约双方均是《解决国家和他国国民之间投资争端公约》的成员；（三）依据联合国国际贸易法委员会仲裁规则设立的专设仲裁庭；（四）经争议双方同意的任何其他仲裁机构或专设仲裁庭。

“缔约另一方可以要求该投资者在提交国际仲裁之前，用尽缔约另一方法律和法规所规定的国内行政复议程序。

“三、若投资者已将争议提交缔约另一方有管辖权的法院或国际仲裁，对上述四种程序之一的选择应是终局的……”（《中华人民共和国政府和坦桑尼亚联合共和国政府关于促进和相互保护投资协定》第 13 条第 2 款）。

③ See Zimbabwe Constitutional Amendment Act (No 17), 2005, section 2 (2).

④ See Treaty between the Federal Republic of Germany and Pakistan for the Promotion and Protection of Investments, Article 11 (1)、11 (2), at http://investmentpolicyhub.unctad.org/Download/TreatyFile/1387. 英文原文为：“(1) In the event of disputes as to the interpretation or application of the present Treaty, the Parties shall enter into consultation for the purpose of finding a solution in a spirit of friendship. (2) If no such solution is forthcoming, the dispute shall be submitted (a) to the International Court of Justice if both Parties so agree or (b) if they do not so agree to an arbitration tribunal upon the request of either Party.”

1968年的《荷兰—印度尼西亚双边投资协定》成为全世界首个纳入投资者—国家间仲裁条款的双边投资协定。[①] 此后，越来越多的双边投资协定包含投资者—国家间仲裁条款。区别只在于，在早期的一些双边投资协定的投资者—国家间仲裁条款中，缔约方对于仲裁庭的管辖权范围倾向于有所保留，而在20世纪90年代以后，缔约方越来越倾向于授予仲裁庭更多的管辖权，而目前，则倾向于平衡仲裁庭的管辖权和东道国的规制空间。另外，《跨太平洋伙伴关系协定》规定了东道国在有限范围内的反诉权，即东道国违反其给予投资者的投资授权或违反其与投资者签订的投资协议的，投资者可以提起诉求，而东道国对这类诉求可以提起反诉。[②] 这是《跨太平洋伙伴关系协定》对投资者—国家间仲裁作出的改革之一。

三、投资者—国家间仲裁

投资者—国家间仲裁包括机构仲裁（institutional arbitration）和特设仲裁（*ad hoc* arbitration），两者的区别主要是有没有机构依托，涉及是否需要向相关机构支付仲裁管理的费用。一般来说，特设仲裁没有管理机构而只有仲裁庭对仲裁案件进行管理。仲裁机构主要包括：ICSID、ICSID附加便利仲裁（ICSID Additional Facility）、国际常设仲裁法院（Permanent Court of Arbitration，PCA）、国际商会（International Chamber of Commerce，ICC）仲裁院、伦敦国际仲裁院（London Court of International Arbitration）、瑞典斯德哥尔摩商会仲裁院（Stockholm Chamber of Commerce's Institute of Arbitration），其中最具有代表性的是ICSID。近年来，由于业务竞争，国际常设仲裁院受理的投资者—国家间仲裁案件日益增加。当然，投资者与东道国间的特设仲裁也是一种有用的选择，其具有程序简单、成本低、保密性强的特点。最典型的特设仲裁是依联合国国际贸易法委员会仲裁规则进行的仲裁。许多双边及多边投资协定，包括《北美自由贸易协定》都规定了特设仲裁。特设仲裁提供了最灵活地进行仲裁程序的方式，在ICSID产生前，特设仲裁得到广泛使用。以下介绍《华盛顿公约》仲裁及ICSID附加便利仲裁。

1. 《华盛顿公约》仲裁

《华盛顿公约》于1965年产生于世界银行框架之下，得到众多发达国家和发展中国家的批准，于1966年生效。一个有效而公正的争端解决制度是改善投资环境的重要

---

① Netherlands and Indonesia Agreement on Economic Cooperation (with Protocol and Exchanges of Letters dated on 17 June 1968), Article 11, at http://investmentpolicyhub.unctad.org/Download/TreatyFile/3329. 该条约已被印度尼西亚终止。英文原文为："The Contracting Party in the territory of which a national of the other Contracting Party makes or intends to make an investment, shall assent to any demand on the part of such national and any such national shall comply with any request of the former Contracting Party, to submit, for conciliation or arbitration, to the Centre established by the Convention of Washington of March 18, 1965, 1 any dispute that may arise in connection with the investment."

② See *Trans-Pacific Partnership*, Chapter 9, Investment, Article 9.18.2, at https://ustr.gov/sites/default/files/TPP-Final-Text-Investment.pdf.

因素，而创立有利的投资环境可以促进经济发展，所以，《华盛顿公约》仲裁机制得到了广泛和频繁的使用。《华盛顿公约》可供选择的方法包括仲裁和调解方法，但实际上，仲裁总是得到优先选择。ICSID 在仲裁程序上给予重要的制度支持，根据公约进行的仲裁具有自治性，不受外部干涉，且一方的不合作不会影响程序的进行。《华盛顿公约》仲裁具有高度有效性，理论上，其裁决在公约的所有缔约方都能得到执行。

关于《华盛顿公约》仲裁机制特别要注意以下三点：

第一，管辖权问题。

《华盛顿公约》中的程序只有投资争端可以利用。根据《华盛顿公约》，ICSID 的管辖范围限于直接因投资而产生的法律争端，而且，当事方必须就法律问题或事实问题存在具体的争端。《华盛顿公约》并未对投资进行定义，原因在于各缔约方对于什么是投资及投资的种类不能达成一致，因此虽然在起草约文期间尝试过进行定义，但最后放弃了这种努力。各缔约方认为适于将其留给当事方协议来确定。[①] 尽管对投资进行定义很难，但是对其主要特征进行列举却是可能的，例如，项目应持续一定期间；应当有稳定的利润回报；对双方都存在风险；有关的承诺是重大的；对东道国的发展很重要。[②]

由于根据《华盛顿公约》进行的程序总是混合的，即一方是公约的一个缔约方，另一方是具有公约的另一缔约方国籍的投资者[③]，而且参加公约并不等于受公约程序的约束（submission to proceedings），因此，双方还要都对管辖权作出书面同意。同意可以表现为当事方间直接订立协议，也可以表现为东道国通过国内立法或条约作出一个“总要约”（general offer），投资者可以接受这一“总要约”。双边投资协定的缔约方可以只同意将部分投资争端提交 ICSID 管辖。“中心的管辖适用于缔约国（或缔约国向中心指定的该国的任何组成部分或机构）和另一缔约国国民之间直接因投资而产生并经双方书面同意提交给中心的任何法律争端。当双方表示同意后，任何一方不得单方面撤销其同意。”[④] 投资者可以是自然人或法人。如果投资者是自然人，则必须满

---

① 双边投资协定中往往对投资的财产形式进行列举，例如，《中华人民共和国和德意志联邦共和国关于促进和相互保护投资的协定及议定书》第 1 条第 1 款和第 3 款规定，本协定内：一、“投资”一词系指缔约各方根据各自有效的法律所许可的所有财产，主要是：（一）动产和不动产的所有权以及其他物权，如抵押权、质权等；（二）公司股份和其他形式的参股；（三）用于创造经济价值的金钱请求权或具有经济价值的行为请求权；（四）版权、工业产权、工艺流程、专有技术、商标和商名；（五）特许权，包括勘探、开采和提炼的特许权。所投财产形式的变化，不影响其作为投资的性质……三、“收益”一词系指投资在一定时期内所产生的利润、股息、利息和其他合法收入。在《中华人民共和国和德意志联邦共和国关于促进和相互保护投资的协定及议定书》对于关于第 1 条中“收益”一词进行解释时，议定书指出：“投资的收益和再投资的收益，享有同投资一样的保护。”参见 http://tfs.mofcom.gov.cn/aarticle/h/au/201002/20100206787044.html。

② See Schreuer, C., *The ICSID Convention: A Commentary*, Article 25, para. 86.

③ See Abaclat et al. v. Argentina (ICSID Case No. ARB/07/5), Decision on jurisdiction and admissibility, August 4, 2011, regarding admissibility of mass claims of 60,000 Claimants (the total number of whom at the time of initiation of the arbitration exceeded 180, 000) mostly natural persons of Italian nationality relating to bonds issued by Argentina.

④ 《华盛顿公约》第 25 条第 1 款。

足积极国籍和消极国籍要求，即投资者必须是一缔约国的国民，而且，其必须不是东道国的国民。自然人必须在两个关键的时间遵守这些要求：双方当事人同意将争端提交仲裁的日期及 ICSID 将仲裁的要求进行登记的日期。自然人的国籍主要依其所主张的国籍所属国的法律来确定。如投资者是法人，公约没有对法人（juridical person）的国籍进行界定。中心的实践表明中心采用的是国际法及国内法中关于公司国籍的传统标准，即成立地（place of incorporation）标准或营业地（seat of business）标准。为利用 ICSID，法人必须是一缔约国的国民。如果法人虽是非缔约国的国民，但是受缔约国国民的控制，则也是适格主体。只要其行为是商业行为而不是在履行政府职责，则国有公司也是适格投资者。在某些情况下，东道国的实体可以成为仲裁程序的当事方。在某些情况下，在东道国设立的公司也可能被视为外国投资者。[①]

第二，准据法问题。

《华盛顿公约》不包含实体规则（substantive rule），当事方可以对准据法达成协议。在缺乏合意的情况下，准据法是东道国的法律及国际法。具体来说，首先，仲裁庭应依照双方可能同意的法律规则对争端作出裁决。如无此种协议，仲裁庭应适用作为争端一方的缔约国的法律（包括其冲突法规则）以及可能适用的国际法规则；其次，仲裁庭不得借口法律无明文规定或含义不清而暂不作出裁决；最后，前两项规定不得妨碍仲裁庭在双方同意时按公允及善良原则对争端作出裁决的权力。[②] 所以，《华盛顿公约》仲裁庭选择实体法时应遵循的机制体现了灵活性和稳定性的结合，以及意思自治优先、剩余原则补缺。其中，一般规则是当事方意思自治，当事方可以通过直接协议选择准据法，或者通过规定 ICSID 仲裁的条约或立法中包含的法律选择条款来选择准据法；也可以在发起仲裁程序后选择准据法。只有在当事方意图明确的情况下，才可以承认当事方的默示法律选择。

准据法的后续变化可能给投资者带来不利影响。其他法律的变化，例如税法、环境标准、最低工资等变化，也会给投资造成不利影响。应对办法为在投资协议中加入稳定条款（stabilization clause）。稳定条款使新法不对投资者适用，或者即使适用东道国也要对投资者给予补偿。稳定条款受国际法支配。稳定条款通常规定在包含 ICSID 仲裁的具体合同中，例如，“不进一步征税”（no further tax）条款。[③]

在没有稳定条款的情况下，通常依据新法优于旧法原则，投资者必须遵守新法，例如劳动法的变化、税法的合理调整、技术安全及环境标准的提高。但是，如果东道国法律的变化是为了使自己的承诺落空，如征收投资者的财产或使当事方间的协议无效，

---

① See Article 1（1）（c）of Agreement on the reciprocal promotion and protection of investments（with protocol）between Switzerland and Uruguay，signed at Berne on 7 October 1988：Legal entities established under the law of any country which are，directly or indirectly，controlled by nationals of that Contracting Party.

② 参见《华盛顿公约》第 42 条。

③ 参见关于厄瓜多尔对石油公司征收暴利税从而引起石油公司向解决投资争议国际中心申请仲裁的案件，Ecuador scores legal victory over U. S. oil film，at http：//latino. foxnews. com/latino/money/2010/12/16/ecuador-scores-legal-victory-oil-film/。

则该变化不可接受。进言之，东道国法律的变化要受国际法的最低保护标准的限制。

需要强调的是，根据《华盛顿公约》第 52 条第 1 款，如果没有适用准据法（proper law），仲裁裁决有被撤销的可能。

第三，《华盛顿公约》仲裁裁决的撤销问题。①

《华盛顿公约》规定的撤销程序是依据《华盛顿公约》第 52 条对基于该公约作出的仲裁裁决进行体制内救济的手段之一②，其他裁决后救济手段还包括补正（补充和修正）、解释、修改。③ 相比之下，撤销程序是最极端的手段，它需要成立新的完全不同的专门撤销委员会（委员会）来进行审理，并可能产生使原仲裁裁决完全失去法律约束力的结果，即使当事方的法律关系回复到初始状态，即被撤销的裁决就如同没有存在，表现在对同一争端重新提起的仲裁之案号与原仲裁案号相同。④ 由于 ICSID 的仲裁裁决越来越多地被败诉方视为不公正的裁决，因而，越来越多的裁决进行到撤销程序阶段。需要强调的是，ICSID 撤销程序是《华盛顿公约》框架内的程序，不同于国内法院在承认和执行其他仲裁裁决时的审查程序。由于 ICSID 仲裁制度不存在上诉程序，撤销程序也就成了国际层面裁决债务人唯一的也是最后的救济手段。《华盛顿公约》第 52 条第 1 款所列的撤销理由（撤销程序所依的要件）仅包括以下程序事项：1）仲裁庭的组成不适当；2）仲裁庭显然超越其权力；3）仲裁庭的成员有受贿行为；4）有严重的背离基本程序规则的情况；5）裁决未陈述其所依据的理由。⑤ 因此，实践中被撤销的仲裁裁决很少⑥，因此，《华盛顿公约》仲裁裁决撤销程序无法保证裁决的正当性和正确性。

相比之下，对于投资者来说，非《华盛顿公约》仲裁的劣势在于其仲裁裁决可能受到仲裁地法院的司法审查，这为裁决的终局性带来了很大的不确定性，甚至有被撤销的风险。

ICSID 结合了制度支持及特设仲裁的灵活性和当事方自治的优点；ICSID 本身并

---

① 关于撤销问题，详见韩秀丽：《论〈解决国家与他国国民之间投资争议公约〉仲裁裁决撤销程序的局限性》，载《国际法研究》，2014（2）。

② 在 ICSID 仲裁中，依据《华盛顿公约》的程序规则以及附加便利规则进行仲裁得出的最终裁决被称为“award”，其他各种裁定被称为“decision”，但只有依据《华盛顿公约》的程序规则作出的最终裁决可以适用撤销程序。

③ 对于小的错误可以使用修正，对于疏忽造成的遗漏可以进行补充。补充和修正要求必须在裁决作出后 45 天内提出，而且只能由原仲裁庭进行，并成为原仲裁裁决的组成部分。［参见《华盛顿公约》第 49（2）条。］对裁决的解释存在争议而提出解释要求，不受任何时间限制。为了承认和执行仲裁裁决，对裁决的解释要作为裁决对待。只要可能，解释应由原仲裁庭作出。（参见《华盛顿公约》第 50 条。）由于发现了新的事实，且这些事实是决定性的（会影响裁决结果），需要对原裁决进行修改。可在新的事实发现后 90 天内、裁决作出后 3 年内提出修改申请。只要可能，修改应由原仲裁庭作出。参见《华盛顿公约》第 51 条。

④ 例如，Amco 案的两个仲裁案号都是 ARB/81/1，Klöckner 案的两个仲裁案号都是 ARB/81/2，Vivendi 案的两个仲裁案号都是 ARB/97/3。

⑤ See ICSID，ICSID Convention，Regulations and Rules，ICSID/15/Rev. 1.

⑥ 截至 2015 年 12 月 31 日，部分或者全部被撤销裁决的案例有 14 件。The ICSID Caseload—Statistics（ISSUE 2016-1），at https：//icsid. worldbank. org/apps/ICSIDWEB/resources/Documents/ICSID％20Web％20Stats％202016-1％20（English）％20final. pdf.

不作为一个仲裁机制；ICSID 提供各种制度支持；ICSID 仲裁旨在有效地发挥作用，即使一当事方在仲裁程序中不合作，直接产生于缔约国与其他缔约国国民之间的投资的法律争端也可以利用 ICSID 仲裁。ICSID 仲裁对投资者非常有效，这包括可以直接利用国际争端解决机制以及增加裁决的可执行性。通过创造“有利的投资气候”，《华盛顿公约》仲裁促进了在东道国的外国投资。

2. ICSID 附加便利仲裁

附加便利仲裁创立于 1978 年。[①] 不满足《华盛顿公约》关于属人管辖权和属物管辖权要求的争端不能提交 ICSID 调解或仲裁；一些这样的争端可以根据附加便利规则解决，如果：(1) 只有投资争端的一方是《华盛顿公约》的缔约方或其国民；(2) 附加便利争端解决不是《华盛顿公约》下的争端解决，因此，该公约关于承认及执行的规则不适用；如果 ICSID 对争端有管辖权，则排除了附加便利争端解决。

四、投资者—国家间仲裁自身的缺陷与面临的挑战[②]

1. 问题

联合国贸易和发展会议多次详细阐述了国际投资仲裁机制本身存在的问题，认为这些问题已经使国际投资仲裁受到了体制性挑战。[③]

在玻利维亚退出 ICSID 时，玻利维亚政府对 ICSID 提出了以下批评：(1) 其裁决为终裁，没有上诉程序；(2) 缺乏中立性；(3) ICSID 的管辖违背了玻利维亚宪法（第 135 条），其宪法法院已宣布 ICSID 没有管辖权；(4) 只受理由外国投资者提交的仲裁；(5) ICSID 的仲裁方法不明确，并且是武断的；(6) ICSID 不接受公众的外部申诉，仲裁程序不公开；(7) 国家的抗辩费用高昂，据统计每起仲裁需花费 400 万美元。[④] 玻利维亚政府还认为 ICSID 偏袒跨国公司，对于跨国公司没有遵守协定的，ICSID 没有给予过任何惩罚。归根结底，世界银行促进私有化的职能与其争端解决的职能是格格不入的。[⑤] 这些批评虽有过激之处，但也切中要害。在一个仲裁程序中，玻利维亚甚至对全体仲裁员提出了质疑，并指出其将不遵守支持投资者的仲裁裁决。[⑥]

---

① “Additional Facility Rules of ICSID” means the Rules Governing the Additional Facility for the Administration of Proceedings by the Secretariat of the International Centre for Settlement of Investment Disputes and Schedule C (Arbitration) thereto, approved by the Administrative Council on 29 September 2002. 该规则已经过多次修改。

② 这一部分内容主要是在笔者的论文《再论卡尔沃主义的复活—投资者—国家争端解决视角》[载《现代法学》，2014 (1)] 的基础上进行补充和完善的。

③ See UNCTAD, *World Investment Report* 2010: *Investing in a Low-Carbon Economy*, New York and Geneva, 2010, Chapter III; *Investor-State Disputes*: *Prevention and Alternatives to Arbitration*, UNCTAD Series on International Investment Policies for Development, New York and Geneva, 2011.

④ World Bank, Bolivia Leaves the ICSID, 3rd November 2007, at http://web.worldbank.org/WBSITE/EXTERNAL/BANCOMUNDIAL/EXTSPPAISES/LACINSPANISHEXT/BOLIVIAINSPANISHEXT/0, content MDK: 22766950~pagePK: 1497618~piPK: 217854~theSitePK: 500410, 00.html.

⑤ See Bolivia Withdraws from ICSID, *Latin Lawyer*, 22 May 2007.

⑥ See Sebastian Perry, “Bolivia Ramps up Anti-ICSID Rhetoric”, 2010-7-14, at http://tinyurl.com/6hf5cja.

厄瓜多尔的总统则公开表示对ICSID没有信心，对ICSID仲裁庭作出公正裁决的能力表示怀疑。①

学者们也对投资者—国家间仲裁提出了批评。有学者认为投资者—国家间投资仲裁会产生“寒蝉效应”，使东道国因担心其投资规制措施会被投资者根据双边投资协定提起仲裁而不敢采取此类措施。② 有学者指出，投资者—国家间争端解决条款中多规定投资者有权在国内争端解决机构和国际争端解决机构进行选择，一旦选择了一种争端解决方式就不能选择另一种争端解决方式，这就是所谓岔路口条款，但投资者“去当地化”的倾向使它们普遍选择国际争端解决机构，而国际争端解决机构的选择却使国家政策的制定落入几个国际仲裁员的手中，从而导致这一机制缺乏政治上的正当性。③ 一些学者批评ICSID被操纵。④ 一些学者认为ICSID对发展中国家持有偏见。⑤ 还有学者指出，投资仲裁是一个“不公平、不独立且不平衡的方法”，因此不应当信赖这一方法，“政府有强有力的道德和政策理由退出投资协定和反对投资者—国家间仲裁，包括拒绝履行不利于他们的仲裁裁决”⑥。有学者还针对苏珊·弗兰克（Susan Franck）通过数量研究方法为ICSID的公正性进行的辩护⑦，提出了针锋相对的批评。该批评指出：用数量方法研究ICSID的独立和公正，从而证明国际投资仲裁不存在偏见的方法虽有重要贡献但却是不充分的，因为ICSID裁决的公开性本身就不充分，因此，这种实证研究在证明有或没有实际偏见方面有严重的局限性。而事实是，发展中国家的确比发达国家更多地受到投资者的国际求偿。⑧ 学者们发现的问题还有仲裁缺

① See Gabriela Molina，“Ecuador Wary of World Bank Arbitration in Occidental Case”，May 11，2008，at http：//tinyurl. com/4q8c57m.

② See Kyla Tienhaara，“Regulatory Chill and the Threat of Arbitration：A View from Political Science”，in Chester Brown and Kate Miles（eds.），*Evolution in Investment Treaty Law and Arbitration*，Cambridge University Press，2011，p. 606.

③ See G. Van Harten，*Investment Treaty Arbitration and Public Law Oxford*，Oxford University Press，2007.

④ See Sandra L. Caruba，“Resolving International Investment Disputes in a Globalised World”，*New Zealand Business Law Quarterly*，Vol. 13，2007：150；also see George K. Foster，“Collecting from Sovereigns：The Current Legal Framework for Arbitral Awards and Court Judgments Against States and Their Instrumentalities，and Some Proposals for its Reform”，*Arizona Journal of International and Comparative Law*，2008，Vol. 25，p. 705；William W. Park，“Arbitrator Integrity：The Transitory and the Permanent”，*San Diego Law Review*，2009，Vol. 46，p. 658.

⑤ See Christian Tietje et al.，“Once and Forever? The Legal Effects of a Denunciation of ICSID”，*Transnational Dispute Management*，2008，Vol. 6，p. 5.

⑥ Gus Van Harten et al.，“Public Statement on the International Investment Regime”，August 31，2010，at http：//tinyurl. com/37b2ktl.

⑦ 苏珊·弗兰克的主要观点是：现有的国际投资协定体制并没有使发展中国家间更多地受制于投资者—国家间仲裁求偿，在与发展中国家的争端中，外国投资者并没有在大多数案件中胜诉，而且，即使外国投资者胜诉了，裁决支付的金额也未必很巨大。See Susan D. Franck，“Development and Outcomes of Investment Treaty Arbitration”，*Harvard International Law Journal*，2009，Vol. 50，pp. 435-489.

⑧ See Kevin P. Gallagher & Elen Shrestha，“Investment Treaty Arbitration and Developing Countries：A Re-Appraisal，Global Development and Environment Institute”，Working Paper No. 11-01，Tufts University Medford MA 02155，May 2011，USA.

乏透明度[①]、仲裁裁决缺乏一致性[②]，以及仲裁员存在职业利益冲突等。[③] 此外，律师事务所、仲裁员和金融家在国际投资仲裁中的逐利行为更受到了揭露和批判。[④] 但是，归根结底，受到质疑的是授予投资者挑战主权国家采取投资措施的权利及投资协定争端仲裁的正当性。[⑤]

出于投资者—国家间争端解决的影响和正当性问题，各国正在建立促进解决投资争端的预防机制和替代机制。完全排斥国际投资仲裁机制的国家试图以区域争端解决机制或国内司法加以取代。

以上来自国家及学者们的这些批评也许有些过激，区域仲裁设计未必能成功，东道国的国内司法未必可以信赖，但它们无疑证明了现有的投资者—国家间仲裁机制确实存在各种各样的问题，如案件增长过快、仲裁员倾向于进行扩张性解释、裁决赔偿金额过高、缺乏透明度、法律推理不具有说服力、裁决前后矛盾、仲裁员不能公正仲裁等问题。对此需要谨慎对待，更需要改良和完善。

2. 挑战

以 ICSID 为代表的投资者—国家间仲裁实际上面临着挑战。2007 年玻利维亚、尼加拉瓜和委内瑞拉一致同意并退出了《华盛顿公约》。[⑥]

2007 年 5 月 2 日，《华盛顿公约》秘书处收到了玻利维亚正式退出《华盛顿公约》的声明，退出声明自公约秘书处收到通知之日起 6 个月即 2007 年 11 月 3 日生效。[⑦] 通知退出《华盛顿公约》之后，玻利维亚就宣布重新谈判和修改它的双边投资协定，并已经终止了与奥地利、法国、德国、荷兰、西班牙、瑞典及美国的双边投资协定。[⑧]

---

① See Natalie Bernasconi-Osterwalder，"Transparency and Amicus Curiae in ICSID Arbitration"，in Marie-Claire Cordonnier-Segger，Markus Gehring，and Andrew Newcombe（eds.），*Sustainable Development in World Investment Law*，Alphen aan den Rijn：Kluwer International，2011，p. 189.

② See Michael Waibel，"Two World of Necessity in ICSID Arbitration：CMS and LG&E"，20 *Leiden Journal of International Law* 637，2007. 关于这两个案件，请参见 CMS Gas Transmission Company v. Argentina（Award），ICSID Arbitration Tribunal，Case No. ARB/01/8，12 May 2005，paras. 353-394，468；LG&E et al. v. Argentina（Liability），ICSID Arbitral Tribunal，Case No. ARB/02/1，3 October 2006，paras. 226-266。

③ 即在此案中做仲裁员而在其他未决案件中做律师，see Philippe Sands，"Conflict and Conflicts in Investment Treaty Arbitration：Ethical Standards for Counsel"，in Chester Brown and Kate Miles（eds.），*Evolution in Investment Treaty Law and Arbitration*，Cambridge University Press，2011，p. 19。

④ See Helen Burley，*Profiting from Injustice*：*How Law Firms*，*Arbitrators and Financiers are Fuelling an Investment Arbitration Boom*，Brussels/Amsterdam：Corporate Europe Observatory and the Transnational Institute，November 2012.

⑤ See M. Sornarajah，"A Coming Crisis：Expansionary Trends in Investment Treaty Arbitration"，in Karl Sauvant（ed.），*Appeals Mechanisms in International Investment Disputes*，Oxford University Press，2008，p. 39；Michael Waibel，et al.（eds.），*The Backlash against Investment Arbitration*，Alphen aan den Rijn：Kluwer Law，2010.

⑥ Mortenson，"The Meaning of 'Investment'：ICSID's Travaux and the Domain of International Investment Law"，*Harvard International Law Journal*，2010，Vol. 15，p. 313；Christian Tietje，et al.，"Once and Forever? The Legal Effects of a Denunciation of ICSID"，*Transnational Dispute Management*，2008，Vol. 6，p. 5.

⑦ See Press Release，ICSID，Bolivia Submits a Notice Under Article 71 of the ICSID Convention，May 16，2007.

⑧ See Bolivia，"Plurinational State of Bilateral Investment Treaties（BITs）"，at http：//investmentpolicyhub.unctad.org/IIA/CountryBits/24#iiaInnerMenu.

在国内法方面，2009 年，玻利维亚通过一部公投宪法，该宪法特别强调了玻利维亚在石油和天然气领域的绝对司法主权，并在其第 366 条明确禁止将特定行业的投资争议提交至国际仲裁。

2009 年 7 月 2 日，厄瓜多尔总统颁布了第 1823 号行政法令，宣布根据厄瓜多尔宪法第 422 条规定退出《华盛顿公约》。2009 年 7 月 6 日，《华盛顿公约》秘书处收到了厄瓜多尔退出公约的声明，退出声明自公约秘书处收到通知之日起 6 个月即 2010 年 1 月 7 日生效。[①] 在退出《华盛顿公约》前后，厄瓜多尔陆续终止了一系列双边投资协定，包括与古巴、多米尼加、萨尔瓦多、芬兰、德国、危地马拉、洪都拉斯、尼加拉瓜、巴拉圭及乌拉圭的双边投资协定。[②] 此外，在国内法层面，厄瓜多尔全民公决通过的新宪法于 2008 年 10 月 20 日生效。该新宪法对国际仲裁施加了限制，其第 422 条禁止厄瓜多尔缔结那种在与私人的合同争端或商事争端中将管辖权转移给国际仲裁机构的条约或国际法律文件。但如果厄瓜多尔与拉丁美洲的居民将争端提交至拉美区域性仲裁机构或司法机构，则宪法并不禁止签订此类条约或国际法律文件。[③] 所以，新宪法旨在要求政府不缔结服从 ICSID 仲裁的条约或国际法律文件，而不是不缔结服从拉美仲裁机构的条约或国际法律文件，意在以拉美区域仲裁取代 ICSID 仲裁。

自 2007 年 4 月起，委内瑞拉为退出《华盛顿公约》做了大量准备工作。首先是废除包含投资者—国家间仲裁条款的双边投资协定。委内瑞拉于 2008 年 4 月 30 日正式通知荷兰政府，因彼此的双边投资协定与委内瑞拉的“国家政策”不符，委内瑞拉决定废除其与荷兰的双边投资协定。[④] 另外，由于委内瑞拉的外国投资法也成为投资者提请国际仲裁的依据，委内瑞拉最高法院于 2008 年 10 月 17 日作出第 1541 号判决，指出委内瑞拉的《促进和保护投资法》第 22 条不构成对 ICSID 管辖权的承认。[⑤] 2008 年 2 月 13 日，委内瑞拉国民议会通过了批准委内瑞拉退出 ICSID 的决议，从而完成了委内瑞拉退出 ICSID 的国内法准备。2012 年 1 月 24 日，《华盛顿公约》秘书处收到了委内瑞拉退出公约的书面通知。据此，6 个月后，即 2012 年 7 月 24 日，委内瑞拉正式退出了《华盛顿公约》。[⑥]

---

① See Denunciation of the ICSID Convention and BITs：Impact on Investor-State Claims，IIA Issues Note，No. 2，December 2010.

② See “World Investment Report 2010：Investing in a Low-Carbon Economy”，New York and Geneva，2010，p. 85；Gus Van Harten，“Five Justifications for Investment Treaties：A Critical Discussion”，*Trade，Law & Development*，2010，Vol. 2，No. 1，p. 4； “Ecuador，Bilateral Investment Treaties（BITs）”，at http：//investmentpolicyhub. unctad. org/IIA/CountryBits/61＃iiaInnerMenu.

③ See 2008 Constitution of Ecuador，Art. 422.

④ See Luke Eric Peterson，“Venezuela Surprises the Netherlands with Termination Notice for BIT”，*International Arbitration Reporter*，May 16，2008，Vol. 1，No. 1. 但是委内瑞拉后续并没有终止与其他国家的双边投资协定，see Venezuela，Bolivarian Republic of，Bilateral Investment Treaties（BITs），at http：//investmentpolicyhub. unctad. org/IIA/CountryBits/228＃iiaInnerMenu。

⑤ See La Republica Bolivariana De Venezuela en su Nombre，el Tribunal Supremo de Justicia，Expediente No 08-0763，October 17，2008.

⑥ See Venezuela Submits a Notice under Article 71 of the ICSID Convention，ICSID News Release，January 26，2012.

南非虽然在ICSID只有一起案件，且以投资者申请终止仲裁程序、南非得到40万欧元的仲裁成本补偿而告终①，但该案触动了南非敏感的公共政策领域，即“黑人经济授权法”（Black Economic Empowerment Act），使其开始了为期三年的双边投资协定审查，而审查的结论是否定双边投资协定对吸引外资的作用，认为其严重制约了东道国的政策空间。② 根据南非贸易和产业部长罗布·戴维斯（Rob Davies）2012年7月26日的演讲，对于和南非没有双边投资协定关系的国家，南非会在将来避免与这些国家缔结双边投资协定，除非在令人信服的经济和政治环境下需要签订双边投资协定。而对于与南非存在第一代双边投资协定关系的国家，南非应当对这些协定进行评审，以终止这些双边投资协定。南非政府希望通过国内法来保护外国投资。③ 因此，一方面，南非打算逐步淘汰与欧洲各国（地区）的双边投资协定④，南非已经终止了与奥地利、比利时—卢森堡经济联盟、丹麦、法国、德国、荷兰、西班牙、瑞士及英国的双边投资协定⑤；另一方面，在国内法层面，南非于2013年11月1日公布了《投资促进与保护议案草案》（Promotion and Protection of Investment Draft Bill）征求公众意见。⑥ 2015年11月17日，南非国民大会批准了《促进与保护投资议案》（Promotion and Protection of Investment Bill）。⑦ 该议案阐明的立法目的是采取措施以保护或增进在共和国历史上由于歧视而处于不利地位的人或某些种类的人的待遇。为此目的，该议案试图扩大国家的规制权。关于投资措施，该议案规定，投资措施仅仅包括东道国的行政行为（administrative action），而不包括立法行为和司法行为。关于国民待遇，该议案规定了七种例外，尤其排除了“任何法律或其他措施，其目的是促进实现南非的平等或旨在保护或增进南非历史上因基于种族、性别或残疾的不公平歧视而处于不利地位的人或某些种类的人的利益”。关于征收，该议案仅仅规定投资者应享有南非宪法第25条规定的财产权，但该条仅涉及直接征收，而且对直接征收仅给予“合理与公

---

① See Piero Foresti, Laura de Carli and others v. Republic of South Africa [ICSID Case No. ARB (AF) /07/1], award, August 4, 2010, at https: //icsid. worldbank. org/ICSID/FrontServlet, March 28, 2013.

② See Bilateral Investment Treaty Policy Framework Review, Government Position Paper, Department of Trade and Industry, Republic of South Africa, June 2009, at http: //www. thedti. gov. za/ads/bi-lateral _ policy. pdf, March 28, 2013.

③ 在一封名为“Termination of the Bilateral Investment Treaty with the Belgo-Luxembourg Economic Union”的信中，附有终止该双边投资协定的通知，see the Letter from Maite Nkoana-Mashabane, Minister of International Relations and Co-operation, to the Ambassador of the Kingdom of Belgium to South Africa, Johan Maricou, on September 7, 2012.

④ See South Africa Begins Withdrawing from EU-member BITs, October 30, 2012, at http: //www. iisd. org/itn/2012/10/30/news-in-brief-9/.

⑤ See South Africa, Bilateral Investment Treaties (BITs), at http: //investmentpolicyhub. unctad. org/IIA/CountryBits/195#iiaInnerMenu.

⑥ See Minister of Trade and Industry, "Promotion and Protection of Investment", 2013, draft Bill, published in *Government Gazette*, Vol. 581, No 36995 on 1 November 2013, at http: //www. gov. za/sites/www. gov. za/files/150728Bill _ 28Jul2015. pdf.

⑦ See P Vecchiatto, "SA MPs Back Foreign Investment Bill", 18 November 2015, *Bloomberg*, at http: //www. iol. co. za/business/news/sa-mps-back-foreign-investment-bill-1. 1946986.

平”（just and equitable）而不是“市场价值”（market value）的补偿。该议案还规定了“环境保护及自然资源的养护和可持续发展”的规制权，而且规定，当局行使规制权要符合宪法和法律。最关键的是，该议案规定国家间仲裁是投资者—国家间争端的最终救济手段，从而排除了投资者—国家间的仲裁。

为了更新和现代化其签订的双边投资协定，使协定包含的权利和义务更加平衡①，印度尼西亚也分别终止了与保加利亚、柬埔寨、中国、埃及、芬兰、法国、德国、意大利、老挝、马来西亚、荷兰、挪威、罗马尼亚、新加坡、斯洛伐克、土耳其及越南的双边投资协定。②

据报道，在印度与欧盟进行的贸易协定磋商中，印度拒绝了投资者—国家间争端解决条款。印度产业政策和促进部的官员表示，国家不应当被“拖入”私人争端，原则上，双边投资协定要排除投资者—国家间争端解决条款，或者说不允许外国投资者将与印度政府的争端诉诸国际争端解决机构。③ 印度政府还逐个审查了与其他国家签订的双边投资协定，以甄别出容易在将来引发争端的条款，尤其是投资者—国家间争端解决条款。印度政府于 2015 年 12 月 28 日正式公布了新的条约范本，投资者—国家间仲裁条款规定得非常详细，包括了《华盛顿公约》仲裁、ICSID 附加便利仲裁及联合国国际贸易法委员会特设仲裁；并且规定了用尽东道国当地救济作为前置程序，规定了设立上诉机构的可能；而且，对投资者的可诉范围进行了限制。④ 印度政府的这一举动是由于：2011 年年末，印度在投资者根据《印度—澳大利亚双边投资协定》提出的仲裁案中失败⑤，而 2012 年，印度面临着一系列投资者的挑战，尤其是英国电信的经营者“沃达丰”（Vodafone）向印度政府送达了通知，通知指出印度税法的拟议变化及撤销电信许可证违反了印度与荷兰的双边投资协定。⑥ 2017 年 12 月印度最高法院允许“沃达丰”基于印度和英国之间的投资协定提起仲裁。

另外，捷克因为成为众多投资争端的被告⑦，也终止了与爱沙尼亚、爱尔兰、意

---

① See LE Trakman & S Kunal，“Why is Indonesia Terminating Its Bilateral Investment Treaties?”，East Asia Forum（20 September 2014），at http：//www.eastasiaforum.org/2014/09/20/why-is-indonesia-termination-its-bilateral-investment-treaties/.

② See Indonesia，Bilateral Investment Treaties（BITs），at http：//investmentpolicyhub.unctad.org/IIA/CountryBits/97#iiaInnerMenu.

③ See Asit Ranjan Mishra，India May Exclude Clause on Lawsuits from Trade Pacts，at http：//www.livemint.com/2012/01/29231517/India-may-exclude-clause-on-la.html.

④ See UNCTAD，“World Investment Report 2015：Reforming International Investment Governance” United Nations，2015，at 109；Model Text for the Indian Bilateral Investment Treaty，at http：//finmin.nic.in/the_ministry/dept_eco_affairs/investment_division/ModelBIT_Annex.pdf，Article 13-29.

⑤ See White Industries Australia Limited v. Republic of India，Final Award，UNCITRAL，November 30，2011.

⑥ See Amiti Sen，“India to Revisit Investment Pacts to Peep Vodafone-like Cases at Bay”，at http：//articles.economictimes.indiatimes.com/2012-04-26/news/31410447_1_investment-pacts-bilateral-investment-treaties.

⑦ See Czech Republic-as Respondent State，at http：//investmentpolicyhub.unctad.org/ISDS/CountryCases/55? partyRole=2。截至 2016 年 2 月 3 日，捷克共在 33 个案件中成为被告。

大利、马耳他、斯洛文尼亚的双边投资协定[①]，但并不典型，没有引起过多注意。

在 2011 年 4 月 12 日发布的《贸易政策声明》（Trade Policy Statement）的投资者—国家间章节，澳大利亚政府宣布其未来签订的国际投资协定中将排除投资者—国家间争端解决条款。笔者将其主要内容概括为四点[②]：（1）澳大利亚政府支持国民待遇原则，但并不支持会给予外国企业比本国企业更大权利的条款，所以澳大利亚的外国投资者有权得到和国内企业相同的法律保护，但不能通过投资者—国家间争端解决条款，得到比本国企业更大的权利；（2）在不会造成歧视的情况下，不支持会限制澳大利亚政府制定关于社会、环境和经济事项法律之能力的条款；（3）没有也不会接受限制澳大利亚政府对烟草产品作出健康警告或“素包装”要求的条款；（4）没有也不会接受限制继续实施《药物福利计划》的条款。[③] 从实践方面看，在 2011 年 2 月 16 日澳大利亚与新西兰签订的《澳大利亚—新西兰更紧密经济关系协定议定书》中根本未包含投资者—国家间争端解决条款。[④] 在 2012 年 5 月 22 日澳大利亚与马来西亚签订的自由贸易协定（包含投资章节）中同样不见投资者—国家间争端解决条款。[⑤] 澳大利亚与韩国、美国及日本分别签订的自由贸易协定或经济伙伴协定也未规定投资者—国家间仲裁。可见，新贸易政策的正式出台无疑可能导致在将来的国际投资协定中普遍地排除投资者—国家间争端解决条款。但是，需要注意的是，澳大利亚实际上采取的是区别政策，在澳大利亚与中国的自由贸易协定中就包含详细的投资者—国家间仲裁条款。[⑥]

2009 年 2 月，美国奥巴马政府开始审查美国 2004 年《双边投资协定范本》，经过三年多的审查，美国政府最终于 2012 年 4 月 20 日结束了内部争论，并发布了 2012 年《双边投资协定范本》。尽管面临各种批评，美国 2012 年《双边投资协定范本》还是保留了投资者—东道国间争端解决条款，但将投资者与东道国通过国际仲裁解决争议程序规定得极为详尽，用 12 页之多的篇幅对投资者的适格性、各方同意的条件及限制、仲裁员的选择、仲裁程序的进行和透明度、准据法、合并审理等问题进行了更为详细的规定。[⑦] 这些规定实际上是对投资者—国家间仲裁受到的挑战给出了某种程度的应

① See Czech Republic，Bilateral Investment Treaties（BITs），at http：//investmentpolicyhub. unctad. org/IIA/CountryBits/55＃iiaInnerMenu.

② See Gillard Government Trade Policy Statement：Trading Our Way to More Jobs and Prosperity，Investor-State Dispute Resolution，April 12，2011，at http：//www. dfat. gov. au/publications/trade/trading-our-way-to-more-jobs-and-prosperity. html，April 6，2011.

③ 根据该计划，政府对处方药的成本给予补贴，从而使所有澳大利亚人都能获得所需要的药品。

④ See Protocol on Investment to the Australia-New Zealand Closer Economic Relations Trade Agreement，at http：//www. austrade. gov. au/Free-Trade-Agreements/default. aspx.

⑤ See Malaysia-Australia Free Trade Agreement，at http：//dfat. gov. au/fta/mafta/documents/Malaysia-Australia-Free-Trade-Agreement. pdf.

⑥ All these text can be found at http：//investmentpolicyhub. unctad. org/IIA/CountryOtherIias/11＃iiaInnerMenu.

⑦ See US Department of State，2012 U. S. Model Bilateral Investment Treaty，April 20，2012，Section B，at http：//www. ustr. gov/sites/default/files/BIT％20text％20for％20ACIEP％20Meeting. pdf.

对，例如，合并审理有助于在各股东都有权提请仲裁的情况下，减少仲裁裁决的冲突。该范本基于的现实是：美国越来越兼具资本输出国和输入国的角色，甚至美国也在采取各种措施吸引海外投资者到美国投资，极力解决产业空心化的问题。美国主导的TPP的正式文本除了本章提到的改革之外，基本上是以美国2012年《双边投资协定范本》为蓝本，沿袭了该范本的规定。[①] 美国退出后其他国在TPP基础上达成了CPTPP《全面进步跨太平洋伙伴关系协定》，除基于投资合同不能对东道国提起投资仲裁外，其他规定未变。

2010年12月1日生效的《里斯本条约》将对外投资政策统一划入欧盟的职权范围，提出在欧盟层面实行统一的外资政策。2011年5月7日，欧盟委员会提出，今后欧盟将作为一个整体与第三国缔结投资协定。正在讨论制定欧盟国际投资政策的欧洲议会注意到美国和加拿大修改了双边投资协定范本以限制国际仲裁的解释范围，确保更好地保护其规制权。欧洲议会于2011年4月6日通过的决议也表明其对投资者—国家间争端解决的关切，并强调未来订立的国际投资协定中将保护国家的规制权。该决议还对投资者—国家间争端解决机制提出了更大透明度、上诉机制及“法庭之友”诉讼摘要等方面的改革建议。[②] 但是，最为激进的是，在欧盟与美国的《跨大西洋贸易投资伙伴关系协定》（TTIP）谈判中，欧盟提出了建立两级常设投资法庭的建议。[③] 欧盟贸易委员马尔姆斯特伦（Cecilia Malmström）认为，传统的投资者—东道国间仲裁方式已不适合21世纪，不能为了保护投资者而以失去政府规制权力为代价。她表示，推动多边投资仲裁法院将是其工作的中期目标。[④] 实际上，在2015年12月2日欧盟与越南最终谈判达成的自由贸易协定中，已经规定了由独立法官行使审判权的两审制公开审理法庭。[⑤] 这一制度也随后体现在修改后的《欧盟—加拿大全面经济贸易协定》中。这一实践无疑表明，常设的国际投资法庭可能解决投资者—国家间仲裁存在的问题，从而使国际投资争端解决的司法化成为现实。

综上，针对现有的国际投资仲裁制度，各国分别采取了拒斥、改良或改革的方法。

---

① See *Trans-Pacific Partnership*, Chapter 9, investment, Article 9.23, at https://ustr.gov/sites/default/files/TPP-Final-Text-Investment.pdf.

② See UNCTAD, “Investment Policy Monitor”, No.5, May 5, 2011.

③ See Transatlantic Trade and Investment Partnership Trade in Services, Investment and E-commerce Chapter II-Investment, Section 3-Resolution of Investment Disputes and Investment Court System. This is the European Union's proposal for Investment Protection and Resolution of Investment Disputes. It was tabled for discussion with the United States and made public on 12 November 2015. The actual text in the final agreement will be a result of negotiations between the EU and US, at http://trade.ec.europa.eu/doclib/docs/2015/november/tradoc_153955.pdf.

④ See Cecilia Malmström, “Investments in TTIP and beyond-towards an International Investment Court”, 5 May 2015, at http://ec.europa.eu/commission/2014-2019/malmstrom/blog/investments-ttip-and-beyond-towards-international-investment-court_en.

⑤ See EU-Vietnam Free Trade Agreement: Agreed Text as of January 2016, Chapter 8-Trade in Services, Investment and E-Commerce; Section 3-Resolution of Investment Disputes; Sub-Section 4-Investment Tribunal System, at http://trade.ec.europa.eu/doclib/docs/2016/february/tradoc_154210.pdf.

第三节 外交保护

一、概念

王铁崖先生将外交保护（diplomatic protection）界定为："外交保护是一国对于其国民所实行的保护，如果一国国民受另一国违反国际法的行为的侵害而不得通过通常途径得到解决，该国民所属的国家有权对其实行外交保护。国家为其国民采用外交行动，该国实际上是主张自己的权利——保证国际法规则受到尊重的权利。"①

2006 年，国际法委员会通过了《外交保护条款草案》（Draft Articles on Diplomatic Protection），其实际上是对国家行使外交保护权利的国际习惯法的编纂。根据《外交保护条款草案》，外交保护指"一国对于另一国国际不法行为给属于本国国民的自然人或法人造成的损害，通过外交行动或其他和平解决手段援引另一国的责任，以期使该国责任得到履行"②。

外交保护的主要特点是国家有行使外交保护的自由裁量权。一个国家可以决定不采取外交保护，也可以决定采取不为国际法所禁止的任何合法、和平的外交保护形式，包括《外交保护条款草案》中提到的外交行动或其他和平解决手段，具体包括抗议、要求调查、施加政治和经济压力、领事行动、谈判、调停、调解、司法或仲裁程序、报复、断绝外交关系等形式的和平解决争端手段。③ 需要注意的是，1945 年 10 月 24 日生效的《联合国宪章》第 2 条第 4 款规定，"各会员国在其国际关系上不得使用或威胁使用武力，或以与联合国宗旨不符之任何其他方法，侵害任何会员国或国家之领土完整或政治独立"，因而使用武力进行外交保护为国际法所禁止。另外，《外交保护条款草案》也排除了诉诸武力行使外交保护，因为其提到要使用"和平手段"进行外交保护。④ 还需要强调的是，虽然前述两个定义并未涉及外交保护的方式，但应该明确

① 王铁崖：《中华法学大辞典：国际法学卷》，1996，第 572 页。关于行使外交保护权利的国家是在主张自己的权利，其得到的赔偿是根据调整国家间关系的国际法规则计算的赔偿，see Factory at Chorzów（Germany v. Poland）（Merits）（1928）PCIJ Ser A No 17，28。正是因为国家行使外交保护的权利时是在主张自己的权利，所以，这种权利不能因其国民的明示的契约行为或默示的违法行为而放弃。See Kate Parlett，"Diplomatic Protection and the International Court of Justice"，in Christian J Tams and James Sloan（eds.），*The Development of International Law by the International Court of Justice*，Oxford University Press，2013，pp. 87-106，at 93.

② ILC Draft Articles on Diplomatic Protection（2006），Article. 1. 其英文原文为："For the purposes of the present draft articles，diplomatic protection consists of the invocation by a State，through diplomatic action or other means of peaceful settlement，of the responsibility of another State for an injury caused by an internationally wrongful act of that State to a natural or legal person that is a national of the former State with a view to the implementation of such responsibility."

③ See Chittharanjan F. Amerasinghe，*Diplomatic Protection*，Oxford University Press，2008，pp. 27-28.

④ See ILC Articles on Diplomatic Protection，Article 1.

的是，外交保护可以采取外交行动或国际仲裁、司法程序。所以，不能从字面上误解为外交保护只能采取外交方式。实际上，除其他案件外，常设国际法院审理的 *Mavrommatis* 案及国际法院审理的 *Barcelona Traction* 案都是有关外交保护的经典案件。① 传统国际法认为，国家有权利但却没有义务必须进行外交保护。现实中，国家总是会权衡其政治和经济利益以及有关案件的具体情况，决定是否及如何行使外交保护。“如果自然人或法人认为其权利没有得到充分的外交保护，在国际法上他们没有别的救济。”②

在国内法层面，一些国家的宪法授予其国民寻求本国政府外交保护的权利。例如，南非国民就曾根据其宪法第 3 条③，将外交保护作为公民权的一个方面，向南非政府提出外交保护申请，并在认为南非政府没有提供外交保护，或提供的外交保护不充分的情况下，将南非政府诉至南非法院。实际上，南非宪法并没有明确规定法院对公民的外交保护争端有司法审查的权利，此项权利是通过判例法确定的。南非最高上诉法院及宪法法院确认了法院对南非居民与南非政府之间外交保护争议的司法审查权，即外交保护的行使作为政府的公共权力是受宪法控制的，从而，政府不是自己行为的唯一判断者。但是，法院的司法审查是有限的：审查标准是合理原则，而且，法院不能指示政府提供何种具体形式的外交保护。④ 所以，即使法院对个人申请外交保护的案件进行了司法审查，但是结果很可能是一样的，即法院进行了司法审查，主张政府要进行外交保护，但却遵从了政府的具体处理办法。⑤

值得注意的是，关于是公司的母国还是股东的母国有权行使外交保护这一问题，国际习惯法中仍受 *Barcelona Traction* 案确立的法律原则的影响⑥，即在一般情况下，只有公司母国有权行使外交保护。《外交保护条款草案》规定：“在公司受到损害的情况下，公司股东的国籍国无权为这些股东行使外交保护，除非：（a）由于与损害无关的原因，按照成立地国的法律该公司已不存在；或（b）在受到损害之日，该公司具有

---

① See Mavrommatis Palestine Concessions（Greece v. U. K.），P. C. I. J. Reports，1924，Series A，No. 2，p. 12；Barcelona Traction，Light and Power Company，Limited（Belgium v. Spain）（Second Phase）（Merits）［1970］ICJ Rep. 3. 在前一个案件中，常设国际法院承认，由于希腊国民马夫罗马蒂斯（Mavrommatis）受到在巴勒斯坦的英国当局的违反国际法义务的对待，所以，就其求偿，希腊有权向英国提出求偿，即行使外交保护的权利。常设国际法院根据其规约第 34 条对希腊和英国的外交保护争端行使了管辖权。外交保护使国内争端上升为国际争端。在后一个案件中，主要涉及的是公司母国还是公司股东的母国有行使外交保护的权利，国际法院的裁决是除特殊情况外，公司母国有行使外交保护的权利。

② Case concerning the Barcelona Traction Light and Power Company Limited（Belgium v. Spain），Second Phase，Judgment，ICJ Reports 1970，at p. 44.

③ See Constitution of the Republic of South Africa，No. 108，1996，Article 3（2）（a）. 英文原文为：“All citizen are equally entitled to the rights，privileges and benefits of citizenship.”

④ See Pharmaceutical Manufacturers Association of SA：In re Ex parte President of the Republic of South Africa 2000 2 SA 674（CC）；2000 3 BCLR 241（CC）at para. 90；Gov't of Rep. of South Africa v. Von Abo（283/10）［2011］ZASCA 65（4 April 2011）.

⑤ See Kaunda v. President of the Republic of South Africa，2004（10）BCLR 1009，44 ILM 173（2005）.

⑥ See Barcelona Traction，Light and Power Company，Limited（Belgium v. Spain）（Second Phase）（Merits）［1970］ICJ Rep. 3.

被指称对造成损害应负责的国家的国籍，并且在该国成立公司是该国要求在其境内经营的前提条件”[①]。或者“在一国的国际不法行为对股东本人的权利，而非公司的权利，造成直接损害的情况下，这些股东的国籍国有权为其国民行使外交保护”[②]。在国际法院审理的 *Ahmadou Sadio Diallo* 案中，法院支持了被告刚果民主共和国关于原告不是受害公司的国籍国而只是公司股东的国籍国，因而无诉讼主体资格的初步异议[③]，从而进一步确认了 *Barcelona Traction* 案确立的判例法。这意味着根据国际习惯法，大量的股东的母国无权行使外交保护。但是，大部分投资协定则规定，股东有直接向国际仲裁机构提出诉求的主体资格。这也是迄今为止，关于股东权益的保护问题，国际习惯法与国际投资协定存在的差别。

辩证地看，外交保护曾对投资者的保护起过重要的作用。但是，由于其自身的诸多缺点，外交保护对于投资者来说具有不确定性：其不但取决于母国的自由裁量，而且可能使争端更加复杂，使投资者的权利不能实现，导致投资者不愿意母国行使某种外交保护。[④] 另外，外交保护还要取决于保护国的实力，而在投资者为跨国公司的情况下，投资者的国籍及母国很难确定。[⑤] 在投资者—国家间仲裁机制兴起后，外交保护的使用率越来越低。但不可否认，即使是今天，其仍有发挥作用的余地。即使现今世界上的双边投资协定和其他国际投资协定众多，且大多包含投资者—国家间争端解决机制，但是仍有很多国家签订的国际投资协定数量很少，甚至根本没签订国际投资协定，对于这些国家来说，外交保护仍是外国投资保护其海外投资的主要手段。

国际法院及仲裁庭有义务拒绝对已提交给 ICSID 仲裁的投资者—国家间争端行使管辖权，即“缔约国对于它本国的一个国民和另一缔约国根据本公约已同意交付或已交付仲裁的争端，不得给予外交保护或提出国际要求，除非该另一缔约国未能遵守和履行对此项争端所作出的裁决”[⑥]。所以，虽然外交保护是投资者母国的自由裁量权，但对于提交 ICSID 仲裁的争端，不应行使外交保护，而在败诉方不履行 ICSID 仲裁裁决的情况下，还要依赖外交保护来发挥作用。例如，面对大量的败诉案件，阿根廷无法履行仲裁裁决，于是美国采取了一系列外交保护措施，如中止普惠制待遇，反对国际货币基金组织和世界银行给阿根廷贷款。在此情况下，阿根廷同意和解执行总金额

---

① ILC Draft Articles on Diplomatic Protection (2006), “Report of the Fifty-Eighth Session”, UN Doc A/CN. 4/L. 684, Article. 11.

② Ibid., Article. 12.

③ See Ahmadou Sadio Diallo (Republic of Guinea v. Democratic Republic of the Congo) (Preliminary Objections), [2007] ICJ Rep. 582 (Diallo-Preliminary Objections), paras. 89-90.

④ 例如，1851 年美国和葡萄牙的仲裁案即是美国政府未经求偿人同意而向葡萄牙提出的外交保护，在求偿人的求偿没有得到实现的情况下，其向美国政府提出了抗议，主张未经其同意，美国政府无权行使外交保护权利，将其求偿提交仲裁。See Kate Rarlett, *The Individual in the International Legal system: Continuity and Change in International Law*, Cambridge University Press, 2011, p. 53.

⑤ See UNCTAD, *Investor-State Dispute Settlement*, UNCTAD Series on Issues in International Investment Agreements II, United Nations: New York and Geneva, 2014, p. 23.

⑥ 《华盛顿公约》第 27 条第 1 款。

为5亿美元的5个裁决。[①] 所以，要注意，外交保护能在两个阶段起作用：一是请求救济阶段，二是执行裁决阶段。

鉴于作为国际习惯法的外交保护存在诸多缺点，为了避免国家怠于行使外交保护权利，损害受害人的利益，《外交保护条款草案》建议有权行使外交保护的国家应："（a）充分考虑行使外交保护的可能性，特别是当发生了重大损害时；（b）对于诉诸外交保护和寻求赔偿之事，尽可能考虑受害人的意见；并且（c）把从责任国获得的任何损害赔偿在扣除合理费用之后转交受害人"[②]。

二、演变

在18世纪，瓦特尔（Vattel）最早详细地阐述了外交保护，他说，"无论谁虐待了一国国民即间接损害了必须保护其国民的这个国家"[③]，即其主张对个人的损害就是对其国籍国的损害，这是外交保护实践的基础。[④] 从18世纪到20世纪中期，即在禁止使用武力成为国际法原则之前，工业化和帝国主义是国际经济法的背景，帝国主义国家经常使用武力作为外交保护的手段保护自己的外资。[⑤] 这导致了外交保护受到强烈批评和对抗，其中最为典型的是卡尔沃主义（Calvo Doctrine）。[⑥] 卡尔沃主义作为对抗外交保护的学说和法律原则，曾得到发展中国家的普遍支持。卡尔沃主义主张，"在一国的外国人当然有权享有与该国国民同样的保护，但却不能要求更多的保护措施"[⑦]。卡尔沃主义的实质是主张，无论是实体法上还是程序法上，外国人都只能享有国民待遇。所

---

① See Herbert Smith Freehills LLP, Argentina settles five outstanding investment treaty arbitration claims in historic break with its anti-enforcement stance, 4 October 2013, at http://www.lexology.com/library/detail.aspx?g=5546cffa-46d3-4421-a47d-e86817aee4e5.

② ILC Draft Articles on Diplomatic Protection (2006), Article. 19.

③ "Whoever ill-treats a citizen indirectly injures the State, which must protect that citizen" [Swiss jurist Emmerich de Vattel in 1758. See E. de Vattel, *The Law of Nations or the Principles of Natural Law Applied to the Conduct and to the Affairs of Nations and Sovereigns*, Vol 3, Of War (Carnegie Institution Washington, 1916), p. 136].

④ See Kate Parlett, Diplomatic Protection and the International Court of Justice, in Christian J Tams and James Sloan (eds.), *The Development of International Law by the International Court of Justice*, Oxford University Press, 2013, pp. 87-106, at 88.

⑤ See Krista Nadakavukaren Schefer, *International Investment Law: Text, Cases and Materials*, Edwar Elgar Cheltenham, UK · Northampton; MA, USA, 2013, p. 367.

⑥ 国际法学界公认，卡尔沃主义由阿根廷外交家及法学家卡洛斯·卡尔沃（Carlos Calvo）于1868年提出（Carlos Calvo, Derecho internacional teórico y práctico de Europa y América, Paris, 1868），主张给予外国投资者以国民待遇，反对给予外国投资者以超国民待遇。1902年提出的德拉果主义（Drago Doctrine）是对卡尔沃主义的重述，但范围更狭窄，它只强调债权人的母国不得向外国兴兵索债。See Amos S. Hershey, *The Essentials of International Public Law and Organization* (rev. ed.), Macmillan, 1927, p. 263; John Holladay Latane, *America as a World Power (1897—1907)*, Harper & Brothers Publishers, 1907, p. 276.

⑦ Carlos Calvo, 6 *Le droit international théorique et pratique*, Paris, ed., A. Rousseau, Fifth Edition, 1896. 转引自 M. Sornarajah, *the International Law on Foreign Investment*, Cambridge, Cambridge University Press, Third Edition, 2010, p. 21, n. 65。

以，一旦外国人与东道国政府发生争端，应当通过东道国法院适用东道国法律来解决。

过去，关于征收和补偿，投资者母国也经常使用国际投资仲裁和司法途径行使外交保护的权利。但是，自《荷兰—印度尼西亚双边投资协定》（1968 年）成为全世界首个纳入投资者—国家间仲裁的双边投资协定之后，双边投资协定和国际投资协定的投资章节大多包含投资者—国家间仲裁，从而使投资者，无论是自然人还是法人，能够通过自己行使权利获得救济。而且，最不同的是，投资者可以以股东或企业的身份提出诉求，导致外交保护变得不那么重要了。

但是，无论如何，外交保护已经被国际争端解决实践及国际法学者公认为国际习惯法，在国际投资保护领域仍有发挥作用的空间。例如，在 *Italy v. Cuba* 案中，意大利为支持本国 16 个公司投资者在古巴提出的求偿，以自身名义发起国家间双边投资协定（1993 年《意大利—古巴双边投资协定》）仲裁，其代表投资者进行求偿。而投资者本身并没有发起过投资者—国家间仲裁。这属于外交保护案件。该案涉及行为的可归责性、投资的定义、行使外交保护权利的国籍要求等问题。而意大利之所以会发起外交保护，是出于保护本国投资者的政治压力及古巴不太可能同意投资者—国家间仲裁等原因。2003 年 5 月开始，许多投资者向意大利外交部门请求外交保护，然而，由于意大利的求偿中大多不满足投资的要求，或者有关行为不能归责于古巴，该外交保护案件最终的结果是古巴胜诉。[①]

三、具体条件

行使外交保护要求受损害的私人当事方持续地具有保护国的国籍（continuous nationality）以及用尽当地救济。

1. 有效及连续国籍要求

根据《外交保护条款草案》，提出外交保护要求的国民，从受损害之时至提出保护要求之时必须具有保护国的国籍，否则，保护国没有有效地提出外交保护的权利。此外，即使某一国民在形式上拥有一国国籍，但如果此国民与该国并无有效的、真正的联系，则该国提出的外交保护也可能遭到拒绝。

2. 用尽当地救济要求

一国国民在向母国提出外交保护请求之前，必须给予责任国依当地救济手段纠正国际不法行为的机会，即要用尽当地救济。其实，用尽当地救济背后的原理是领土管辖权原则。[②] 如果一国国民没有用尽当地救济，责任国可以不同意受害者母国的外交保护要求。但是，用尽当地救济规则也存在例外，即：“（a）不存在合理的、可得到的、能

① See Jarrod Hepburn and Luke Eric Peterson, “Cuba Prevails in Rare State-to-state Investment Treaty Arbitration Initiated by Italy on Behalf of Italian Nationals”, 4 July 2011.

② See Kate Parlett, “Diplomatic Protection and the International Court of Justice”, in Christian J Tams and James Sloan (eds.), *The Development of International Law by the International Court of Justice*, Oxford University Press, 2013, pp. 87-106, at 88.

提供有效补救的当地救济，或当地救济不具有提供此种补救的合理可能性；(b) 救济过程受到不当拖延，且这种不当拖延是由被指称应负责的国家造成的；(c) 受害人与被指称应负责国家之间在发生损害之日没有相关联系；(d) 受害人明显地被排除了寻求当地救济的可能性；或 (e) 被指称应负责的国家放弃了用尽当地救济的要求。”①

如果东道国能够在这两方面成功挑战案件的可受理性，则可能导致案件无法进入实质审理阶段。例如，瑞士未能证明其国民在美国用尽了当地救济，导致瑞士的外交保护诉讼程序无法继续。② 再如，与其国民缺乏真正的国籍联系，导致列支敦士登没有诉讼主体资格。③

第四节 缔约方之间的争端解决

通过“支持”投资者的一项请求，混合投资争端可能转换为缔约方之间的争端 (disputes between Contracting Parties)。所以，如东道国的行为违反了国际习惯法规则或条约条款，也可能进而产生缔约方之间的争端。过去，这种投资争端主要通过外交保护途径提交给国际法院或仲裁庭，未来也有这种可能。在性质上，这仍然属于外交保护。

但是，需要注意是，本处所讲的缔约方之间的争端解决指的是缔约方间依国际投资协定中的国家间争端解决条款进行的涉及条约解释和适用的争端解决。实际上，缔约方间仲裁与投资者—国家间仲裁仍是有联系的，大多是东道国基于对投资者—国家间仲裁中仲裁庭对条约条款的解释不满而提起的。

虽然大多数国际投资协定中都包含缔约方间争端解决条款④，但该条款极少得到援用，以至于成为僵尸条款 (Stand-alone Clause)。但是，也有极少数此类案件，如 *Peru v. Chile*，以及 *Ecuador v. United States*、*Italian Republic v. Republic of Cuba*

① ILC Draft Articles on Diplomatic Protection (2006), Article 15.

② See Interhandel Case (Switzerland v. United States) (Preliminary Objections), [1959] ICJ Rep. 6.

③ See Nottebohm Case (Liechtenstein v. Guatemala), [1955] ICJ Rep. 4.

④ 以《中华人民共和国政府和坦桑尼亚联合共和国政府关于促进和相互保护投资协定》第 12 条 (缔约双方间的争议解决) 为例，其规定如下：

“一、缔约双方对本协定的解释或适用所产生的任何争议，应尽可能通过外交途径协商解决。二、如果该争议 6 个月内未能友好解决，根据缔约任何一方的要求，应将争议提交专设仲裁庭解决。三、该等仲裁庭由 3 名仲裁员组成。自收到书面仲裁要求之日起 2 个月内，缔约双方应各自任命 1 名仲裁员。该 2 名仲裁员应自均已被任命之日起 2 个月内共同选定 1 位与缔约双方均有外交关系的第三国国民担任首席仲裁员。四、如果仲裁庭未能在自书面仲裁申请提出之日起 4 个月内组成，缔约双方间又无其他约定，缔约任何一方可以提请国际法院院长作出必要的任命。如果国际法院院长是缔约任何一方的国民，或由于其他原因不能履行此项任命，应请国际法院中非缔约任何一方的国民且无其他不胜任原因的最资深法官履行此项任命。五、仲裁庭应自行决定其程序，仲裁庭应按照本协定以及缔约双方都承认的国际法原则作出裁决。六、仲裁庭的裁决应以多数票作出。裁决是终局的，对缔约双方均有拘束力。应缔约任何一方的请求，仲裁庭应对其所作的裁决进行解释。七、缔约双方应承担其任命的仲裁员及其出席仲裁程序的费用。首席仲裁员和仲裁庭的相应费用应由缔约双方平均承担。”

案等，此类仲裁案使缔约方间争端解决条款得到应用，并且引起了学者的注意。[①]

秘鲁因对于智利投资者对自己提起的 *Lucchetti v. Peru* 仲裁案中对仲裁员对两国双边投资协定中的条款解释不满，发起缔约国间仲裁，形成 *Peru v. Chile* 案。但是，*Lucchetti v. Peru* 案的仲裁庭拒绝中止仲裁程序，导致 *Peru v. Chile* 案没有进行下去。可见，投资者—国家间仲裁与国家间仲裁可能被视为平行程序。

由于对 *Chevron Corporation v. Ecuador* 案中特设仲裁庭的解释不满，厄瓜多尔于2011 年 6 月 8 日向美国提交了照会，表示如果美国不赞同厄瓜多尔对条约相关条款的解释，将诉诸仲裁。在没有得到美国回应的情况下，厄瓜多尔于 2011 年 6 月 28 日依联合国国际贸易法委员会仲裁规则提请条约解释争端仲裁。在 *Ecuador v. United States* 案中，厄瓜多尔宣称其旨在澄清两国双边投资协定中有争议的条款，即该仲裁争端集中在对美国—厄瓜多尔双边投资协定第 2 条第 7 款的解释。[②]

迄今为止，缔约方间仲裁几乎是每个双边投资协定的必备条款，但是，启动缔约方间仲裁的情况很少见，而且，即使启动了，也可能因为平行程序或管辖权原因而不能继续。其原因何在？值得反思。一种解释可能是：缔约方间仲裁会影响缔约方间的政治关系，出于去政治化的原因，缔约方极少会主动启动缔约方间仲裁。于是，由于缔约方间仲裁的判例太少，尚不能就同一案件中为何缔约方间仲裁往往让位于投资者—国家间仲裁这一现象，得出一个结论性的意见。

总之，在国际层面上，关于对投资者的保护，从历史的角度看，主要有两个阶段。第一个阶段是外交保护阶段，即投资者母国依国际习惯法或条约行使外交保护的自由裁量权，决定是否以自己的名义对有关责任国提出自己的求偿。第二个阶段是投资者—国家间争端解决阶段，是投资者依条约、合同或东道国国内法直接以自己的名义对东道国提出仲裁和赔偿请求。从外交保护到投资者—国家间仲裁，实际上是一个去政治化的过程。

第五节　中国的国际投资争端解决实践

关于国际投资仲裁的总体情况，最具代表性的是 ICSID 仲裁，实践中多数外国投

① See Anthea Roberts, "State-to-State Investment Treaty Arbitration: A Hybrid Theory of Interdependent Rights and Shared Interpretive Authority", *Harvard International Law Journal*, Volume 55, Number 1, Winter 2014.

② 英文原文为："Each Party shall provide effective means of asserting claims and enforcing rights with respect to investment, investment agreements, and investment authorizations."（Treaty between the United States of America and the Republic of Ecuador concerning the Encouragement and Reciprocal Protection of Investment, Article 2.7.）

资者都会选择 ICSID 仲裁。[①]

中国于 1993 年正式加入《华盛顿公约》[②]，但在 1998 年《中华人民共和国政府和巴巴多斯政府关于鼓励和相互保护投资协定》之前，中国缔结的双边投资协定一般会规定只有有关征收补偿额的争议才可提交仲裁[③]，但在此之后，规定任何投资争端皆可提交投资者—国家间仲裁。[④] 而在《中华人民共和国政府和坦桑尼亚联合共和国政府关于促进和相互保护投资协定》[⑤]，以及 2012 年《中国—加拿大双边投资协定》中[⑥]，试图规定更多例外，来缩小投资者—国家间仲裁的范围。2015 年《中华人民共和国政府和澳大利亚政府自由贸易协定》中关于投资者—国家间争端解决的条款被认为是法典

① 比如根据 ICSID 的统计，截至 2016 年 12 月 31 日，ICSID 登记的《华盛顿公约》仲裁案件和 ICSID 附加便利规则仲裁案件的数量已经达到了 597 起。See ICSID，The ICSID Caseload Statistics（Issue 2017-1），p. 7，available at https：//icsid. worldbank. org/en/Documents/resources/ICSID%20Web%20Stats%202017-1%20（English）%20Final. pdf. 而根据联合国国际贸易法委员会的统计，截至 2017 年 1 月 1 日，已知的投资仲裁案件一共才有 767 起。See UNCTAD，"World Investment Report 2017：Investment and the Digital Economy"，United Nations：New York and Geneva，2017，p. 114.

② See Notifications concerning Classes of Disputes considered suitable or unsuitable for Submission to the Centre，at https：//icsid. worldbank. org/apps/ICSIDWEB/icsiddocs/Documents/ICSID%208-Contracting%20States%20and%20Measures%20Taken%20by%20Them%20for%20the%20Purpose%20of%20the%20Convention. pdf.

③ 《中华人民共和国政府和加纳共和国政府关于鼓励和相互保护投资协定》第 10 条第 1 款规定："缔约国一方和缔约国另一方投资者之间有关征收补偿款额的争议可提交仲裁庭"。参见《中华人民共和国政府和巴巴多斯政府关于鼓励和相互保护投资协定》第 9 条规定："一、缔约一方的投资者与缔约另一方之间任何投资争议，应尽可能由投资者与缔约另一方友好协商解决。二、如本条第一款的争议在争议一方自另一方收到有关争议的书面通知之日后六个月内不能协商解决，投资者有权选择将争议提交下述两个仲裁庭中的任意一个，通过国际仲裁的方式解决：……"

④ 例如，中国与以下国家缔结的双边投资协定都规定了范围广泛的仲裁条款：刚果（布）、博茨瓦纳、塞浦路斯、塞拉利昂、莫桑比克、肯尼亚、缅甸、波黑、特立尼达和多巴哥、科特迪瓦、圭亚那、贝宁、拉脱维亚和乌干达等。

⑤ 《中华人民共和国政府和坦桑尼亚联合共和国政府关于促进和相互保护投资协定》第 13 条第 2 款规定："对于缔约一方投资者主张缔约另一方违反本协定第二条至第九条，或者第十四条第二款项下的义务而产生的争议，如果自争议一方提出协商解决之日起 6 个月内，争议未能通过协商解决，则投资者可选择将由于该违反行为而蒙受损失或损害的诉求提交：（一）投资所在国有管辖权的法院；（二）依据 1965 年 3 月 18 日在华盛顿签署的《解决国家和他国国民之间投资争端公约》设立的'解决投资争端国际中心'，如果缔约双方均是《解决国家和他国国民之间投资争端公约》的成员；（三）依据联合国国际贸易法委员会仲裁规则设立的专设仲裁庭；（四）经争议双方同意的任何其他仲裁机构或专设仲裁庭。"

⑥ 《中国—加拿大双边投资协定》第 8 条"例外"规定："一、第五条不适用于：（一）一缔约方根据下述任何现存或将来的双边或多边协定给予的待遇：1. 建立、强化或扩大自由贸易区或关税联盟；或 2. 与航空、渔业或海事相关的事项，包括海难救助；（二）根据 1994 年 1 月 1 日前生效的任何双边或多边国际协定给予的待遇。二、第五条、第六条与第七条不适用于：（一）1. 一缔约方境内维持的任何现存的不符措施；及 2. 自本协定生效后，在销售或以其他方式处置某一现存国有企业或某一现存政府机构中政府的股东权益或资产时维持或采取的措施，该措施禁止或限制对股东权益或资产的所有或控制，或者对高级管理人员或董事会人员施加国籍要求；（二）对前述第（一）分款中所提及的不符措施的继续或即时更新；或（三）对前述第（一）分款中提及的不符措施的修订，只要该修订与修订即刻前相比，未降低该措施与第五条、第六条和第七条的相符性。三、第五条、第六条与第七条不适用于一方根据第二部分第八条的附录保留权利采取或维持的措施。四、就知识产权而言，一缔约方可按照符合缔约双方均为成员方的知识产权国际协定的方式，背离本协定第三条、第五条和第六条。五、第五条、第六条与第七条不适用于：（一）一缔约方进行的采购；（二）一缔约方提供的补贴或拨款，包括政府支持贷款、担保与保险。"

化的争端解决程序规则，其涉及投资者—国家间仲裁的各个方面，包括磋商、提交仲裁请求、各方对仲裁的同意、各方同意的条件与限制、仲裁庭的组成、仲裁的进行、仲裁程序的透明度、准据法、附件的解释、专家报告、合并审理、裁决、上诉审查，以及附件一（行为守则）。①

中国的海外投资者已经遇到了各种风险，甚至与东道国政府已经发生了一些争端，其中影响比较大的有：2011 年年初，利比亚内战，中企 50 多个工程项目遭受损失②；2015 年 3 月，斯里兰卡科伦坡港口城项目被“叫停”③；2014 年 11 月，墨西哥取消中国铁建联合体中标的高铁项目④；2014 年 5 月，越南发生暴力排华事件，“美的”等中资企业的工厂遭“打砸抢烧”⑤；2014 年，中石油公司在乍得因环境事故，被撤销勘探许可证，并面临 12 亿美元的索赔。⑥ 2011 年 9 月，中电投 2009 年动工的缅甸密松水电站项目被“暂停”⑦。可见，可以预计的是，将来中国海外投资者可能会更积极地利用投资者—国家间仲裁这种争端解决机制。

截至 2017 年 11 月，中国政府作为被诉方的案件有三起，分别是马来西亚投资者伊佳兰（Ekran Berhad）诉中国政府案⑧、韩国安城公司诉中国政府案⑨，以及德国投资者海乐公司诉中国政府案。⑩ 中国投资者诉外国政府的投资条约争端仲裁案件有 7 起，分别是：中国平安诉比利时案⑪、北京城建集团诉也门案⑫、黑龙江国际经济技术

---

① 参见《中澳自由贸易协定》投资章节文本，见 http://fta.mofcom.gov.cn/Australia/annex/xdwb_09_cn.pdf。

② 参见新浪财经，《中资企业利比亚维权之难 各种损失需要全面评估》，2011-04-07，见 http://finance.sina.com.cn/chanjing/sdbd/20110407/11449650985.shtml，2016-02-15。

③ http://www.bbc.com/zhongwen/simp/china/2015/03/150305_srilanka_china_portcity，16 February 2016.

④ See http://finance.sina.com.cn/focus/zhongtiejian/，16 February 2016.

⑤ http://wallstreetcn.com/node/90738/，16 February 2016.

⑥ See http://www.guancha.cn/Third-World/2014_08_12_255749.shtml/，16 February 2016.

⑦ http://military.china.com/critical3/27/20130906/18036618.html/，16 February 2016.

⑧ See Ekran Berhad v. People's Republic of China（ICSID Case No. ARB/11/15）. 该案于 2011 年 5 月 24 日由 ICSID 秘书长登记注册，但根据当事双方的协议，仲裁程序于 2011 年 7 月 22 日即中断。2013 年 5 月 16 日，秘书长根据 ICSID 仲裁规则第 43 条第 1 款发布程序指令，中止该程序。在伊佳兰诉中国政府案中，申请人主张其在海南省的投资，包括对 900 多公顷土地 70 年的租赁权，被海南省政府以申请人未按地方立法规定开发土地为由撤销了。作为中国政府被诉的第一案，该案以和解结束，所以，没有公开资料可得。

⑨ See Ansung Housing Co.，Ltd. v. People's Republic of China（ICSID Case No. ARB/14/25）。该案于 2014 年 11 月 4 日由 ICSID 秘书长登记注册。2017 年 3 月 9 日，仲裁庭发布裁决，驳回了韩国安城公司的仲裁请求。中国商务部条约法律司负责人就此发表谈话指出：安城案是中国政府作为当事方首个进入仲裁阶段的国际投资争端，仲裁庭在投资者的诉讼时效、最惠国待遇条款的适用范围等重要法律问题上支持了中方立场。中方对仲裁庭的条约解释和最终裁定表示欢迎。参见商务部：《商务部条约法律司负责人就安城公司诉中国政府投资争端中方胜诉发表谈话》，2017-03-10，见 http://www.mofcom.gov.cn/article/ae/ag/201703/20170302531322.shtml。

⑩ See Hela Schwarz GmbH v. People's Republic of China（ICSID Case No. ARB/17/19）.

⑪ See Ping An Life Insurance Company of China，Limited，and Ping An Insurance（Group）Company of China，Limited v. Kingdom of Belgium，ICSID Case No. ARB/12/29. 2015 年 4 月 30 日，ICSID 仲裁庭作出裁决，驳回了中国平安的索赔请求。

⑫ See Beijing Urban Construction Group Co. Ltd. v. Republic of Yemen（ICSID Case No. ARB/14/30）。2017 年 5 月 31 日，该案仲裁庭作出管辖权裁决，支持了北京城建集团的仲裁请求。

合作公司等诉蒙古国案[①]、谢叶深诉秘鲁政府案[②]、菲利普·莫里斯亚洲公司诉澳大利亚案[③]，以及澳门世能投资有限公司（Sanum）针对老挝政府提起的两起仲裁案件。[④]综合来看，这些案件主要凸显了以下问题。

一、中外投资协定对港澳地区的适用问题

在谢叶深诉秘鲁政府案中，申请人拥有秘鲁一家从事鱼粉生产并向亚洲市场出口鱼粉的企业的多数股权。秘鲁税务当局以欠税为由查封了该企业的银行账户，并采取了其他行动，导致实质性剥夺了申请人在该企业的投资。该案涉及的一个主要问题是中国与秘鲁间的双边投资协定能否适用于中国香港居民与外国政府的投资争端。仲裁庭不但认为中国与秘鲁间的双边投资协定能够适用于该案，而且主张裁决征收补偿额争端的前提是其对于是否构成征收也有管辖权。仲裁庭最后支持了谢叶深的申请，裁决秘鲁政府败诉。[⑤]该案亦经过了撤销程序，但撤销委员会维持了原仲裁庭的裁决，驳回了秘鲁的全部撤销请求。[⑥]中国学者大多不赞同仲裁庭扩大其管辖权。[⑦]

在澳门世能投资有限公司诉老挝政府案中，申请人主张，由于老挝政府包括老挝法院及省政府机构采取的一系列措施，申请人有关两个宾馆和赌场的一系列建筑与经营的权利，尤其是其投资的赌场设施，受到影响。其中最值得思考的问题之一是中国与老挝间的双边投资协定对中国澳门投资者的适用问题。该案仲裁庭在管辖权问题上

① 该案案由是 2012 年各申请人对 Tumurtei 铁矿的许可证被蒙古国政府撤销。该案由国际常设仲裁法院登记。2017 年 6 月 30 日，仲裁庭作出裁决，认定对本案无管辖权，驳回了中国投资者的全部仲裁请求。

② See TzaYap Shum v. Republic of Peru（ICSID Case No. ARB/07/6）. 2011 年 7 月 7 日，仲裁庭作出了有利于投资者的裁决。

③ See Philip Morris Asia Limited v. The Commonwealth of Australia，UNCITRAL，PCA Case No. 2012-12。2015 年 12 月 17 日仲裁庭作出管辖权裁决，认定对本案无管辖权。

④ See Sanum Investments v. Lao People's Democratic Republic（PCA Case No. 2013-13）. 2013 年 12 月 13 日，仲裁庭就该案管辖权作出裁决，认定中国与老挝间的双边投资协定适用于中国澳门地区，其对该案有管辖权。争端双方于 2014 年 6 月 15 日达成和解。随后老挝就该案仲裁裁决向新加坡最高法院高等法院提出了撤销请求。2015 年 1 月 20 日，新加坡高等法院判决老挝胜诉。但该判决随后被新加坡最高法院上诉法院于 2016 年 9 月 29 日推翻。2017 年澳门世能投资有限公司又依据中国与老挝间的双边投资协定和 ICSID 附加便利规则，针对老挝政府提出了一项临时仲裁请求。See Sanum Investments Limited v. Lao People's Democratic Republic（ICSID Case No. ADHOC/17/1）.

⑤ 关于该案的概要，see Kenneth Juan Figueroa，Tza Yap Shum V. Republic of Peru（ICSID CASE NO. ARB/07/6），Award，at http：//www. italaw. com/sites/default/files/case-documents/ita0882. pdf。

⑥ See Mr. Tza Yap Shum(Respondent) v. Republic of Peru（Applicant），ICSID Case No. ARB/07/6（Annulment Proceeding），Decision on Annulment，para. 210.

⑦ 需要提及的是，在该案中，厦门大学法学院陈安教授应秘鲁政府邀请，于 2008 年 3 月 26 日为其提供了专家意见，主要观点是不支持中国与秘鲁间的双边投资协定适用于中国香港居民，主张从国际法规范和法理学角度对上述裁决提出质疑，认为依据国际公约、国际协定、中国法律以及中国香港基本法，本案仲裁庭的上述管辖权裁定是无理的、错误的、违法的、可以申请撤销的。参见陈安：《对香港居民谢业深诉秘鲁政府案解决投资争议国际中心管辖权裁定的四项质疑——〈中国—秘鲁双边投资协定〉适用于"一国两制"下的中国香港特别行政区吗》，载《国际经济法学刊》，2010（1）；陈辉萍：《ICSID 仲裁庭扩大管辖权之实践剖析——兼评"谢业深案"》，载《国际经济法学刊》，2010（1）。

遵循了谢叶深案确立的先例，即确立和扩大了仲裁庭的管辖权。[①] 但是，由于该案在PCA登记，仲裁地在新加坡，所以，老挝政府向新加坡高等法院提出了撤销申请。根据新加坡高等法院的判决，中国与老挝间的双边投资协定不适用于中国澳门。而且，对于澳门世能投资有限公司的征收主张，该法院也进行了限缩解释，认为其超出了中国与老挝间的双边投资协定第8条第3款只同意征收补偿额的可仲裁范围。[②] 不过新加坡高等法院的判决随即又被新加坡上诉法院推翻。基于"移动条约边界"原则（the "Moving Treaty Frontier" Rule）上诉法院认为，中国与老挝间的双边投资协定适用于中国澳门地区，仲裁庭对本案有管辖权。[③]

二、法律适用及保护伞条款

一般理解，保护伞条款的重要意义在于将东道国的合同及其他承诺提升为条约承诺，从而使对投资者权利的保护从国内法层面提升到国际法层面。[④] 其一般表述方式是"对于另一缔约方的投资者的投资的所作的任何其他承诺，每一缔约方有义务遵守"[⑤]。但根据这一表述，东道国的其他国际承诺也落入保护伞条款的范围之内。韩国安城公司诉中国政府案中，申请人主张由于江苏省政府的行为，其在江苏省射阳县建设高尔夫球场、乡村俱乐部及公寓的投资受到影响。该案尚在审理中，但可能涉及法律适用问题及保护伞条款问题，因为2007年中国与韩国间的双边投资协定规定，如果任一缔约方的立法或缔约方间现有的或将来确立的国际义务导致投资者的投资享有比本协定更优惠的待遇，则本协定不应影响这种待遇；缔约任何一方应恪守其与缔约另一方投资者就投资所作出的任何承诺。[⑥] 所以，2014年5月17日生效的《中华人民共和国政府、日本国政府及大韩民国政府关于促进、便利及保护投资的协定》，及2015年12月20日生效的《中华人民共和国政府和大韩民国政府自由贸易协定》中规定的对投资者的投资的更优惠待遇都可能得到适用。例如，根据中国与韩国间的自由贸易协定第二十二章，该自由贸易协定是"开放式"的、有可能变动的，因为缔约双方将

---

① See Sanum Investments v. Lao People's Democratic Republic (PCA Case No. 2013-13), Award on Jurisdiction, at http: //www. italaw. com/sites/default/files/case-documents/italaw3322. pdf.

② See Government of the Lao People's Democratic Republic and Sanum Investments Ltd, [2015] SGHC 15, Judgment, paras. 110-111, para. 128, at http: //www. italaw. com/sites/default/files/case-documents/italaw4107. pdf.

③ See Sanum Investment Limited and the Government of the Lao People's Democratic Republic, [2016] SGCA 57, Judgment, 29 September 2016, at https: //www. italaw. com/sites/default/files/case-documents/italaw7600. pdf.

④ See Anthony Sinclair, "The Origins of the Umbrella Clause in the International Law of Investment Protection", *Arbitration International*, 2004 (20) p. 411.

⑤ Agreement between the Government of the People's Republic of China and the Government of the Republic of South Africa concerning the Reciprocal Promotion and Protection of Investments, Article 10 (2). 英文原文为："Each Contracting Party shall observe any other obligation it may have entered into with regard to investments of investors of the other Contracting Party."

⑥ See Agreement Between the Government of the People's Republic of China and the Government of the Republic of Korea on the Promotion and Protection of Investments, Article 10, at http: //tfs. mofcom. gov. cn/aarticle/h/at/201002/20100206778660. html.

在该协定生效后（不应晚于该协定生效之日后的2年内，并在2年内结束谈判）开始的第二阶段谈判修订与投资相关的章节。第二阶段谈判将包括第十二章（投资）的所有条款，并基于负面清单进行，涵盖投资的准入前阶段。另外，如果韩国投资者再通过保护伞条款援引合同中的权利，就会使案件更复杂。但从公开的资料情况看，他并没有援引保护伞条款。[①]

三、投资定义的扩张、限缩与仲裁管辖权

在北京城建集团诉也门案中，申请人所主张的投资依据是其与也门民航及气象当局关于建设机场候机楼的协议。申请人主张，其建设也门首都萨那（Sana'a）机场候机楼的财产和合同被剥夺（deprivation），导致其投资丧失。关于该案的具体审理情况尚不可得知，但是，该案无疑提出了一个鲜明的问题，即工程承包是否可被视为投资。传统上，中国将国际工程承包和对外投资并列为国际经济合作的两种形式，然而，在国际投资仲裁实践中，并没有将国际工程承包完全排除在国际投资的范围之外，只要其符合投资的特征，仍可视为投资，通过国际投资仲裁予以保护。例如，著名的 *Salini v. Moroco* 案确立了投资的五个特征，或称为 Salini 检验方法，为 ICSID 仲裁实践及非 ICSID 仲裁实践所广泛接受[②]，而该案所涉及的也是国际工程建设。[③]国际工程承包在一定情况下是否属于国际投资，对于保护中国巨大的海外工程项目非常重要。

在菲利普·莫里斯亚洲公司诉澳大利亚案中，申请人主张，由于澳大利亚政府颁布和执行2011年《烟草平装法》（the Tobacco Plain Packaging Act 2011），导致其在澳大利亚拥有和控制的投资受到影响，构成对其知识产权表现形式的投资的征收。该案申请人援引的是中国香港与澳大利亚之间的双边投资协定。最终，该案仲裁庭于2015年12月17日作出裁决，拒绝对该案行使管辖权。简单说来，仲裁庭拒绝行使管辖权的主要理由有以下几点：（1）在属事管辖权方面，申请人在澳大利亚的投资是以欺诈方式取得批准的不合法投资，其真实目的是通过公司国籍设计来对澳大利亚提起仲裁。其目的过于明显，属于滥用权利。（2）在属时管辖权方面，在申请人向澳大利亚"投资"之时，投资争端已经存在，因此，不能根据中国香港与澳大利亚之间的双边投资协定获得保护。[④] 由于该案是在PCA登记的案件，仲裁地在新加坡，因此，申请人有向仲裁地法院申请撤销仲裁裁决的权利。这也是ICSID仲裁与非ICSID仲裁的

---

① See Ansung Housing Co., Ltd. v. People's Republic of China (ICSID Case No. ARB/14/25), proceeding, at https://icsid.worldbank.org/apps/ICSIDWEB/cases/Pages/casedetail.aspx? CaseNo=ARB/14/25.

② See Krista Nadakavukaren Schefer, *International Investment Law: Text, Cases and Materials*, Edwar Elgar Cheltenham, UK · Northampton, MA, USA, 2013, p. 75.

③ See Salini Construtori SPA and Italstrade SPA v. the Kingdom of Moroco, ICSID Case No. ARB/00/4, Decision on Jurisdiction (23 July 2001), 42 ILM 609 (2003) [unofficial English translation of French original].

④ 参见任清：《菲利普·莫里斯诉澳大利亚案评析与借鉴》，载《投资仲裁观察微信平台》，2015-12-20。

区别之一。该案给我们最大的提醒是：投资应该是合法投资，否则，将得不到相应法律的保护。而这一点在一些新的国际投资协定中已经得到明确规定，例如，“为更加明确，如果申请人的投资是通过虚假陈述、隐瞒事实、腐败或滥用程序行为取得，则申请人不可依据本节提出求偿”[①]。

四、新旧条约更替中的管辖权问题

在中国平安诉比利时案中，申请人主张，在 2008 年金融危机的背景下，比利时政府采取的紧急援助及随后的国有化措施，以及将申请人拥有投资的金融机构卖给第三方，导致给其投资造成损失。中国平安是比利时—荷兰金融机构富通（Fortis）的最大股东。2015 年 4 月 30 日，中国平安诉比利时案的裁决作出，因管辖权问题中国平安的申请被驳回。该案被视为真正由中国内地投资者向 ICSID 提起仲裁的第一案，所以，也受到中国政府和学者们的极大关注。[②]

该案中，因属时管辖权原因，中国平安在管辖权阶段即败诉，导致案件涉及的实质问题并没有得到审理。仲裁庭拒绝行使管辖权的主要理由是在该案中，申请人援引了两个双边投资协定：2009 年 10 月，申请人援引了 1986 年 10 月 5 日生效的中国—比利时—卢森堡经济联盟双边投资协定（以下简称 1986 年双边投资协定）通知比利时政府该争端。2012 年：申请人又通知比利时政府，确认 2009 年 10 月的通知构成根据 2009 年 12 月 1 日生效的中国—比利时—卢森堡经济联盟双边投资协定（以下简称 2009 年双边投资协定）的争端通知。随后，申请人根据 2009 年双边投资协定向 ICSID 提出了正式的仲裁申请，但是其实质主张依据的却是 1986 年双边投资协定及一般国际法原则。这两个双边投资协定的主要区别在于：一方面，关于可仲裁的问题及仲裁方式。1986 年双边投资协定仅同意征收、国有化或其他类似措施补偿额争议可以提交国际投资仲裁，而且由于当时中国尚未加入《华盛顿公约》，所以仅仅是特设仲裁。但 2009 年双边投资协定规定，对于投资者与东道国的任何投资法律争端，投资者都可以将该争端提交 ICSID 仲裁。另一方面，关于条约的存续条款及过渡条款。1986 年双边投资协定的存续条款规定，“对于本协定终止之日前进行的投资，本协定的规定自其终止之日起十年内仍然有效”[③]。但 2009 年双边投资协定规定，“一、本协定替代并取代了一九八四年六月四日在布鲁塞尔签署的《中华人民共和国和比利时—卢森堡经济联盟关于相互促进和保护投资的协定》。二、本协定应适用于缔约任何一方投资者在缔约另一方领土内的所有投资，不论其是在本协定生效之前还是之后作出的。但是，本协

---

① EU-Vietnam Free Trade Agreement：Agreed Text as of January 2016，Chapter 8：Trade in Services，Investment and E-Commerce，Section 3：Resolution of Investment Disputes，Article 1（2），at http：//trade. ec. europa. eu/doclib/docs/2016/february/tradoc _ 154210. pdf.

② 参见环中仲裁团队：《中国企业投资仲裁第一案述评》，2015-05-20，见 http：//www. huanzhonglaw. com/templates/consulting _ 009 _ 1/second _ 147 _ 405. html。

③ 《中华人民共和国政府和比利时—卢森堡经济联盟关于相互鼓励和保护投资协定》第 14 条第 4 款。

定不得适用于在本协议生效前已进入司法或仲裁程序的与投资有关的任何争议或索偿。此等争议和索偿应继续按本条第一款提及的一九八四年六月四日的协定的规定解决。”因此，本案仲裁庭的解读是：本案是由申请人于2009年10月向比利时政府提出的，当时2009年双边投资协定尚未生效，所以，本案的管辖权问题应适用1986年双边投资协定，因此，仲裁庭无管辖权。具体来说，本案需要进一步思考的是：其一，在2009年双边投资协定于2009年12月1日生效之前，中国平安与比利时政府的交涉是否能够视为“已进入司法或仲裁程序”？如果答案是“是”，那就意味着将仲裁庭磋商程序纳入了仲裁裁决程序；其二，根据1986年双边投资协定提起新的仲裁，虽然特设仲裁可以成立，但是实质问题，即比利时的措施是否构成国有化或征收，进一步地说，是否会因金融危机而采取的“国家安全”措施免责又是一个问题。总之，该案不但向我们展示了提请投资仲裁的具体策略的重要性，也说明了在中国成为海外投资大国之后，进一步更新和现代化国际投资协定对中国海外投资者的重要意义。

最后，有些案件采取国际商事仲裁的方式，所以，无法为外界所了解。例如，在中石化在加蓬的子公司阿达克斯（Addax Petroleum）的“Obangue”油田的采矿许可证被加蓬政府撤销后，该子公司向国际商会国际仲裁院提出了仲裁。[①] 虽双方各执一词，但Addax Petroleum的主张最终遭到仲裁庭拒绝。[②] 对于此类仲裁，也需要我们加以关注。

---

① See, e.g., Alyx Barker, “Gabon Faces ICC Claim from Chinese Oil Producer”, *Global Arb. Rev.*, 19 March 2013, at http://www.globalarbitrationreview.com/news/article/31421/.

② See The Economic and Commercial Counsellor’s Office of the Embassy of the People’s Republic of China in the Republic of Cameroon, Recollecting Gross Economic Events in Africa, 20 January 2014, at http://cm.mofcom.gov.cn/article/ztdy/201401/20140100466867.shtml.

后 记

受出版社之邀主持编写国际投资法教材，对我来说是一项极具挑战性的任务，心中满是忐忑。虽说我自从在中国人民大学法学院任教以来，从事国际经济法的本科教学工作已二十多年，其间需要讲授国际投资法的内容，但实事求是地讲，我的研究专长不在国际投资法领域，而在贸易法领域。主编国际投资法相当于"跨界运营"，心中没有底气。最终答应接受这一任务，主要源于以下几点。

第一，参加教材编写人员的积极、大力支持。各位参编者都在国际投资法领域有专长研究，大多数几十年专心研究国际投资法，是我国国际投资法的领军人物或中坚力量。主编的任务在于主持、组织。没有这些参编者的支持参与，这本教材无从谈起。我曾经向参编者说，我的幸运在于有各位参编者的鼎力支持。各位参编者工作任务繁重，但都能克服困难，最终完成任务，让我在甚觉幸运之余又添感动。谢谢各位参编者！

第二，我国外商投资法律制度的改革和实务工作部门领导的支持。这些年，我国外商投资法律制度改革步伐加快、力度加大，让人有时不我待之感。而我国的外商投资法律制度从其诞生时起，规则繁杂、变化频繁，需要根据改革成果和改革方向梳理一下，并将其反映在国际投资法的教学中。

第三，国际投资法与其他部门法特别是国际贸易法的交叉。就像计算机变成工作和娱乐工具一样，随着全球经济一体化的发展，各部门法之间的边界呈交叉和模糊现象。对于政府的某一措施，既可能依据投资法去寻求救济，也可能依据贸易法去寻求救济。从问题解决的角度来看，需要采取综合性的分析方法和思路，建立并强化各部门法之间的联系和贯通。

第四，综合性自由贸易协定越来越多地纳入国际投资的内容，在法律渊源上表现为一体，且各部分之间存在着密切的联系。从全球经济综合治理的角度看，不宜一刀切式地割断国际投资法与其他国际经济法律制度间的关系，其他国际经济法律制度特别是世界贸易组织法律制度对国际投资法的发展具有重要影响。

以上考虑让我不揣浅薄，应承下主持编写国际投资法的任务。衷心希望这一工作能够有良好的预期效果。

本教材编写分工如下：

前言和第一章：韩立余（中国人民大学法学院教授）；

第二章：张生（西安交通大学法学院副教授）；

第三章：祁欢（中国政法大学国际法学院教授）；

第四章：韩立余 李振宁（北京市人大常委会干部）；

第五章：陈辉萍（厦门大学法学院教授）；

第六章：梁丹妮（中山大学法学院教授）；

第七章：徐崇利（厦门大学法学院教授）；

第八章：张庆麟（武汉大学法学院教授）；

第九章：史晓丽（中国政法大学国际法学院教授）；

第十章：池漫郊（厦门大学法学院教授）；

第十一章：韩秀丽（厦门大学法学院教授）。

韩立余

2018 年 1 月

于中国人民大学法学院

图书在版编目（CIP）数据

国际投资法/韩立余主编．—北京：中国人民大学出版社，2018.3
新编21世纪法学系列教材
ISBN 978-7-300-25486-9

Ⅰ.①国… Ⅱ.①韩… Ⅲ.①国际投资法学-高等学校-教材 Ⅳ.①D996.4

中国版本图书馆CIP数据核字（2018）第027020号

新编21世纪法学系列教材
总主编 曾宪义 王利明
国际投资法
主编 韩立余
Guojitouzifa

出版发行	中国人民大学出版社		
社　　址	北京中关村大街31号	**邮政编码**	100080
电　　话	010－62511242（总编室）		010－62511770（质管部）
	010－82501766（邮购部）		010－62514148（门市部）
	010－62515195（发行公司）		010－62515275（盗版举报）
网　　址	http://www.crup.com.cn		
	http://www.ttrnet.com(人大教研网)		
经　　销	新华书店		
印　　刷	北京溢漾印刷有限公司		
规　　格	185 mm×260 mm 16开本	**版　　次**	2018年3月第1版
印　　张	15.5	**印　　次**	2018年3月第1次印刷
字　　数	356 000	**定　　价**	35.00元

《　　　　　　　》※任课教师调查问卷

为了能更好地为您提供优秀的教材及良好的服务，也为了进一步提高我社法学教材出版的质量，希望您能协助我们完成本次小问卷，完成后您可以在我社网站中选择与您教学相关的1本教材作为今后的备选教材，我们会及时为您邮寄送达！如果您不方便邮寄，也可以申请加入我社的**法学教师QQ群：83961183（申请时请注明法学教师）**，然后下载本问卷填写，并发往我们指定的邮箱（cruplaw@163.com）。

邮寄地址：北京市海淀区中关村大街31号中国人民大学出版社710室收

邮　　编：100080

再次感谢您在百忙中抽出时间为我们填写这份调查问卷，您的举手之劳，将使我们获益匪浅！

基本信息及联系方式：※

姓名：__________ 性别：__________ 课程：________________

任教学校：____________________ 院系（所）：____________

邮寄地址：____________________ 邮编：________________

电话（办公）：__________ 手机：__________ 电子邮件：__________

调查问卷：※

1. 您认为图书的哪类特性对您使用教材最有影响力？（　　）（可多选，按重要性排序）
   A. 各级规划教材、获奖教材　　B. 知名作者教材
   C. 完善的配套资源　　D. 自编教材
   E. 行政命令
2. 在教材配套资源中，您最需要哪些？（　　）（可多选，按重要性排序）
   A. 电子教案　　B. 教学案例
   C. 教学视频　　D. 配套习题、模拟试卷
3. 您对于本书的评价如何？（　　）
   A. 该书目前仍符合教学要求，表现不错将继续采用。
   B. 该书的配套资源需要改进，才会继续使用。
   C. 该书需要在内容或实例更新再版后才能满足我的教学，才会继续使用。
   D. 该书与同类教材差距很大，不准备继续采用了。
4. 从您的教学出发，谈谈对本书的改进建议：____________________

____

____

选题征集：如果您有好的选题或出版需求，欢迎您联系我们：

联系人：黄　强　联系电话：010-62515955/65

索取样书：书名：______________________________

书号：__________________________________

备注：※ 为必填项。